BACKEN
LERNEN SCHRITT FÜR SCHRITT

Abmessen von Zutaten

Manche Zutaten lassen sich auch ohne Waage abmessen. Für exakte Mengen sollten Sie jedoch eine Digitalwaage verwenden.

1 TASSE (150 ML)	ENTSPRICHT
Milch, Sahne, Wasser oder eine andere Flüssigkeit	150 ml
Honig oder Zuckersirup	200 g
Zucker	150 g
gesiebter Puderzucker	100 g
Mehl	100 g
Kakaopulver oder Speisestärke	90 g
gemahlene Nusskerne oder Mandeln	70 g

1 ESSLÖFFEL (15 ML)	ENTSPRICHT
Butter	10 g
gemahlene Nusskerne oder Mandeln	6 g
Honig	15 g
1 EL Zucker	15 g
1 EL Mehl oder Speisestärke	10 g
1 EL Kakaopulver	5 g
1 EL Kokosraspel	5 g

Hefe

Pro 500 g Mehl rechnet man in der Regel 1 Päckchen Trockenhefe mit 7 g Inhalt oder 1 Würfel frische Hefe mit 42 g. Grundsätzlich gilt: Je länger die Gehzeit, desto weniger Hefe ist nötig, damit der Teig schön aufgeht und das Gebäck luftig-locker wird.

Backformen

RUNDE BACKFORM MIT	ENTSPRICHT QUADRATISCHER BACKFORM MIT
15 cm Ø	13 x 13 cm
18 cm Ø	16 x 16 cm
20 cm Ø	18 x 18 cm
24 cm Ø	21 x 21 cm
26 cm Ø	23 x 23 cm

BACKEN LERNEN SCHRITT FÜR SCHRITT

Caroline Bretherton

Dorling Kindersley

DORLING KINDERSLEY
London, New York, Melbourne, München und Delhi

Lektorat Alastair Laing
Herstellung Kathryn Wilding
Cheflektorat Dawn Henderson
Herstellungsleitung Christine Keilty
Covergestaltung Nicola Powling
Produktionsmanagement Maria Elia
Produktionsleitung Alice Sykes
Technische Beratung Sonia Charbonnier
Fotos Howard Shooter, Michael Hart

DK INDIEN
Projektleitung Charis Bhagianathan
Herstellung Navidita Thapa, Neha Ahuja, Divya PR,
Mansi Nagdev
Programmleitung Glenda Fernandes
DTP Sunil Sharma, Pankaj Sharma, Neeraj Bhatia,
Sourabh Challariya, Arjinder Singh

Für die deutsche Ausgabe
Programmleitung Monika Schlitzer
Projektbetreuung Elke Homburg
Herstellungsleitung Dorothee Whittaker
Herstellung Kim Weghorn

Bibliografische Information der Deutschen Bibliothek:
Die Deutsche Bibliothek verzeichnet diese Publikation
in der Deutschen Nationalbibliografie;
detaillierte bibliografische Daten sind im Internet über
http://dnb.ddb.de abrufbar.

Titel der englischen Originalausgabe:
STEP BY STEP BAKING

Der Originaltitel erschien 2011 in Großbritannien bei
Dorling Kindersley Limited, London
Ein Unternehmen der Penguin Gruppe

© Dorling Kindersley Limited, London 2011

Für das Redaktionsbüro Klaeger, München
Übersetzung Regine Brams, Kirsten Sonntag,
Cornelia Klaeger
Lektorat Cornelia Klaeger, Adelheid Schmidt-Thomé
Satz Regina Recher

Printed and bound in China

ISBN 978-3-8310-2188-8

Besuchen Sie uns im Internet
www.dorlingkindersley.de

Inhalt

Vorwort

Meine erste Begegnung mit Gebäck hatte ich, als ich mich an meinem ersten Geburtstag kopfüber in eine Sahnetorte stürzte – ein Moment, den meine Mutter für die Familiengeschichte gewissenhaft mit ihrer Polaroid-Kamera dokumentiert hat. Heute, Jahre später, begeistert mich Gebäck immer noch; allerdings hat mich lebenslange Erfahrung Zurückhaltung gelehrt.

Geduld und Genauigkeit

Viele Menschen gehen ans Backen nur zögerlich heran, haben Angst vor zusammengefallenem Biskuit, durchgeweichten Tortenböden und bröckelndem Mürbeteig. Doch mit einem erprobten Rezept und sorgfältiger Beachtung von Mengen-, Zeit- und Temperaturangaben gibt es nichts, was der Hobbybäcker nicht hinbekommen kann. Das Erfolgsgeheimnis lautet Geduld und Genauigkeit.

Unentbehrliches Handwerkszeug

Eine digitale Küchenwaage ist ein Muss – genaues Abwiegen der Zutaten ist für fast jede Art von Gebäck erforderlich. Anders als beim Kochen, wo man sich auf den Geschmack und persönliche Vorlieben stützen kann, lässt nur das korrekte Mengenverhältnis von Fett, Mehl und Eiern zueinander einen Kuchen gut aufgehen.

Außer einer Waage gehören zu einer einfachen Backausrüstung ein Set aus hochwertigen beschichteten Backformen und -blechen sowie eine große Rührschüssel, eine Palette, ein Schneebesen, ein elektrisches Handrührgerät und ein paar Kochlöffel. Für die meisten Rezepte in diesem Buch brauchen Sie kaum mehr, doch wenn Sie gern backen und sich auch an aufwendigere Rezepte wagen möchten, empfehle ich Ihnen die Anschaffung einer Küchenmaschine mit Knethaken. Sie erleichtert z. B. das Brotbacken – je besser Teig geknetet wurde, desto besser wird das Brot.

Zu guter Letzt: ein Ofenthermometer. Das scheint seltsam, weil der Backofen ja eine Temperaturanzeige hat, doch oft weicht die tatsächliche Temperatur stark von der angezeigten ab. Es gibt einfache Ofenthermometer, die man an ein Backblech hängen kann.

Meine wichtigsten Tipps

Ist die Ausrüstung erst einmal vollständig, heißt es zunächst üben. Halten Sie sich bei einem neuen Rezept die ersten Male genau an die Anleitung, dann bekommen Sie mehr Zutrauen zu sich selbst. Sie beginnen zu verstehen, wie Zutaten sich verhalten und zusammenwirken, und können bald eigene Varianten entwickeln.

Gebäck aus Rühr- und Biskuitteig soll meist leicht und luftig sein. Bis auf schwere Obstkuchen hängt ein gutes Ergebnis davon ab, dass erst Luft unter die Masse geschlagen und dann mit leichter Hand das Mehl untergehoben wird. Butter verleiht dem fertigen Gebäck einen volleren Geschmack, doch auch mit Margarine wird der Kuchen schön locker.

Baisermasse gelingt nur in einer penibel sauberen Schüssel und ohne eine Spur von Eigelb oder Fett. Langsames Backen ist hier immer gut. Mein Backofen ist immer zu heiß, um rein weiße Baisers zu produzieren; also klemme ich einen Kochlöffelstiel zwischen Ofentür und -rahmen, um die Temperatur zu senken. Baisers, die im Ofen abkühlen, reißen auch nicht so schnell ein.

Mürbeteig wird oft für eine größere Herausforderung gehalten, als er ist. Wichtig sind kühle Hände, damit das Fett beim Herstellen und beim Ausrollen des Teiges nicht weich wird. Das wirkliche Geheimnis für das Gelingen von Mürbeteig ist aber die Verwendung von guter Butter und Eigelben (und, falls nötig, etwas Wasser), um den Teig zu binden. Außerdem muss Mürbeteig vor dem Ausrollen an einem kühlen Ort ruhen, damit das Gluten (Klebereiweiß) im Mehl seine Wirkung entfalten kann und der Teig beim Backen nicht schrumpft und einreißt. Bemehlen Sie die Arbeitsfläche nicht zu großzügig, damit der Teig nicht zu viel Mehl aufnimmt. Und bearbeiten Sie Mürbeteig so wenig wie möglich, sonst wird er zäh. So einfach ist das!

Brot zu backen ist etwas, wovor sich die meisten Hobbybäcker fürchten. Viele nehmen deshalb einen Brotbackautomaten. Doch nur mit Einsatz der eigenen Hände lässt sich ein wirklich erstklassiges Brot herstellen. Mit Sorgfalt und Übung können Sie nicht nur hervorragendes Brot backen, sondern auch noch ein kleines Vermögen sparen. Falls etwas schief geht, versuchen Sie herauszufinden, woran es gelegen hat: Wurde der Teig zu lange geknetet? Konnte er lange genug gehen? Ging er zu schnell auf? War es zu warm? War der Laib ausreichend aufgegangen, bevor er in den Ofen kam? War der Backofen heiß genug? All dies könnte der Grund dafür sein, warum ein Brot misslungen ist.

Mein häufigster Fehler ist übrigens einer, der sich schnell abstellen lässt: Ich möchte meine Brote immer möglichst bald anschneiden. Wenn ein Brot aber gerade aus dem Ofen kommt, gart es innen noch weiter. Schneidet man es dann an, entweicht der ganze Dampf. Beim Aufschneiden wird das Brot zusammengedrückt; die Krume ist zunächst zwar schön feucht, wird aber später trocken und hart. Nach all der Geduld, die Sie beim Herstellen des Brots aufgebracht haben, sollte es doch möglich sein, ein bisschen zu warten, damit Kruste und Krume perfekt werden, oder?

Über die Rezepte

Ich habe die Rezepte in diesem Buch aufgeteilt in Grundrezepte, dabei handelt es sich um beliebte Klassiker mit Schritt-für-Schritt-Anleitungen, und Varianten. Die Schritt-für-Schritt-Anleitungen verhelfen selbst dem Backneuling zum Erfolg, und die Varianten sind echte Varianten des Themas der Schritt-für-Schritt-Anleitung. So können Sie, sobald Sie das Grundrezept beherrschen, Abwandlungen davon ausprobieren, dabei Ihre persönliche Note einbringen, neue Varianten erfinden und sich in Sachen Backen weiterentwickeln.

Jedes Rezept beginnt mit einer Zutatenliste. Außerdem finden Sie Angaben zur Zubereitungs-, Kühl- und Gehzeit sowie darüber, ob und in welchem Stadium das Gebäck eingefroren werden kann. Am Ende vieler Rezepte erfahren Sie, wie gut und wie lange das Gebäck sich hält und was Sie – etwa weil Sie in Zeitdruck sind oder eine Party planen – vorbereiten können. Außerdem gebe ich Ihnen viele unentbehrliche Ratschläge aus meiner Erfahrung als Bäckerin, die »Profitipps«.

Zu Tee und Kaffee am Nachmittag

Korinthen-Scones
Seite 142

15–20 MIN. | 12–15 MIN.

Zuckersüße Petit Fours
Seite 120

20–25 MIN. | 25 MIN.

Rüblitorte mit Frischkäseguss
Seite 42

20 MIN. | 45 MIN.

Schottisches Shortbread
Seite 220

15 MIN. | 35–40 MIN.

Leichter Früchtekuchen
Seite 87

25 MIN. | 1¾ STD.

Englische Muffins
Seite 444

25–30 MIN. | 13–16 MIN.

Schokoladen-Éclairs
Seite 165

30 MIN. | 25–30 MIN.

Walisischer Früchtekuchen
Seite 78

40 MIN. | 25–40 MIN.

Kaffee-Walnuss-Torte
Seite 30

20 MIN. | 20–25 MIN.

Chelsea Buns
Seite 160

30 MIN.   30 MIN.

Kleine Schokoladentorte
Seite 54

30 MIN.   25–30 MIN.

Pekan-Cranberry-Kuchen
Seite 76

30 MIN.   50–60 MIN.

Kirsch-Mandel-Kuchen
Seite 71

20 MIN.   1½–1¾ STD.

Crumpets
Seite 516

10 MIN.   20–26 MIN.

Erdbeer-Sandwich-Törtchen
Seite 143

15–20 MIN.   12–15 MIN.

Rustikales Weißbrot
Seite 402

20 MIN.   40–45 MIN.

Sandwich-Rührkuchen
Seite 28

30 MIN.   20–25 MIN.

Scones
Seite 140

15–20 MIN.   12–15 MIN.

ZU TEE UND KAFFEE AM NACHMITTAG

Frühstück und Brunch

Waffeln
Seite 532

10 MIN.   20–25 MIN.

Englische Muffins
Seite 444

25–30 MIN.   13–16 MIN.

Zwiebelkuchen
Seite 368

30 MIN.   35–40 MIN.

Mandelhörnchen
Seite 156

30 MIN.   15–20 MIN.

Mini-Käsebrötchen
Seite 410

10 MIN.   30 MIN.

Brioche Nanterre
Seite 101

30 MIN.   30 MIN.

Mehrkorn-Frühstücksbrot
Seite 416

45–50 MIN.   40–45 MIN.

Buttermilchbrötchen
Seite 514

10 MIN.   15 MIN.

Croissants
Seite 150

1 STD.   15–20 MIN.

REZEPTAUSWAHL

Pancakes mit Bananen, Joghurt und Honig Seite 512

10 MIN.　15–20 MIN.

Krapfen mit Konfitürefüllung Seite 182

30 MIN.　5–10 MIN.

Roggenbrot mit Haselnüssen und Rosinen Seite 464

25 MIN.　40–50 MIN.

Dänisches Plundergebäck Seite 154

30 MIN.　15–20 MIN.

Haferpfannkuchen Seite 522

10 MIN.　15 MIN.

Crumpets Seite 516

10 MIN.　20–26 MIN.

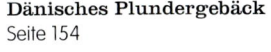

Buchweizen-Galettes Seite 520

25 MIN.　25–30 MIN.

Bagels Seite 434

40 MIN.　20–25 MIN.

Pfannenbrot Seite 498

5–10 MIN.　30–40 MIN.

Picknick

REZEPTAUSWAHL

Filoteigpastete mit Spinat und Feta
Seite 386

30 MIN.   35–40 MIN.

Hähnchen-Schinken-Pastete
Seite 378

50–60 MIN.   1½ STD.

Teigtaschen mit Rindfleisch-füllung Seite 392

20 MIN.   40–45 MIN.

Fleischtaschen
Seite 395

15 MIN.   20–25 MIN.

Tarte mit Spinat und Ziegenkäse Seite 365

20 MINS   55–65 MINS

Quiche Lorraine
Seite 363

35 MIN.   47–52 MIN.

Walnuss-Rosmarin-Brot
Seite 403

20 MIN.   30–40 MIN.

Schweinefleisch-Pastetchen
Seite 380

40 MIN.   1 STD.

Lammpasteten
Seite 482

40–45 MIN.   10–15 MIN.

14

Fougasse
Seite 423

30–35 MIN. · 15 MIN.

Bratwurst im Schlafrock
Seite 384

30 MIN. · 10–12 MIN.

Brownies mit Haselnüssen
Seite 228

25 MIN. · 12–15 MIN.

Pissaladière
Seite 478

20 MIN. · 85 MIN.

Vollkornbrötchen mit Fenchel Seite 409

20 MIN. · 25–35 MIN.

Hafer-Pistazien-Cookies
Seite 190

20 MIN. · 10–15 MIN.

Erdbeerkuchen
Seite 292

40 MIN. · 25 MIN.

Apfel-Marzipan-Galettes
Seite 172

25–30 MIN. · 20–30 MIN.

Mandel-Pfirsich-Tarte
Seite 289

20 MIN. · 30 MIN.

Süßes

Whoopie Pies
Seite 126

40 MIN. 12 MIN.

Englische Mince Pies
Seite 336

20 MIN. 10–12 MIN.

Baisers mit Himbeersahne
Seite 242

10 MIN. 1 STD.

Macarons mit Sahne und Erdbeeren Seite 246

30 MIN. 18–20 MIN.

Baklava
Seite 346

50–55 MIN. 1¼–1½ STD.

Brombeer-Focaccia
Seite 422

30–35 MIN. 15–20 MIN.

Obsttörtchen
Seite 297

40–45 MIN. 11–13 MIN.

Himbeer-Macarons
Seite 251

30 MIN. 18–20 MIN.

Zimt-Palmiers
Seite 178

45 MIN. 25–30 MIN.

REZEPTAUSWAHL

Herzhaftes

Blinis
Seite 524

20 MIN. 15 MIN.

Tortilla-Türmchen mit Garnelen und Guacamole Seite 493

15 MIN. 10–15 MIN.

Ciabatta-Crostini
Seite 426

15 MIN. 10 MIN.

Pizza Bianca
Seite 477

25 MIN. 20 MIN.

Italienisches Kartoffelbrot
Seite 404

50–55 MIN. 40–45 MIN.

Spanisches Picos-Gebäck
Seite 432

40–45 MIN. 18–20 MIN.

Pita-Chips
Seite 483

10 MIN. 7–8 MIN.

Brotstangen in Parmaschinken Seite 433

45 MIN. 15–18 MIN.

Parmesan-Rosemarin-Kekse
Seite 236

10 MIN. 15 MIN.

Brotschnecken mit Pestofüllung Seite 414

35–40 MIN. 30–35 MIN.

PARTY UND BÜFETT

Mit Schokolade

Profiteroles
Seite 162

30 MIN. | 22 MIN.

Marmoriertes Millionaire's Shortbread Seite 223

45 MIN. | 35–40 MIN.

Devil's Food Cake
Seite 58

30 MIN. | 30–35 MIN.

Pains au chocolat
Seite 152

1 STD. | 15–20 MIN.

Schokoladen-Cupcakes
Seite 118

20 MIN. | 20–25 MIN.

Weiße Schokolade-Kokos-Kugeln Seite 125

40 MIN. | 25 MIN.

Schokoladen-Fondants
Seite 132

20 MIN. | 5–15 MIN.

Schokoladen-Muffins
Seite 136

10 MIN. | 15 MIN.

Millefeuilles mit Schokoladencreme
Seite 170

2 STD. | 25–30 MIN.

Himbeertarte mit Schokocreme
Seite 296

40 MIN. · 20–25 MIN.

Schoko-Paranuss-Kuchen
Seite 50

25 MIN. · 45–50 MIN.

Macadamia-Cookies mit weißer Schokolade Seite 191

25 MIN. · 10–15 MIN.

Sauerkirsch-Schoko-Brownies Seite 232

15 MIN. · 20–25 MIN.

Schokolade-Palmiers
Seite 180

45 MIN. · 25–30 MIN.

Schoko-Baiser-Roulade mit Birnensahne Seite 262

25 MIN. · 15 MIN.

Marmor-Käsekuchen
Seite 274

35–40 MIN. · 50–60 MIN.

Schokoladen-Kastanien-Rolle Seite 104

50–55 MIN. · 5–7 MIN.

Schoko-Walnuss-Trüffel-Tarte
Seite 326

45–50 MIN. · 35–40 MIN.

MIT SCHOKOLADE

Kinderparty

REZEPTAUSWAHL

Zuckersüße Petits Fours
Seite 120

20–25 MIN.   25 MIN.

Cupcakes mit Vanilleguss
Seite 114

20 MIN.   20–25 MIN.

Biskuitrolle
Seite 36

20 MIN.   12–15 MIN.

Bratwurst im Schlafrock
Seite 384

30 MIN.   10–12 MIN.

Schokoladenkuchen-Kugeln
Seite 122

35 MIN.   25 MIN.

Tarta di nata
Seite 317

30 MIN.   20–25 MIN.

Würstchen im Brezel-Schlafrock Seite 442

30 MIN.   15 MIN.

Mini-Bagels
Seite 436

45 MIN.   15–20 MIN.

Rübli-Gewürz-Würfel
Seite 45

20 MIN.   30 MIN.

Gebäck für Kinder

Lebkuchenfiguren
Seite 196

20 MIN.   10–12 MIN.

Bananenkuchen
Seite 74

20–25 MIN.   35–40 MIN.

Rock Cakes
Seite 146

15 MIN.   15–20 MIN.

Pizza quattro stagione
Seite 472

40 MIN.   40 MIN.

Heidelbeer-Cobbler
Seite 348

15 MIN.   30 MIN.

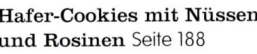

**Hafer-Cookies mit Nüssen
und Rosinen** Seite 188

20 MIN.   10–15 MIN.

Butterkekse
Seite 192

15 MIN.   10–15 MIN.

Flapjacks
Seite 224

15 MIN.   40 MIN.

Blitz-Kürbisbrot
Seite 500

20 MIN.   50 MIN.

Zwetschgen-Crumble
Seite 352

10 MIN.   30–40 MIN.

Zum Vorbereiten

REZEPTAUSWAHL

Pavlova mit exotischen Früchten
Seite 255

15 MIN. 65–80 MIN.

Pistazien-Orangen-Biscotti
Seite 214

15 MIN. 40–45 MIN.

Schwarzwälder Kirschtorte
Seite 108

55 MIN. 40 MIN.

Pistazien-Baisers
Seite 244

15 MIN. 1½ STD.

Ingwer-Cheesecake
Seite 275

40–45 MIN. 50–60 MIN.

Schokopudding mit Toffee
Seite 52

20 MIN. 20–25 MIN.

Strudel mit Dörrobst
Seite 344

45–50 MIN. 30–40 MIN.

Gefüllte Mini-Panettone
Seite 93

1 STD. 30–35 MIN.

Apfeltarte
Seite 298

20 MIN.   50–55 MIN.

Zimtschnecken
Seite 158

40 MIN.   25–30 MIN.

Apfel-Jalousie
Seite 174

1¼–1½ STD.   30–40 MIN.

Früchtekuchen
Seite 82

25 MIN.   2½ STD.

Sauerteigbrötchen
Seite 456

45–50 MIN.   25–30 MIN.

Flamiche
Seite 366

20 MIN.   40–45 MIN.

Rindfleisch-Cobbler
Seite 374

40 MIN.   2½–3¼ STD.

Hähnchenragouts mit Kräuterhaube Seite 376

25–35 MIN.   22–25 MIN.

Maisbrot aus Neuengland
Seite 418

25 MIN.   45–50 MIN.

Lachspastete
Seite 385

25 MIN.   30 MIN.

Schnell und beeindruckend

REZEPTAUSWAHL

Amerikanischer Apfel-auflauf Seite 354

15 MIN. 35–45 MIN.

Welsh Cakes Seite 144

20 MIN. 16–24 MIN.

Hippenröllchen mit Brandysahne Seite 218

15 MIN. 6–8 MIN.

Orangesoufflés Seite 264

20 MIN. 12–15 MIN.

Zitronen-Cheesecake Seite 278

30 MIN.

Madeleines Seite 138

15–20 MIN. 10 MIN.

Schwedische Gewürzkekse Seite 198

20 MIN. 10 MIN.

Himbeersahne-Torte Seite 34

30 MIN. 25–30 MIN.

Schoko-Birnen-Kuchen
Seite 57

15 MIN. | 30 MIN.

Schwedische Pfannkuchen-torte Seite 521

10 MIN. | 15 MIN.

Schoko-Amaretti-Rolle
Seite 106

25–30 MIN. | 20 MIN.

Mandelmakronen
Seite 202

10 MIN. | 12–15 MIN.

Amerikanische Heidelbeer-Pancakes Seite 508

10 MIN. | 15–20 MIN.

Apfel-Muffins
Seite 137

10 MIN. | 20–25 MIN.

Churros
Seite 185

10 MIN. | 5–10 MIN.

Pastinaken-Parmesan-Brot
Seite 503

20 MIN. | 50 MIN.

Maisbrot auf Südstaatenart
Seite 506

10–15 MIN. | 25–35 MIN.

Stilton-Walnuss-Gebäck
Seite 234

10 MIN. | 20 MIN.

Kuchen für jeden Tag

Sandwich-Rührkuchen

Der luftig-lockere »Victoria Sponge Cake« gehört zu den beliebten Rührkuchenklassikern in England.

KUCHEN FÜR JEDEN TAG

6–8 STÜCKE | **30 MIN.** | **20–25 MIN.** | **4 WOCHEN UNGEFÜLLT**

Für 2 Springformen (je 18 cm Ø)
175 g weiche Butter, plus mehr für die Formen
175 g Zucker
3 Eier
1 TL Vanilleextrakt oder 1 Päckchen Vanillezucker
175 g Mehl
1½ TL Backpulver

Für die Füllung
50 g weiche Butter
100 g Puderzucker, plus mehr zum Bestäuben
1 Päckchen Vanillezucker
100 g Himbeerkonfitüre ohne Kernchen

1 Backofen auf 180 °C vorheizen. Beide Formen fetten und mit Backpapier auskleiden.

2 Die Butter mit dem Zucker in etwa 2 Minuten hell und cremig schlagen.

3 Die Eier nacheinander hinzufügen; jedes Ei nach der Zugabe unterrühren.

4 Vanilleextrakt zur Butter-Eier-Creme geben und gründlich unterrühren.

5 Die Masse in 2 Minuten schaumig rühren, bis sich oben Bläschen bilden.

6 Nun das Mehl mit dem Backpulver mischen und auf die schaumige Masse sieben.

7 Mehlmischung mit einem Löffel unterheben – die Masse soll schön locker bleiben.

8 Den Teig auf die Formen verteilen und mit einem Palettmesser glatt streichen.

9 20–25 Min. backen, bis die Kuchen goldgelb sind und auf Fingerdruck zurückfedern.

10 Stäbchen in den Kuchen stecken. Klebt beim Herausziehen nichts daran, ist er gar.

11 Kuchen 5 Min. in der Form ruhen lassen. Auf einen Rost stürzen; Papier abziehen.

12 Für die Füllung die Butter mit Puder- und Vanillezucker cremig rühren.

13 Die Buttercreme mit einem Palettmesser auf einen der Kuchen (Unterseite) streichen.

14 Die Konfitüre mit einem Messer behutsam auf der Buttercreme verteilen.

15 Zweiten Kuchen auf die Füllung setzen. Mit Puderzucker bestäuben.

AUFBEWAHREN Der Sandwich-Rührkuchen hält sich luftdicht verpackt bis zu 2 Tage frisch.
VORBEREITEN Ohne Füllung halten sich die beiden Kuchen bis zu 3 Tage.

Rührkuchen-Varianten

Kaffee-Walnuss-Torte

Ein Stück Kaffee-Walnuss-Torte ist der perfekte Begleiter zum Kaffee am Nachmittag. Der Teig wird in zwei kleinen Formen gebacken, damit die Torte besonders hoch und eindrucksvoll wird.

8 STÜCKE	20 MIN.	20–25 MIN.	8 WOCHEN UNGEFÜLLT

Für 2 Springformen (je 18 cm Ø)
175 g weiche Butter, plus mehr für die Form
175 g Zucker
3 Eier
1 Päckchen Vanillezucker
175 g Mehl
1½ TL Backpulver
1 EL Instant-Kaffeepulver, verrührt mit
  2 EL kochendem Wasser, abgekühlt

Für die Buttercreme
100 g weiche Butter
200 g Puderzucker
9 Walnusshälften

1 Den Backofen auf 180 °C vorheizen. Die Formen fetten und die Böden mit Backpapier belegen. Butter und Zucker schaumig schlagen.

2 Nacheinander die Eier dazugeben, dabei jedes Ei erst gründlich unterrühren, bevor das nächste dazugegeben wird. Vanillezucker hinzufügen und weitere 2 Minuten rühren. Nun Mehl und Backpulver auf die Masse sieben.

3 Zuerst Mehl und Backpulver, dann die Hälfte des Kaffees behutsam unterheben. Den Teig gleichmäßig auf beide Formen verteilen und oben glatt streichen.

4 Die Kuchen im heißen Ofen in 20–25 Minuten goldbraun backen, bis sie auf leichten Fingerdruck zurückfedern und bei der Stäbchenprobe kein Teig mehr haften bleibt. Aus dem Ofen nehmen, einige Minuten in den Formen abkühlen lassen, dann aus den Formen lösen und auf Kuchengittern auskühlen lassen.

5 Für die Buttercreme Butter und Puderzucker cremig rühren, dabei den restlichen Kaffee dazugeben. Die Hälfte der Creme gleichmäßig auf einem Kuchenboden verstreichen; den anderen Boden daraufsetzen und die restliche Creme darauf verteilen. Die Torte mit den Walnusshälften dekorieren.

AUFBEWAHREN Die Torte hält sich luftdicht verpackt an einem kühlen Ort 3 Tage frisch.

Madeirakuchen

Der einfache Rührkuchen schmeckt intensiv nach Zitrone und Butter.

8–10 STÜCKE	20 MIN.	50–60 MIN.	MAX. 1 WOCHE

Für 1 Springform (18 cm Ø)
175 g weiche Butter, plus mehr für die Form
175 g Zucker
3 Eier
225 g Mehl
2 TL Backpulver
abgeriebene Schale von 1 Bio-Zitrone

1 Den Backofen auf 180 °C vorheizen. Die Form fetten und den Boden mit Backpapier belegen.

2 Butter und Zucker mit den Quirlen des Handrührgeräts etwa 2 Minuten schaumig schlagen. Nacheinander die Eier dazugeben. Jedes Ei erst gründlich unterrühren, bevor das nächste dazugegeben wird.

3 Die Masse weitere 2 Minuten rühren. Mehl und Backpulver darübersieben, dann die Zitronenschale hinzufügen und alles behutsam unterheben.

4 Teig in die Form füllen und 50–60 Minuten im Ofen backen, bis bei der Stäbchenprobe kein Teig mehr haften bleibt. Den Kuchen einige Minuten in der Form abkühlen lassen, dann auf ein Kuchengitter stürzen und das Backpapier abziehen.

AUFBEWAHREN Dieser Kuchen hält sich luftdicht verpackt 3 Tage frisch.

Profitipp
Ein Rührkuchen wird besonders locker, wenn während des Rührens genug Luft eingearbeitet und er nicht zu lange gerührt wird. Außerdem sollten alle Zutaten vor der Teigzubereitung Raumtemperatur angenommen haben. Und: Es empfiehlt sich, den zubereiteten Teig sofort in die Form zu füllen und zu backen.

Marmorkuchen

Ein Marmorkuchen ist schnell gemacht, wenn Sie Kakaopulver in eine Teighälfte rühren und diese dann spiralförmig unter den hellen Teig ziehen.

8–10 STÜCKE	25 MIN.	45–50 MIN.	MAX. 1 WOCHE

Für 1 Kastenform (900 ml Inhalt)
175 g weiche Butter, plus mehr für die Form
175 g Zucker
3 Eier
1 Päckchen Vanillezucker
150 g Mehl
1½ TL Backpulver
25 g Kakaopulver

1 Den Backofen auf 180 °C vorheizen. Die Form gründlich fetten.

2 Butter und Zucker mit den Quirlen des Handrührgeräts bei mittlerer Geschwindigkeit etwa 2 Minuten schaumig schlagen. Nacheinander die Eier dazugeben. Jedes Ei erst gründlich unterrühren, bevor das nächste dazugegeben wird. Vanillezucker hinzufügen und weitere 2 Minuten rühren. Mehl und Backpulver auf die Masse sieben und unterheben.

3 Eine Teighälfte in eine zweite Schüssel geben. Das Kakaopulver auf eine Teigportion sieben und unterheben. Den hellen Teig in die Fom füllen und den dunklen Teig daraufgeben. Mit einer Gabel den dunklen Teig spiralförmig so unter den hellen ziehen, dass ein Marmormuster entsteht.

4 Den Kuchen 45–50 Minuten im heißen Ofen backen, bis bei der Stäbchenprobe kein Teig mehr haften bleibt. Den Kuchen aus dem Ofen nehmen und kurz in der Form abkühlen lassen. Anschließend auf ein Kuchengitter stürzen und ganz abkühlen lassen.

AUFBEWAHREN Dieser Kuchen hält sich luftdicht verpackt 3 Tage frisch.

Angel Food Cake

Dieser amerikanische Klassiker verdankt seinen Namen dem fast schnee-weißen, luftig leichten Biskuitteig. Am besten sofort essen!

8–12 STÜCKE   30 MIN.   35–45 MIN.

Für 1 Kranzform (26 cm Ø) oder 1 original Angel Food Cake Form (hohe runde Form mit Rohrboden; Inhalt 1,7 l)
zerlassene Butter für die Form
150 g Mehl
100 g Puderzucker
8 Eiweiß (Eigelbe anderweitig verwenden)
1 Prise Weinstein-Backpulver
250 g Zucker
einige Tropfen Bittermandel- oder Vanillearoma

Für die Creme
150 g Zucker
2 Eiweiß
Erdbeeeren (halbiert) und Himbeeren zum Dekorieren
Puderzucker zum Bestäuben

1 Den Backofen auf 180 °C vorheizen. Die Form großzügig mit der Butter fetten. Mehl und Puderzucker in eine Schüssel sieben (siehe Profitipp).

2 Die Eiweiße mit dem Weinstein zu Schnee schlagen, dann esslöffelweise den Zucker unterrühren. Die Mehlmischung auf den Eischnee sieben und nach und nach mit einem Löffel unterheben, dann das Mandel- bzw. Vanillearoma unter die Masse ziehen.

3 Die Schaummasse behutsam randvoll in die Form füllen und oben glatt streichen. Die Form auf ein Backblech setzen und die Masse 35–45 Minuten im heißen Ofen (Mitte) backen, bis sich der Kuchen auf Fingerdruck gerade eben fest anfühlt.

4 Die Form aus dem Ofen nehmen und vorsichtig mit der Öffnung nach unten auf ein Kuchengitter setzen. Den Kuchen in der Form abkühlen lassen, dann behutsam aus der Form lösen.

5 Für die Creme 4 EL Wasser mit dem Zucker in einem kleinen Topf bei schwacher Hitze unter Rühren erhitzen, bis sich der Zucker aufgelöst hat. Dann das Zuckerwasser zum Kochen bringen, bis es eine Temperatur von 114–118 °C erreicht hat (mit einem Zucker-thermometer messen oder ein Tröpfchen Sirup in sehr kaltes Wasser fallen lassen; es muss dann eine weiche Kugel bilden).

6 In der Zwischenzeit die Eiweiße steif schlagen. Sobald der Zuckersirup die richtige Temperatur erreicht hat, nur den Topf-boden in kaltes Wasser tauchen, damit die Temperatur nicht weiter steigt. Anschlie-ßend den Sirup in einem dünnen Strahl unter Rühren in die Mitte des Eischnees flie-ßen lassen. Weitere 5 Minuten rühren, bis der Eischnee steife Spitzen bildet.

7 Die Creme mit einer Tortenpalette auf dem Kuchen verteilen und ein Wellenmuster bil-den; dabei zügig vorgehen, da die Creme rasch fest wird. Die Torte mit den Beeren dekorieren und mit Puderzucker bestäuben.

> **Profitipp**
> Sieben Sie das Mehl zweimal, dadurch wird der Kuchen himmlisch locker. Halten Sie das Sieb hoch über die Schüssel, damit das Mehl beim Herabrieseln auf den Eischnee möglichst viel Luft aufnehmen kann. Noch luftiger wird der Teig, wenn Sie das Mehl insgesamt dreimal sieben.

Himbeersahne-Torte

Diese Torte aus luftigem Biskuitboden und Himbeersahne ist ein Highlight auf der sommerlichen Kaffeetafel, aber auch ein tolles Dessert.

8–10 STÜCKE | **30 MIN.** | **25–30 MIN.** | **4 WOCHEN UNGEFÜLLT**

Für 1 Springform (20 cm Ø)
40 g Butter, plus mehr für die Form
4 große Eier
125 g Zucker
125 g Mehl
1 Päckchen Vanillezucker
abgeriebene Schale von 1 Bio-Zitrone
75 g Himbeeren zum Dekorieren (nach Belieben)

Für die Himbeersahne
400 g Sahne
250 g Himbeeren
1 EL Puderzucker, plus mehr zum Bestäuben

1 Die Butter zerlassen. Den Backofen auf 180 °C vorheizen. Die Form fetten und den Boden mit Backpapier belegen.

2 In einem Topf Wasser zum Kochen bringen. Vom Herd nehmen und eine hitzebeständige Schüssel auf den Topf setzen. Darin die Eier und den Zucker mit den Quirlen des Handrührgeräts 5 Minuten schaumig schlagen, bis die Quirle in der Masse bleibende Spuren hinterlassen und sich das Volumen der Zutaten etwa verfünffacht hat. Die Schüssel vom Wasserbad nehmen und die Masse zum Abkühlen noch 1 Minute aufschlagen.

3 Das Mehl auf die Masse sieben und behutsam unterheben. Anschließend den Vanillezucker, die Zitronenschale und die zerlassene Butter unterheben.

4 Den Teig in die Form geben und im Ofen 25–30 Minuten backen, bis bei der Stäbchenprobe kein Teig mehr haften bleibt.

5 Den Tortenboden aus dem Ofen nehmen und einige Minuten in der Form abkühlen lassen. Anschließend auf ein Kuchengitter stürzen und auskühlen lassen. Das Backpapier abziehen.

6 Den kalten Tortenboden vorsichtig mit einem Sägemesser in drei gleich dicke Böden schneiden.

7 Für die Himbeersahne die Sahne in einer großen Schüssel steif schlagen. Die Himbeeren mit dem Puderzucker leicht zerdrücken und unter die Sahne heben; dabei den Saft nicht hinzufügen, damit die Himbeersahne nicht zu flüssig wird.

8 Den untersten Tortenboden auf eine Tortenplatte legen und mit der Hälfte der Himbeersahne bestreichen. Den mittleren Boden daraufsetzen, mit der restlichen Himbeersahne bestreichen und mit dem letzten Boden abschließen. Die Torte nach Belieben mit den Himbeeren garnieren, mit Puderzucker bestreuen und sofort servieren.

VORBEREITEN Der Biskuitboden hält sich bis zum Aufschneiden und Füllen luftdicht verpackt 1 Tag frisch.

Profitipp

Diese Biskuitmasse heißt Genueser Biskuit und wird mit sehr wenig zerlassener Butter hergestellt, die der Masse Aroma gibt. Ein Biskuit sollte 24 Stunden nach dem Backen verzehrt werden, da er sich aufgrund des geringen Fettgehalts nicht so lange wie andere Kuchen frisch hält.

Biskuitrolle

Hier sehen Sie, wie einfach es ist eine Biskuitplatte zu backen und anschließend perfekt aufzurollen.

8–10 STÜCKE | **20 MIN.** | **12–15 MIN.** | **MAX. 8 WOCHEN**

Für 1 kleines Backblech (32 x 23 cm)
3 große Eier
100 g feiner Zucker, plus mehr zum Bestreuen
1 Prise Salz
75 g Mehl
1 Messerspitze Backpulver

1 Päckchen Vanillezucker
6 EL Konfitüre (Sorte nach Geschmack) oder Nussnugatcreme

1 Den Backofen auf 200 °C vorheizen. Das Backblech mit Backpapier belegen.

2 Eine Schüssel auf einen Topf mit etwas köchelndem Wasser setzen.

3 Eier, Zucker und Salz in der Schüssel in 5 Min. dickcremig schlagen.

4 Test: Creme, die von den Quirlen tropft, muss kurz auf der Creme sichtbar bleiben.

5 Schüssel vom Topf nehmen. Creme 1–2 Min. weiterschlagen, damit sie etwas abkühlt.

6 Mehl und Backpulver auf die Creme sieben, Vanillezucker zufügen. Unter die Creme ziehen.

7 Die Biskuitmasse auf das Blech geben; glatt und in die Ecken streichen.

8 Im Ofen (Mitte) 12–15 Min. backen, bis der Biskuit auf Fingerdruck zurückfedert.

9 Wenn der Biskuit sich an den Rändern etwas zusammengezogen hat, ist er gar.

10 Einen Bogen Backpapier gleichmäßig und dünn mit feinem Zucker bestreuen.

11 Biskuitplatte auf das gezuckerte Papier stürzen; das mitgebackene Papier ist oben.

12 Die Platte 5 Min. abkühlen lassen, dann das Backpapier vorsichtig abziehen.

13 Falls die Konfitüre nicht streichfähig ist, diese langsam erwärmen.

14 Die Konfitüre auf die Biskuitplatte streichen (Ecken nicht vergessen).

15 Mit einem Messerrücken eine Schmalseite 2 cm vom Biskuitrand entfernt einkerben.

16 Von der eingekerbten Seite aus den Biskuit mithilfe des Papiers behutsam fest aufrollen.

17 Damit sie ihre Form behält, die Rolle in das Papier wickeln und kühl stellen.

18 Die Biskuitrolle aus dem Papier nehmen, mit der Nahtseite nach unten auf eine Platte setzen und mit Zucker bestreuen. **Aufbewahren** Luftdicht verpackt hält sich die Rolle 2 Tage.

Biskuitrollen-Varianten

Orangen-Pistazien-Biskuitrolle

Die exquisiten Aromen von Pistazien und Orangenblütenwasser geben der klassischen Biskuitrolle einen modernen Touch. Perfekt für das Dessert-Buffet.

8 STÜCKE	20 MIN.	15 MIN.	8 WOCHEN UNGEFÜLLT

Für 1 kleines Backblech (etwa 32 x 23 cm)
3 große Eier
100 g Butter, plus mehr zum Bestreuen
1 Prise Salz
75 g Mehl
½ TL Backpulver
abgeriebene Schale von 2 Bio-Orangen
3 EL Orangensaft
2 TL Orangenblütenwasser (nach Belieben)
200 g Sahne
75 g Pistazienkerne, gehackt
Puderzucker zum Bestäuben

1 Den Backofen auf 200 °C vorheizen. Das Blech mit Backpapier belegen.

2 Die Eier mit dem Zucker und dem Salz mit den Quirlen des Handrührgeräts etwa 5 Minuten über dem heißen Wasserbad schaumig schlagen.

3 Die Schüssel vom Wasserbad nehmen und die Masse zum Abkühlen 1–2 weitere Minuten aufschlagen. Das Mehl und das Backpulver darübersieben, die Hälfte der Orangenschale und 1 EL Orangensaft hinzufügen; alles behutsam unterheben. Die Masse auf das Blech streichen und im Ofen 12–15 Minuten backen, bis sich der Teig auf Fingerdruck fest anfühlt.

4 Ein Stück Backpapier mit Zucker bestreuen; die Biskuitplatte daraufstürzen. 5 Minuten abkühlen lassen, dann das Backpapier vom Boden abziehen. Den Teig mit dem Orangenblütenwasser beträufeln.

5 Die Biskuitplatte mit dem Rücken eines Messers entlang einer kurzen Seite etwa 2 cm vom Kuchenrand entfernt leicht einkerben. Die Biskuitplatte mit dem zuckerbestreuten Backpapier von der eingekerbten Seite aus aufrollen (siehe Profitipp). Abkühlen lassen.

6 Die Sahne steif schlagen. Die gehackten Pistazien sowie restliche Orangenschale und Saft unterheben. Die Biskuitrolle entrollen, das Backpapier abziehen und die Füllung gleichmäßig auf die Biskuitplatte streichen. Den Biskuit wieder aufrollen und mit der Naht nach unten auf eine Servierplatte setzen. Mit Puderzucker bestreuen.

> **Profitipp**
> Soll eine Biskuitrolle erst am nächsten Tag gefüllt werden, muss die Biskuitplatte noch im heißem Zustand aufgerollt und erst vor dem Füllen wieder entrollt werden. Rollen Sie den Biskuit mit Backpapier auf, damit die Schichten nicht zusammenkleben und die Biskuitplatte sich eng zusammenrollen lässt.

Spanische Rolle

Bei dieser Variante der klassischen Biskuitrolle vereinen sich säuerliches Zitronenaroma und Schokoladen-Rum-Creme. Die attraktive Roulade bietet sich als eindrucksvolles Dessert für ein festliches Menü an. ▶

8–10 STÜCKE	40–45 MIN.	7–9 MIN.	8 WOCHEN UNGEFÜLLT

Kühlzeit
6 Stunden

Für 1 kleines Backblech (etwa 32 x 23 cm)
Butter für das Backblech
5 Eier, getrennt
150 g Zucker
abgeriebene Schale von 2 Bio-Zitronen
1 Prise Salz
50 g Mehl, gesiebt
125 g Bitterschokolade, grob zerkleinert
200 g Sahne
1½ TL gemahlener Zimt
1½ EL brauner Rum
60 g Puderzucker
Zitronat zum Garnieren (nach Belieben)

1 Den Backofen auf 220 °C vorheizen. Das Blech fetten und mit Backpapier belegen. Die Eigelbe mit 100 g Zucker, der Zitronenschale und dem Salz in 3–5 Minuten schaumig schlagen. Die Eiweiße steif schlagen, dabei unter Rühren den restlichen Zucker hinzufügen. Das Mehl auf die Creme sieben und unterheben. Den Eischnee unterziehen.

2 Den Teig auf das Blech streichen und im Ofen (unten) 7–9 Minuten backen. Die Biskuitplatte auf ein zweites Blech stürzen und das Backpapier oben abziehen. Mit dem Rücken eines Messers entlang einer kurzen Seite des Biskuits etwa 2 cm vom Rand entfernt leicht einkerben. Den Biskuit mit einem zuckerbestreuten Backpapier von der eingekerbten Seite aus aufrollen (siehe Profitipp). Abkühlen lassen.

3 Für die Creme die Schokolade in eine Schüssel geben. Die Sahne mit ½ TL Zimt erhitzen und über die Schokolade gießen. Diese unter Rühren schmelzen; abkühlen lassen. Den Rum unter die Schokoladensahne rühren und die Masse mit den Quirlen des Handrührgeräts 5–10 Minuten aufschlagen, bis eine dickcremige Masse (die Ganache) entstanden ist.

4 Die Hälfte des Puderzuckers mit 1 TL Zimt mischen und auf ein Stück Backpapier sieben. Die Biskuitplatte auf der gezuckerten Fläche entrollen, mit der Ganache bestreichen, dann behutsam aufrollen und in das Backpapier wickeln. Die Rolle 6 Stunden kalt stellen. Aus dem Papier nehmen, die Enden gerade schneiden und die Rolle mit dem restlichen Puderzucker bestäuben. Nach Belieben mit Zitronat garnieren.

Ingwerwürfel

Dieser Rührkuchen schmeckt intensiv nach Ingwer und ist wunderbar saftig, weshalb er sich gut bis zu einer Woche aufbewahren lässt.

12 STÜCKE   20 MIN.   35–45 MIN.   MAX. 8 WOCHEN

Kühlzeit
1 Stunde

Für 1 quadratische Springform (18 x 18 cm)
100 g weiche Butter, plus mehr für die Form
225 g heller Zuckersirup (Golden Syrup)
100 g dunkler Muscovado-Zucker
200 ml Milch
4 EL Sirup von eingelegten Ingwerstücken (Glas)
abgeriebene Schale von 1 Bio-Orange
225 g Mehl
2 TL Backpulver
1 TL Natron
1 TL Lebkuchengewürz
1 TL gemahlener Zimt
2 TL gemahlener Ingwer
4 Stücke Ingwer in Sirup, abgetropft, fein gehackt
    und in 1 EL Mehl gewälzt
1 Ei

1 Den Backofen auf 170 °C vorheizen. Die Form fetten und den Boden mit Backpapier belegen.

2 Butter, Zuckersirup, Muscovado-Zucker, Milch und Ingwersirup in einem Topf langsam erhitzen, bis die Butter geschmolzen ist. Die Orangenschale unterrühren und die Mischung 5 Minuten abkühlen lassen.

3 Mehl, Backpulver, Natron, Lebkuchengewürz, Zimt und Ingwer in einer großen Schüssel vermischen. Zuerst mit einem Schneebesen die warme Sirupmasse, dann gehackten Ingwer und Ei unterrühren.

4 Teig in die Form geben und 35–40 Minuten im Ofen backen, bis bei der Stäbchenprobe nichts mehr haften bleibt. Den Kuchen mindestens 1 Stunde in der Form abkühlen lassen, dann auf ein Kuchengitter stürzen und das Backpapier abziehen. Den Kuchen in Würfel schneiden.

AUFBEWAHREN Dieser feuchte Kuchen hält sich luftdicht verpackt bis zu 1 Woche frisch.

Profitipp
Sirup und dunkler Zucker sorgen hier für einen kompakten, saftigen Kuchen, der sich lange frisch hält. Falls er nach einigen Tagen etwas zu trocken sein sollte, schneiden Sie den Kuchen auf und bestreichen Sie die Scheiben mit Butter – schon haben Sie ein köstliches Frühstück.

Rüblitorte mit Frischkäseguss

Wer möchte, kann den Frischkäseguss verdoppeln, den Kuchen aufschneiden und mit der Hälfte des Gusses füllen.

8–10 STÜCKE | **20 MIN.** | **45 MIN.** | **8 WOCHEN OHNE GUSS**

Für 1 Springform (22 cm Ø)
100 g Walnusskerne
225 ml Sonnenblumenöl, plus mehr für die Form
3 große Eier
225 g heller Muscovado-Zucker
1 TL Vanilleextrakt oder 1 Päckchen Vanillezucker
200 g Möhren, gerieben

100 g Sultaninen
200 g Mehl
75 g Weizenvollkornmehl
1½ TL Backpulver
1 Prise Salz
1 TL gemahlener Zimt
1 TL gemahlener Ingwer
¼ TL frisch geriebene Muskatnuss
Zesten von 1 Bio-Orange

Für den Frischkäseguss
50 g weiche Butter
100 g Frischkäse
200 g Puderzucker
1 Päckchen Vanillezucker
2 Bio-Orangen

1 Backofen auf 180 °C vorheizen. Nüsse in 5 Min. auf einem Blech im Ofen hell rösten.

2 Nüsse auf ein sauberes Geschirrtuch geben; aneinanderrubbeln, um die Haut zu entfernen.

3 Öl und Eier in eine große Schüssel geben, Zucker und Vanille hinzufügen.

4 Mit dem Handrührgerät alles zu einer deutlich helleren und dicklichen Masse verrühren.

5 Die geriebenen Möhren in ein Geschirrtuch wickeln und kräftig ausdrücken.

6 Die ausgedrückten Möhren gleichmäßig unter die Öl-Eier-Masse ziehen.

7 Die abgekühlten Walnusskerne mit einem schweren Messer grob hacken.

8 Nüsse und Sultaninen zur Masse geben und mit einem Löffel darunterziehen.

9 Mehle und Backpulver auf die Masse sieben; evtl. Kleie im Sieb dazugeben.

10 Salz, Gewürze und Orangenzeste hinzufügen; alles mit einem Löffel vermengen.

11 Die Form fetten. Den Teig in die Form füllen und mit einem Palettmesser glatt streichen.

12 Den Kuchen 45 Min. backen. Bei der Stäbchenprobe darf nichts hängenbleiben.

13 Falls nötig, weiterbacken; Stäbchenprobe wiederholen. Auf einem Gitter auskühlen lassen.

14 Zu Butter, Frischkäse, Puder- und Vanillezucker die Schale von 1 Orange reiben.

15 Alles mit dem Handrührgerät zu einer hellen, glatten Creme verrühren.

16 Den Guss mit einem Palettmesser wellenförmig auf dem Kuchen verteilen.

17 Von der zweiten Orange die Schale mit einem Zestenreißer abziehen.

18 Die Torte mit Orangenzeste garnieren und auf eine Tortenplatte heben.
AUFBEWAHREN Die Torte hält sich luftdicht verpackt 3 Tage frisch.

Rüblikuchen-Varianten

Zucchinikuchen

Hier ist eine köstliche Alternative zum Rüblikuchen.

| 8–10 STÜCKE | 20 MIN. | 45 MIN. | MAX. 1 WOCHE |

Für 1 Springform (22 cm Ø)
225 ml Sonnenblumenöl, plus mehr für die Form
100 g Haselnusskerne
3 große Eier
225 g Zucker
1 Päckchen Vanillezucker
200 g Zucchini, fein geraspelt
200 g Mehl
75 g Weizenvollkornmehl
2 TL Backpulver
1 Prise Salz
1 TL gemahlener Zimt
abgeriebene Schale von 1 Bio-Zitrone

1 Den Backofen auf 180 °C vorheizen. Die Form fetten und den Boden mit Backpapier belegen. Die Nüsse auf dem Blech verteilen und im Ofen in etwa 5 Minuten goldbraun rösten. Anschließend die Nüsse in einem Geschirrtuch aneinanderrubbeln, um die Schalen abzulösen, dann grob hacken.

2 Öl, Eier, Zucker und Vanillezucker mit den Quirlen des Handrührgeräts schaumig schlagen. Die Zucchiniraspel gut ausdrücken und mit den Nüssen unterheben. Mehl und Backpulver sowie Salz, Zimt und Zitronenschale auf die Masse geben und alles unterheben.

3 Den Teig in die Form füllen und im heißen Ofen 45 Minuten backen, bis die Oberfläche auf Fingerdruck zurückfedert. Kuchen aus der Form lösen und auf einem Gitter auskühlen lassen.

Profitipp
Zucchini sind weniger süß als Möhren. Sie sorgen jedoch für mehr Saftigkeit und Frische. Der Verzicht auf einen süßen Guss macht den Kuchen noch gesünder.

KUCHEN FÜR JEDEN TAG

Schneller Rüblikuchen

Möhrenkuchen ist für Back-Anfänger bestens geeignet, da weder langes Aufschlagen noch heikles Unterheben gefragt sind. Dieser Kuchen ist schnell gebacken – und vermutlich noch schneller verspeist.

| 8 STÜCKE | 15 MIN. | 20–25 MIN. | 8 WOCHEN OHNE CREME |

Für 1 Springform (20 cm Ø)
75 g Butter, zerlassen und abgekühlt, plus mehr
  für die Form
75 g Weizenvollkornmehl
1 TL gemahlenes Piment
½ TL gemahlener Ingwer
1 TL Backpulver
2 Möhren, geraspelt
75 g heller Muscovado-Zucker
50 g Sultaninen
2 Eier
1 EL Orangensaft

Für die Creme
150 g Frischkäse
2 EL Orangensaft
1 EL Puderzucker
Zitronenzesten zum Garnieren

1 Den Backofen auf 190 °C vorheizen. Die Form fetten und den Boden mit Backpapier belegen.

2 Mehl, Gewürze und Backpulver in einer großen Schüssel mischen. Möhren, Zucker und Sultaninen dazugeben und ebenfalls untermischen. Die Eier, 1 EL Orangensaft und die flüssige Butter hinzufügen und alles zu einer glatten Masse verarbeiten.

3 Die Masse in die Form füllen und oben glatt streichen. Die Form auf ein Blech setzen und im heißen Ofen 20 Minuten backen, bis bei der Stäbchenprobe kein Teig mehr haften bleibt. Den Kuchen aus dem Ofen nehmen und 10 Minuten in der Form abkühlen lassen.

4 Den Kuchen mit einem Messer vom Rand der Form lösen, dann auf ein Kuchengitter stürzen und vollständig abkühlen lassen. Den Kuchen mit einem Sägemesser in zwei Böden schneiden.

5 Für die Füllung den Frischkäse mit dem restlichen Orangensaft und dem Puderzucker cremig schlagen. Die Hälfte der Creme auf einem der beiden Böden verstreichen, den zweiten Boden daraufsetzen und mit der restlichen Creme überziehen. Mit Zitronenzeste garnieren und servieren.

AUFBEWAHREN Dieser Kuchen hält sich luftdicht verpackt 3 Tage frisch.

Rübli-Gewürz-Würfel

Die Weihnachtsgewürze machen diese Variante zum köstlichen Wintergenuss. In kleine Würfel geschitten, ist dieser Kuchen perfekt für eine Party. **FOTO S. 46/47**

| 16 STÜCKE | 20 MIN. | 30 MIN. | 8 WOCHEN OHNE CREME |

Für 1 quadratische Springform (18 x 18 cm)
175 g Mehl
1½ TL Backpulver
1 TL gemahlener Zimt
1 TL Lebkuchengewürz
½ TL Natron
100 g heller oder dunkler Muscovado-Zucker
150 ml Sonnenblumenöl
2 große Eier
75 g heller Zuckersirup (Golden Syrup)
125 g Möhren, geraspelt
abgeriebene Schale von 1 Bio-Zitrone

Für die Creme
75 g Puderzucker
100 g Frischkäse
1–2 EL Orangensaft
abgeriebene Schale von 1 Orange
Orangenzeste zum Garnieren (nach Belieben)

1 Den Backofen auf 180 °C vorheizen. Die Form mit Backpapier auskleiden. Mehl, Backpulver, Gewürze, Natron und Zucker in einer Schüssel vermischen.

2 Öl, Eier und Zuckersirup in einer zweiten Schüssel verrühren. Diese Mischung zu den trockenen Zutaten geben, dann Möhrenraspel und Orangenschale unterrühren. Den Teig in die Form füllen und glatt streichen.

3 Den Kuchen im heißen Ofen 30 Minuten backen, bis er sich bei Fingerdruck fest

anfühlt. Aus dem Ofen nehmen und einige Minuten in der Form abkühlen lassen. Auf ein Kuchengitter stürzen und vollständig abkühlen lassen; das Backpapier abziehen.

4 Für die Creme den Puderzucker in eine Schüssel sieben. Frischkäse, Orangensaft und -schale dazugeben und alles mit den Quirlen des Handrührgeräts zu einer streichfähigen Masse schlagen. Die Creme auf den Kuchen streichen. Nach Belieben mit Orangenzesten garnieren, in 16 Quadrate schneiden und servieren.

AUFBEWAHREN Dieser Kuchen hält sich luftdicht verpackt 3 Tage frisch.

Polenta-Zitronen-Kuchen

Einer der wenigen weizenfreien Kuchen, der genauso zubereitet wird wie Kuchen mit Weizenmehl.

6–8 STÜCKE — **30 MIN.** — **50–60 MIN.** — **MAX. 8 WOCHEN**

Für 1 Springform (24 cm Ø)
200 g weiche Butter, plus mehr für
  die Form
200 g Zucker
3 große Eier
100 g grobe Polenta (grober
  Maisgrieß)
200 g gemahlene Mandeln

abgeriebene Schale und Saft von
  2 Bio-Zitronen
1 TL Weinstein-Backpulver
steif geschlagene Sahne zum
  Servieren (nach Belieben)

1 Den Backofen auf 160 °C vorheizen. Form fetten; den Boden mit Backpapier belegen.

2 Die Butter mit 175 g Zucker mit den Quirlen des Handrührgeräts schaumig schlagen.

3 Eier unterrühren; das nächste Ei erst hinzufügen, wenn das vorherige untergemischt ist.

4 Polenta und Mandeln zugeben; beides mit einem Löffel unter die Butter-Ei-Masse ziehen.

5 Zitronenschale und Backpulver mischen und unterheben. Der Teig ist recht fest.

6 Den Teig in die Form füllen und mit einem Palettmesser glatt streichen.

7 Kuchen 50–60 Min. backen, bis er auf Fingerdruck zurückfedert (er geht nicht stark auf).

8 Ein Stäbchen in den Kuchen stecken: Beim Herausziehen sollte nichts daran haften.

9 Kuchen in der Form ein paar Min. abkühlen lassen, bis man ihn gut anfassen kann.

10 Inzwischen den Zitronensaft und den restlichen Zucker (25 g) in einen Stieltopf geben.

11 Alles bei mittlerer Hitze erwärmen, bis sich der Zucker aufgelöst hat. Vom Herd nehmen.

12 Den Kuchen aus der Form nehmen und mit dem Papier auf ein Kuchengitter setzen.

13 Mit einem Stäbchen oder Zahnstocher Löcher in den noch warmen Kuchen stechen.

14 Den Kuchen nach und nach mit dem heißen Zitronensirup tränken.

15 Erst erneut Sirup über den Kuchen gießen, wenn die vorherige Portion eingesunken ist.

16 Den Kuchen abkühlen lassen; nach Belieben mit Zitronenzesten garnieren und mit geschlagener Sahne servieren. **AUFBEWAHREN** Der Kuchen hält sich luftdicht verpackt 3 Tage frisch.

Weizenmehlfreie Kuchen-Varianten

Schoko-Paranuss-Kuchen

Dieser ungewöhnliche Kuchen setzt statt auf die übliche Schoko-Mandel-Kombination auf Paranüsse – das macht ihn saftig und gehaltvoll.

| 6–8 STÜCKE | 25 MIN. | 45–50 MIN. | MAX. 4 WOCHEN |

Für 1 Springform (20 cm Ø)
75 g Butter, gewürfelt, plus mehr für die Form
100 g Bitterschokolade, zerkleinert
150 g Paranüsse
125 g Zucker
4 große Eier, getrennt
Kakaopulver oder Puderzucker zum Bestäuben
steif geschlagene Sahne zum Servieren
  (nach Belieben)

1 Den Backofen auf 180 °C vorheizen. Die Form fetten und den Boden mit Backpapier belegen. Die Schokolade über dem heißen Wasserbad schmelzen und abkühlen lassen.

2 Die Nüsse mit dem Zucker in der Küchenmaschine fein zerkleinern. Die Butter hinzufügen und zügig unterrühren (siehe Profitipp). Anschließend erst die Eigelbe nacheinander und dann die flüssige Schokolade untermixen.

3 Die Eiweiße in einer separaten Schüssel zu Schnee schlagen. Die Schokoladenmasse in eine große Schüssel geben. Zuerst einige Esslöffel Eischnee unterschlagen, dann den restlichen Eischnee mit einem großen Löffel behutsam unterheben.

4 Den Teig in die Form füllen und 40–45 Minuten im heißen Ofen backen, bis bei der Stäbchenprobe kein Teig mehr haften bleibt. Den Kuchen aus dem Ofen nehmen und einige Minuten in der Form abkühlen lassen. Auf ein Kuchengitter stürzen und vollständig abkühlen lassen; das Backpapier abziehen. Den Kuchen mit Kakaopulver oder Puderzucker bestäuben; nach Belieben mit geschlagener Sahne servieren.

AUFBEWAHREN Dieser Kuchen hält sich luftdicht verpackt 3 Tage frisch.

Profitipp
Achten Sie darauf, die Butter in kurzen Intervallen in die Nuss-Zucker-Mischung einzurühren. Langes Rühren würde die natürlichen Öle der Nüsse freisetzen, wodurch der Kuchen einen öligen Beigeschmack erhalten kann.

Torta margherita

Der luftig leichte italienische Klassiker wird mit Kartoffelmehl zubereitet.

| 6–8 STÜCKE | 20 MIN. | 25–30 MIN. | MAX. 1 WOCHE |

Für 1 Springform (20 cm Ø)
25 g Butter, plus mehr für die Form
2 große Eier
1 Eigelb
100 g Zucker
1 Päckchen Vanillezucker
100 g Kartoffelmehl, gesiebt
½ TL Backpulver
abgeriebene Schale von ½ Bio-Zitrone
Puderzucker zum Bestäuben

1 Die Butter zerlassen und abkühlen lassen. Den Backofen auf 180 °C vorheizen. Die Form fetten und den Boden mit Backpapier belegen.

2 Eier, Eigelb, Zucker und Vanillezucker in einer großen Schüssel 5 Minuten dickcremig aufschlagen, bis sich das Volumen der Masse mindestens verdoppelt hat. Behutsam das Kartoffelmehl, das Backpulver und die Zitronenschale unterheben; dann die flüssige Butter unterziehen.

3 Den Teig in die Form füllen und im heißen Ofen in 25–30 Minuten goldbraun backen, bis bei der Stäbchenprobe kein Teig mehr haften bleibt.

4 Den Kuchen aus dem Ofen nehmen und 10 Minuten in der Form abkühlen lassen. Danach auf ein Kuchengitter stürzen und vollständig abkühlen lassen; das Backpapier abziehen. Mit Puderzucker bestäuben und servieren.

AUFBEWAHREN Dieser Kuchen hält sich luftdicht verpackt 2 Tage frisch.

KUCHEN FÜR JEDEN TAG

Castagnaccio

Kastanienmehl sorgt dafür, dass dieser Kuchen schön saftig wird.

| 6–8 STÜCKE | 25 MIN. | 50–60 MIN. |

Für 1 Springform (20 cm Ø)
1 EL Olivenöl, plus mehr für die Form
50 g Sultaninen
25 g gehobelte Mandeln
30 g Pinienkerne
300 g Kastanienmehl (italienisches Feinkost-geschäft, Bioladen oder Onlinehandel)
25 g Zucker
1 Prise Salz
400 ml Milch oder Wasser
1 EL fein gehackte Rosmarinnadeln
abgeriebene Schale von 1 Bio-Orange
Rosmarinnadeln zum Garnieren (nach Belieben)

1 Den Backofen auf 180 °C vorheizen. Die Form fetten und den Boden mit Backpapier belegen. Die Sultaninen 5 Minuten in warmem Wasser einweichen, dann abgießen und abtropfen lassen.

2 Die Mandeln und die Pinienkerne auf einem Backblech ausbreiten und im Ofen in 5–10 Minuten hellbraun rösten. Das Kastanienmehl in eine große Schüssel sieben, Zucker und Salz dazugeben.

3 Alles mit einem Schneebesen vermischen. Dabei nach und nach Milch oder Wasser hinzufügen und rühren, bis eine glatte, zäh-flüssige Masse entstanden ist. Das Öl unter-rühren, den Teig in die Form füllen und mit den Sultaninen, dem Rosmarin, der Oran-genschale, den Mandeln und Pinienkernen bestreuen.

4 Den Kuchen im heißen Ofen 50–60 Minu-ten backen, bis er oben trocken und am Rand leicht gebräunt ist (der Kuchen bleibt eher flach). Herausnehmen und 10 Minuten in der Form abkühlen lassen. Anschließend auf ein Kuchengitter stürzen und vollständig abkühlen lassen. Das Backpapier abzie-hen. Den Kuchen nach Belieben mit Ros-marinnadeln garnieren und servieren.

Schokopudding mit Toffee

Dieser Klassiker der modernen britischen Küche wurde angeblich in den 1960ern erfunden und besticht durch ausgewogene Süße.

| 8 STÜCK | 20 MIN. | 20–25 MIN. | MAX. 1 WOCHE |

Für 8 ofenfeste Formen (je 200 ml Inhalt)

125 g weiche Butter, plus mehr für die Formen
200 g Datteln ohne Stein (vorzugsweise Medjool)
1 TL Speisenatron
225 g Mehl
2 TL Backpulver
175 g heller oder dunkler Muscovado-Zucker
3 große Eier

Für die Toffee-Sauce

150 g heller oder dunkler Muscovado-Zucker
75 g Butter, gewürfelt
150 g Sahne
1 Prise Salz
Sahne zum Servieren (nach Belieben)

1 Den Backofen auf 190 °C vorheizen. Die Formen gründlich fetten.

2 Datteln in einem kleinen Topf mit dem Natron in 200 ml Wasser 5 Minuten köcheln lassen, dann mit dem Sud pürieren.

3 Das Mehl und das Backpulver in eine Schüssel sieben. Butter, Zucker und Eier mit den Quirlen des Handrührgeräts einarbeiten, dann das Dattelpüree unterziehen. Die Masse in die Formen füllen und auf ein Backblech stellen.

4 Die Puddings 20–25 Minuten im Ofen backen, bis sie sich auf Fingerdruck fest anfühlen. In der Zwischenzeit die Toffee-Sauce zubereiten. Dazu Zucker, Butter und Sahne unter gelegentlichem Rühren in einem Topf erhitzen, bis Butter und Zucker geschmolzen sind und eine glatte Masse entstanden ist. Das Salz unterrühren und die Masse einige Minuten köcheln lassen.

5 Die warmen Puddings mit der heißen Toffee-Sauce übergießen und servieren; dazu nach Belieben flüssige Sahne reichen.

VORBEREITEN Puddings und Sauce lassen sich 2 Tage im Voraus zubereiten und vor dem Servieren erhitzen. Dazu die Puddings auf einem Blech im 180 °C heißen Ofen 15–20 Minuten aufbacken; die Sauce in einem kleinen Topf langsam erhitzen. Beides kann auch eingefroren und nach dem Auftauen wie beschrieben erwärmt werden.

Profitipp

Nach diesem Rezept lässt sich auch ein großer Pudding zubereiten. Geben Sie einige gegarte, grob gehackte Datteln in eine Puddingform, bevor Sie die Masse hineinfüllen. Den Pudding 40–45 Minuten backen. Auf einen Teller stürzen und mit der Toffee-Sauce übergießen.

Kleine Schokoladentorte

Vermutlich gehören Kuchen mit Schokolade zu den beliebtesten überhaupt. Diese Torte wird durch Joghurt saftig.

6–8 STÜCKE · **30 MIN.** · **20–25 MIN.** · **8 WOCHEN UNGEFÜLLT**

Für 2 Springformen (je 18 cm Ø)
175 g weiche Butter, plus mehr für
  die Formen
175 g heller Muscovado-Zucker
3 große Eier
125 g Mehl
1½ TL Backpulver
50 g Kakaopulver
2 EL griechischer Sahnejoghurt

Für die Schokoladencreme
50 g weiche Butter
75 g Puderzucker, plus mehr zum
  Bestäuben
25 g Kakaopulver
Milch (nach Bedarf)

1 Den Backofen auf 180 °C vorheizen. Die Formen fetten und mit Backpapier auskleiden.

2 Die Butter in Stückchen mit dem Zucker in eine große Rührschüssel geben.

3 Butter und Zucker mit den Quirlen des Handrührgeräts schaumig schlagen.

4 Eier unterrühren; das nächste Ei erst hinzufügen, wenn das vorherige untergemischt ist.

5 Mehl, Backpulver und Kakao in eine zweite Schüssel sieben.

6 Die Mehlmischung mit einem Löffel gründlich unter die Butter-Eier-Masse rühren.

7 Anschließend den Joghurt unter den Teig ziehen – dadurch wird der Teig schön feucht.

8 Jeweils eine Teighälfte in die Formen füllen. Den Teig glatt streichen.

9 Die Kuchen im Ofen (Mitte) 20–25 Min. backen, bis sie auf Fingerdruck zurückfedern.

10 Ein Stäbchen in den Kuchen stecken: Es sollte beim Herausziehen nichts daran haften.

11 Die Kuchen kurz in den Formen abkühlen, dann herauslösen und auskühlen lassen.

12 Für die Schokocreme Butter, Puderzucker und Kakao in eine große Schüssel geben.

13 Die Zutaten mit dem Handrührgerät in etwa 5 Min. cremig aufschlagen.

14 Falls die Creme zu dick ist, teelöffelweise Milch unterrühren, bis sie streichfähig ist.

15 Einen Kuchen mit der Schokoladencreme bestreichen, den anderen daraufsetzen.

16 Die Torte auf eine Servierplatte setzen und mit etwas Puderzucker bestäuben.
AUFBEWAHREN Die Torte hält sich luftdicht verpackt 2 Tage frisch.

Schokoladentorten-Varianten

Schoko-Mandel-Torte

Ob zum Nachmittagskaffee oder als Dessert – verwenden Sie für diese Torte nur hochwertigste Schokolade, es lohnt sich!

| 6–8 STÜCKE | 30 MIN. | 25 MIN. | 4 WOCHEN OHNE GUSS |

Für 1 Springform (20 cm Ø)
175 g weiche Butter, plus mehr für die Form
Mehl für die Form
200 g Bitterschokolade, zerkleinert
150 g Zucker
3 Eier, getrennt
50 g gemahlene Mandeln
50 g Semmelbrösel
½ TL Backpulver
½ Fläschchen Bittermandelaroma (oder nach Geschmack)
1 TL Brandy oder Rum (nach Belieben)

1 Den Backofen auf 180 °C vorheizen. Die Form fetten, den Boden mit Backpapier belegen und mit Mehl bestäuben.

2 Die Hälfte der Schokolade in einer Schüssel über dem Wasserbad schmelzen (siehe Profitipp); etwas abkühlen lassen. 120 g Butter und den Zucker in einer zweiten Schüssel schaumig schlagen. Nacheinander die Eigelbe und dann die flüssige Schokolade unterrühren. Die restlichen Zutaten unterheben.

3 Eiweiße steif schlagen; unter die Masse ziehen. Schokomasse in die Form füllen und im Ofen 25 Minuten backen. Herausnehmen, Kuchen aus der Form lösen und auf einem Gitter abkühlen lassen. Übrige Schokolade und restliche Butter auf dem Wasserbad schmelzen. Abkühlen lassen, dann auf den Kuchen streichen.

Profitipp
Schokolade mit einem Kakaoanteil von über 60 Prozent sollten Sie generell nicht in der Mikrowelle schmelzen, da sie aufgrund des hohen Kakaoanteils rasch verbrennen kann.

Schokokuchen mit Fudge-Glasur

Für Schokoladenfans ein Muss im Backrepertoire.

| 8–12 STÜCKE | 20 MIN. | 40 MIN. | 8 WOCHEN UNGEFÜLLT |

Für 2 Springformen (je 20 cm Ø)
225 g weiche Butter, plus mehr für die Formen
200 g Mehl
3 TL Backpulver
25 g Kakaopulver
4 große Eier
225 g Zucker
1 Päckchen Vanillezucker

Für die Glasur
50 g Kakaopulver
150 g Puderzucker
50 g Butter, zerlassen
3 EL Milch

1 Den Backofen auf 180 °C vorheizen. Die Formen fetten und die Böden mit Backpapier belegen. Mehl, Backpulver und Kakaopulver in eine Schüssel sieben. Alle anderen Zutaten hinzufügen und das Ganze mit den Quirlen des Handrührgeräts zu einer glatten Masse verarbeiten. 2 EL warmes Wasser unterrühren. Die Schokomasse gleichmäßig in die beiden Formen füllen und glatt streichen.

2 Die Kuchen im heißen Ofen 35–40 Minuten backen, bis sie sich auf Fingerdruck fest anfühlen. Einige Minuten in den Formen abkühlen lassen, dann auf Kuchengitter stürzen und auskühlen lassen. Das Backpapier von den Kuchen abziehen.

3 Für die Glasur Kakaopulver und Puderzucker in eine Schüssel sieben, Butter und Milch unterrühren. Ist die Masse zu dickflüssig, etwas mehr Milch dazugeben, bis sie streichfähig ist. Die Glasur auf die beiden Kuchen streichen und die Kuchen, jeweils mit den bestrichenen Seiten oben, aufeinandersetzen.

Schoko-Birnen-Kuchen

Dieser saftige, üppige Kuchen macht immer Eindruck!

| 6–8 STÜCKE | 15 MIN. | 30 MIN. |

Für 1 Springform (20 cm Ø)
125 g weiche Butter, plus mehr für die Form
175 g Zucker
250 g Weizenvollkornmehl, gesiebt
2 TL Backpulver
4 große Eier, leicht verrührt
50 g Kakaopulver, gesiebt
50 g Bitterschokolade, zerkleinert
2 Birnen, geschält, entkernt und gewürfelt
150 ml Milch
Puderzucker zum Bestäuben

1 Den Backofen auf 180 °C vorheizen. Nur den Springformrand fetten und den Formboden mit Backpapier belegen.

2 Butter und Zucker mit den Quirlen des Handrührgeräts schaumig schlagen. Mehl und Backpulver mischen. Nacheinander die Eier unterrühren; dabei nach jedem Ei etwas Mehlmischung hinzufügen, damit ein glatter Teig entsteht. Anschließend Kakaopulver, Schokolade und Birnenstücke untermischen, dann die Milch unterrühren.

3 Den Teig in die Form füllen und im heißen Ofen 30 Minuten backen, bis sich der Kuchen fest anfühlt. Den Kuchen 5 Minuten in der Form abkühlen lassen, dann auf ein Kuchengitter setzen und auskühlen lassen. Das Backpapier abziehen. Den Kuchen mit Puderzucker bestreuen und servieren.

AUFBEWAHREN Dieser Kuchen hält sich luftdicht verpackt 2 Tage frisch.

Devil's Food Cake

In diesem amerikanischen Klassiker verstärkt das Kaffeearoma das der Schokolade und macht die Torte zu einer wahren Köstlichkeit.

| 8–10 STÜCKE | 30 MIN. | 30–35 MIN. | 8 WOCHEN UNGEFÜLLT |

Für 2 Springformen (je 20 cm Ø)
100 g weiche Butter, plus mehr für die Form
275 g Zucker
2 große Eier
200 g Mehl
75 g Kakaopulver
2 TL Backpulver
1 EL Instant-Kaffeepulver, mit 125 ml kochend heißem Wasser verrührt oder 125 ml abgekühlter Espresso
125 ml Milch
1 Päckchen Vanillezucker

Für die Buttercreme
125 g kalte Butter, gewürfelt
25 g Kakaopulver
125 g Puderzucker
2–3 EL Milch
Bitter- oder Vollmilchschokolade für Späne

1 Den Backofen auf 180 °C vorheizen. Die Formen fetten und die Böden mit Backpapier belegen. Butter und Zucker mit den Quirlen des Handrührgeräts schaumig schlagen.

2 Nacheinander die Eier dazugeben; jedes Ei erst gründlich unterrühren, bevor das nächste dazugegeben wird. Mehl, Kakaopulver und Backpulver in eine zweite Schüssel sieben. Den abgekühlten Kaffee oder Espresso, die Milch und den Vanillezucker in einer dritten Schüssel verrühren.

3 Abwechselnd unter Rühren die Mehl- und die Kaffeemischung löffelweise zur Butter-Eier-Mischung geben und alles zu einem glatten Teig verarbeiten. Den Teig in die beiden Formen füllen.

4 Die Kuchen im heißen Ofen 30–35 Minuten backen, bis sie auf Fingerdruck zurückfedern und bei der Stäbchenprobe kein Teig mehr haften bleibt. Einige Minuten in den Formen abkühlen lassen, dann auf ein Kuchengitter stürzen und auskühlen lassen. Das Backpapier abziehen. Für die Buttercreme die Butter in einem Topf bei schwacher Hitze zerlassen. Das Kakaopulver hinzufügen und die Mischung unter Rühren 1–2 Minuten köcheln, dann vom Herd nehmen und etwas abkühlen lassen.

5 Den Puderzucker zur Kakao-Butter sieben und gründlich untermischen. Die Milch esslöffelweise unterrühren, bis eine geschmeidige, glänzende Masse entstanden ist; abkühlen lassen (dabei dickt die Creme ein). Die Hälfte der Buttercreme auf einen Boden streichen und den anderen daraufsetzen. Mit der restlichen Creme den Kuchen rundum überziehen. Zum Schluss mit einem Sparschäler oder auf dem Hobel Späne von der Schokolade abziehen. Den Kuchen mit den Schokoladenspänen garnieren.

AUFBEWAHREN Dieser Kuchen hält sich luftdicht verpackt an einem kühlen Ort 5 Tage.

Profitipp

Selbst wenn Kuchen mit Kaffeearoma normalerweise nicht zu Ihren Favoriten zählt, sollten Sie den Kaffee oder Espresso hier unbedingt verwenden. Er sorgt dafür, dass der Kuchen schön feucht wird und unterstreicht zudem das Schokoaroma. Vom Kaffee werden Sie kaum etwas schmecken.

Schokoladencreme-Torte

Zumindest ein Rezept für eine Schokoladencreme-Torte sollte jeder parat haben – dieses hier ist unschlagbar.

| 6–8 STÜCKE | 40 MIN. | 30 MIN. | 8 WOCHEN UNGEFÜLLT |

Für 2 Springformen (je 18 cm Ø)
150 ml Sonnenblumenöl, plus mehr für die Formen
175 g Mehl
2 TL Backpulver
25 g Kakaopulver
150 g heller Muscovado-Zucker
3 EL heller Zuckersirup (Golden Syrup)
2 Eier
150 ml Milch

Für die Creme
125 g Butter
25 g Kakaopulver
125 g Puderzucker
2 EL Milch, nach Bedarf

1 Den Backofen auf 180 °C vorheizen. Die Formen fetten und die Böden mit Backpapier belegen. Mehl, Backpulver und Kakaopulver in eine große Schüssel sieben; den Zucker untermischen.

2 Den Zuckersirup langsam erwärmen, bis er flüssig ist; abkühlen lassen. Die Eier in einer zweiten Schüssel mit dem Öl und der Milch mit den Quirlen des Handrührgeräts verrühren.

3 Die Eiermasse unter Rühren zur Mehlmischung gießen. Behutsam den Sirup unterziehen und den Teig in die beiden Formen füllen.

4 Die Tortenböden im heißen Ofen (Mitte) 30 Minuten backen, bis sie auf Fingerdruck zurückfedern und bei der Stäbchenprobe kein Teig mehr haften bleibt. Aus dem Ofen nehmen und in den Formen kurz abkühlen lassen, dann auf ein Kuchengitter stürzen und auskühlen lassen. Das Backpapier abziehen.

5 Für die Schokoladencreme die Butter bei schwacher Hitze zerlassen. Den Kakao unterrühren und die Mischung 1–2 Minuten köcheln, dann vollständig abkühlen lassen. Den Puderzucker in eine Schüssel sieben.

6 Die Butter-Kakao-Mischung mit dem Puderzucker verrühren. Falls die Masse zu zäh sein sollte, etwas Milch dazugeben, bis eine glatte, glänzende Creme entstanden ist. 30 Minuten abkühlen lassen; dabei dickt die Creme ein.

7 Beide Tortenböden mit je einer Hälfte der Schokoladencreme bestreichen und mit den bestrichenen Seiten nach oben zusammensetzen.

AUFBEWAHREN Diese Torte hält sich luftdicht verpackt 3 Tage frisch.

Profitipp
Übriggebliebener Kuchen, der mehrere Tage aufbewahrt wurde und dann zu trocken ist, kann schnell aufgefrischt werden: Dafür 30 Sekunden in der Mikrowelle erhitzen – die Creme schmilzt dabei zu einer köstlichen Sauce –, mit Vanilleeis dazu entsteht aus Kuchen und Creme ein Dessert.

Schokoladenmousse-Torte

Bestens für Anfänger geeignet. Beim Aufschneiden das Messer vorher in heißes Wasser tauchen und zwischendurch immer wieder abwischen.

8–12 STÜCKE   **20 MIN.**   **25–30 MIN.**

Für 1 Springform (24 cm Ø)
250 g Butter, gewürfelt
350 g Bitterschokolade, zerkleinert
250 g Zucker
5 große Eier, getrennt
1 Prise Salz
Kakaopulver oder Puderzucker zum Bestäuben
geschlagene Sahne zum Servieren (nach
  Belieben)

1 Den Backofen auf 180 °C vorheizen. Den Boden der Form mit Backpapier belegen. Butter und Schokolade über dem Wasserbad zum Schmelzen bringen (dabei darf der Boden des Gefäßes das heiße Wasser nicht berühren) und zu einer glatten Masse verrühren.

2 Die Masse leicht abkühlen lassen, dann den Zucker und anschließend nacheinander die Eigelbe unterrühren.

3 Die Eiweiße mit dem Salz mit den Quirlen des Handrührgeräts schlagen, bis sich beim Herausziehen der Quirle weiche Spitzen bilden. Nach und nach die Schokomasse unter den Eischnee heben. Die Moussemasse in die Form füllen und glatt streichen.

4 Den Kuchen im heißen Ofen 25–30 Minuten backen, bis er an der Oberfläche fest ist, in der Mitte aber noch leicht wackelt, wenn man die Form bewegt. Aus dem Ofen nehmen; vollständig in der Form abkühlen lassen. Das Backpapier abziehen und den Kuchen mit Kakaopulver oder Puderzucker bestäuben und servieren. Dazu nach Belieben geschlagene Sahne reichen.

Profitipp

Damit der Kuchen schön saftig, ja fast zähflüssig bleibt, darf er nicht zu lange backen. Im Kern sollte er beim Herausnehmen gerade nicht mehr flüssig sein. Als Test mit dem Finger auf die Mitte des Kuchens drücken: bleibt eine Mulde zurück, ist er fertig. Wichtig: Der Kuchen darf nicht zurückfedern.

Apfel-Streusel-Kuchen

Die knusprigen Streusel geben diesem Apfelkuchen seine besondere Note.

6–8 STÜCKE · **30 MIN.** · **45–50 MIN.**

Kühlzeit
30 Min.

Für 1 Springform (20 cm Ø)
175 g weiche Butter, plus mehr für
  die Form
175 g heller Muscovado-Zucker
abgeriebene Schale von
  1 Bio-Zitrone

3 Eier
175 g Mehl
1 TL Backpulver
3 EL Milch
2 süßsäuerliche Äpfel, geschält,
  entkernt und in schmale Spalten
  geschnitten

Für die Streusel
100 g Mehl
75 g heller Muscovado-Zucker
1 TL gemahlener Zimt
75 g Butter in Stückchen

1 Für die Streusel Mehl, Zucker und Zimt in eine Schüssel geben.

2 Butter hinzufügen. Alles bröselig zusammenreiben; zu einer Kugel formen.

3 Die Teigkugel in Frischhaltefolie wickeln und 30 Min. im Kühlschrank ruhen lassen.

4 Den Backofen auf 190 °C vorheizen. Die Form fetten.

5 Die Butter mit dem Zucker in einer Schüssel schaumig schlagen.

6 Die Zitronenschale hinzufügen und unter die Buttermischung rühren.

7 Die Eier verquirlen. Nach und nach unter Rühren zur Buttermischung geben.

8 Mehl und Backpulver auf die Masse sieben und mit einem Löffel behutsam unterheben.

9 Die Milch dazugeben und unter den Teig rühren.

10 Die Hälfte des Teiges in die Form füllen und mit einem Palettmesser glatt streichen.

11 Die Hälfte der Apfelspalten auf dem Teig verteilen.

12 Den restlichen Teig auf den Äpfeln verteilen; ebenfalls glatt streichen.

13 Die übrigen Apfelspalten auf dem Teig kreisförmig anordnen.

14 Die Teigkugel aus dem Kühlschrank nehmen und auf der Reibe zerkleinern.

15 Die Teigraspel bzw. Streusel gleichmäßig auf den Kuchen streuen.

16 Den Kuchen im heißen Ofen (Mitte) etwa 45 Min. backen. Stäbchenprobe machen.

17 Haftet nach dem Herausziehen Teig am Stäbchen, den Kuchen noch kurz backen.

18 Den Kuchen 10 Min. in der Form ruhen lassen, dann herauslösen und auf einem Gitter auskühlen lassen. Der Kuchen schmeckt frisch gebacken am besten.

Apfelkuchen-Varianten

Apfel-Pekan-Kuchen mit Sultaninen

Dieser Kuchen enthält wenig Fett, reichlich Obst und Nüsse – ist also durchaus gesund und schmeckt wirklich gut!

10–12 STÜCKE 25 MIN. 30–35 MIN.

Für 1 Springform (24 cm Ø)
Butter für die Form
50 g Pekannusskerne
200 g Äpfel, geschält, entkernt und fein
  gewürfelt
150 g heller Muscovado-Zucker
250 g Mehl
2½ TL Backpulver
2 TL gemahlener Zimt
1 Prise Salz
3½ EL Sonnenblumenöl
3½ EL Milch, plus mehr nach Bedarf
2 Eier
1 Päckchen Vanillezucker
50 g Sultaninen
steif geschlagene Sahne oder Vanilleeis zum
  Servieren (nach Belieben)

1 Den Backofen auf 180 °C vorheizen. Form fetten; den Boden mit Backpapier belegen. Die Nüsse auf einem Blech im Ofen 5 Minuten rösten. Abkühlen lassen; grob hacken.

2 Apfelstückchen und Zucker in einer Schüssel mischen. Mehl, Backpulver, Zimt und Salz daraufsieben und unterheben.

3 Öl, Milch, Eier und Vanillezucker in einem Krug verrühren und unter Rühren zur Apfel-Mehl-Mischung gießen. Die Nüsse und Sultaninen unter die Masse heben und den Teig in die Form füllen.

4 Den Kuchen im heißen Ofen (Mitte) 30–35 Minuten backen, bis bei der Stäbchenprobe kein Teig mehr haften bleibt. Den Kuchen einige Minuten in der Form abkühlen lassen, dann auf ein Kuchengitter stürzen. Das Backpapier abziehen. Warm als Dessert mit Schlagsahne oder Vanilleeis servieren oder abkühlen lassen und mit Puderzucker bestäuben.

Torta di mela

Nehmen Sie für diesen italienischen Apfelkuchen süßsäuerliche Äpfel.

8 STÜCKE 20–25 MIN. 45 MIN. MAX. 8 WOCHEN

Für 1 Springform (26 cm Ø)
Butter und Mehl für die Form
175 g Mehl
½ TL Salz
1 TL Backpulver
600 g Äpfel, geschält, entkernt und in feine
  Spalten geschnitten
abgeriebene Schale und Saft von 1 Bio-Zitrone
175 g weiche Butter
260 g Zucker
2 Eier
4 EL Milch

1 Den Backofen auf 180 °C vorheizen. Die Form fetten und dünn mit Mehl bestäuben. Mehl, Salz und Backpulver zusammen in eine Schüssel sieben. Die Äpfel mit Zitronensaft beträufeln.

2 Die Butter mit den Quirlen des Handrührgeräts in einer großen Schüssel schaumig schlagen. 200 g Zucker und die Zitronenschale unterrühren. Nacheinander die Eier jeweils einzeln gründlich unterrühren. Nach und nach etwas Milch dazugeben, bis ein glatter, relativ flüssiger Teig entstanden ist.

3 Die Mehlmischung und die Hälfte der Apfelspalten unterheben. Den Teig in die Form füllen und glatt streichen. Die restlichen Apfelspalten kreisförmig auf den Teig setzen. Im heißen Ofen etwa 45 Minuten backen, bis bei der Stäbchenprobe kein Teig mehr haften bleibt; der Kuchen soll noch etwas feucht sein.

4 Inzwischen für die Glasur in einem Topf 4 EL Wasser mit den restlichen 60 g Zucker bei schwacher Hitze unter Rühren erwärmen, bis sich der Zucker aufgelöst hat. 2 Minuten ohne Rühren köcheln, dann etwas abkühlen lassen. Den noch heißen Kuchen mit der Glasur bestreichen und in der Form abkühlen lassen; anschließend auf eine Tortenplatte heben.

Apfel-Karamell-Kuchen

Die karamellisierten Äpfel geben diesem Kuchen ein wunderbares Toffee-Aroma; und das warme, buttrige Apfel-karamell, mit dem sich der Kuchen nach dem Backen vollsaugt, macht ihn herrlich saftig.

8–10 STÜCKE	40 MIN.	40–45 MIN.	MAX. 4 WOCHEN

Für 1 Springform (22 cm Ø)
200 g weiche Butter, plus mehr für die Form
200 g Zucker
250 g Äpfel, geschält, entkernt und gewürfelt
3 Eier
150 g Mehl
2 TL Backpulver
steif geschlagene Sahne oder Puderzucker zum
 Servieren (nach Belieben)

1 Den Backofen auf 180 °C vorheizen. Die Form fetten und den Boden mit Backpapier belegen. 50 g Butter mit 50 g Zucker in einer großen Pfanne langsam erhitzen, bis der Zucker geschmolzen und das Ganze goldbraun ist. Die Apfelwürfel 7–8 Minuten darin köcheln lassen, bis sie beginnen, weich zu werden und karamellisieren.

2 Die restliche Butter mit den restlichen 150 g Zucker mit den Quirlen des Hand-rührgeräts schaumig schlagen. Die Eier jeweils einzeln gründlich unterrühren. Mehl und Backpulver auf die Butter-Eier-Masse sieben und unterheben.

3 Die Äpfel mit einem Schaumlöffel aus der Pfanne heben; den Apfelkaramell in der

Pfanne aufbewahren. Die Äpfel in die Form geben und darin verteilen; den Teig darauf-geben. Den Kuchen im heißen Ofen (Mitte) 40–45 Minuten backen. Herausnehmen und einige Minuten in der Form abkühlen lassen, dann auf ein Kuchengitter stürzen.

4 Den Apfelkaramell in der Pfanne bei schwacher Hitze erwärmen. Mit einem Spieß oben in den Kuchen Löcher stechen und diesen mit dem warmem Apfelkara-mell übergießen; einziehen lassen. Warm mit steif geschlagener Sahne oder kalt mit Puderzucker bestäuben und servieren.

AUFBEWAHREN Dieser Kuchen hält sich luft-dicht verpackt 3 Tage frisch.

Gestürzter Rhabarber-Ingwer-Kuchen

Junger Rhabarber und in Sirup eingelegter Ingwer bilden bei diesem Kuchen erst den Boden, dann den Belag.

6–8 STÜCKE **40 MIN.** **40–45 MIN.**

Für 1 Springform (22 cm Ø)
150 g weiche Butter, plus mehr für
   die Form
500 g junger Rhabarber (vorzugsweise Himbeerrhabarber)
150 g dunkler Muscovado-Zucker
4 EL in Sirup eingelegter Ingwer
   (Stem-Ginger), fein gehackt

3 große Eier
150 g Mehl
2 TL Backpulver
2 TL gemahlener Ingwer

1 Den Backofen auf 180 °C vorheizen. Die Form mit zerlassener Butter fetten.

2 Den Boden und den Rand der Form mit Backpapier auskleiden.

3 Den Rhabarber waschen und die Enden von den Stangen abschneiden.

4 Die Rhabarberstangen mit einem scharfen Messer in 2 cm lange Stücke schneiden.

5 Den mit Papier belegten Formboden gleichmäßig mit etwas Zucker bestreuen.

6 Anschließend die Hälfte des gehackten Ingwers auf den Zucker streuen.

7 Zucker und Ingwer auf dem Formboden dicht mit den Rhabarberstücken bedecken.

8 Die Butter mit dem restlichen Zucker in eine Schüssel geben.

9 Beides mit den Quirlen des Handrührgeräts schaumig schlagen.

10 Die Eier jeweils einzeln unterrühren, dabei so viel Luft wie möglich einarbeiten.

11 Den übrigen gehackten Ingwer locker unter die Masse heben.

12 Mehl, Backpulver und gemahlenen Ingwer in eine zweite Schüssel sieben.

13 Die Mehlmischung zur Butter-Eier-Masse geben.

14 Die Mehlmischung unter die Masse ziehen, dabei nicht zu kräftig rühren.

15 Den Teig auf den Rhabarber in der Form löffeln.

16 Den Kuchen im Ofen (Mitte) etwa 45 Min. backen, bis er auf Fingerdruck zurückfedert.

17 Den Kuchen in der Form 20–30 Min. abkühlen lassen; vorsichtig auf eine Platte stürzen.

18 Warm als Dessert mit steif geschlagener Sahne oder Crème fraîche servieren.
Aufbewahren Der Kuchen schmeckt auch kalt und hält sich luftdicht verpackt 2 Tage.

Obstkuchen-Varianten

Gestürzter Heidelbeerkuchen

Frische Heidelbeeren und einige Zutaten aus dem Vorrat ergeben ein ungewöhnliches, schnelles und köstliches Dessert, das allen schmeckt!

8–10 STÜCKE · 15 MIN. · 40 MIN.

Für 1 Springform (22 cm Ø)
150 g weiche Butter, plus mehr für die Form
150 g Zucker
3 Eier
1 Päckchen Vanillezucker
100 g Mehl
2 TL Backpulver
50 g gemahlene Mandeln
250 g Heidelbeeren
steif geschlagene Sahne, Vanillesauce oder
  Puderzucker zum Servieren (nach Belieben)

1 Den Backofen auf 180 °C vorheizen und ein Blech auf die mittlere Schiene des Ofens schieben. Die Form fetten und den Boden mit Backpapier belegen. In einer Schüssel die Butter mit dem Zucker mit den Quirlen des Handrührgeräts schaumig schlagen.

2 Die Eier einzeln hinzufügen und unterrühren; den Vanillezucker dazugeben. Mehl, Backpulver und gemahlene Mandeln mischen; unter die Butter-Eier-Masse rühren.

3 Die Heidelbeeren in die Form streuen und den Teig gleichmäßig darüber verteilen. Die Form auf das heiße Blech stellen und den Kuchen im Ofen in 35–40 Minuten goldbraun backen, bis er auf Fingerdruck zurückfedert und bei der Stäbchenprobe kein Teig mehr haften bleibt.

4 Den Kuchen einige Minuten in der Form abkühlen lassen, dann aus der Form stürzen. Warm mit geschlagener Sahne oder Vanillesauce als Dessert oder kalt mit Puderzucker bestreut servieren.

AUFBEWAHREN Dieser Kuchen hält sich luftdicht verpackt 2 Tage frisch.

Birnenkuchen

Frische Birnen, Joghurt und Mandeln garantieren einen saftigen Genuss.

6–8 STÜCKE · 40 MIN. · 45–50 MIN. · MAX. 8 WOCHEN

Für 1 Springform (18 cm Ø)
100 g weiche Butter, plus mehr für die Form
75 g Zucker
1 Ei, leicht verrührt
125 g Mehl
1½ TL Backpulver
½ TL gemahlener Ingwer
½ TL gemahlener Zimt
abgeriebene Schale und Saft von ½ Bio-Orange
4 EL griechischer Sahnejoghurt oder Sauerrahm
25 g gemahlene Mandeln
1 große oder 2 kleine Birnen, geschält, entkernt
  und in Spalten geschnitten

Für den Belag
2 EL gehobelte Mandeln, leicht geröstet
2 EL Zucker

1 Den Backofen auf 180 °C vorheizen. Die Form fetten und den Boden mit Backpapier belegen. Die Butter mit dem Zucker schaumig schlagen. Das Ei unterrühren.

2 Mehl, Backpulver, Ingwer und Zimt auf die Butter-Ei-Creme sieben und behutsam unterheben. Anschließend Orangenschale und -saft, Joghurt oder Sauerrahm und die gemahlenen Mandeln unterziehen. Die Hälfte des Teigs in die Form geben, die Birnen darauf verteilen und mit dem restlichen Teig bedecken.

3 Gehobelte Mandeln und Zucker in einer kleinen Schüssel mischen und den Kuchen mit der Mandel-Zucker-Mischung bestreuen. Den Kuchen im heißen Ofen (Mitte) 45–50 Minuten backen, bis bei der Stäbchenprobe kein Teig mehr haften bleibt.

4 Den Kuchen 10 Minuten in der Form abkühlen lassen, dann auf ein Kuchengitter stürzen. Warm oder abgekühlt servieren.

AUFBEWAHREN Der Kuchen hält sich luftdicht verpackt an einem kühlen Ort 3 Tage frisch.

Kirsch-Mandel-Kuchen

Ein klassisches Aromen-Duett, das alle Gäste mögen.

| 8–10 STÜCKE | 20 MIN. | 1½–1¾ STD. | MAX. 4 WOCHEN |

Für 1 Springform (20 cm Ø)
150 g weiche Butter, plus mehr für die Form
150 g Zucker
2 große Eier
250 g Mehl
2 TL Backpulver
150 g gemahlene Mandeln
1 Päckchen Vanillezucker
75 ml Milch
500 g Kirschen, entsteint
25 g gehäutete Mandeln, gehackt

1 Den Backofen auf 180 °C vorheizen. Die Form fetten und den Boden mit Backpapier auslegen. Butter und Zucker mit den Quirlen des Handrührgeräts schaumig schlagen. Nacheinander die Eier unterrühren; nach dem ersten Ei 1 EL Mehl hinzufügen.

2 Das restliche Mehl, Backpulver, gemahlene Mandeln, Vanillezucker und Milch unterrühren. Die Hälfte der Kirschen unterheben, dann den Teig in die Form füllen und glatt streichen. Die restlichen Kirschen und die gehackten Mandeln auf dem Teig verteilen.

3 Kuchen im heißen Ofen in 1½ –1¾ Stunden goldbraun backen, bis bei der Stäbchenprobe kein Teig mehr haften bleibt. Falls die gewünschte Bräunung erreicht ist, der Kuchen aber noch nicht durchgebacken ist, diesen mit Alufolie bedecken. Den fertigen Kuchen einige Minuten in der Form abkühlen, dann auf einem Kuchengitter auskühlen lassen.

AUFBEWAHREN Dieser Kuchen hält sich luftdicht verpackt 2 Tage frisch.

Pflaumenkuchen

Der saftige Hefekuchen schmeckt am besten frisch aus dem Ofen und mit reichlich steif geschlagener Sahne.

| 8–10 STÜCKE | 35–40 MIN. | 50–55 MIN. | MAX. 4 WOCHEN |

Gehzeit
2–2 ½ Stunden

Für 1 Springform (28 cm Ø)
½ Würfel Hefe (21 g)
Öl für die Schüssel
400 g Mehl, plus mehr zum Arbeiten
2 EL Zucker
1 TL Salz
3 Eier
125 g weiche Butter, plus mehr für die Form

Für den Belag
2 EL Semmelbrösel
800 g Pflaumen, entsteint und geviertelt
2 Eigelb
100 g Zucker
60 g Crème fraîche

1 Die Hefe in eine Tasse bröckeln und in 50 ml lauwarmem Wasser unter Rühren auflösen. Eine Schüssel dünn mit Öl fetten. Das Mehl auf die Arbeitsfläche häufen und in die Mitte eine Mulde drücken. Zucker, Salz, Hefewasser und Eier hineingeben.

2 Die Zutaten zu einem glatten Teig verkneten; ist er zu klebrig, noch etwas Mehl hinzufügen. Den Teig auf der bemehlten Arbeitsfläche mit den Händen etwa 10 Minuten kneten. Dabei noch etwas Mehl hinzufügen, damit der Teig nicht auf der Arbeitsfläche kleben bleibt.

3 Die Butter unter den Teig kneten. Den Teig zu einer Kugel formen und diese in die geölte Schüssel legen. Zugedeckt im Kühlschrank 1½–2 Stunden oder über Nacht bis zum doppelten Volumen aufgehen lassen.

4 Die Form ausbuttern. Den kalten Hefeteig leicht durchkneten, damit alle Luft entweicht. Anschließend den Teig auf der bemehlten Arbeitsfläche zu einem 32 cm großen Kreis ausrollen. Den Teigkreis um die Teigrolle schlagen und locker über der Form abrollen; Teig in die Form drücken. Über den Rand stehenden Teig abschneiden.

5 Die Semmelbrösel auf den Teigboden streuen und die Pflaumen mit den Schnittflächen nach oben spiralförmig darauf verteilen. Den Kuchen 30–45 Minuten bei Raumtemperatur gehen lassen, bis der Teig am Rand schön aufgegangen ist. In der Zwischenzeit den Backofen auf 220 °C vorheizen. Ein Backblech in die Mitte des Ofens schieben und heiß werden lassen.

6 Für den Eierguss in einer Schüssel die Eigelbe mit 75 g Zucker und der Crème fraîche verrühren.

7 Den Kuchen mit dem restlichen Zucker bestreuen und die Form auf das heiße Backblech stellen; 5 Minuten im Ofen backen. Den Kuchen herausnehmen und die Ofentemperatur auf 180 °C reduzieren.

8 Den Eierguss über die Pflaumen gießen und den Kuchen weitere 45 Minuten backen, bis der Teig gebräunt, das Obst weich und der Guss gerade eben gestockt ist. Auf einem Kuchengitter abkühlen lassen. Warm oder abgekühlt servieren.

AUFBEWAHREN Dieser Kuchen hält sich luftdicht verpackt im Kühlschrank 2 Tage frisch.

Profitipp
Der Eierguss sollte nicht wirklich fest, sondern gerade eben gestockt sein, wenn man den Kuchen aus dem Ofen nimmt. Beim Schwenken der Form muss er sich in der Mitte noch leicht bewegen; andernfalls wird er zäh und hart.

Bananenkuchen

Wie aus zerdrückten Bananen, Gewürzen und Nüssen schnell ein Kuchen entsteht, erfahren Sie hier.

2 KLEINE KUCHEN | **20–25 MIN.** | **35–40 MIN.** | **MAX. 8 WOCHEN**

Für 2 Kastenformen (je etwa 500 ml Inhalt)
Butter für die Formen
375 g Weizenmehl Type 550, plus mehr für die Formen
2 TL Backpulver
2 TL gemahlener Zimt
1 TL Salz

125 g Walnusskerne, grob gehackt
3 Eier
3 reife Bananen, geschält
abgeriebene Schale und Saft von 1 Bio-Zitrone
125 ml Sonnenblumen- oder Rapsöl
200 g Zucker

100 g heller Muscovado-Zucker
1 Päckchen Vanillezucker
Butter zum Servieren

1 Den Backofen auf 180 °C vorheizen. Die Formen gründlich fetten.

2 Die Formen mit Mehl ausstreuen. Nicht anhaftendes Mehl herausschütten.

3 Mehl, Backpulver, Zimt und Salz in eine Schüssel sieben. Nüsse untermischen.

4 Eine Mulde in die Mitte der Mehlmischung drücken.

5 Die Eier mit einer Gabel oder einem Schneebesen in einer kleinen Schüssel verquirlen.

6 Bananen zerkleinern, in weitere Schüssel geben und mit einer Gabel fein zerdrücken.

7 Das Bananenmus gründlich unter die Eier schlagen. Die Zitronenschale unterrühren.

8 Öl, beide Zucker, Vanillezucker und Zitronensaft hinzufügen. Alles verrühren.

9 Drei Viertel der Bananenmischung unter Rühren zu den trockenen Zutaten gießen.

10 Langsam weiterrühren; die restliche Bananenmischung dabei zufügen.

11 Nur so lange rühren, bis die Masse glatt ist; die Kuchen könnten sonst zäh werden.

12 Jeweils die Hälfte des Teiges in die Formen füllen. Sie sollen etwa halb hoch gefüllt sein.

13 Die Kuchen 35–40 Min. backen, bis sie beginnen, sich vom Formrand zu lösen.

14 Ein Stäbchen in die Kuchen stecken: Beim Herausziehen sollte nichts daran haften.

15 Kuchen in den Formen kurz abkühlen; auf einem Gitter ganz auskühlen lassen.

16 Die Bananenkuchen in Scheiben schneiden und mit Butter zum Bestreichen servieren.
AUFBEWAHREN Die Kuchen halten sich luftdicht verpackt 3–4 Tage frisch.

Kastenkuchen-Varianten

Apfelkuchen

Äpfel und Vollkornmehl sorgen für gesunden Genuss.

1 KLEINER KUCHEN   30 MIN.   40–50 MIN.   MAX. 8 WOCHEN

Für 1 Kastenform (900 ml Inhalt)
125 g weiche Butter, plus mehr für die Form
125 g Rohrohrzucker
2 Eier
1 Päckchen Vanillezucker
60 g Mehl, mehr für die Äpfel
60 g Weizenvollkornmehl
3 TL Backpulver
2 TL gemahlener Zimt
2 Äpfel, geschält, entkernt und gewürfelt

1 Den Backofen auf 180 °C vorheizen. Die Form fetten und den Boden mit Backpapier belegen. Butter und Zucker mit den Quirlen des Handrührgeräts schaumig schlagen.

2 Nacheinander die Eier und dann den Vanillezucker unterrühren. Die beiden Mehlsorten, das Backpulver und den Zimt in eine zweite Schüssel sieben. Die Mehlmischung unter die Butter-Eier-Masse heben.

3 Die Apfelwürfel in etwas Mehl wälzen und unter den Teig heben. Den Teig in die Form füllen und im heißen Ofen (Mitte) in 40–50 Minuten goldbraun backen. Etwas abkühlen lassen, dann auf ein Kuchengitter stürzen.

AUFBEWAHREN Dieser Kuchen hält sich luftdicht verpackt 3 Tage frisch.

Profitipp
Frisches Obst und auch Trockenobst sollte leicht in Mehl gewendet werden, bevor es unter Teig gezogen wird. Der Mehlmantel verhindert, dass die Stücke beim Backen im Teig nach unten sinken; sie bleiben gleichmäßig darin verteilt.

Pekan-Cranberry-Kuchen

Getrocknete Cranberrys ersetzen hier die Sultaninen und geben diesem Kuchen eine süß-säuerliche Note. ▶

1 KLEINER KUCHEN   30 MIN.   50–60 MIN.   MAX. 4 WOCHEN

Für 1 Kastenform (900 ml Inhalt)
100 g Butter, plus mehr für die Form
100 g heller Muscovado-Zucker
75 g getrocknete Cranberrys, grob gehackt
50 g Pekannusskerne, grob gehackt
abgeriebene Schale von 2 Bio-Orangen und
   Saft von 1 Orange
2 Eier
125 ml Milch
225 g Mehl
2 TL Backpulver
½ TL gemahlener Zimt
100 g Puderzucker, gesiebt

1 Den Backofen auf 180 °C vorheizen. Die Form fetten und den Boden mit Backpapier belegen. Die Butter zerlassen und etwas abkühlen lassen. Den Zucker, die Cranberrys, die Nüsse und die Schale von 1 Orange unterrühren. Eier und Milch verquirlen und diese Mischung ebenfalls unterrühren.

2 Mehl, Backpulver und Zimt in eine separate Schüssel sieben und unter den Teig heben. Den Teig in die Form füllen und im heißen Ofen (Mitte) 50–60 Minuten backen. Etwas abkühlen lassen, dann aus der Form stürzen.

3 Puderzucker und restliche Orangenschale mischen und mit etwas Orangensaft zu einer Glasur rühren. Die Glasur auf den Kuchen streichen und trocknen lassen.

Süßkartoffelkuchen

Ein süßer Kuchen, dessen Konsistenz an den Bananenkuchen (siehe S. 75) erinnert.

1 KLEINER KUCHEN   10 MIN.   1 STD.   MAX. 4 WOCHEN

Für 1 Kastenform (900 ml Inhalt)
100 g weiche Butter, plus mehr für die Form
175 g Süßkartoffeln, geschält und gewürfelt
200 g Mehl
2 TL Backpulver
1 Prise Salz
½ TL Lebkuchengewürz
½ TL gemahlener Zimt
125 g Zucker
50 g Pekannusskerne, grob gehackt
50 g Datteln, gehackt
2 Eier
100 ml Sonnenblumenöl

1 Die Form fetten und mit Backpapier belegen. Die Süßkartoffeln in einem Topf mit Wasser bedeckt in etwa 10 Minuten garen, dann abgießen und zerdrücken.

2 Den Backofen auf 170 °C vorheizen. Mehl, Backpulver, Salz, Gewürze und Zucker in eine Schüssel sieben. Nüsse und Datteln hinzufügen und alles mischen. In der Mitte der Mischung eine Mulde formen.

3 Eier und Öl in einem Krug zu einer dickflüssigen Masse verrühren. Die Süßkartoffeln unterheben. Die Masse in die Mulde zu den trockenen Zutaten geben und alles zu einem glatten Teig verarbeiten.

4 Den Teig in die Form füllen und mit einer Palette glatt streichen. Im heißen Ofen (Mitte) 1 Stunde backen, bis der Kuchen aufgegangen ist und bei der Stäbchenprobe kein Teig haften bleibt. 5 Minuten in der Form abkühlen lassen, dann aus der Form lösen.

AUFBEWAHREN Dieser Kuchen hält sich luftdicht verpackt 3 Tage frisch.

Walisischer Früchtekuchen

Dieser traditionelle Früchtekuchen aus Wales schmeckt frisch gebacken am besten – und zwar warm und mit Butter bestrichen.

| 2 KLEINE KUCHEN | 40 MIN. | 25–40 MIN. | MAX. 8 WOCHEN |

Gehzeiten
3 – 4 Stunden

Für 1 Backblech oder 2 Kastenformen (je 900 ml Inhalt), nach Belieben
½ Würfel Hefe (21 g)
60 g Zucker, 2 EL mehr zum Bestreuen
250 ml lauwarme Milch
1 Ei, verquirlt
500 g Weizenmehl Type 550, plus mehr zum Arbeiten
1 TL Salz
60 g weiche Butter
1 TL Lebkuchengewürz
Öl zum Fetten
225 g gemischtes Trockenobst (Rosinen, Sultaninen, Orangeat, Zitronat)

1 Die Hefe mit 1 TL Zucker in die Milch bröckeln und unter Rühren darin auflösen. An einem warmen Ort 10 Minuten stehen lassen, bis sich Bläschen auf der Oberfläche bilden. ¾ des verquirlten Eies dazugeben; restliches Ei zum Bestreichen aufbewahren. In einer Schüssel Mehl, Salz und Butter zwischen den Händen zusammenreiben, dann Lebkuchengewürz und restlichen Zucker untermischen. In die Mitte der Masse eine Mulde formen, die Hefemilch hineingießen und alles mit den Händen zu einem klebrigen Teig verarbeiten.

2 Den Teig auf einer dünn bemehlten Fläche 10 Minuten kräftig kneten, bis er gut formbar und geschmeidig, aber noch leicht klebrig ist. Lässt sich der Teig nicht zu einer Kugel formen, nach und nach jeweils 1 EL Mehl einkneten, bis er sich formen lässt.

Die Teigkugel in eine dünn geölte Schüssel geben und mit Frischhaltefolie bedecken. Den Teig 1½–2 Stunden an einem warmen Ort gehen lassen, bis sich das Volumen verdoppelt hat.

3 Anschließend den Teig auf eine dünn bemehlte Arbeitsfläche geben und mit den Fäusten die Luft herausdrücken. Den Teig mit den Händen etwa 2 cm dick ausziehen. Mit dem Trockenobst bestreuen und von außen nach innen in die Mitte einklappen, so dass wieder eine Kugel entsteht.

4 Den Teig entweder in die gewünschte Laibform bringen und auf ein mit Backpapier belegtes Backblech setzen, oder den Teig halbieren und jede Portion in eine Kastenform geben. Mit geölter Frischhaltefolie oder einem Geschirrtuch bedecken und den Teig an einem warmen Ort weitere 1½–2 Stunden gehen lassen, bis sich das Teigvolumen verdoppelt hat.

5 Inzwischen den Backofen auf 190 °C vorheizen. Die Laibe mit dem restlichen Ei bestreichen und mit 1 EL Zucker bestreuen. Den Teig im heißen Ofen in den Kastenformen 25–30 Minuten, einen großen Laib 35–40 Minuten backen. Nach der halben Backzeit mit Alufolie oder Backpapier bedecken, falls der Kuchen zu schnell bräunt.

6 Der Kuchen ist fertig, wenn es goldbraun ist, sich auf Fingerdruck fest anfühlt und beim Klopfen auf die Unterseite hohl klingt. Vor dem Aufschneiden 20 Minuten abkühlen lassen – der Kuchen gart noch weiter, nachdem er aus dem Ofen genommen wurde. Wird er zu früh aufgeschnitten, entweicht der Dampf und das Gebäck wird hart.

AUFBEWAHREN Dieser Kuchen hält sich luftdicht verpackt 2 Tage frisch (siehe Profitipp).

Profitipp
Backen Sie gleich zwei Laibe und frieren Sie einen davon ein, denn die Teigzubereitung ist relativ aufwendig. Falls vom Früchtekuchen Reste bleiben, können Sie sie toasten oder in Scheiben aufschneiden und zu einem Arme-Ritter-Auflauf weiterverarbeiten.

Kuchen und Torten mit Tradition

Früchtekuchen

Nach diesem Rezept entsteht ein reichhaltiger saftiger Früchtekuchen – ideal für die Weihnachtszeit.

16 STÜCKE   **25 MIN.**   **2½ STD.**

Einweichzeit
über Nacht

Für 1 Springform (20–24 cm Ø)
200 g Sultaninen
400 g Rosinen
350 g Dörrpflaumen, gehackt
350 g Belegkirschen
2 kleine Äpfel, geschält und
 gewürfelt
600 ml Cidre (Apfelwein)

4 TL Lebkuchengewürz
200 g weiche Butter
175 g brauner Zucker
3 Eier, verquirlt
150 g gemahlene Mandeln
280 g Mehl
2 TL Backpulver
400 g Marzipanrohmasse

2–3 EL Aprikosenkonfitüre
Eiweiß von 3 großen Eiern
500 g Puderzucker

1 Sultaninen, Rosinen, Pflaumen, Kirschen, Äpfel, Cidre und Gewürz in einen Topf geben.

2 Alles 20 Min. zugedeckt köcheln lassen, bis fast keine Flüssigkeit mehr vorhanden ist.

3 Vom Herd nehmen. Fruchtmischung über Nacht bei Raumtemperatur durchziehen lassen.

4 Backofen auf 160 °C vorheizen. Die Form mit Backpapier auskleiden.

5 Butter mit Zucker in einer großen Schüssel mit dem Handrührgerät cremig schlagen.

6 Nach und nach die verquirlten Eier unter Rühren dazugießen.

7 Früchtemischung und Mandeln mit einem Löffel unter die Masse ziehen.

8 Mehl und Backpulver auf den Teig sieben und dann vorsichtig unterheben.

9 Teig in die vorbereitete Form füllen. Form mit Folie schließen. Kuchen 2½ Std. backen.

10 Stäbchen in den Kuchen stecken. Klebt beim Herausziehen nichts daran, ist er gar.

11 In der Form abkühlen, dann auf einem Gitter auskühlen lassen. Papier abziehen.

12 Kuchen oben begradigen. Auf eine Platte setzen; mit etwas Marzipan darauf befestigen.

13 Konfitüre erwärmen und den Kuchen damit rundherum dick einpinseln.

14 Die übrige Marzipanrohmasse auf einer leicht bemehlten Fläche weich kneten.

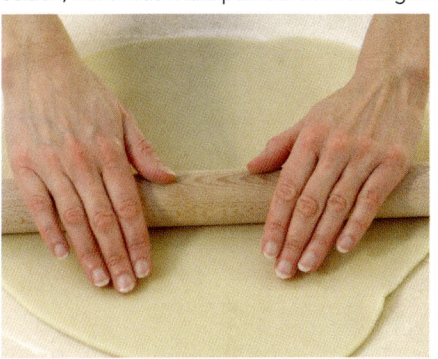

15 Das Marzipan so groß ausrollen, um den Kuchen damit zu umhüllen.

16 Marzipanplatte auf eine Teigrolle wickeln und über dem Kuchen entrollen.

17 Mit den Handflächen das Marzipan sanft auf und um den Kuchen drücken.

18 Mit einem kleinen Messer überschüssiges Marzipan am unteren Rand abschneiden.

19 Die Eiweiße mit dem Puderzucker in einer Schüssel verrühren.

20 Zuckermischung mit dem Handrührgerät in ca. 10 Min. dick und cremig schlagen.

21 Den Guss auf den Kuchen streichen. **VOR-BEREITEN** Ohne Guss bis zu 8 Wochen haltbar.

Varianten mit Trockenobst

Pflaumen-Schokoladen-Torte

Diese Torte mit beschwipsten Dörrpflaumen sorgt für innere Wärme – passend zur kalten Jahreszeit.

| 8–10 STÜCKE | 30 MIN. | 40–45 MIN. | MAX. 8 WOCHEN |

Einweichzeit
über Nacht

Für 1 Springform (22 cm Ø)
100 g Dörrpflaumen, gehackt
100 ml Brandy oder kalter Schwarztee
125 g Butter, plus mehr für die Form
250 g Bitterschokolade, zerkleinert
3 Eier, getrennt
150 g Zucker
100 g gemahlene Mandeln
Kakaopulver, gesiebt, zum Bestäuben
steif geschlagene Sahne, zum Servieren

1 Die gehackten Dörrpflaumen über Nacht in Brandy oder Schwarztee einweichen. Mit Beginn der Teigzubereitung den Backofen auf 180 °C vorheizen. Die Form fetten und den Boden mit Backpapier belegen.

2 Die Schokolade mit der Butter langsam über dem heißen Wasserbad schmelzen, dann abkühlen lassen. Die Eigelbe und den Zucker mit den Quirlen des Handrührgeräts schaumig schlagen. Die Eiweiße steif schlagen, bis sich beim Herausziehen der Quirle weiche Spitzen bilden.

3 Die abgekühlte Schokoladenmasse unter die Eigelbe ziehen, dann die gemahlenen Mandeln und die Pflaumen mitsamt der Einweichflüssigkeit unterrühren. Zuerst 2 EL Eischnee, dann den restlichen Eischnee behutsam unterheben.

4 Teig in die Form füllen und im heißen Ofen 40–45 Minuten backen, bis der Kuchen auf Fingerdruck zurückfedert – im Kern ist er dann noch etwas weich. Aus dem Ofen nehmen und einige Minuten in der Form abkühlen lassen. Anschließend auf ein Kuchengitter stürzen und auskühlen lassen. Backpapier abziehen.

5 Den Kuchen mit der Unterseite nach oben auf eine Platte geben. Mit Kakapulver bestäuben und mit steif geschlagener Sahne servieren.

Teekuchen

In Tee eingeweichtes Trockenobst macht das Gebäck schön saftig.

| 8–10 STÜCKE | 20 MIN. | 1 STD. | MAX. 4 WOCHEN |

Einweichzeit
über Nacht

Für 1 Kastenform (900 ml Inhalt)
je 50 g Sultaninen, Rosinen, Korinthen, Orangeat und Zitronat
100 g heller Muscovado-Zucker
250 ml kalter Schwarztee
Butter für die Form
50 g Walnuss- oder Haselnusskerne, grob gehackt
1 Ei, verquirlt
200 g Mehl
2 TL Backpulver

1 Das Trockenobst mit dem Zucker in einer Schüssel mischen. Den Tee darübergießen. Das Obst so über Nacht einweichen. Mit Beginn der Teigzubereitung den Backofen auf 180 °C vorheizen. Die Form fetten und den Boden mit Backpapier belegen.

2 Die Nüsse und das Ei zum eingeweichten Trockenobst geben und alles gründlich verrühren. Mehl und Backpulver dazusieben und behutsam unterheben.

3 Den Kuchen im heißen Ofen (Mitte) 1 Stunde backen, bis er oben goldbraun ist und auf Fingerdruck zurückfedert.

4 Den Kuchen aus dem Ofen nehmen, einige Minuten in der Form abkühlen lassen und dann auf ein Kuchengitter stürzen. Vollständig auskühlen lassen und das Backpapier abziehen. In Scheiben schneiden, diese nach Belieben toasten und mit Butter servieren.

AUFBEWAHREN Dieser Kuchen hält sich luftdicht verpackt 5 Tage frisch.

Leichter Früchtekuchen

Diejenigen, die einen klassischen reichhaltigen Früchtekuchen nicht so sehr mögen, werden diese Light-Version bestimmt begrüßen.

8–12 STÜCKE	25 MIN.	1¾ STD.	MAX. 8 WOCHEN

Für 1 Springform (20 cm Ø)
175 g weiche Butter
175 g heller Muscovado-Zucker
3 große Eier
250 g Mehl, gesiebt
2 TL Backpulver
2–3 EL Milch
300 g gemischtes Trockenobst (Sultaninen, Rosinen, Belegkirschen, Orangeat und Zitronat)

1 Den Backofen auf 180 °C vorheizen und die Form mit Backpapier belegen.

2 Butter und Zucker mit den Quirlen des Handrührgeräts dickcremig aufschlagen. Nacheinander die Eier unterrühren, dabei nach jedem Ei etwas Mehl hinzufügen. Anschließend das restliche Mehl und die Milch unterheben, dann das Trockenobst unter die Masse ziehen.

3 Den Teig in die Form geben und glatt streichen. Den Kuchen im heißen Ofen 1½ – 1¾ Stunden backen, bis er sich auf Fingerdruck fest anfühlt und bei der Stäbchenprobe kein Teig mehr haften bleibt. Den Kuchen aus dem Ofen nehmen und in der Form ganz auskühlen lassen. Erst dann aus der Form lösen und das Backpapier abziehen.

AUFBEWAHREN Dieser Kuchen hält sich luft-dicht verpackt 3 Tage frisch.

Plum Pudding

Der traditionelle britische Weihnachtskuchen wird eigentlich mit Rinder-nierenfett zubereitet. Stattdessen wird in diesem Rezept Butter verwendet.

8–10 STÜCKE	45 MIN.	8–10 STD.	MAX. 1 JAHR

Einweichzeit
über Nacht

Für 1 Puddingform (etwa 1 l Inhalt)
75 g Rosinen
50 g Korinthen
100 g Sultaninen
50 g Zitronat und Orangeat, gehackt
120 g gemischtes Trockenobst (z.B. Feigen, Datteln und Kirschen)
abgeriebene Schale und Saft von 1 Bio-Orange
abgeriebene Schale und Saft von 1 Bio-Zitrone
150 ml Bier
1 EL Whisky oder Brandy
100 g Dörrpflaumen, gehackt
150 ml kalter Schwarztee
1 Apfel, geschält, entkernt und geraspelt
120 g zerlassene Butter, plus mehr für die Form
175 g dunkler Muscovado-Zucker
1 EL dunkler Rohrzuckersirup (Treacle)
2 Eier, verquirlt
60 g Mehl
1 TL Backpulver
1 TL Lebkuchengewürz
120 g frisches Weißbrot, zu Bröseln gerieben
60 g gehackte Mandeln

1 Rosinen, Korinthen, Sultaninen, Zitronat und Orangeat, Trockenobst, Zitrusschalen sowie Bier und Whisky oder Brandy in eine große Schüssel geben, gut mischen und zugedeckt über Nacht durchziehen lassen. Die Dörrpflaumen über Nacht in dem Tee einweichen.

2 Am nächsten Tag die Dörrpflaumen abgießen, den Tee weggießen. Die Pflaumen und den geraspelten Apfel zu dem Trockenobst in der Schüssel geben; die Butter, den Zucker, den Zuckersirup und die Eier ebenfalls hinzufügen. Alles gründlich vermischen.

3 Mehl, Backpulver und Lebkuchengewürz zur Masse sieben, dann die Brösel und die Mandeln dazugeben. Alle Zutaten zu einer homogenen Masse verarbeiten.

4 Die Puddingform fetten und die Masse hineinfüllen. Die Form mit zwei Lagen Back-papier und einer Lage Alufolie bedecken und mit einer Schnur so umwickeln, dass Papier und Folie die Form fest verschließen. In einen Topf, in den die Puddingform passt, so viel Wasser füllen, dass die Form min-destens halb hoch darin steht. Das Wasser bis kurz vor den Siedepunkt aufkochen lassen und die Form in den Topf stellen. Den Pudding 8–10 Stunden dämpfen.

5 In regelmäßigen Abständen den Wasser-stand im Topf prüfen und nach Bedarf hei-ßes Wasser nachfüllen. Den Plum Pudding aus dem Topf nehmen und abkühlen lassen. Möglichst 3 Wochen an einem kühlen Ort durchziehen lassen, bevor er angeschnitten wird. Mit Brandy Butter, flüssiger Sahne oder Vanillesauce servieren.

VORBEREITEN Gut verschlossen hält sich der Plum Pudding an einem kühlen Ort bis zu 1 Jahr.

Profitipp
Beim Dämpfen eines Puddings ist es wich-tig, den Wasserstand im Topf möglichst kons-tant zu halten. Stellen Sie sich stündlich den Timer, damit er sie daran erinnert, Wasser aufzufüllen. Auch gut: Eine Glasmurmel in den Topf geben. Beginnt sie zu klappern, müssen Sie dringend Wasser nachgießen.

KUCHEN UND TORTEN MIT TRADITION

Panettone

Der italienische Weihnachtskuchen ist leichter zu backen, als er aussieht und schmeckt einfach gut!

8 PERSONEN | **30 MIN.** | **40–45 MIN.** | **MAX. 4 WOCHEN**

Gehzeit
4 Stunden

Für 1 Springform (etwa 15 cm Ø) oder eine original Panettoneform
½ Würfel Hefe (21 g)
125 ml lauwarme Milch
50 g Zucker
400 g Weizenmehl Type 550, plus mehr zum Arbeiten

1 gute Prise Salz
75 g Butter, zerlassen
2 große Eier
2 Päckchen Vanillezucker
125 g gemischte Trockenfrüchte (Aprikosen, Cranberrys und Sultaninen)

50 g Orangeat und Zitronat
abgeriebene Schale von
 1 Bio-Orange
Öl zum Fetten
1 Ei, verquirlt
Puderzucker zum Bestäuben

1 Hefe in der Milch auflösen. Zucker, Mehl und Salz in einer großen Schüssel mischen.

2 Butter, Eier und Vanillezucker in die Hefemilch rühren.

3 Hefemischung zu den trockenen Zutaten gießen und alles zu einem Teig verrühren.

4 Den Teig auf der bemehlten Fläche 10 Min. kneten, bis er weich und geschmeidig ist.

5 Den Teig zu einer lockeren Kugel zusammenfassen und auseinanderziehen.

6 Trockenobst und Zitrusschalen auf dem Teig verteilen; den Teig erneut durchkneten.

7 Den Teig zu einer lockeren Kugel formen und in eine dünn ausgeölte Schüssel legen.

8 Die Schüssel mit einem feuchten Geschirrtuch bedecken.

9 Teig an einen warmen Ort 2 Std. gehen lassen, bis sich das Teigvolumen verdoppelt hat.

10 Inzwischen die Form mit einer doppelten Schicht Backpapier auskleiden.

11 Bei einer Springform muss das Backpapier aus der Form 5–10 cm herausragen.

12 Aus dem aufgegangenen Teig mit der Faust die Luft herausschlagen.

13 Den Teig auf der leicht bemehlten Fläche kneten, bis er in die Form passt.

14 Teig in die Form geben; zudecken. Noch 2 Std. gehen lassen, bis er sich verdoppelt hat.

15 Backofen auf 190 °C vorheizen. Den Teig mit verquirltem Ei bestreichen.

16 Im Ofen (Mitte) 40–45 Min. backen. Falls der Kuchen zu rasch bräunt, mit Folie bedecken.

17 Klingt der Boden beim Daraufklopfen hohl, ist der Kuchen gar. 5 Min. in der Form lassen.

18 Panettone aus der Form lösen. Papier entfernen; auf einem Gitter auskühlen lassen und mit Puderzucker bestäuben. **AUFBEWAHREN** Luftdicht verpackt hält er sich 2 Tage frisch.

Panettone-Varianten

Schokolade-Haselnuss-Panettone

Diese Variante des klassischen Panettone mögen auch Kinder; falls etwas davon übrig bleiben sollte, können Sie dies zu einem süßen Auflauf weiterverarbeiten (siehe Rezept unten).

8 STÜCKE	30 MIN.	45–50 MIN.	MAX. 4 WOCHEN

Gehzeiten
3 Stunden

Für 1 Springform (etwa 15 cm Ø) oder 1 original Panettoneform
½ Würfel Hefe (21 g)
125 ml lauwarme Milch
50 g Zucker
400 g Weizenmehl Type 550, plus mehr zum Arbeiten
1 reichliche Prise Salz
75 g Butter, zerlassen
2 große Eier
1 Päckchen Vanillezucker
75 g Haselnusskerne, grob gehackt
abgeriebene Schale von 1 Bio-Orange
Öl zum Fetten
100 g Bitterschokolade, klein gehackt
1 kleines Ei, verquirlt, zum Bestreichen
Puderzucker zum Bestäuben

1 Die Hefe in die Milch bröckeln und unter Rühren darin auflösen. 5 Minuten stehen lassen, bis sich auf der Oberfläche Bläschen bilden; dabei einmal umrühren. Zucker, Mehl und Salz in einer Schüssel mischen, dann die Butter, die beiden großen Eier und den Vanillezucker in die Hefemilch rühren.

2 Hefemilch und die trockenen Zutaten zu einem Teig verarbeiten. Diesen 10 Minuten kneten, bis er weich und geschmeidig ist.

3 Den Teig auf einer bemehlten Arbeitsfläche auseinanderziehen. Die Nüsse und die Orangenschale darauf verteilen; dann erneut gut durchkneten. Den Teig zu einer lockeren Kugel formen und in eine dünn ausgeölte Schüssel legen.

4 Schüssel mit einem feuchten Geschirrtuch bedecken und 2 Stunden an einen warmen Ort stellen, bis sich das Teigvolumen verdoppelt hat. In der Zwischenzeit die Form mit einer doppelten Schicht Backpapier

auskleiden. Wird eine Springform verwendet, muss das Backpapier 5–10 cm den Rand der Form überragen.

5 Ist der Teig um das Doppelte aufgegangen, kurz daraufschlagen, durchkneten und erneut auf einer bemehlten Arbeitsfläche auseinanderziehen. Schokolade darauf verteilen; Teig nochmals durchkneten. Teig zu einer Kugel formen, in die Form geben und zugedeckt noch 2 Stunden gehen lassen, bis sich das Teigvolumen verdoppelt hat.

6 Backofen auf 190 °C vorheizen und den Panettone mit dem verquirlten Ei bestreichen. Im heißen Ofen (Mitte) 45–50 Minuten backen. Falls der Kuchen vor Ablauf der Backzeit bereits stark gebräunt ist, mit Alufolie bedecken.

7 Klingt der Panettone beim Klopfen auf die Unterseite hohl, ist er gar. 5 Minuten in der Form abkühlen, dann auf einem Kuchengitter auskühlen lassen. Vor dem Servieren mit Puderzucker bestäuben.

Arme Ritter mit Panettone

Aus übrigem Panettone können Sie sich schnell und einfach ein Dessert zubereiten. Für Extrageschmack kann man vor dem Backen noch Orangenschale, Schokolade oder getrocknete Kirschen hinzufügen.

4–6 PORTIONEN	10 MIN.	30–40 MIN.

Für 1 flache Auflaufform
50 g weiche Butter, plus mehr für die Form
250 g Panettone
350 g Sahne und 175 ml Milch
2 große Eier
50 g Zucker
2 Päckchen Vanillezucker
halb steif geschlagene Sahne, zum Servieren

1 Den Backofen auf 180 °C vorheizen und die Form fetten.

2 Den Panettone in 1 cm dicke Scheiben schneiden. Alle Scheiben buttern und dann leicht überlappend in die Form schichten. Sahne und Milch mit den Eiern, dem Zucker und dem Vanillezucker verrühren; die Mischung über die Panettonescheiben gießen. Mehrfach sanft auf die Scheiben drücken, damit sie sich mit der Flüssigkeit vollsaugen.

3 Den Auflauf im heißen Ofen (Mitte) 30–40 Minuten backen, bis er goldbraun ist und die Flüssigkeit gestockt ist. Warm mit halb steif geschlagener Sahne servieren.

VORBEREITEN Nach dem Backen kann man diesen Auflauf im Kühlschrank 3 Tage aufbewahren. Vor dem Verzehr gut durcherhitzen.

PROBIEREN SIE AUCH ...
Festlicher Panettone-Auflauf
Bestreicht man die Panettonescheiben mit Orangenmarmelade und rührt 1–2 EL Whisky, einen Hauch abgeriebene Orangenschale und Muskatnuss in die Sahne, überrascht der Auflauf mit feinen Festtagsaromen.

Gefüllte Mini-Panettone

Probieren Sie diese Mini-Kuchen als Dessert fürs Weihnachtsmenü.

| 6 STÜCK | 1 STUNDE | 30–35 MIN. |

Geh- und Kühlzeiten
3 Std. Gehzeit, 3 Std. Kühlzeit

Für 6 leere, gründlich gereinigte Konservendosen (je 400 ml Inhalt)
Butter für die Dosen
1 Portion Panetteteig (siehe S. 90, Schritte 1–9)
300 g Mascarpone
300 g Crème fraîche
2 EL Kirsch- oder anderes Obstwasser (nach Belieben)
12 Belegkirschen (glasierte Kirschen), geviertelt
50 g Pistazienkerne, grob gehackt
3 EL Puderzucker, plus mehr zum Bestäuben

1 Die Konservendosen fetten und mit Backpapier auskleiden. Das Backpapier sollte die Dosen um das Doppelte überragen. Teig in 6 Portionen teilen; je eine Portion in eine Dose geben. Dosen zudecken; den Teig 1 Stunde gehen lassen. Den Backofen auf 190 °C vorheizen.

2 Panettones im heißen Ofen 30–35 Minuten goldbraun backen. Ein Exemplar aus der Form nehmen und auf die Unterseite klopfen: klingt es hohl, ist der Panettone durchgebacken. Falls nicht, auch die restlichen Panettones aus den Formen holen, auf ein Backblech setzen und noch 5 Minuten backen. Auf einem Kuchengitter auskühlen lassen.

3 Jeden Panettone auf die Seite legen und mit einem Messer ein rundes Stück aus dem Boden schneiden; dabei rundum 1 cm Abstand zum Rand halten. Kuchenkreise aufbewahren.

4 Nun mit dem Messer innen rundherum entlangfahren, um das Innere der Panettones zu lösen. Das Gebäck dann mit den Fingern aushöhlen. Die herausgenommene Krume im Mixer zu feinen Bröseln zerklei-

nern. Mascarpone und Crème fraîche in einer Schüssel mit dem Obstwasser verrühren und die Panettonebrösel untermengen.

5 Kirschen, Pistazien und Puderzucker unterheben. Füllung mit einem Löffelrücken in die Panettonehälften geben; die Öffnungen mit den Kuchenkreisen verschließen.

6 Die Panettones in Frischhaltefolie verpacken und mindestens 3 Stunden kalt stellen. Aus dem Kühlschrank nehmen und aus der Folie wickeln. Auf Teller setzen, mit Puderzucker bestreuen und servieren.

Profitipp
Panettone ist ein italienische Weihnachtsgebäck, das relativ einfach herzustellen ist. Weil der Hefeteig Zeit zum Gehen benötigt, sollten Sie genug Zeit für die Zubereitung einplanen. Es lohnt sich: Das Ergebnis stellt jeden gekauften Panettone in den Schatten.

Weihnachtsstollen

In einen traditionellen Stollen gehören Rosinen, Korinthen, Orangeat, Zitronat und viel Butter.

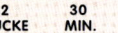

| 12 STÜCKE | 30 MIN. | 50 MIN. | MAX. 4 WOCHEN |

Einweichzeit
über Nacht

Gehzeiten
2–3 Stunden

Für den Stollen
200 g Rosinen
100 g Korinthen
100 ml brauner Rum
400 g Mehl, plus mehr zum Arbeiten
½ Würfel Hefe (21 g)
60 g Zucker
100 ml Milch
1 Päckchen Vanillezucker
1 Prise Salz
½ TL Stollen- oder Lebkuchengewürz
2 große Eier
175 g weiche Butter, in Flocken
200 g Orangeat und Zitronat
100 g gemahlene Mandeln
Puderzucker zum Bestäuben

1 Rosinen und Korinthen in einer Schüssel mit dem Rum übergießen und über Nacht einweichen lassen.

2 Am nächsten Tag das Mehl in eine große Schüssel häufen, in der Mitte eine Mulde formen. Die Hefe in die Mulde bröckeln und 1 TL Zucker darüberstreuen. Die Milch lauwarm erhitzen und in die Mulde gießen. Milch, Hefe, Zucker und etwas Mehl in der Mulde verrühren. Zudecken und bei Raumtemperatur 15 Minuten gehen lassen, bis sich auf der Oberfläche der Hefemischung Bläschen bilden.

3 Den restlichen Zucker, den Vanillezucker, das Salz, das Lebkuchengewürz sowie Eier und Butter in die Schüssel geben und alles

mit einem Kochlöffel verrühren; anschließend den Teig 5 Minuten lang mit den Händen durchkneten.

4 Den Teig auf eine dünn bemehlte Arbeitsfläche geben. Orangeat, Zitronat, Rosinen, Korinthen und Mandeln daraufstreuen und einige Minuten unterkneten. Die Schüssel mit einem Tuch zudecken und den Teig an einem warmen Ort 1–1½ Stunden gehen lassen, bis sich das Volumen verdoppelt hat.

5 Den Backofen auf 160 °C vorheizen. Ein Backblech mit Backpapier belegen und den Teig auf einer bemehlten Arbeitsfläche zu einem 30 x 25 cm großen Rechteck ausrollen. Eine lange Seiten bis knapp über die Mitte einklappen; die gegenüberliegende Seite so darüberklappen, dass sie die erste Seite leicht überlappt. Dabei die Oberseite entsprechend der typischen Stollenform halbrund formen. Den Stollen auf das Blech setzen; an einem warmen Ort 1–1½ Stunden gehen lassen, bis sich das Volumen verdoppelt hat.

6 Den Stollen im Ofen 50 Minuten backen, bis er aufgegangen und goldbraun ist. Falls er vor Ende der Backzeit genug gebräunt ist, mit Alufolie bedecken. Den fertig gebackenen Stollen aus dem Ofen nehmen und auf einem Kuchengitter vollständig abkühlen lassen. Dick mit Puderzucker bestreuen. Den Stollen vor dem Anschneiden einige Tage durchziehen lassen.

AUFBEWAHREN Dieser Stollen hält sich luftdicht verpackt bis zu 4 Wochen frisch.

Profitipp
Stollen kann auch mit Trockenobst zubereitet oder mit Marzipan gefüllt werden. Trocken gewordenen Stollen können Sie zum Frühstück toasten und mit Butter bestrichen genießen.

Bienenstich

Einfach unschlagbar lecker: Hefekuchen mit knuspriger Mandelkruste und cremiger Vanillefüllung.

8–10 STÜCKE | 20 MIN. | 20–25 MIN.

Gehzeiten
1– 1 ½ Stunden

Für 1 Springform (20 cm Ø)
150 g Mehl, plus mehr zum Arbeiten
½ EL Zucker
1½ TL Trockenhefe
1 Prise Salz
100 ml Milch
20 g Butter, plus mehr für die Form
1 Ei

Für den Belag
30 g Butter
20 g Zucker
1 EL flüssiger Honig
1 EL Sahne
30 g gehobelte Mandeln
1 TL Zitronensaft

Für die Vanillecreme
½ Päckchen Vanillepuddingpulver
250 ml Milch
25 g Zucker
100 g weiche Butter
25 g Puderzucker
1 Päckchen Vanillezucker

1 Mehl, Zucker, Trockenhefe und Salz in eine Schüssel geben. Die Milch lauwarm erhitzen und die Butter darin zerlaufen lassen.

2 Milch-Butter und das Ei in die Schüssel geben und alles mit den Knethaken des Handrührgeräts zu einem glatten Teig verarbeiten. So lange rühren, bis sich der Teig von der Schüsselwand löst. Anschließend mit den Händen auf einer bemehlten Arbeitsfläche kräftig durchkneten.

3 Den Teig wieder in die Schüssel legen und zugedeckt an einem warmen Ort 45–60 Minuten gehen lassen, bis sich sein Volumen verdoppelt hat.

4 Die Form fetten. Den Teig auf der bemehlten Arbeitsfläche zu einem 20 cm großen Kreis flach drücken bzw. ausrollen. Den Teig in die Form legen, diese mit einem Geschirrtuch bedecken und den Teig 20 Minuten gehen lassen.

5 Für den Belag die Butter in einem kleinen Topf zerlassen. Zucker, Honig und Sahne hinzufügen und die Mischung bei schwacher Hitze unter Rühren erwärmen, bis sich der Zucker aufgelöst hat, dann alles aufkochen und 3 Minuten köcheln lassen. Den Topf vom Herd nehmen, Mandeln und Zitronensaft unterrühren und die Masse abkühlen lassen.

6 Den Backofen auf 190 °C vorheizen. Die Mandelmasse auf dem Teig verstreichen; diesen weitere 10 Minuten gehen lassen. Den Kuchen im heißen Ofen 20–25 Minuten backen; falls er zu schnell bräunt, locker mit Alufolie bedecken. Aus dem Ofen nehmen und in der Form abkühlen lassen.

7 In der Zwischenzeit für die Creme das Puddingpulver mit 3 EL Milch und dem Zucker verquirlen. Die restliche Milch aufkochen. Das angerührte Puddingpulver unterrühren; einmal aufkochen lassen. Pudding etwas abkühlen lassen. Die Butter mit dem Puder- und Vanillezucker cremig rühren. Sobald Pudding und Butter eine ähnliche Temperatur haben, die Butter esslöffelweise unter den Pudding rühren.

8 Den Kuchen quer halbieren. Die untere Hälfte mit der Creme bestreichen, die obere daraufsetzen. Den Kuchen mit einem Sägemesser in Stücke schneiden.

Profitipp
Wer wenig Zeit hat, kann den Bienenstich auch mit steif geschlagener Vanillesahne füllen. Vor dem Einfrieren sollte man ihn quer aufschneiden und zwischen die Hälften ein Stück Folie legen, damit sie nicht zusammenkleben.

Brioche des Rois

Traditionell wird dieses Brot in Frankreich am 6. Januar, dem Fest der Heiligen drei Könige, gegessen.

10–12 STÜCKE	25 MIN.	25–30 MIN.	MAX 4 WOCHEN

Gehzeiten
4–6 Stunden

Für 1 Ringform (nach Belieben) oder 1 Backblech

Für den Teig
½ Würfel Hefe (21 g)
2 EL Zucker
5 Eier, verquirlt

400 g Weizenmehl Type 505, plus mehr zum Arbeiten
1½ TL Salz
Öl zum Fetten
200 g weiche Butter

Für die Dekoration
1 Ei, verquirlt
50 g gemischte kandierte Früchte (Orangeat, Zitronat, kandierte Kirschen und Angelika), gehackt
25 g Hagelzucker (nach Belieben)

1 Hefe, 2 EL warmes Wasser und etwas Zucker verrühren. 10 Min. stehen lassen. Eier zufügen.

2 Mehl mit Salz in eine große Schüssel sieben. Restlichen Zucker dazugeben.

3 Eine Vertiefung in die Mehlmischung drücken; Hefe-Eier-Mischung hineingießen.

4 Zuerst mit einer Gabel, dann mit den Händen alles zu einem klebrigen Teig vermengen.

5 Den Teig auf eine leicht bemehlte Arbeitsfläche geben.

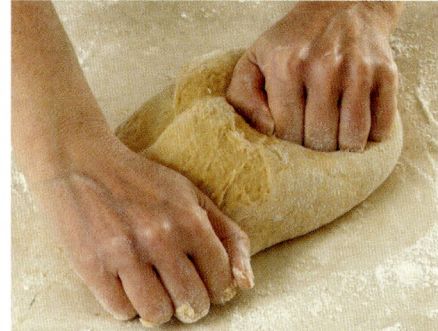

6 Teig etwa 10 Min. mit den Händen kneten – danach ist er immer noch etwas klebrig.

7 Teig in eine ausgeölte Schüssel legen; zudecken; 2–3 Std. gehen lassen (warmer Ort).

8 Anschließend den Teig auf der leicht bemehlten Fläche kneten und schlagen.

9 Ein Drittel der Butter in Stückchen auf dem Teig verteilen.

10 Den Teig über die Butter schlagen und alles 5 Min. sanft verkneten.

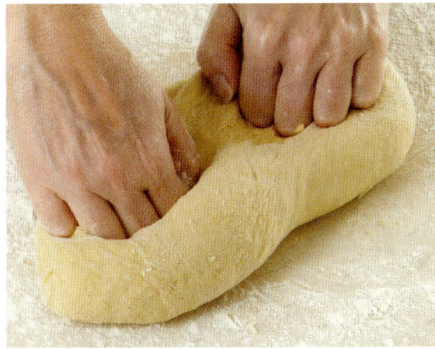

11 Den Vorgang zweimal wiederholen, bis alle Butter verbraucht ist. Gründlich kneten.

12 Teig zu einem Ring formen. Evtl. ein Figürchen darin verstecken (siehe S. 101, Profitipp).

13 Den Teigring auf ein gefettetes Backblech oder in eine gefettete Ringform legen.

14 Wird der Kuchen auf dem Blech gebacken, ein Förmchen in das Loch stecken.

15 Mit Folie und Geschirrtuch bedecken. 2–3 Std. gehen lassen, bis das Volumen verdoppelt ist.

16 Brioche mit Ei bestreichen, dann mit kandierten Früchten und Hagelzucker bestreuen.

17 Backofen auf 200 °C vorheizen. Die Brioche in 25–30 Min. goldbraun backen.

18 Den Kuchen auf dem Blech ein paar Min. abkühlen, dann auf einem Gitter auskühlen lassen. **AUFBEWAHREN** Die Brioche hält sich luftdicht verpackt bis zu 3 Tage frisch.

Brioche-Varianten

Mini-Brioches

Das kleine süße Hefegebäck wird in Frankreich traditionell zum Frühstück in Milchkaffee gestippt.

10 STÜCK	45–50 MIN.	15–20 MIN.	MAX. 8 WOCHEN

Gehzeit
30 Minuten (plus Teigzubereitung)

Für 10 kleine Brioche-Formen (je 7,5 cm Ø)
zerlassene Butter für die Formen
1 Portion Brioche-Teig (siehe S. 98–99, Schritte 1–11)
Mehl zum Arbeiten
1 Ei
½ TL Salz

1 Die Formen mit der flüssigen Butter ausfetten und auf ein Backblech stellen.

2 Den Teig in zwei Portionen teilen. Eine Portion zu einer 5 cm dicken Rolle formen und diese in 5 Stücke schneiden. Mit dem restlichen Teig ebenso verfahren. Jede Teigportion zu einer Kugel rollen.

3 Das obere Viertel jeder Teigkugel so zu einer kleinen Kugel drehen, dass diese mit der größeren Kugel verbunden bleibt. Die Teiglinge in die Formen setzen. Die kleinen Kugeln eventuell nochmals rund drehen und fest andrücken. Den Teig in den Formen mit einem Geschirrtuch bedecken und an einem warmen Ort 30 Minuten gehen lassen.

4 Den Backofen auf 140 °C vorheizen. Das Ei mit dem Salz verquirlen und die Brioches damit bestreichen. Diese 15–20 Minuten im heißen Ofen backen, bis sie schön gebräunt sind und beim Klopfen auf die unteren Seiten hohl klingen. Aus den Formen nehmen und auf einem Kuchengitter abkühlen lassen.

AUFBEWAHREN Die Mini-Brioches halten sich luftdicht verpackt 3 Tage frisch.

Rum Babas

Die alkoholische Brioche-Variante ist perfekt für eine Dinner-Party.

4 STÜCK	20 MIN.	20 MIN.

Gehzeit
30 Minuten

Für 4 Brioche- oder Baba-Formen (je 7,5 cm Ø)
60 g zerlassene Butter, plus mehr für die Formen
150 g Weizenmehl Type 550
60 g Rosinen
1½ TL Trockenhefe
150 g Zucker
1 Prise Salz
2 Eier, leicht verquirlt
4 EL lauwarme Milch
3 EL Rum
300 g Sahne
2 EL Puderzucker
Schokoladeraspel zum Servieren

1 Die Formen fetten. Mehl, Rosinen, Hefe, 30 g Zucker und Salz in einer Schüssel mischen. Die Eier mit der Milch verrühren; unter Rühren zu den trockenen Zutaten gießen. Die Butter unterrühren. Teig noch 3–4 Minuten rühren, anschließend die Formen bis zur Hälfte damit füllen.

2 Die Formen auf ein Backblech stellen und mit einem Tuch bedecken. Den Teig an einem warmen Ort 30 Minuten gehen lassen. Den Backofen auf 200 °C vorheizen und die Babas in 10–15 Minuten goldbraun backen. Aus dem Ofen nehmen und auf einem Kuchengitter abkühlen lassen. Wer möchte, kann die Babas jetzt einfrieren.

3 In einem Topf 120 ml Wasser mit den restlichen 120 g Zucker 2 Minuten aufkochen lassen. Vom Herd nehmen und den Sirup abkühlen lassen, dann den Rum unterrühren. Die Babas mit einem Spieß mehrmals rundherum einstechen und in den Rumsirup tauchen. Vor dem Servieren die Sahne mit Puderzucker steif schlagen. Auf jeden Baba etwas Sahne geben und diese mit Schokoladenraspeln bestreuen.

Brioche Nanterre

Den Brioche-Grundteig kann man zu Ringen, zu Brötchen oder Laiben formen und backen. Dieser klassische Laib eignet sich am besten zum Aufschneiden – auch getoastet schmecken die Brioche-Scheiben köstlich.

| 1 STÜCK | 30 MIN. | 30 MIN. | MAX. 4 WOCHEN |

Gehzeit
2–3 Stunden (plus Teigzubereitung)

Für 1 Kastenform (1 l Inhalt)
1 Portion Brioche-Teig (siehe S. 98–99, Schritte 1–11)
1 Ei, verquirlt

1 Die Form mit Backpapier auskleiden; den Boden dabei mit zwei Lagen Papier belegen. Den Teig in 8 Portionen teilen und jede Portion zu einer Kugel formen; jeweils zwei Kugeln dicht nebeneinander in die Form setzen.

2 Die Form mit Frischhaltefolie und einem Geschirrtuch bedecken; den Teig 2–3 Stunden an einem warmen Ort aufgehen lassen, bis er sein Volumen verdoppelt hat.

3 Den Backofen auf 200 °C vorheizen. Den Brioche-Laib mit Ei bestreichen und im heißen Ofen (oben) etwa 30 Minuten backen, bis der Laib hohl klingt, wenn man daran klopft. Falls nötig, nach 20 Minuten Backzeit die Brioche mit Backpapier bedecken, damit sie nicht zu dunkel wird.

4 Brioche aus dem Ofen nehmen und einige Minuten in der Form abkühlen lassen. Anschließend aus der Form lösen und auf ein Kuchengitter setzen. Getoastet und mit Butter bestrichen schmeckt die Brioche besonders gut.

AUFBEWAHREN Die Brioche hält sich luftdicht verpackt 3 Tage frisch.

Profitipp
Brioche stammt aus Frankreich und wurde ursprünglich am 6. Januar zum Fest der Heiligen Drei Könige gebacken. Früher wurde eine Dicke Bohne in den Teig eingebacken – und dem glücklichen Finder winkte das ganze Jahr Glück. Die Dicke Bohne ersetzt man heutzutage durch eine hübsche kleine Keramikfigur.

Gugelhupf

Rosinen und gehackte Mandeln gehören in den klassischen Elsässer Gugelhupf. Mit Puderzucker bestäubt, ist er doppelt so schön.

8–10 STÜCKE | **45–50 MIN.** | **45–50 MIN.** | **MAX. 8 WOCHEN**

Gehzeiten
1½–2 Stunden

Für 1 Ringform (1 l Inhalt) oder 1 Backblech (siehe S. 99, Schritte 12–14)
150 ml Milch
2 EL Zucker
150 g kalte Butter, plus mehr für die Form
½ Würfel Hefe (21 g)
500 g Weizenmehl Type 550
1 TL Salz
3 Eier, verrührt
100 g Rosinen
100 g geschälte Mandeln
Puderzucker zum Bestäuben

1 Die Milch in einem Topf zum Kochen bringen. 4 EL davon in einer Tasse lauwarm abkühlen lassen. Zucker und Butter zur restlichen Milch in den Topf geben und rühren, bis die Butter geschmolzen ist. Abkühlen lassen.

2 Die Hefe in der lauwarmen Milch unter Rühren auflösen. Mehl und Salz in eine Schüssel sieben. Die Hefemilch, die Eier und die Milch-Butter-Mischung dazugeben.

3 Alles mit den Knethaken des Handrührgeräts zu einem weichen Teig verarbeiten. Diesen 5–7 Minuten durchkneten, bis er elastisch und klebrig ist und sich von der Schüsselwand löst. Die Schüssel mit einem Geschirrtuch bedecken und den Teig an einem warmen Ort 1–1½ Stunden gehen lassen, bis er sein Volumen verdoppelt hat.

4 In der Zwischenzeit die Form fetten und für etwa 10 Minuten ins Tiefkühlgerät stellen, bis die Butter hart ist; dann nochmals fetten. Die Rosinen mit kochendem Wasser übergießen und ziehen lassen.

5 Den Teig mit den Händen kneten und flach drücken, damit alle Luft entweicht. Die Rosinen abgießen, 7 Stück beiseitelegen. Von den Mandeln ebenfalls 7 beiseitelegen, die restlichen hacken. Die übrigen Rosinen mit den gehackten Mandeln in den Teig kneten. Die beiseitegelegten Rosinen und Mandeln auf den Formboden verteilen.

6 Den Teig in die Form geben, mit einem Geschirrtuch bedecken und an einem warmen Ort 30–40 Minuten gehen lassen. Den Backofen auf 190 °C vorheizen.

7 Den Gugelhupf im heißen Ofen 45–50 Minuten backen, bis er schön aufgegangen und goldbraun ist. Aus dem Ofen nehmen und etwas in der Form abkühlen lassen, dann auf ein Kuchengitter stürzen und vollständig auskühlen lassen. Den Gugelhupf kurz vor dem Servieren mit Puderzucker bestäuben.

AUFBEWAHREN Der Gugelhupf hält sich luftdicht verpackt 3 Tage frisch.

Profitipp
Der Teig für Gugelhupf muss weich und klebrig sein. Widerstehen Sie der Versuchung, mehr Mehl einzukneten, um einen festeren Hefeteig zu erhalten, wie er etwa für einen Blechkuchen üblich ist.

KUCHEN UND TORTEN MIT TRADITION

Schokoladen-Kastanien-Rolle

Vor allem an kühleren Tagen schmeckt diese Schokoladenrolle mit Kastanienpüree-Sahne-Füllung.

8–10 STÜCKE | **50–55 MIN.** | **5–7 MIN.** | **8 WOCHEN, UNGEFÜLLT**

Für 1 Backblech (30 x 37 cm)
Butter für das Blech
35 g Kakaopulver
1 EL Mehl
1 Prise Salz
5 Eier, getrennt
150 g Zucker

Für die Füllung
125 g Kastanienpüree
2 EL brauner Rum
200 g Sahne
30 g Bitterschokolade, in Stücke gebrochen
Zucker nach Geschmack

Zum Fertigstellen
75 g Zucker
2 brauner Rum
125 g Sahne
Bitterschokoladenspäne

1 Den Backofen auf 220 °C vorheizen. Das Blech fetten und mit Backpapier belegen.

2 Kakaopulver mit Mehl und Salz in eine große Schüssel sieben. Beiseitestellen.

3 Die Eigelbe mit 100 g Zucker zu einer hellen Creme schlagen.

4 Eiweiße steif schlagen. Rest-Zucker zugeben; alles zu einer glänzenden Masse schlagen.

5 Ein Drittel Kakaomischung auf die Eigelbcreme sieben. Darauf ein Drittel des Eischnees geben.

6 Behutsam unterheben. Rest von Kakaomischung und Eischnee in 2 Portionen unterheben.

7 Die Masse auf das Backblech geben und darauf verstreichen.

8 Im heißen Ofen (unten) 5–7 Min. backen. Die Kuchenplatte ist dann fest.

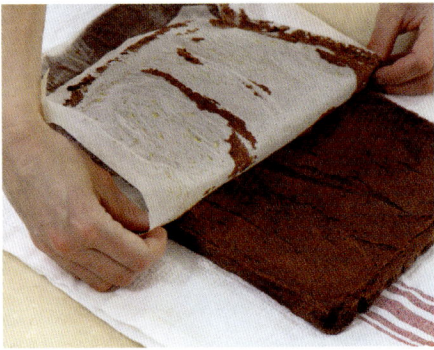

9 Kuchen aus dem Ofen nehmen, auf ein feuchtes Tuch stürzen; Papier abziehen.

10 Die Platte mit dem Tuch fest aufrollen und abkühlen lassen.

11 Das Kastanienpüree mit dem Rum in eine Schüssel geben. Die Sahne steif schlagen.

12 Schokolade über dem Wasserbad schmelzen. Zu Kastanienpüree und Rum geben.

13 Schoko-Kastanien-Mischung unter die Sahne ziehen. Mit Zucker süßen.

14 50 g Zucker in 4 EL Wasser 1 Min. köcheln, dann abkühlen lassen; Rum untermischen.

15 Kuchen auf Backpapier entrollen. Erst mit Rumsirup, dann mit Kastaniencreme bestreichen.

16 Die bestrichene Kuchenplatte mithilfe des Papiers vorsichtig möglichst eng aufrollen.

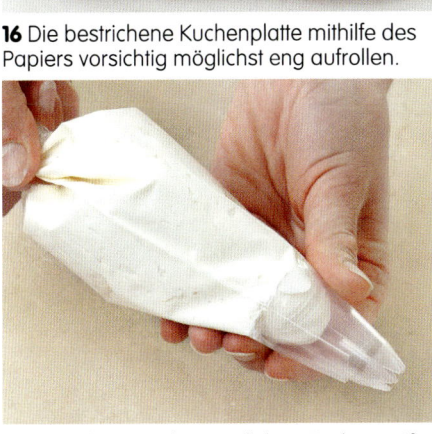

17 Die Sahne mit dem restlichen Zucker steif schlagen; in einen Spritzbeutel füllen.

18 Die Enden der Rolle mit einem Sägemesser gerade schneiden. Die Rolle auf eine Servierplatte heben. Mit Sahne und Schokoladenspänen garnieren. Möglichst sofort servieren.

Schokoladenrollen-Varianten

Schokoladenrolle

Ein Weihnachtsklassiker mit Schokolade und Himbeeren.

| 8–10 STÜCKE | 30 MIN. | 15 MIN. | MAX. 24 WOCHEN |

Für 1 kleines Backblech (etwa 20 x 28 cm)
3 Eier
100 g Zucker
100 g Mehl
3 EL Kakaopulver
½ TL Backpulver
Puderzucker zum Bestäuben
200 g Sahne
140 g Bitterschokolade, zerkleinert
3 EL Himbeerkonfitüre

1 Den Backofen auf 180 °C vorheizen und das Blech mit Backpapier belegen.

2 Eier mit Zucker und 1 EL Wasser mit den Quirlen des Handrührgeräts in etwa 5 Minuten schaumig schlagen. Mehl, Kakaopulver und Backpulver daraufsieben, dann behutsam, aber gründlich unterheben.

3 Die Masse auf das Blech streichen und im heißen Ofen 12 Minuten backen, bis die Biskuitplatte auf Fingerdruck zurückfedert. Aus dem Ofen nehmen; auf ein Stück Backpapier stürzen. Das mitgebackene Backpapier abziehen und den Biskuit mit dem frischen Backpapier aufrollen. Abkühlen lassen.

4 Für die Füllung die Sahne aufkochen lassen. Vom Herd nehmen. Die zerkleinerte Schokolade unter Rühren darin schmelzen. Die Mischung abkühlen lassen, dabei dickt sie ein.

5 Die Biskuitplatte entrollen und mit der Himbeerkonfitüre bestreichen. Ein Drittel der Schokosahne auf der Konfitüre verteilen und die Biskuitplatte wieder aufrollen; mit der Naht nach unten auf eine Platte legen. Die Rolle mit der restlichen Cremefüllung bestreichen und mit einer Gabel ein Baumrindenmuster in die Creme ziehen. Mit Puderzucker bestreuen und servieren.

Schoko-Amaretti-Rolle

Amarettistückchen sorgen bei dieser köstlichen Schokoladenrolle für ein besonderes Geschmackerlebnis. ▶

| 8–10 STÜCKE | 25–30 MIN. | 20 MIN. | 8 WOCHEN UNGEFÜLLT |

Für 1 kleines Backblech (etwa 20 x 28 cm)
6 große Eier, getrennt
150 g Zucker
50 g Kakaopulver, plus mehr zum Bestäuben
Puderzucker zum Bestäuben
300 g Sahne
2–3 EL Amaretto oder Brandy
22 Amaretti
50 g Bitterschokolade

1 Den Backofen auf 180 °C vorheizen. Das Blech mit Backpapier belegen. Eigelbe und Zucker über dem Wasserbad in etwa 10 Minuten schaumig schlagen. Vom Wasserbad nehmen. Eiweiße steif schlagen.

2 Das Kakaopulver auf die Ei-Zucker-Masse sieben, den Eischnee daraufgeben und alles behutsam unterheben. Die Masse auf das Blech streichen. Im heißen Ofen 20 Minuten backen, bis sich die Biskuitplatte auf Fingerdruck gerade fest anfühlt. Etwas abkühlen lassen, dann auf ein großzügig mit Puderzucker bestäubtes Stück Backpapier stürzen. Backpapier abziehen; Biskuit 30 Minuten abkühlen lassen.

3 Die Sahne mit den Quirlen des Handrührgeräts steif schlagen. Die Biskuitplatte an beiden Längsseiten gerade schneiden. Anschließend mit Amaretto oder Brandy beträufeln, die Sahne daraufstreichen. 20 Amaretti zerstoßen und auf die Sahne streuen. Die Schokolade, bis auf einen kleinen Rest, darüberreiben.

4 Von einer schmalen Seite her die Biskuitplatte mithilfe des Backpapiers aufrollen. Die Rolle mit der Nahtstelle nach unten auf eine Tortenplatte setzen. Die restlichen Amaretti grob darüberbröseln und darauf die restliche Schokolade reiben. Rolle mit Puderzucker und Kakaopulver bestäuben.

Schoko-Buttercreme-Rolle

Diese schokoladige Biskuitrollen-Variation ist leicht zuzubereiten und bei Kindern ein großer Hit – perfekt für die Geburtstagsfeier.

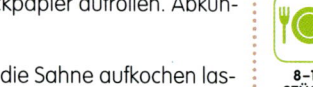 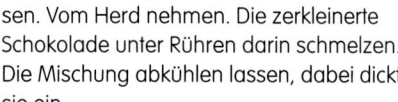

| 8–10 STÜCKE | 20–25 MIN. | 10 MIN. |

Für 1 kleines Backblech (20 x 28 cm)
3 große Eier
75 g Zucker
50 g Mehl
25 g Kakaopulver, plus mehr zum Bestäuben
75 g weiche Butter
125 g Puderzucker

1 Den Backofen auf 200 °C vorheizen und das Blech mit Backpapier belegen. Die Eier mit dem Zucker in einer Schüssel über dem heißen Wasserbad mit den Quirlen des Handrührgeräts in 5–10 Minuten zu einer dicken Creme schlagen. Die Schüssel vom Wasserbad nehmen, Mehl und Kakaopulver auf die Eiercreme sieben und unterheben.

2 Die Masse auf das Blech streichen und im heißen Ofen 10 Minuten backen, bis sie auf Fingerdruck zurückfedert. Die Biskuitplatte mit einem feuchten Geschirrtuch bedecken und abkühlen lassen. Anschließend auf ein mit Kakaopulver bestäubtes Stück Backpapier stürzen; das mitgebackene Backpapier abziehen.

3 Die Butter schaumig schlagen. Nach und nach den Puderzucker unter Rühren dazugeben. Die Biskuitplatte mit der Buttercreme bestreichen und mithilfe des Backpapiers aufrollen.

Schwarzwälder Kirschtorte

Sie darf auf keiner Kaffeetafel fehlen – hier ist der beliebte Klassiker in kleiner Form.

8 STÜCKE | 55 MIN. | 40 MIN. | MAX 4 WOCHEN

Für 1 Springform (24 cm Ø)
85 g Butter, zerlassen, plus
   mehr für die Form
6 Eier
175 g feiner Zucker
125 g Mehl
50 g Kakaopulver
1 Päckchen Vanillezucker

Für Füllung und Garnitur
entsteinte Sauerkirschen aus 1 Glas
   (ca. 800 g Inhalt), abgetropft,
   6 EL Saft aufgefangen, die Hälfte
   der Kirschen grob zerkleinert
4 EL Kirschwasser
600 g Sahne
150 g dunkle Schokolade, gerieben

KUCHEN UND TORTEN MIT TRADITION

1 Den Backofen auf 180 °C vorheizen. Die Form fetten und mit Backpapier auskleiden.

2 Eier und Zucker in eine hitzebeständige Schüssel geben, die auf einen Topf passt.

3 Schüssel auf einen Topf mit köchelndem Wasser setzen, ohne dass sie das Wasser berührt.

4 Eier und Zucker so lange schlagen, bis eine dickliche helle Creme entstanden ist.

5 Vom Wasserbad nehmen und noch 5 Min. schlagen, bis die Creme leicht abgekühlt ist.

6 Mehl und Kakao auf die Eiercreme sieben und behutsam unterheben.

7 Vanillezucker und Butter unterrühren. Die Masse in die Form füllen und glatt streichen.

8 Etwa 40 Min. backen, bis der Kuchen aufgegangen ist und sich leicht vom Rand löst.

9 Auf ein Gitter stürzen, Papier abziehen und mit einem Tuch bedecken. Abkühlen lassen.

10 Den Kuchen mit einem langen Sögemesser in drei gleich dicke Böden in schneiden.

11 Aufgefangenen Kirschsaft mit Kirschwasser mischen. Jeden Boden damit beträufeln.

12 Die Sahne in einer großen Schüssel steif schlagen.

13 Einen Boden mit Sahne bestreichen und mit der Hälfte der zerkleinerten Kirschen bestreuen.

14 2. Boden daraufsetzen, mit Sahne bestreichen, mit Kirschen belegen. 3. Boden auflegen.

15 Den Tortenrand mit Sahne bestreichen. Die restliche Sahne in einen Spritzbeutel füllen.

16 Mithilfe eines Palettmessers geriebene Schokolade an den Sahnerand drücken.

17 Sahnerosetten oben auf den äußeren Rand der Torte spritzen. Innen mit Kirschen belegen.

18 Die Sahnerosetten mit restlicher geriebener Schokolade bestreuen. **AUFBEWAHREN** Die Torte hält sich in einem verschlossenen Behälter im Kühlschrank 3 Tage.

Sahnetorten-Varianten

Käsesahnetorte

Für eine der beliebtesten Torten gibt es hier eine kleinere Version, die sich gut vorbereiten lässt.

8–10 STÜCKE | 40 MIN. | 30 MIN.

Kühlzeit
3 Stunden oder über Nacht

Für 1 Springform (22 cm Ø)
150 g weiche Butter, plus mehr für die Form
200 g Zucker
3 Eier
150 g Mehl
2½ TL Backpulver
Saft und abgeriebene Schale von 2 Bio-Zitronen
5 Blatt Gelatine
250 g Quark
250 g Sahne
Puderzucker zum Bestäuben
Zesten von 1 Bio-Zitrone

1 Den Backofen auf 180 °C vorheizen. Die Form fetten und mit Backpapier auskleiden. Die Butter mit 150 g Zucker schaumig schlagen. Nacheinander die Eier hinzufügen und unterrühren. Mehl und Backpulver dazusieben und mit der Hälfte der Zitronenschale unter die Eier-Butter-Creme heben. Die Masse in die Form füllen und im heißen Ofen 30 Minuten backen, bis der Biskuit aufgegangen ist. Aus dem Ofen nehmen, Biskuit auf ein Kuchengitter stürzen und mit einem Sägemesser quer halbieren; vollständig auskühlen lassen.

2 Für die Füllung die Gelatine in kaltem Wasser einige Minuten einweichen. Inzwischen den Quark mit der restlichen Zitronenschale und der Hälfte des Zitronensafts sowie dem übrigen Zucker cremig rühren. Den restlichen Zitronensaft erhitzen. Die Gelatine gut ausdrücken und in dem Zitronensaft unter Rühren auflösen, etwas abkühlen lassen. Die Gelatinemischung unter die Quarkcreme rühren. Sahne steif schlagen; unter die Quarkcreme ziehen.

3 Die Käsesahne gleichmäßig auf dem unteren Teigboden verteilen. Die obere Hälfte in acht Tortenstücke schneiden und diese auf der Käsesahne wieder zusammensetzen – dadurch lässt sich die Torte später leicht aufschneiden. Torte 3 Stunden oder über Nacht kalt stellen. Mit Puderzucker bestäuben, mit der Zitronenzeste garnieren.

Profitipp
Eine fruchtige Note erhält die Torte, wenn Sie beispielsweise Pfirsichstückchen, Sauerkirschen (aus dem Glas) oder Himbeeren unter die Käsesahne heben.

KUCHEN UND TORTEN MIT TRADITION

Himbeercreme-torte

Statt frischer können Sie auch Tiefkühl-Himbeeren verwenden.

8 STÜCKE	55–60 MIN.	20–25 MIN.

Kühlzeit
4 Stunden

Für 1 Springform (22 cm Ø)
60 g Butter, plus mehr für die Form
125 g Mehl, plus mehr für die Form
4 Eier
125 g Zucker
1 Prise Salz
2 EL Kirschwasser

Für die Himbeercreme
500 g Himbeeren
3 EL Kirschwasser
200 g Zucker
1 l Milch
Mark von 1 Vanilleschote, Schote aufbewahren
10 Eigelb
3 EL Speisestärke
10 g gemahlene Gelatine
250 g Sahne

1 Den Backofen auf 220 °C vorheizen. Die Form fetten und mit Mehl ausstäuben. Butter zerlassen und abkühlen lassen. Die Eier mit Zucker und Salz in einer Schüssel mit den Quirlen des Handrührgeräts in etwa 5 Minuten schaumig schlagen.

2 Ein Drittel des Mehls auf die Eiercreme sieben und unterheben. Mit dem restlichen Mehl in zwei weiteren Portionen ebenso verfahren, anschließend die flüssige Butter unterheben. Die Masse in die Form füllen; im heißen Ofen 20–25 Minuten backen.

3 Den Biskuit auf ein Kuchengitter stürzen und abkühlen lassen. Das Backpapier abziehen. Falls nötig, die Biskuitoberfläche gerade schneiden, dann den Bisuit quer halbieren. Die Form reinigen, abtrocknen und erneut fetten. Den unteren Biskuitboden hineinlegen und mit 1 EL Kirschwasser beträufeln.

4 Für die Füllung drei Viertel der Himbeeren pürieren und das Püree durch ein feines Sieb streichen. 1 EL Kirschwasser und 100 g Zucker unterrühren.

5 In einem Topf die Milch mit dem Vanillemark und der Vanilleschote aufkochen lassen. Vom Herd nehmen; zugedeckt an einem warmen Ort 10–15 Minuten ziehen lassen. Schote entfernen und ein Viertel der Vanillenmilch abnehmen. Den restlichen Zucker in die Milch im Topf rühren.

6 Eigelbe und Speisestärke in einer Schüssel verrühren. Die heiße Milch aus dem Topf unter Rühren dazugießen. Diese Mischung zurück in den Topf geben und bei mittlerer Hitze unter Rühren kurz aufkochen lassen. Die zurückbehaltene Milch unterrühren.

7 Jeweils die Hälfte der Vanillecreme durch ein Sieb in je eine Schüssel streichen. 2 EL Kirschwasser in eine Portion rühren – sie wird später separat zur Torte gereicht. Die gemahlene Gelatine in 4 EL Wasser streuen und 5 Minuten quellen lassen. Das Wasser unter Rühren erhitzen, bis sich die Gelatine aufgelöst hat. Die aufgelöste Gelatine mit dem Himbeerpüree unter die zweite Portion Vanillecreme rühren.

8 Die Schüssel mit der Himbeer-Vanillecreme in einen mit Eiswasser gefüllten Topf stellen und die Creme rühren, bis sie eindickt. Aus dem Eiswasser nehmen. Die Sahne steif schlagen und unter die Himbeercreme ziehen. Die Hälfte davon in die Springform auf den Biskuitboden streichen, einige der zurückbehaltenen Himbeeren darauf verteilen und diese mit der restlichen Himbeercreme bedecken.

9 Den oberen Biskuitboden auf der unteren Seite mit 1 EL Kirschwasser beträufeln und auf die Creme setzen, dabei leicht andrücken. Die Torte in der Form mit Frischhaltefolie bedecken und mindestens 4 Stunden kalt stellen. Vor dem Servieren den Springformrand entfernen und die Torte mit den übrigen Himbeeren garnieren. Mit der Vanille-Kirschwasser-Creme servieren.

Cupcakes und andere Küchlein

Cupcakes mit Vanilleguss

Cupcakes sind recht kompakt, deshalb fallen sie unter einer üppigen Glasur oder einem Guss nicht zusammen.

24 STÜCK   **20 MIN.**   **20–25 MIN.**   **4 WOCHEN OHNE GUSS**

Für zwei 12er-Muffinbleche
200 g Mehl, gesiebt
2 TL Backpulver
200 g Zucker
1 Päckchen Vanillezucker
½ TL Salz
100 g weiche Butter
3 Eier
150 ml Milch

Für den Guss
200 g Puderzucker
1 Päckchen Vanillezucker
100 g weiche Butter
Dekorzucker (nach Belieben)

1 Den Backofen auf 180 °C vorheizen. Die ersten sechs Zutaten in eine Schüssel geben.

2 Die Zutaten mit den Händen zusammenreiben, bis feine Krümel entstehen.

3 In einer zweiten Schüssel die Eier mit der Milch gründlich verquirlen.

4 Die Eiermilch langsam unter ständigem Rühren zur Krümelmasse gießen.

5 So lange rühren, bis der Teig glatt ist. Nicht zu lange rühren, sonst werden die Cupcakes zäh.

6 Den Teig in einen Krug füllen, so lässt er sich leichter auf die Formen verteilen.

7 Die Mulden der Formen mit passenden Papierförmchen auskleiden.

8 Den Teig gleichmäßig in die Förmchen gießen, diese jeweils nur zur Hälfte füllen.

9 Im heißen Ofen 20–25 Min. backen, bis die Cupcakes auf Fingerdruck zurückfedern.

10 Für die Garprobe mit einem Stäbchen in die Mitte eines Cupcakes stechen.

11 Falls nach dem Herausziehen Teig am Stäbchen haftet, die Küchlein noch 1 Min. backen.

12 3 Min. in den Formen ruhen lassen; herausheben und auf einem Gitter auskühlen lassen.

13 Für den Guss Puderzucker, Vanillezucker und Butter in eine Schüssel geben.

14 Mit dem Handrührgerät alles zu einer glatten Creme verrühren.

15 Die Cupcakes müssen völlig ausgekühlt sein, damit der Guss darauf nicht schmilzt.

16 Den Guss mit einem Teelöffel auf die Küchlein setzen

17 Anschließend den Teelöffel in warmes Wasser tauchen; Guss damit glatt streichen.

Alternativ den Guss in einen Spritzbeutel mit Sterntülle füllen.

Das Cupcake mit einer Hand halten, mit der anderen den Guss aufspritzen.

Den Guss von außen nach innen aufspritzen, damit oben eine Spitze entsteht.

18 Mit Dekorzucker verzieren. **AUFBEWAHREN** Luftdicht verpackt bis zu 3 Tage haltbar.

Cupcake-Varianten

Schokoladen-Cupcakes

Klassische Schoko-Cupcakes sind ein unverzichtbares Rezept. Sie machen jeden Kindergeburtstag zum Erfolg!

| 24 STÜCK | 20 MIN. | 20–25 MIN. | 4 WOCHEN OHNE GUSS |

Für zwei 12er-Muffinbleche
200 g Mehl
2 TL Backpulver
4 EL Kakaopulver
200 g Zucker
½ TL Salz
100 g weiche Butter
3 Eier
150 ml Milch
1 Päckchen Vanillezucker
1 EL griechischer Joghurt

Für den Guss
100 g weiche Butter
175 g Puderzucker
25 g Kakaopulver

1 Den Backofen auf 180 °C vorheizen. Mehl, Backpulver und Kakaopulver in eine Schüssel sieben. Zucker, Salz und Butter hinzufügen. Alles zu einer krümeligen Mischung verrühren. Eier, Milch, Vanillezucker und Joghurt in einer zweiten Schüssel verrühren.

2 Die Eiermischung unter Rühren zur krümeligen Mischung gießen. So lange rühren, bis ein glatter Teig entstanden ist. Muffinmulden mit Papierförmchen auskleiden; diese bis zur halben Höhe mit Teig füllen.

3 Die Cupcakes im heißen Ofen 20–25 Minuten backen, bis sie hell gebräunt sind und auf Fingerdruck zurückfedern. Aus dem Ofen nehmen, einige Minuten in den Blechen ruhen lassen, dann die Papierförmchen aus den Mulden heben und die Cupcakes auf einem Kuchengitter auskühlen lassen.

4 Für den Guss die Butter mit Puderzucker und Kakaopulver cremig rühren. Guss in einen Spritzbeutel mit sternförmiger Tülle füllen und aufspritzen oder auf die Cupcakes löffeln und mit einem in warmes Wasser getauchten Löffelrücken glatt streichen.

Zitronen-Cupcakes

Zitronenschale und -saft verleihen dem Teig ein feines Aroma.

| 24 STÜCK | 20 MIN. | 20–25 MIN. | 4 WOCHEN OHNE GUSS |

Für zwei 12er-Muffinbleche
200 g Mehl
2 TL Backpulver
200 g Zucker
½ TL Salz
100 g weiche Butter
3 Eier
150 ml Milch
abgeriebene Schale und Saft von 1 Bio-Zitrone

Für die Creme
200 g Puderzucker
100 g weiche Butter

1 Den Backofen auf 180 °C vorheizen. Mehl und Backpulver in eine Schüssel sieben. Zucker, Salz und Butter hinzufügen. Alles zu einer krümeligen Mischung verrühren. Die Eier mit der Milch in einer zweiten Schüssel verrühren.

2 Die Eiermilch unter Rühren zur krümeligen Mischung gießen. Die Hälfte der Zitronenschale und den Saft hinzufügen und alles zu einem glatten Teig verrühren. Muffinmulden mit Papierförmchen auskleiden und diese bis zur halben Höhe mit Teig füllen.

3 Die Cupcakes im heißen Ofen 20–25 Minuten backen, bis sie auf Fingerdruck leicht zu-rückfedern. Aus dem Ofen nehmen und auskühlen lassen.

4 Für den Guss Butter, Puderzucker und restliche Zitronenschale cremig rühren. Guss auf die Cupcakes streichen oder spritzen.

Profitipp
Diese klassischen amerikanischen Cupcakes können Sie mehrere Tage aufbewahren. Die Küchlein schmecken auch gut mit dem Schokoladenguss (siehe Rezept links) anstelle des Zitronengusses.

CUPCAKES UND ANDERE KÜCHLEIN

Kaffee-Walnuss-Cupcakes

Kaffee und Nüsse sorgen hier für den Geschmack.

| 24 STÜCK | 20 MIN. | 20–25 MIN. | 4 WOCHEN OHNE GUSS |

Für zwei 12er-Muffinbleche
200 g Mehl, plus mehr für die Nüsse
2 TL Backpulver
200 g Zucker
½ TL Salz
100 g weiche Butter
3 Eier
150 ml Milch
1 EL Instant-Kaffeepulver, mit 1 EL kochendem Wasser verrührt und abgekühlt oder 1 Tässchen abgekühlter Espresso
100 g Walnusskerne, plus mehr zum Garnieren

Für den Guss
200 g Puderzucker
100 g weiche Butter
1 Päckchen Vanillezucker

1 Den Backofen auf 180 °C vorheizen. Mehl und Backpulver in eine Schüssel sieben. Zucker, Salz und Butter hinzufügen. Alles zu einer krümeligen Mischung verrühren. Die Eier mit der Milch in einer zweiten Schüssel verrühren.

2 Die Eiermilch und die Hälfte des Kaffees oder Espressos unter Rühren zur krümeligen Mischung gießen. So lange rühren, bis ein glatter Teig entstanden ist. Die Nüsse grob hacken und in einer Schüssel mit etwas Mehl mischen; dann unter den Teig heben. Die Muffinmulden mit Papierförmchen auskleiden und diese bis zur halben Höhe mit Teig füllen. Im heißen Ofen 20–25 Minuten backen, bis die Cupcakes auf Fingerdruck zurückfedern. Herausnehmen und vollständig auskühlen lassen.

3 Für den Guss Puderzucker, Butter, Vanillezucker und den restlichen Kaffee bzw. Espresso cremig rühren. Den Guss auf die Cupcakes streichen oder spritzen. Auf jeden Cupcake eine halbe Walnuss setzen.

Zuckersüße Petits Fours

Die zierlichen Küchlein sehen hinreißend aus und zergehen auf der Zunge: perfekt für jede Party oder eine Einladung zum Tee oder Kaffee.

16 STÜCK · **20–25 MIN.** · **25 MIN.**

Für 1 quadratische Form (20 x 20 cm)
175 g weiche Butter, plus mehr für die Form
175 g Zucker
3 große Eier
2 Päckchen Vanillezucker
175 g Mehl, gesiebt
1½ TL Backpulver
2 EL Milch
2–3 EL Himbeer- oder Kirschkonfitüre

Für die Buttercreme
75 g weiche Butter
150 g Puderzucker

Für die Glasur
Saft von ½ Zitrone
450 g Puderzucker
1–2 Tropfen rote Lebensmittelfarbe
Zuckerblüten zum Verzieren (nach Belieben)

1 Den Backofen auf 190 °C vorheizen. Die Form fetten und den Boden mit Backpapier belegen. Butter und Zucker in einer großen Schüssel mit den Quirlen des Handrührgeräts schaumig schlagen.

2 Die Eier mit dem Vanillezucker in einer zweiten großen Schüssel leicht aufschlagen. Etwa ¼ der Eiermischung und 1 EL Mehl zur Butter-Zucker-Mischung geben; gründlich verrühren. Nach und nach unter Rühren die restliche Eiermischung hinzufügen. Anschließend das restliche Mehl, das Backpulver und die Milch behutsam unterheben.

3 Den Teig in die Form füllen und im heißen Ofen (Mitte) in etwa 25 Minuten hellbraun backen. Aus dem Ofen nehmen. 10 Minuten in der Form abkühlen lassen, dann den Kuchen aus der Form lösen und mit der Oberseite nach unten auf einem Kuchengitter abkühlen lassen. Das Backpapier abziehen.

4 Für die Buttercreme die Butter mit dem Puderzucker glatt rühren. Den Kuchen mit einem Sägemesser quer halbieren. Eine Hälfte auf der Schnittfläche mit Konfitüre, die andere mit Buttercreme bestreichen, beide Hälften zusammenklappen und dann in 16 gleich große Quadrate schneiden.

5 Für die Glasur den Zitronensaft in einen Messbecher geben und bis auf 60 ml mit heißem Wasser auffüllen. Nach und nach unter Rühren zum Puderzucker geben, bis eine streichfähige Masse entstanden ist. Falls nötig, noch etwas heißes Wasser hinzufügen. Zum Schluss die Lebensmittelfarbe unterrühren.

6 Die Törtchen mit einer Palette auf ein Kuchengitter heben, das auf einem Brett oder Teller steht, um abtropfende Glasur aufzufangen. Die Törtchen vollständig glasieren oder so mit der Glasur beträufeln, dass sie an den Seiten herunterläuft und die Biskuitschichten sichtbar bleiben. Die Fours nach Belieben mit Zuckerblüten verzieren und 15 Minuten trocknen lassen, anschließend mithilfe einer Tortenpalette vorsichtig in Papierförmchen setzen.

AUFBEWAHREN Die Petits Fours können im Kühlschrank 1 Tag aufbewahrt werden.

Profitipp
Für eine Schokoladen-Version die gefüllten Petits Fours im Kühlschrank durchkühlen. Anschließend auf Stäbchen spießen, in 250 g geschmolzene Schokolade tauchen und auf ein Kuchengitter setzen. Wenn die Schokolade fest ist, mit geschmolzener weißer Schokolade ein Muster daraufträufeln.

Schokoladenkuchen-Kugeln

Der neuste Trend aus den USA – einfach zu machen und eine köstliche Resteverwertung für Schokokuchen.

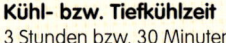

20–25 STÜCK **35 MIN.** **25 MIN.** **4 WOCHEN OHNE GUSS**

Kühl- bzw. Tiefkühlzeit
3 Stunden bzw. 30 Minuten

Für 1 Springform (18 cm Ø)
100 g weiche Butter, plus mehr für die Form
100 g Zucker
2 Eier
80 g Mehl
1½ TL Backpulver
20 g Kakaopulver

1 EL Milch, falls nötig mehr
150 g Schokoladencreme (siehe Rezept S. 60)
250 g dunkle Schokoladenglasur (Fertigprodukt)
50 g weiße Schokolade

1 Den Backofen auf 180 °C vorheizen. Die Form fetten und mit Backpapier auskleiden.

2 Butter mit Zucker mit den Quirlen des elektrischen Handrührgeräts cremig schlagen.

3 Die Eier nacheinander unterrühren, bis eine glatte cremige Masse entstanden ist.

4 Mehl, Backpulver und Kakao auf die Creme sieben und unterrühren.

5 So viel Milch unterrühren, bis der Teig schwer vom Löffel fällt.

6 Teig in die Form füllen. 25 Min. backen, bis der Kuchen auf Fingerdruck zurückfedert.

7 Stäbchenprobe machen. Aus der Form lösen; auf einem Gitter auskühlen lassen.

8 Kuchen im Mixer zerkleinern, bis er bröselig ist. 300 g Schokokuchenbrösel abwiegen.

9 Schokoladencreme hinzufügen; alles zu einer glatten, homogenen Masse mixen.

10 Mit trockenen Händen aus der Masse walnussgroße Kugeln formen.

11 Auf einem Teller entweder 3 Std. im Kühlschrank oder 30 Min. im Tiefkühlgerät kühlen.

12 Zwei Bleche mit Backpapier belegen. Schokoglasur nach Packungsangabe schmelzen.

13 Kugeln portionsweise glasieren. Zuerst in die Glasur geben. Dann zügig arbeiten.

14 Die Kugeln mithilfe von 2 Gabeln mit der Glasur überziehen, dann abtropfen lassen.

15 Die glasierten Kugeln zum Trocknen auf die Bleche setzen.

16 Die weiße Schokolade in einer Schüssel über dem Wasser schmelzen.

17 Die weiße Schokolade mit einem Löffel über die Schokokugeln träufeln.

18 Sobald die weiße Schokolade fest ist, die Kugeln auf einer Servierplatte anrichten.
AUFBEWAHREN Die Schokoladenkuchen-Kugeln halten sich luftdicht verpackt bis zu 3 Tage.

SCHOKOLADENKUCHEN-KUGELN

Varianten für süße Kugeln

Erdbeercreme-Kugeln

Ideal als süßer Snack für einen Kindergeburtstag. Genauso gut können Sie mit den Kugeln aber auch eine ganze Geburtstagtorte garnieren.

| 20–25 STÜCK | 20 MIN. | 25 MIN. | MAX. 4 WOCHEN UNGLASIERT |

Kühl- bzw- Tiefkühlzeit
3 Stunden bzw. 30 Minuten

Für 1 Springform (18 cm Ø)
100 g weiche Butter, mehr für die Form
100 g Zucker
2 Eier
100 g Mehl
1 TL Backpulver
150 g Buttercreme (z. B. Vanille-Buttercreme, siehe S. 126–127, Schritte 13–15)
2 EL Erdbeerkonfitüre ohne Stückchen
250 g weiße Schokoladenglasur
25 Holzspießchen (je etwa 10 cm lang)

1 Den Backofen auf 180 °C vorheizen. Die Form fetten und mit Backpapier auskleiden. Butter und Zucker schaumig schlagen, nach und nach die Eier unterrühren. Mehl und Backpulver auf die Masse sieben und unterheben.

2 Teig in die Form füllen und im heißen Ofen 25 Minuten backen, bis der Kuchen auf Fingerdruck zurückfedert. Auf ein Kuchengitter stürzen, das Backpapier abziehen und den Kuchen auskühlen lassen.

3 Den ausgekühlten Kuchen fein zerkrümeln. 300 g Kuchenkrümel abwiegen. Diese in einer Schüssel gründlich mit der Buttercreme und der Konfitüre vermischen. Die Masse mit trockenen Händen zu walnussgroßen Kugeln rollen. Die Kugeln auf einen Teller legen. In jede Kugel ein Spießchen stecken und die Kugeln 3 Stunden in den Kühlschrank oder 30 Minuten ins Tiefkühlgerät stellen. Zwei Backbleche mit Backpapier belegen.

4 Die Schokoladenglasur über dem Wasserbad schmelzen. Die Kugeln nach und nach in die flüssige Schokolade tauchen und vollständig bis zum Ansatz der Spieße überziehen.

5 Überschüssige Glasur in die restliche Glasur abtropfen lassen; die Kugeln auf den Blechen trocknen lassen. Die Erdbeercreme-Kugeln noch am selben Tag verzehren.

Profitipp
Damit die Kugeln auch schön rund bleiben, einen halbierten Apfel mit den Schnittflächen nach unten auf ein mit Backpapier ausgelegtes Blech setzen. Nach dem Glasieren die Stäbchen in den Apfel spießen. So trocknen die Kugeln ohne Dellen.

Plum-Pudding-Kugeln

Aus übriggebliebenem Plum Pudding (siehe S. 88) lassen sich diese unglaublich köstlichen Kugeln herstellen.

| 20–25 STÜCK | 20 MIN. | 25 MIN. | MAX. 4 WOCHEN UNGLASIERT |

Kühl- bzw- Tiefkühlzeit
3 Stunden bzw. 30 Minuten

400 g Reste von Plum Pudding (siehe S. 88)
200 g Bitterschokoladenglasur
50 g weiße Schokoladenglasur
Belegkirschen (glasierte Kirschen) und kandierte Angelika (Engelwurz) zum Garnieren

1 Plum Pudding im Mixer zerkrümeln und die Krümel mit trockenen Händen zu walnussgroßen Kugeln rollen. Auf einem Teller im Kühlschrank in 3 Stunden oder im Tiefkühlgerät in 30 Minuten fest werden lassen.

2 Zwei Backbleche mit Backpapier belegen. Die Bitterschokolade über dem Wasserbad schmelzen.

3 Die Kugeln nach und nach aus dem Kühlschrank nehmen und zwischen zwei Gabeln geklemmt in die flüssige Schokolade tauchen, bis sie vollständig ummantelt sind. Auf den Blechen fest werden lassen.

4 Mit allen Kugeln so verfahren. Dabei zügig arbeiten, da die Schokolade schnell fest wird und die Kugeln leicht zerfallen, wenn sie zu lange in der warmen Schokolade bleiben.

5 Die weiße Schokoladenglasur wie oben beschrieben schmelzen. Mit einem Teelöffel etwas flüssige Glasur über die dunkel überzogenen Teigkugeln rinnen lassen. Die weiße Schokolade soll an den Seiten herunterlaufen, aber die dunkle Schokolade nicht völlig überdecken.

6 Die Kugeln nach Belieben mit zerkleinerten Belegkirschen oder kandierter Angelika verzieren; dazu die Zutaten in Form von Stechpalmenblättern und -beeren in die noch nicht getrocknete weiße Schokolade drücken.

AUFBEWAHREN Die Kugeln halten sich im Kühlschrank 5 Tage.

Weiße Schokolade-Kokos-Kugeln

Servieren Sie diese raffinierte Süßigkeit als süße Häppchen zu einer Tasse Kaffee oder Tee.

| 25–30 STÜCK | 40 MIN. | 25 MIN. | MAX. 4 WOCHEN UNGLASIERT |

Kühl- bzw- Tiefkühlzeit
3 Stunden bzw. 30 Minuten

Für eine Springform (18 cm Ø)
100 g weiche Butter, plus mehr für die Form
100 g Zucker
2 Eier
100 g Mehl
1 TL Backpulver
225 g Buttercreme (z. B. Vanille-Buttercreme, siehe S. 126–127, Schritte 13–15)
225 g Kokosraspel
250 g weiße Schokoladenglasur

1 Backofen auf 180 °C vorheizen. Form fetten und mit Backpapier auskleiden. Butter und Zucker schaumig schlagen, nacheinander die Eier unterrühren. Mehl und Backpulver auf die Masse sieben und unterheben.

2 Den Teig in die Form füllen und im heißen Ofen 25 Minuten backen. Den Kuchen auf ein Kuchengitter stürzen, das Backpapier abziehen und den Kuchen vollständig abkühlen lassen. Den ausgekühlten Kuchen fein zerkrümeln. 300 g Krümel abwiegen und in einer Schüssel mit der Buttercreme sowie 75 g Kokosraspeln mischen.

3 Die Masse mit trockenen Händen zu walnussgroßen Kugeln rollen. Die Kugeln für 3 Stunden in den Kühlschrank oder 30 Minuten ins Tiefkühlgerät stellen. Zwei Backbleche mit Backpapier belegen; restliche Kokosraspel auf einen Teller geben.

4 Die Schokoladenglasur über dem Wasserbad schmelzen. Die Teigkugeln mithilfe von zwei Gabeln nach und nach in die flüssige Schokolade tauchen und vollständig ummanteln.

5 Jede Kugeln nach dem Glasieren in den Kokosraspeln wälzen, dann auf dem Blech trocknen lassen. Dabei zügig vorgehen, da die Glasur schnell fest wird und die Kugeln zerfallen können, wenn sie zu lange in der warmen Schokolade bleiben.

AUFBEWAHREN Die Kugeln halten sich luftdicht verpackt 2 Tage frisch.

Whoopie Pies

In den USA sind die gefüllten Mini-Törtchen beliebte Klassiker. Jetzt sind sie auch bei uns angesagt.

10 STÜCK **40 MIN.** **12 MIN./ BLECH** **4 WOCHEN UNGEFÜLLT**

Für 2 Backbleche
175 g weiche Butter
150 g heller Muscovado-Zucker
1 Päckchen Vanillezucker
1 großes Ei
225 g Mehl
1½ TL Backpulver
75 g Kakaopulver
150 ml Milch
2 EL Sahnejoghurt

Für die Vanille-Buttercreme
100 g weiche Butter
200 g Puderzucker
2 Pck. Vanillezucker
2 EL Milch, plus mehr nach Bedarf

Für die Dekoration
weiße und Bitterschokolade
200 g Puderzucker

1 Den Backofen auf 180 °C vorheizen. Die Backbleche mit Backpapier belegen.

2 Butter mit Zucker und Vanillezucker mit dem Handrührgerät cremig schlagen.

3 Das Ei zur Butter-Zucker-Creme geben und gründlich unterrühren.

4 Die Masse sollte nun homogen und weich sein.

5 Mehl, Backpulver und Kakao in eine zweite Schüssel sieben.

6 Einen Esslöffel Mehlmischung behutsam unter die Butter-Ei-Creme mischen.

7 Unter Rühren etwas Milch zugießen. Nach und nach restl. Mehlmischung und Milch zugeben.

8 Joghurt gründlich unterrühren; das hält die gebackenen Küchlein saftig.

9 Insgesamt 20 esslöffelgroße Teighäufchen auf die Bleche setzen.

10 Zwischen den Teigportionen genug Platz lassen – die Pies werden ca. 8 cm groß.

11 Den Löffel in warmes Wasser tauchen und die Teighäufchen damit etwas flach drücken.

12 Ca. 12 Min. backen; Stäbchenprobe machen. Die Pies auf einem Gitter auskühlen lassen.

13 Für die Creme Butter, Puder- und Vanillezucker mit einem Kochlöffel verrühren.

14 Anschließend die Zutaten mit den Quirlen des Handrührgeräts 5 Min. cremig schlagen.

15 Falls die Creme zu fest ist, so viel Milch zugeben, bis die Creme streichfähig ist.

16 Die Hälfte der Küchlein mit der Vanille-Buttercreme bestreichen.

17 Jeweils ein bestrichenes Küchlein mit einem unbestrichenen zusammensetzen.

18 Für die Dekoration mithilfe eines Sparschälers Späne von den Schokoladen abziehen.

19 Für den Zuckerguss den Puderzucker mit 1–2 EL Wasser zu einer dicken Paste verrühren.

20 Jedes gefüllte Törtchen mit Zuckerguss bestreichen.

21 Schokospäne auf den noch flüssigen Guss streuen. **AUFBEWAHREN** Bis zu 2 Tage haltbar.

Whoopie-Pie-Varianten

Erdnusscreme-Whoopies

Süß, salzig, cremig – diese Variante macht süchtig.

| 10 STÜCK | 40 MIN. | 12 MIN./ BLECH | 4 WOCHEN UNGEFÜLLT |

Für 2 Backbleche
175 g weiche Butter
150 g heller Muscovado-Zucker
1 großes Ei
2 Päckchen Vanillezucker
225 g Mehl
75 g Kakaopulver
2 TL Backpulver
150 ml Milch, plus mehr für die Füllung
2 EL griechischer Sahnejoghurt
50 g Frischkäse
50 g Erdnusscreme
200 g Puderzucker, gesiebt

1 Backofen auf 180 °C vorheizen. Bleche mit Backpapier belegen. Butter mit Zucker schaumig schlagen, dann das Ei und den Vanillezucker unterrühren.

2 Mehl, Kakaopulver und Backpulver in eine zweite Schüssel sieben. Die Mehlmischung und die Milch löffelweise in die Butter-Ei-Masse rühren, dann den Joghurt unterheben.

3 Die Masse esslöffelweise (gehäufte Esslöffel nehmen) auf die Bleche setzen, dabei größere Abstände lassen. Danach einen Esslöffel in warmes Wasser tauchen und mit dem Löffelrücken die Teigportionen flach streichen. Im heißen Ofen 12 Minuten backen, bis die Küchlein aufgegangen sind. Auf einem Kuchengitter abkühlen lassen.

4 Für die Füllung Frischkäse und Erdnusscreme verrühren, mit dem Puderzucker schaumig schlagen; falls nötig, etwas Milch dazugeben, bis eine glatte Masse entstanden ist. Die Hälfte der Küchlein auf den flachen (unteren) Seiten mit Creme bestreichen. Die restlichen Küchlein (ebenfalls mit den flachen Seiten) daraufsetzen.

Schokoladen-Orangen-Whoopies

Aromatische Bitterschokolade und das fruchtige Orangenaroma sind eine klassische Kombination, die diese kleinen Pies zum Hochgenuss macht.

| 10 STÜCK | 40 MIN. | 12 MIN./ BLECH | 4 WOCHEN UNGEFÜLLT |

Für 2 Backbleche
275 g weiche Butter
150 g heller Muscovado-Zucker
1 großes Ei
2 Päckchen Vanillezucker
abgeriebene Schale und Saft von 1 Bio-Orange
225 g Mehl, 75 g Kakaopulver
2 TL Backpulver
150 ml Milch oder Buttermilch
2 EL griechischer Sahnejoghurt
200 g Puderzucker

1 Backofen auf 180 °C vorheizen. Bleche mit Backpapier belegen. 175 g Butter mit dem Muscovado-Zucker schaumig schlagen. Ei, 1 Päckchen Vanillezucker und Orangen-schale unterrühren. Mehl, Kakao- und Backpulver in eine Schüssel sieben. Mehlmischung und Milch abwechselnd löffelweise in die Buttermasse rühren, dann den Joghurt unterheben.

2 Teig esslöffelweise (gehäufte Esslöffel nehmen) auf die Bleche setzen, dabei größere Abstände lassen. Einen Esslöffel in warmes Wasser tauchen und mit dem Löffelrücken die Teigportionen flach streichen. 12 Minuten backen, bis die Küchlein aufgegangen sind. Auf dem Blech leicht abkühlen lassen, dann auf ein Gitter heben.

3 Für die Creme restliche Butter mit dem Puderzucker, dem restlichen Vanillezucker, dem Orangensaft und etwas Wasser verrühren. Die Hälfte der Küchlein auf den flachen Seiten mit Creme bestreichen. Restliche Küchlein daraufsetzen.

Kokos-Whoopies

Diese simple, aber um so köstlichere Variante macht sich die natürliche Affinität von Kokos und Schokolade zunutze – ein echtes Dream-Team.

| 10 STÜCK | 40 MIN. | 12 MIN./ BLECH | 4 WOCHEN UNGEFÜLLT |

Für 2 Backbleche
275 g weiche Butter
150 g heller Muscovado-Zucker
1 großes Ei
2 Päckchen Vanillezucker
225 g Mehl, 75 g Kakaopulver
2 TL Backpulver
150 ml Milch, plus mehr für die Füllung
2 EL griechischer Sahnejoghurt
5 EL Kokosraspel
200 g Puderzucker

1 Backofen auf 180 °C vorheizen. Bleche mit Backpapier belegen. 175 g Butter mit dem Muscovado-Zucker schaumig schlagen. Das Ei und 1 Päckchen Vanillezucker unter-rühren. Mehl, Kakaopulver und Backpulver in eine zweite Schüssel sieben. Die Mehlmischung und die Milch abwechselnd löffelweise in die schaumige Butter rühren, dann den Joghurt unterheben.

2 Teig esslöffelweise (gehäufte Esslöffel nehmen) auf die Bleche setzen. Einen Esslöffel in warmes Wasser tauchen und die Teigportionen damit flach streichen. 12 Minuten backen, bis die Küchlein aufgegangen sind. Auf dem Blech leicht abkühlen lassen, dann auf ein Gitter heben. Kokosraspel mit Milch bedecken; 10 Minuten einweichen. In einem Sieb abtropfen lassen.

3 Für die Creme restliche Butter, Puderzucker, restlichen Vanillezucker und 2 TL Milch schaumig schlagen; Kokosraspel unterheben. 5 Küchlein mit Creme bestreichen. Restlichen Küchlein daraufsetzen.

Schwarzwälder-Kirsch-Whoopies

Eine stylishe Version des berühmten Tortenklassikers.

10 STÜCK	40 MIN.	12 MIN./ BLECH	4 WOCHEN UNGEFÜLLT

Für 2 Backbleche
175 g weiche Butter
150 g heller Muscovado-Zucker
1 großes Ei
1 Päckchen Vanillezucker
225 g Mehl
75 g Kakaopulver
2 TL Backpulver
150 ml Milch oder Buttermilch
2 EL griechischer Sahnejoghurt
225 g abgetropfte Süßkirschen aus dem Glas
  oder aufgetaute TK-Kirschen
2 EL Zucker
250 g Mascarpone

1 Den Backofen auf 180 °C vorheizen. Die Bleche mit Backpapier belegen. Die Butter mit dem Muscovado-Zucker schaumig schlagen. Das Ei und den Vanillezucker unterrühren.

2 Mehl, Kakao- und Backpulver in eine zweite Schüssel sieben. Die Mehlmischung und die Milch abwechselnd löffelweise in die schaumige Buttermasse rühren, dann den Joghurt unterheben. 100 g Kirschen hacken und ebenfalls unterheben.

3 Den Teig esslöffelweise (gehäufte Esslöffel nehmen) auf die Bleche setzen, genug Abstand lassen. Danach einen Esslöffel in warmes Wasser tauchen und mit dem Löffelrücken die Teigportionen flach streichen. Im heißen Ofen 12 Minuten backen, bis die Küchlein aufgegangen sind. Auf dem Blech leicht abkühlen lassen, dann auf ein Kuchengitter heben.

4 Die restlichen Kirschen pürieren oder hacken. Mit Zucker und Mascarpone verrühren. Die Hälfte der Küchlein auf den unteren flachen Seiten mit je 1 EL Füllung bestreichen. Die restlichen Küchlein daraufsetzen.

Erdbeersahne-Whoopies

Die schwarz-weiß-roten Doppeldecker sind eine charmante Bereicherung für jede Tee- oder Kaffeetafel. Am selben Tag verzehren.

10 STÜCK	40 MIN.	12 MIN./ BLECH	4 WOCHEN UNGEFÜLLT

Für 2 Backbleche
175 g weiche Butter
150 g heller Muscovado-Zucker
1 großes Ei
1 Päckchen Vanillezucker
225 g Mehl, 75 g Kakaopulver
2 TL Backpulver
150 ml Milch
2 EL griechischer Sahnejoghurt
150 g Sahne, steif geschlagen
250 g Erdbeeren, dünn aufgeschnitten
Puderzucker zum Bestäuben

1 Backofen auf 180 °C vorheizen. Bleche mit Backpapier belegen. Butter und Zucker schaumig schlagen. Ei und Vanillezucker unterrühren. Mehl, Kakao- und Backpulver in eine zweite Schüssel sieben. Mehlmischung und Milch abwechselnd löffelweise in die Buttermasse rühren, dann den Joghurt unterheben.

2 Den Teig esslöffelweise (gehäufte Esslöffel nehmen) auf die Bleche setzen, dabei genug Abstand lassen. Danach einen Esslöffel in warmes Wasser tauchen und mit dem Löffelrücken die Teigportionen flach streichen. Im heißen Ofen 12 Minuten backen, bis die Küchlein aufgegangen sind. Auf dem Blech kurz abkühlen lassen, dann auf ein Gitter heben.

3 Die Hälfte der Küchlein mit der Sahne bestreichen; darauf die Erdbeerscheiben anordnen. Die restlichen Küchlein daraufsetzen. Mit Puderzucker bestäuben; sofort servieren.

Schokoladen-Fondants

Vielleicht kennen Sie diese Küchlein mit flüssigem Kern als raffiniertes Dessert aus dem Restaurant – sie lassen sich ganz einfach zubereiten.

| 4 STÜCK | 20 MIN. | 5–15 MIN. | 1 WOCHE UNGEBACKEN |

Für 4 Dariolformen oder ofenfeste Tassen (je 150 ml) oder für 2 Souffléformen (je 10 cm Ø)

150 g kalte Butter, gewürfelt, plus mehr für die Formen
1 gehäufter EL Mehl, plus mehr für die Formen
150 g Bitterschokolade, zerkleinert
3 große Eier
75 g Zucker
Kakaopulver oder Puderzucker zum Bestäuben (nach Belieben)
steif geschlagene Sahne oder Eiscreme zum Servieren (nach Belieben)

1 Den Backofen auf 200 °C vorheizen. Die Formen gründlich fetten und mit Mehl ausstreuen; nicht anhaftendes Mehl ausklopfen. Die Böden der Formen mit passend zugeschnittenen Backpapierkreisen belegen.

2 Schokolade und Butter über dem heißen Wasserbad unter gelegentlichem Rühren langsam zum Schmelzen bringen. Vom Wasserbad nehmen und etwas abkühlen lassen.

3 Eier und Zucker in einer Schüssel mit den Quirlen des Handrührgeräts schaumig schlagen. Die etwas abgekühlte Schokoladen-Butter-Mischung unterrühren. Das Mehl auf die Masse sieben und behutsam unterheben.

4 Die Masse in die Formen füllen; dabei sollte sie nicht bis zum Rand reichen. Jetzt können die Fondants mehrere Stunden oder über Nacht im Kühlschrank aufbewahrt werden; vor dem Backen müssen sie wieder Raumtemperatur annehmen.

5 Die Fondants im heißen Ofen (Mitte) 5–6 Minuten (in Dariolformen oder Tassen) bzw. 12–15 Minuten (in Souffléformen) backen. Die Fondants sollten danach an den Seiten fest sein, während sie sich in der Mitte auf Druck mit dem Finger noch weich anfühlen. Mit einem Messer die Fondants rundum von den Förmchen lösen. Danach auf Dessertteller stürzen; dazu den Teller umgekehrt auf die Form setzen und beides drehen. Die Formen vorsichtig abheben und das Backpapier abziehen.

6 Die Fondants nach Belieben mit Kakaopulver oder Puderzucker bestäuben und heiß mit steif geschlagener Sahne oder Eiscreme servieren.

VORBEREITEN Die ungebackene Masse kann über Nacht im Kühlschrank aufbewahrt werden (siehe Schritt 4).

Profitipp

Schokoladen-Fondants gelingen erstaunlich leicht, und die Masse kann einen Tag im Voraus zubereitet werden. Vor dem Backen muss sie jedoch Raumtemperatur angenommen haben, oder die angegebene Backzeit muss etwas verlängert werden.

Zitronen-Heidelbeer-Muffins

Die luftig-leichten Muffins erhalten durch Dippen in Zitronensaft ein besonders intensives Aroma. Warm servieren.

12 STÜCK **20–25 MIN.** **15–20 MIN.** **MAX. 4 WOCHEN**

Für ein 12er-Muffinblech
60 g Butter
280 g Mehl
1 EL Backpulver
1 Prise Salz
200 g Zucker
1 Ei
abgeriebene Schale und
  Saft von 1 Bio-Zitrone

2 Päckchen Vanillezucker oder
  1 TL Vanilleextrakt
250 ml Milch
250 g Heidelbeeren

1 Den Backofen auf 220 °C vorheizen. Die Butter in einem Topf bei schwacher Hitze zerlassen.

2 Das Mehl mit Backpulver und Salz in eine Schüssel sieben.

3 Vom Zucker 2 EL abnehmen; Rest zur Mehlmischung geben. Mulde in die Mitte drücken.

4 Das Ei in einer kleinen Schüssel mit einer Gabel verschlagen (nicht verquirlen).

5 Zerlassene Butter, Zitronenschale, Vanille und Milch hinzufügen; schaumig rühren.

6 Die Eimischung langsam in die Vertiefung der Mehlmischung gießen.

7 Alle Zutaten mit einem Spatel verrühren, bis ein glatter Teig entsteht.

8 Die Heidelbeeren behutsam unter den Teig ziehen, sie dürfen dabei nicht aufplatzen.

9 Nicht zu kräftig rühren, sonst werden die Muffins zäh.

10 Muffinblech mit Papierförmchen ausklei-den und zu zwei Dritteln mit Teig füllen.

11 Muffins 15–20 Min. backen, bis bei der Stäbchenprobe kein Teig mehr haften bleibt.

12 Muffins etwas abkühlen lassen, dann aus den Mulden nehmen und auf ein Gitter setzen.

13 Übrigen Zucker (2 EL) mit Zitronensaft in ei-nem Schälchen verrühren, bis er aufgelöst ist.

14 Die noch warmen Muffins mit der Oberflä-che in die Saft-Zucker-Mischung dippen.

15 Muffins wieder aufs Gitter setzen und mit der übrigen Saft-Zucker-Mischung bepinseln.

16 Warm absorbieren die Muffins die Zitronensaft-Zucker-Mischung optimal. **AUFBEWAHREN** Schmecken am besten warm, halten sich aber auch luftdicht verpackt bis zu 2 Tage.

Muffin-Varianten

CUPCAKES UND ANDERE KÜCHLEIN

Schokoladen-Muffins

Die richtigen Muffins für alle Schokoladenfans. Durch Buttermilch werden sie wunderbar leicht und locker.

12 STÜCK · **10 MIN.** · **15 MIN.** · **MAX. 8 WOCHEN**

Für ein 12er-Muffinblech
225 g Mehl
60 g Kakaopulver
1 EL Backpulver
1 Prise Salz
115 g heller Muscovado-Zucker
150 g Schokotröpfchen
250 ml Buttermilch
6 EL Sonnenblumenöl
1 Päckchen Vanillezucker
2 Eier

1 Den Backofen auf 200 °C vorheizen. Die Muffinmulden mit Papierförmchen auskleiden. Mehl, Kakaopulver, Backpulver und Salz in eine Schüssel sieben; Zucker und Schokotröpfchen untermischen. In die Mitte der Mehlmischung eine Mulde drücken.

2 Buttermilch, Öl, Vanillezucker und Eier in einer zweiten Schüssel verrühren. Diese Mischung zur Mehlmischung in die Mulde gießen. Alles zu einer zähen Masse verrühren und diese mit einem Löffel auf die Papierbackförmchen verteilen; dabei jedes Förmchen nur drei Viertel hoch füllen.

3 Die Muffins 15 Minuten im heißen Ofen backen, bis sie aufgegangen sind und sich auf Fingerdruck fest anfühlen. Aus dem Ofen nehmen, sofort auf ein Kuchengitter heben und abkühlen lassen.

AUFBEWAHREN Die Muffins halten sich luftdicht verpackt 2 Tage frisch.

Profitipp
Flüssige Zutaten wie saure Sahne, Buttermilch oder Öl sorgen für Saftigkeit, wodurch die Muffins länger frisch bleiben. Verlangt das Rezept Öl, wählen Sie eine leichte, geschmacksneutrale Sorte wie Sonnenblumen- oder Erdnussöl, damit der Ölgeschmack in den Muffins nicht dominiert.

Zitronen-Mohn-Muffins

Mohnsamen verleihen diesen Muffins einen angenehmen Biss.

12 STÜCK · **20–25 MIN.** · **15–20 MIN.** · **MAX. 4 WOCHEN**

Für ein 12er-Muffinblech
60 g Butter
280 g Mehl
1 EL Backpulver
1 Prise Salz
200 g Zucker, plus 2 TL mehr zum Bestreuen
1 Ei, verrührt
1 Päckchen Vanillezucker
250 ml Milch
2 EL Mohnsamen
abgeriebene Schale und Saft von 1 Bio-Zitrone

1 Den Backofen auf 220 °C vorheizen. Die Butter in einem Topf zerlassen und etwas abkühlen lassen. Mehl, Backpulver und Salz in eine Schüssel sieben, den Zucker untermischen. In die Mitte der Mehlmischung eine Mulde drücken.

2 In einer zweiten Schüssel das Ei mit der zerlassenen Butter, dem Vanillezucker und der Milch schaumig schlagen. Mohnsamen, Zitronenschale und -saft unterrühren.

3 Die Eiermischung in die Mulde zur trockenen Mischung gießen und alles zu einer glatten Masse verarbeiten, dabei nicht zu kräftig rühren. Sobald sich alle Zutaten miteinander verbunden haben, nicht mehr weiterrühren.

4 Die Muffinmulden mit Papierförmchen auskleiden. Den Teig in die Förmchen füllen und mit dem zusätzlichen Zucker bestreuen.

5 Die Muffins im heißen Ofen 15–20 Minuten backen, bis bei der Stäbchenprobe kein Teig mehr haften bleibt. Die Muffins aus dem Ofen nehmen und etwas abkühlen lassen. Anschließend auf einem Kuchengitter vollständig abkühlen lassen.

Apfel-Muffins

Diese kernigen Muffins schmecken frisch aus dem Ofen am besten.

| 12 STÜCK | 10 MIN. | 20–25 MIN. | MAX. 8 WOCHEN |

Für ein 12er-Muffinblech

1 Apfel (z. B. Golden Delicious), geschält, entkernt
und in kleine Stückchen geschnitten
2 TL Zitronensaft
100 g Rohrohrzucker, plus mehr zum Bestreuen
200 g Mehl
100 g Vollkornmehl
4 TL Backpulver
1 EL Lebkuchengewürz
1 Prise Salz
60 g Pekannusskerne, gehackt
250 ml Milch
4 EL Sonnenblumenöl
1 Ei, verquirlt

1 Den Backofen auf 200 °C vorheizen. Die Muffinmulden mit Papierförmchen auskleiden. Die Apfelstückchen in einer Schüssel mit dem Zitronensaft und 4 EL Zucker vermischen.

2 Die beiden Mehlsorten, das Backpulver, das Lebkuchengewürz und das Salz in eine große Schüssel sieben; die Rückstände aus dem Sieb ebenfalls dazugeben. Zucker und Nüsse untermischen; in die Mitte der Mischung eine Mulde drücken.

3 Milch, Öl und Ei gründlich verrühren, die gezuckerten Apfelstückchen mit der Flüssigkeit unterheben. Diese Mischung in die Mulde der trockenen Mischung geben und alles zu einem zähen Teig verarbeiten.

4 Die Papierbackförmchen drei Viertel hoch mit Teig füllen. Die Muffins im heißen Ofen 20–25 Minuten backen, bis sie aufgegangen und goldbraun sind. Auf ein Kuchengitter heben, mit Zucker bestreuen und warm oder kalt servieren.

AUFBEWAHREN Diese Muffins halten sich luftdicht verpackt 2 Tage frisch.

MUFFIN-VARIANTEN

Madeleines

Der französische Schriftsteller Marcel Proust machte dieses feine Gebäck durch seinen Roman »Auf der Suche nach der verlorenen Zeit« berühmt.

12 STÜCK	15–20 MIN.	10 MIN.	MAX. 4 WOCHEN

Für ein 12er-Madeleinesblech
60 g Butter, zerlassen und abgekühlt, plus
  mehr für das Blech
60 g Mehl, plus mehr für das Blech
60 g Zucker
2 Eier
1 Päckchen Vanillezucker
½ TL Backpulver
Puderzucker zum Bestäuben

1 Den Backofen auf 180 °C vorheizen. Die Madeleinemulden sorgfältig mit zerlassener Butter ausfetten und mit etwas Mehl bestreuen; nicht anhaftendes Mehl abklopfen.

2 Zucker, Eier und Vanillezucker mit den Quirlen des Handrührgeräts in 5 Minuten dickcremig aufschlagen, bis die Quirle Spuren in der Masse hinterlassen.

3 Mehl und Backpulver auf die Masse sieben und seitlich die flüssige Butter hineinlaufen lassen. Mit einem großen Löffel behutsam und zügig unterheben, damit möglichst wenig Luft aus der Masse entweicht.

4 Die Masse in die Mulden füllen und im heißen Ofen etwa 10 Minuten backen. Das Madeleineblech aus dem Ofen nehmen, die Madeleines aus den Mulden lösen und auf einem Kuchengitter abkühlen lassen. Mit Puderzucker bestäuben und servieren.

AUFBEWAHREN Die Madeleines halten sich luftdicht verpackt 1 Tag frisch.

Profitipp
Diese kleinen Köstlichkeiten sollen federleicht und luftig sein. Deshalb muss beim Rühren möglichst viel Luft in den Teig gelangen, während beim Unterheben des Mehls möglichst wenig Luft entweichen soll.

CUPCAKES UND ANDERE KÜCHLEIN

Scones

In England gehören die süßen Brötchen zur »Teatime«. Mit Butter und Konfitüre schmecken sie auch zum Frühstück.

6–8 STÜCK **15–20 MIN.** **12–15 MIN.** **MAX 4 WOCHEN**

Für 1 Backblech

60 g kalte Butter in Stückchen, plus
  mehr für das Backblech
250 g Weizenmehl Type 550,
  plus mehr zum Arbeiten
2 TL Backpulver
½ TL Salz

175 ml Buttermilch
Butter, Konfitüre und Clotted
  Cream oder Crème double (nach
  Belieben)

1 Den Backofen auf 220 °C vorheizen. Das Blech mit Backpapier belegen; Papier fetten.

2 Mehl mit Backpulver und Salz in eine gekühlte Schüssel sieben.

3 Die Butterstückchen in die Schüssel geben – alle Zutaten so kühl wie möglich halten.

4 Die Zutaten zwischen den Händen zu Brö-seln verreiben. Dabei zügig arbeiten.

5 Eine Mulde in die Mitte drücken. Buttermilch langsam, in gleichmäßigem Strahl hineingießen.

6 Mehlmischung und Buttermilch rasch mit einer Gabel verrühren. Nicht zu kräftig rühren.

7 Rühren, bis sich eine Teigkugel bildet. Mehr Buttermilch zugeben, falls der Teig zu trocken ist.

8 Teig auf einer bemehlten Fläche nur kurz durchkneten. Er soll nicht glatt und weich sein..

9 Teig zu einem 2 cm dicken Kreis formen; da-bei mit kühlen Händen und rasch arbeiten.

10 Mit einem 7 cm großen Ausstecher Kreise ausstechen (siehe Profitipp S. 142).

11 Teigreste zusammendrücken und weitere Kreise ausstechen, bis aller Teig verbraucht ist.

12 Die Scones mit 5 cm Abstand zueinander auf das Blech setzen.

13 Im heißen Ofen 12–15 Min. backen, bis die Scones hell gebräunt und aufgegangen sind. Scones sollten am Tag, an dem sie gebacken wurden gegessen werden, idealerweise noch warm, frisch aus dem Ofen. Reichen Sie dazu Butter, Konfitüre und Clotted Cream.

Scones-Varianten

Korinthen-Scones

Ofenwarm mit Butter oder Clotted Cream, der üppigen Sahnecreme aus dem Südwesten Englands, sind sie einfach köstlich!

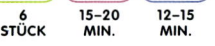

| 6 STÜCK | 15–20 MIN. | 12–15 MIN. | MAX. 4 WOCHEN |

Für 1 Backblech
60 g kalte Butter, plus mehr für das Backblech
1 Eigelb zum Bestreichen
175 ml Buttermilch, plus 1 EL mehr zum Bestreichen
250 g Weizenmehl Type 550, plus mehr zum Arbeiten
2 TL Backpulver
½ TL Salz
¼ TL Speisenatron
2 TL Zucker
2 EL Korinthen

1 Den Backofen auf 220 °C vorheizen und ein Backblech fetten. Das Eigelb mit dem 1 EL Buttermilch verrühren, beiseitestellen.

2 Mehl, Backpulver, Salz und Natron in eine Schüssel sieben, den Zucker untermischen. Die Butter in Stückchen hinzufügen und alles mit den Fingerspitzen zu einer krümeligen Masse verarbeiten.

Die Korinthen unterheben, die Buttermilch dazugießen und alles mit einer Gabel zügig zu einem zähen Teig verrühren, der gerade eben zusammenhält.

3 Den Teig auf einer bemehlten Arbeitsfläche halbieren. Jede Portion zu einem etwa 2 cm dicken und etwa 15 cm großen Kreis formen. Beide Kreise mit einem scharfen Messer vierteln, die Stücke mit jeweils etwa 5 cm Abstand auf das Blech setzen und mit der Eigelb-Buttermilch-Mischung bestreichen. Die Scones im heißen Ofen in 12–15 Minuten hellbraun backen. Erst einige Minuten auf dem Blech ruhen lassen, dann auf ein Gitter heben. Warm servieren.

Profitipp
Besonders schön gehen Scones auf, wenn der Teig mit einem sehr scharfen Messer in Form geschnitten oder mit einer scharfkantigen Form ausgestochen wird. Wichtig dabei ist, den Teig mit dem Messer zu schneiden (das Messer nicht ziehen) bzw. die Ausstechform nicht hin und her zu drehen.

Käse-Petersilien-Scones

Aus dem Grundrezept wird im Nu ein pikantes Gebäck.

| 20 KLEINE ODER 6 GROSSE | 20 MIN. | 8–10 MIN. | MAX. 12 WOCHEN |

Für 1 Backblech
Öl für das Backblech
220 g Mehl, plus mehr zum Arbeiten
1 TL Backpulver
1 Prise Salz
50 g kalte Butter
1 TL getrocknete Petersilie
1 TL zerstoßener schwarzer Pfeffer
50 g reifer Cheddar, gerieben
100 ml Milch

1 Den Backofen auf 220 °C vorheizen und ein Backblech dünn ölen. Mehl, Backpulver und Salz in einer großen Schüssel vermischen. Die Butter in Stückchen hinzufügen und alles mit den Fingerspitzen zu einer krümeligen Masse verarbeiten.

2 Petersilie, Pfeffer und die Hälfte des Käses einarbeiten, dann so viel Milch hinzufügen, bis der Teig bindet (restliche Milch zum Bestreichen der Scones aufheben). Alles rasch zu einem glatten Teig verkneten.

3 Den Teig auf einer dünn bemehlten Arbeitsfläche 2 cm dick ausrollen und mit einem Ausstecher etwa 4 bzw. 7 cm große Kreise ausstechen (siehe Profitipp links). Die Scones auf das Blech setzen, mit der restlichen Milch bestreichen und mit dem restlichen Käse bestreuen.

4 Die Scones im heißen Ofen (oben) in 8–10 Minuten goldbraun backen. Aus dem Ofen nehmen und einige Minuten auf dem Blech abkühlen lassen. Noch warm servieren oder auf einem Kuchengitter vollständig abkühlen lassen. Möglichst noch am selben Tag verzehren.

Erdbeer-Sandwich-Törtchen

Zum Dessert oder für die sommerliche Kaffeetafel.

6 STÜCK | **15–20 MIN.** | **12–15 MIN.** | **4 WOCHEN UNGEFÜLLT**

Für 1 Backblech
60 g kalte Butter, plus mehr für das Backblech
250 g Mehl, plus mehr zum Arbeiten
1 EL Backpulver
½ TL Salz
50 g Zucker
175 g Crème fraîche, plus mehr nach Bedarf

Für das Coulis
500 g Erdbeeren, geputzt
2–3 EL Puderzucker
2 EL Kirschwasser (nach Belieben)

Für die Füllung
500 g Erdbeeren, in Scheiben geschnitten
50 g Zucker, plus 2–3 EL für die Sahne
250 g Sahne
1 Päckchen Vanillezucker

1 Backofen auf 220 °C vorheizen; Backblech fetten. Mehl, Backpulver, Salz und Zucker in einer Schüssel mischen. Crème fraîche unterrühren; falls die Mischung zu trocken ist, mehr Crème fraîche dazugeben. Butter in Stückchen dazugeben und alles zu einer krümeligen Masse verarbeiten.

2 Krümel zu einer Kugel zusammenfassen und auf einer dünn bemehlten Fläche leicht verkneten. Teig zu einem 1 cm dicken Kreis flach drücken und daraus 6 etwa 8 cm große Kreise ausstechen (siehe Profitipp links); auf das Blech setzen; 12–15 Minuten backen. Auf einem Gitter auskühlen lassen.

3 Für das Coulis die Erdbeeren pürieren, dabei Puderzucker und Kirschwasser (nach Belieben) dazugeben. Für die Füllung Erdbeeren und Zucker mischen. Die Sahne mit Vanillezucker und 2–3 EL Zucker steif schlagen. Törtchen aufschneiden; Unterseiten mit Erdbeeren und Sahne bedecken; obere Teile daraufsetzen. Das Coulis neben den Törtchen anrichten.

Welsh Cakes

Die traditionellen walisischen Pfannküchlein sind in wenigen Minuten zubereitet – und zwar in der Pfanne.

| 24 STÜCK | 20 MIN. | 4–6 MIN./ PORTION | MAX. 4 WOCHEN |

Für eine Gusseisenpfanne

200 g Mehl, plus mehr zum Arbeiten
2 TL Backpulver
100 g kalte Butter, plus mehr zum Ausbacken
75 g Zucker, plus mehr zum Bestreuen
75 g Sultaninen
1 großes Ei
etwas Milch (nach Bedarf)

1 Mehl und Backpulver in eine große Schüssel sieben. Mit den Fingern die Butter einarbeiten, bis eine feinkrümelige Masse entsteht. Den Zucker und die Sultaninen dazugeben. Das Ei unterarbeiten.

2 Alle Zutaten mit den Händen zu einem glatten Teig verkneten, der sich leicht zu einer Kugel formen lässt. Falls er zu fest ist, etwas Milch dazugeben.

3 Den Teig auf einer bemehlten Arbeitsfläche 5 mm dick ausrollen und mit einem Ausstecher 5 cm großen Kreise ausstechen.

4 Eine große schwere Pfanne bzw. eine gusseiserne Omelett- oder Crêpespfanne bei schwacher bis mittlerer Hitze heiß werden lassen. Etwas Butter in der Pfanne erhitzen und die Küchlein portionsweise darin pro Seite 2–3 Minuten ausbacken, bis sie aufgegangen, goldbraun und durchgegart sind. Bei jeder Portion vor dem Ausbacken etwas Butter in die Pfanne geben.

5 Die warmen Küchlein sofort mit Zucker bestreuen und servieren. Am besten schmecken sie warm. Falls die Küchlein eingefroren und nach Bedarf aufgetaut werden, diese vor dem Servieren im Ofen aufbacken.

Profitipp

Welsh Cakes sind ein vorzügliches Nachmittagsgebäck und in wenigen Minuten zubereitet. Backen Sie sie bei schwacher Hitze aus, und wenden Sie die Pfannküchlein vorsichtig, damit sie nicht zerbrechen. Am besten schmecken Welsh Cakes frisch aus der Pfanne und mit Butter dazu.

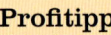

Rock Cakes

Harry Potter hat die klassischen britischen Brötchen weltberühmt gemacht. Richtig zubereitet, sind sie himmlisch leicht und mürbe.

| 12 STÜCK | 15 MIN. | 15–20 MIN./BLECH | MAX. 4 WOCHEN |

Für 2 Backbleche
200 g Mehl
2 TL Backpulver
1 Prise Salz
100 g kalte Butter, gewürfelt
75 g Zucker
je 25 g Rosinen, Sultaninen, Orangeat und Zitronat
2 Eier
2 EL Milch (mehr nach Bedarf)
1 Päckchen Vanillezucker
Butter oder Konfitüre zum Servieren (nach Belieben)

1 Den Backofen auf 190 °C vorheizen. Mehl, Backpulver, Salz und Butter in einer großen Schüssel mit den Fingern zu einer krümeligen Masse verarbeiten. Zucker, Rosinen, Sultaninen, Orangeat und Zitronat hinzufügen und untermischen.

2 Eier, Milch und Vanillezucker in einem Krug verrühren. In die Mitte der Mehlmischung eine Mulde drücken, die Eiermilch hineingießen und alles zu einem weichen Teig verarbeiten; falls er zu fest sein sollte, noch etwas Milch dazugeben.

3 Die Backbleche mit Backpapier belegen und den Teig esslöffelweise (gehäufte Esslöffel nehmen) darauf verteilen (siehe Profitipp); dabei größere Abstände zwischen den Teigportionen lassen, da der Teig beim Backen etwas auseinanderläuft. Im heißen Ofen (Mitte) in 15–20 Minuten goldbraun backen.

4 Die Rock Cakes auf einem Gitter leicht abkühlen lassen, aufschneiden und warm servieren. Dazu Butter und/oder Konfitüre zum Bestreichen reichen. Rock Cakes lassen sich nicht gut aufbewahren und sollten deshalb am selben Tag serviert werden.

Profitipp
Diese Brötchen verdanken ihren Namen Rock Cakes ihrer zerklüfteten Form. Wichtig ist, dass die Teigportionen auf dem Blech mindestens 5–7 cm hoch sind; nur so entsteht die typische Form, auch nachdem der Teig etwas auseinandergelaufen ist.

Teilchen mit und ohne Füllung

Croissants

Die Hörnchen sind zwar etwas aufwendig in der Herstellung, doch die Mühe wird belohnt. Beginnen Sie am Vortag.

12 STÜCK **1 STD.** **15–20 MIN.** **4 WOCHEN (TEIG)**

Kühlzeit
5 Stunden, plus über Nacht

Gehzeit
1 Stunde

Für 2 Backbleche
300 g Weizenmehl Type 550, plus
  mehr zum Arbeiten
½ TL Salz
30 g Zucker
½ Päckchen Trockenhefe
Öl zum Fetten

1 Stück kalte Butter (250 g)
1 Ei, verquirlt
Butter oder Konfitüre (nach Belieben)

TEILCHEN MIT UND OHNE FÜLLUNG

1 Mehl mit Salz, Zucker und Hefe in einer großen Schüssel vermischen.

2 So viel warmes Wasser nach und nach unterarbeiten, bis ein weicher Teig entstanden ist.

3 Teig auf einer bemehlten Fläche mit den Händen kneten, bis er sich elastisch anfühlt.

4 Teig wieder in die Schüssel geben, mit leicht geölter Folie bedecken und 1 Std. kalt stellen.

5 Anschließend den Teig zu einem 30 x 15 cm großen Rechteck ausrollen.

6 Das Stück Butter mit einer Teigrolle auf 1 cm Dicke flach klopfen, dabei die Form erhalten.

7 Die Butter auf die Mitte der Teigplatte legen, den Teig darüberschlagen; 1 Std. kalt stellen.

8 Den Teig auf einer bemehlten Fläche zu einem 30 x 15 cm großen Rechteck ausrollen.

9 Rechtes Teigdrittel zur Mitte falten, darüber dann das linke Teigdrittel. 1 Std. kalt stellen.

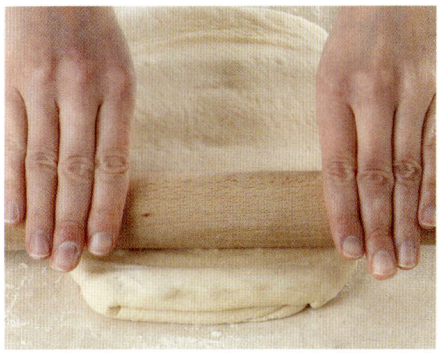

10 Die Schritte 8 und 9 zweimal wiederholen. Teig in Folie wickeln; über Nacht kalt stellen.

11 Den Teig halbieren. Eine Hälfte zu einem 12 x 36 cm großen Rechteck ausrollen.

12 In 3 x 12 cm große Quadrate, diese dann in 6 Dreiecke schneiden. Mit 2. Hälfte wiederholen.

13 Die Dreiecke von der langen Seite zur Spitze hin aufrollen. Zu Hörnchen formen.

14 Hörnchen auf mit Backpapier belegte Bleche setzen; jeweils Platz dazwischen lassen.

15 Teilchen mit leicht geölter Frischhaltefolie bedecken; 1 Std. gehen lassen. Folie entfernen.

16 Backofen auf 220 °C vorheizen. Croissants mit Ei bestreichen, dann 10 Min. backen.

17 Anschließend Ofentemperatur auf 190 °C senken; Croissants weitere 5–10 Min. backen.

AUFBEWAHREN Die Croissants schmecken am besten ofenfrisch mit Butter und Konfitüre. Sie können aber luftdicht verpackt 2 Tage gelagert werden. Vor dem Servieren kurz aufbacken.

Croissant-Varianten

Pains au chocolat

Frisch aus dem Ofen schmecken diese Schokoröllchen wunderbar zum ausgedehnten Frühstück am Wochenende.

| 8 STÜCK | 1 STD. | 15–20 MIN. | MAX. 4 WOCHEN |

Kühlzeiten
5 Stunden, plus über Nacht (Teigzubereitung)

Gehzeit
1 Stunde

Für 1 Backblech
1 Portion Croissant-Teig (siehe S. 150–151, Schritte 1–10)
200 g Bitterschokolade (2 Tafeln)
1 Ei, verquirlt

1 Den Teig in 4 gleich große Stücke teilen und jedes zu einem etwa 10 x 40 cm großen Rechteck ausrollen. Die Stücke quer halbieren – es entstehen also 8 etwa 10 x 20 cm große Stücke.

2 Die Schokolade in 16 gleich große Riegel brechen. Auf jedem Teigstück an einer Längsseite Drittel markieren.

3 Auf die erste Markierung einen Schokoladenriegel legen und die kurze Teigseite bis zur zweiten Markierung darüberklappen. Darauf einen zweiten Schokoladeriegel setzen und den Teig daneben mit Ei bestreichen. Diese Seite des Teiges so zur Mitte klappen, dass ein dreischichtiges Päckchen entsteht. Die Teigränder zusammendrücken, damit die Schokolade nicht herauslaufen kann.

4 Das Backblech mit Backpapier belegen. Die Päckchen daraufsetzen, zudecken und an einem warmen Ort 1 Stunde gehen lassen, bis sie aufgegangen sind und ihr Volumen fast verdoppelt haben. Den Backofen auf 220 °C vorheizen. Die Päckchen mit Ei bestreichen. Im heißen Ofen 10 Minuten backen, dann die Ofentemperatur auf 190 °C senken und die Päckchen in weiteren 5–10 Minuten goldbraun backen.

AUFBEWAHREN Das Gebäck hält sich luftdicht verpackt bis zu 1 Tag frisch.

Croissants mit Käse und Chorizo

Scharfe Paprikawurst mit Käse – eine unschlagbare Kombination.

| 8 STÜCK | 1 STD. | 15–20 MIN. | MAX. 4 WOCHEN |

Kühlzeiten
5 Stunden, plus über Nacht (Teigzubereitung)

Gehzeit
1 Stunde

Für 1 Backblech
1 Portion Croissant-Teig (siehe S. 150–151, Schritte 1–10)
8 Scheiben Chorizo (ersatzweise gekochter oder roher Schinken)
8 Scheiben Käse (z. B. Emmentaler)
1 Ei, verquirlt

1 Den Teig in 4 gleich große Stücke teilen und jedes zu einem etwa 10 x 40 cm großen Rechteck ausrollen. Die Stücke quer halbieren – es entstehen also 8 etwa 10 x 20 cm große Stücke.

2 In die Mitte der Teigstücke jeweils eine Scheibe Wurst legen und eine Teigseite darüberklappen. Darauf je eine Scheibe Käse geben und mit Ei bestreichen, die freie Teigseite darüberfalten. Alle Ränder zusammendrücken. Die Croissants zudecken und an einem warmen Ort etwa 1 Stunde gehen lassen, bis sich ihr Volumen verdoppelt hat. Den Backofen auf 220 °C vorheizen.

3 Die Croissants mit Ei bestreichen und im heißen Ofen 10 Minuten backen. Die Ofentemperatur auf 190 °C senken und die Croissants noch 5–10 Minuten backen, bis sie goldbraun sind.

Profitipp
Dieses Gebäck lässt sich beliebig abwandeln. Schinken und Käse sind wohl die beliebteste Füllung, Sie könnten die Croissants aber auch einmal mit Räucherschinken und Chorizo füllen und beides mit etwas geräuchertem Paprikapulver bestreuen.

Mandel-Croissants

Die mit Mandelcreme gefüllten Teilchen sind leicht und köstlich.

| 12 STÜCK | 1 STD. | 15–20 MIN. | MAX. 4 WOCHEN |

Kühlzeiten
5 Stunden, plus über Nacht (Teigzubereitung)

Gehzeit
1 Stunde

Für 2 Backbleche
25 g weiche Butter, 75 g Zucker
75 g gemahlene Mandeln
2–3 EL Milch (nach Bedarf)
1 Portion Croissant-Teig (siehe S. 150–151,
　Schritte 1–10)
1 Ei, verquirlt
50 g gehobelte Mandeln
Puderzucker zum Bestäuben (nach Belieben)

1 Für die Mandelcreme Butter mit Zucker cremig rühren. Gemahlene Mandeln untermischen. Falls die Mischung zu dick ist, etwas Milch unterarbeiten.

2 Den Teig halbieren. Eine Hälfte auf der bemehlten Arbeitsfläche zu einem 12 x 36 cm großen Rechteck ausrollen. Dieses in drei 12 cm große Quadrate schneiden und die Quadrate diagonal in Dreiecke schneiden; so entstehen 6 Dreiecke. Aus der anderen Teighälfte ebenfalls 6 Dreiecke schneiden.

3 Auf jedes Teigdreieck einen Löffel Mandelcreme streichen, dabei an den zwei langen Seiten einen 2 cm breiten Rand frei lassen. Die Ränder mit Ei bestreichen. Die Croissants jeweils von der längsten Seite zur Spitze aufrollen.

4 Bleche mit Backpapier belegen; die Croissants daraufsetzen. Zudecken und an einem warmen Ort gehen lassen, bis sich ihr Volumen verdoppelt hat. Backofen auf 220 °C vorheizen. Croissants mit Ei bestreichen und mit Mandeln bestreuen. Im Ofen 10 Minuten backen; Temperatur auf 190 °C senken. Noch 5–10 Minuten backen.

Dänisches Plundergebäck

Die Zubereitung dieses buttrigen Gebäcks ist zwar etwas aufwendig, doch es schmeckt einfach unvergleichlich gut.

18 STÜCK **30 MIN.** **15–20 MIN.** **4 WOCHEN (TEIG)**

Kühlzeit
1 Stunde

Gehzeit
30 Minuten

Für 2 Backbleche
1 Würfel Hefe (42 g)
150 ml lauwarme Milch
30 g Zucker
2 Eier, plus 1 Ei zum Bestreichen
500 g Weizenmehl Type 550,
    gesiebt, plus mehr zum Arbeiten
½ TL Salz
Öl zum Fetten

250 g kalte Butter
200 g Konfitüre (Kirsch, Erdbeer
    oder Aprikose) oder Kompott

1 Hefe in die Milch bröckeln, darin verrühren, 1 EL Zucker untermischen. Eier unterrühren.

2 Mehl, Salz, Rest-Zucker mischen. Mulde eindrücken. Hefemilch zugießen. 20 Min. Gehzeit.

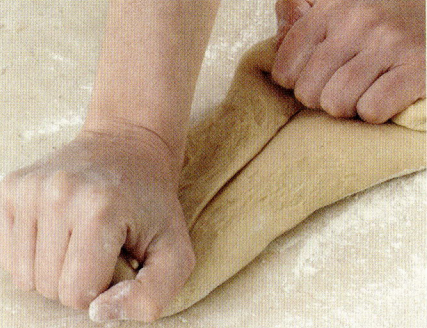

3 Alles zu einem Teig verkneten; 15 Min. auf einer bemehlten Fläche kneten, bis er weich ist.

4 Teig in die Schüssel geben, mit leicht geölter Frischhaltefolie bedecken; 15 Min. kalt stellen.

5 Teig auf leicht bemehlter Fläche zu einem 25 x 25 cm großen Quadrat ausrollen.

6 Die Butter in 3–4 Scheiben schneiden; jede sollte etwa 12 x 6 x 1 cm groß sein.

7 Die Butterscheiben auf eine Teighälfte legen, dabei einen 1–2 cm breiten Rand frei lassen.

8 Die freie Teighälfte darüberfalten; die Ränder mit einer Teigrolle zusammendrücken.

9 Teig bemehlen; zu einem 1 cm dicken Rechteck ausrollen, das 3-mal so lang wie breit ist.

10 Oberes Teigdrittel zur Mitte falten, darüber dann das untere Teigdrittel klappen.

11 Einwickeln; 15 Min. kühlen. Die Schritte 9–10 2-mal wiederholen, jeweils 15 Min. kühlen.

12 Auf einer bemehlten Fläche 0,5–1 cm dick ausrollen. In Quadrate (je 10 x 10 cm) schneiden.

13 Die Quadrate von jeder Ecke bis jeweils zu 1 cm von der Mitte entfernt einschneiden.

14 1 TL Konfitüre in die Mitte jedes Quadrats geben. Jede Teigecke darüberfalten.

15 Konfitüre auf jedes Teilchen geben; auf Bleche setzen und mit einem Tuch bedecken.

16 An einem warmen Ort 30 Min. gehen lassen. Backofen auf 200 °C vorheizen.

17 Teilchen mit Ei bestreichen. Im heißen Ofen (oben) in 15–20 Min. goldgelb backen.

18 Auf dem Blech, dann auf einem Gitter abkühlen lassen. **AUFBEWAHREN** Luftdicht verpackt halten sich die Teilchen 2 Tage. **VORBEREITEN** Bis Schritt 11 zubereiten; über Nacht kalt stellen.

Plunder-Varianten

Mandelhörnchen

Die köstliche Füllung der luftig-leichten Plunderhörnchen wird aus Butter, Zucker und gemahlenen Mandeln hergestellt. Den Teig können Sie am Vortag vorbereiten.

18 STÜCK	30 MIN.	15–20 MIN./ BLECH	MAX. 4 WOCHEN

Kühlzeit
1 Stunde (Teigzubereitung)

Gehzeit
30 Minuten

Für 2 Backbleche
1 Portion Plunderteig (siehe S. 154–155, Schritte 1–11)
Mehl zum Arbeiten
1 Ei, verquirlt
Puderzucker zum Bestäuben

Für die Mandelfüllung
25 g weiche Butter
75 g Zucker
75 g gemahlene Mandeln

1 Den Backofen auf 200 °C vorheizen. Die Hälfte des Teigs auf der bemehlten Arbeitsfläche zu einem 30 cm großen Quadrat ausrollen. Die Ränder gerade schneiden und die Teigplatte in neun 10 cm große Quadrate teilen. Mit dem restlichen Teig ebenso verfahren.

2 Für die Füllung die Butter mit dem Zucker cremig rühren, dann die gemahlenen Mandeln unter die Creme schlagen. Aus der Paste 18 Kugeln drehen und diese zu Rollen formen; sie sollten etwas kürzer sein als 10 cm sein. Auf jedes Teigquadrat eine Rolle 2 cm von einem Teigrand entfernt legen und andrücken.

3 Den freien Teigrand mit Ei bestreichen. Den Teig über die Mandelfüllung klappen und auf dem Rand festdrücken. Mit einem scharfen Messer den Teig an der Naht viermal etwa 2 cm tief einschneiden. Die Backbleche mit Backpapier belegen. Die Teilchen daraufsetzen und an einem warmen Ort zugedeckt 30 Minuten gehen lassen, dann zu Hörnchen formen.

4 Die Hörnchen mit Ei bestreichen und blechweise im oberen Drittel des heißen Ofens in 15–20 Minuten goldbraun backen. Abkühlen lassen und zum Servieren mit Puderzucker bestäuben.

Profitipp
Oft wird in Plunderteigrezepten verlangt, dass man die Butter zwischen Butterbrotpapier ausrollen und mit einer Teigrolle flach klopfen soll. Verwenden Sie stattdessen einfach eiskalte in Scheiben geschnittene Butter.

TEILCHEN MIT UND OHNE FÜLLUNG

Zimtschnecken mit Pekannüssen

Anstelle von Pekannüssen können Sie Wal- oder Haselnüsse verwenden.

| 16 STÜCK | 30 MIN. | 15–20 MIN./ BLECH | MAX. 4 WOCHEN |

Kühlzeit
1 Stunde (Teigzubereitung)

Gehzeit
30 Minuten

Für 4 Backbleche
100 g Pekannusskerne, gehackt
100 g heller Muscovado-Zucker
2 EL gemahlener Zimt
1 Portion Plunderteig (siehe S. 154–155,
  Schritte 1–11)
Mehl zum Arbeiten
25 g Butter, zerlassen
1 Ei, verquirlt

1 Für die Füllung die Nüsse mit Zucker und Zimt mischen. Die Hälfte des Teigs auf der bemehlten Arbeitsfläche zu einem 20 cm großen Quadrat ausrollen. Die Ränder gerade schneiden und die Teigplatte mit der Hälfte der Butter bestreichen. Die Hälfte der Nussmischung daraufstreuen, dabei am oberen Rand 1 cm frei lassen. Den Rand mit etwas Ei bestreichen.

2 Nussmischung etwas andrücken. Teig zum freien Rand hin aufrollen; die Rolle mit der Naht nach unten legen. Aus der zweiten Teighälfte und der restlichen Füllung eine zweite Rolle herstellen.

3 Die Enden der Rollen begradigen; jede Rolle in 8 Scheiben schneiden. Die Scheiben auf die Arbeitsfläche legen und flach drücken. Die Teigenden jeweils mit einem Holzstäbchen fixieren. Die Bleche mit Backpapier belegen. Auf jedes Blech 4 Schnecken setzen. Zudecken und an einem warmen Ort 30 Minuten gehen lassen.

4 Den Backofen auf 200 °C vorheizen. Die Schnecken mit Ei bestreichen; blechweise im Ofen (oben) in 15–20 Minuten backen.

Aprikosenteilchen

Den Teig können Sie am Vortag zubereiten. Am nächsten Tag die Teilchen fertigstellen, gehen lassen und kurz backen.

| 18 STÜCK | 30 MIN. | 15–20 MIN./ BLECH | MAX. 4 WOCHEN |

Kühlzeit
1 Stunde (Teigzubereitung)

Gehzeit
30 Minuten

Für 3 Backbleche
1 Portion Plunderteig (siehe S. 154–155,
  Schritte 1–11), Mehl zum Arbeiten
200 g Aprikosenkonfitüre
2 Dosen Aprikosenhälften (je 400 g)
1 Ei, verquirlt

1 Die Hälfte des Teigs auf einer bemehlten Fläche zu einem Quadrat (30 cm) ausrollen. Ränder gerade schneiden und die Teigplatte in 9 Quadrate (je 10 cm) schneiden. Mit dem restlichen Teig ebenso verfahren.

2 Falls die Konfitüre stückig ist, diese glatt pürieren. Auf jedes Teigquadrat 1 EL Konfitüre geben und mit dem Löffelrücken verstreichen, dabei einen etwa 1 cm breiten Rand frei lassen. Auf zwei gegenüberliegende Ecken jedes Quadrats je eine Aprikosenhälfte legen.

3 Die beiden unbelegten Teigecken so zur Mitte falten, dass sie die Aprikosen zum Teil verdecken. 3 Backbleche mit Backpapier belegen. Die Teilchen daraufsetzen, zudecken und an einem warmen Ort 30 Minuten gehen lassen. Den Backofen auf 200 °C vorheizen.

4 Die Teilchen mit Ei bestreichen und im oberen Drittel des Ofens in 15–20 Minuten goldbraun backen. Die restliche Konfitüre schmelzen. Die Teilchen damit glasieren; 5 Minuten abkühlen lassen, dann zum Abkühlen auf ein Gitter setzen.

Zimtschnecken

Gute Idee: Die Schnecken bis Schritt 15 vorbereiten, dann über Nacht kalt stellen und zum Frühstück backen.

10–12 STÜCK **40 MIN.** **25–30 MIN.** **4 WOCHEN**

Gehzeiten
3–4 Stunden oder über Nacht

Für 1 Springform (30 cm Ø)
125 ml Milch
100 g Butter, plus mehr für das
  Backblech
1 Würfel Hefe (42 g)
50 g Zucker
500 g Mehl, plus mehr zum
  Arbeiten

1 TL Salz
1 Ei
2 Eigelb
Öl zum Fetten

**Für die Füllung und zum
Fertigstellen**
3 EL gemahlener Zimt
100 g heller Muscovado-Zucker

25 g Butter, zerlassen
1 Ei, verquirlt
4 EL Zucker

TEILCHEN MIT UND OHNE FÜLLUNG

1 125 ml Wasser und die Milch mit der Butter erwärmen, bis die Butter geschmolzen ist.

2 Lauwarm abkühlen lassen; Hefe darin auflösen, 1 EL Zucker zugeben.

3 Mehl, Salz und restlichen Zucker in einer großen Schüssel mischen.

4 In die Mitte eine Vertiefung drücken und die Hefemilch hineingießen.

5 Das Ei und die Eigelbe hinzufügen und alles miteinander zu einem Teig vermischen.

6 Teig auf einer bemehlten Fläche 10 Min. kneten. Falls er zu klebrig ist, Mehl zugeben.

7 In eine ausgeölte Schüssel geben; zudecken; an einem warmen Ort 2 Std. gehen lassen.

8 Für die Füllung 2 EL Zimt mit dem Zucker vermischen.

9 Den aufgegangenen Teig kneten und schlagen, um die Luft herauszudrücken.

10 Teig zu einem etwa 40 × 30 cm Rechteck ausrollen. Mit zerlassener Butter bestreichen.

11 Mit Zimtzucker bestreuen. Auf einer Seite 1 cm Rand frei lassen, diesen mit Ei bepinseln.

12 Den Zimtzucker mit den Handflächen auf den Teig drücken.

13 Den Teig nicht zu eng zum freien Rand hin aufrollen.

14 Rolle in 10–12 gleich dicke Scheiben schneiden. Die Scheiben dabei nicht zerdrücken.

15 Form fetten; mit Backpapier belegen. Schnecken hineinlegen. Zudecken; 1–2 Std. Gehzeit.

16 Backofen auf 180 °C vorheizen. Schnecken mit Ei bestreichen und 25–30 Min. backen.

17 2 EL Zucker in 3 EL Wasser erhitzen, bis er aufgelöst ist. Gebäck damit bestreichen.

18 Gebäck mit dem restlichen Zimt und Zucker bestreuen, dann aus der Form nehmen und auf ein Gitter geben. **AUFBEWAHREN** Die Zimtschnecken halten sich luftdicht verpackt 2 Tage frisch.

Hefegebäck-Varianten

Chelsea Buns

Das fein gewürzten Hefegebäck wurde im 18. Jahrhundert im Bun House in Chelsea, London, erfunden und stand bei der Königsfamilie hoch im Kurs.

9 STÜCK · **30 MIN.** · **30 MIN.** · **MAX. 4 WOCHEN**

Gehzeiten
2 Stunden

Für eine Springform (24 cm Ø)
½ Würfel Hefe (21 g)
100 ml lauwarme Milch
300 g Weizenmehl Type 550, gesiebt, plus mehr zum Arbeiten
½ TL Salz
2 EL Zucker
50 g weiche Butter, plus mehr für die Form
1 Ei, verquirlt
100 g Sultaninen, gehackte Belegkirschen, Zitronat und Orangeat
60 g heller Muscovado-Zucker
1 TL Lebkuchengewürz
flüssiger Honig zum Bestreichen

1 Hefe in der Milch auflösen. Mehl mit Salz und Zucker mischen. Eine Mulde hineindrücken. Hefemilch hineingießen, Ei und 20 g Butter hinzufügen; alles zu einem weichen Teig verarbeiten. Teig mit Frischhaltefolie bedecken. An einem warmen Ort etwa 1 Stunde gehen lassen.

2 Die Form fetten. Den Teig auf einer dünn bemehlten Arbeitsfläche durchkneten, dann zu einem 30 x 23 cm großen Rechteck ausrollen. Die restliche Butter zerlassen. Die Teigplatte damit bestreichen, dabei rundherum einen Rand frei lassen.

3 Sultaninen, Belegkirschen, Zitronat und Orangeat mit Muscovado und Lebkuchengewürz mischen. Diese Mischung auf die Butter streuen. Den Teig von einer Längsseite her aufrollen. Das Teigende mit etwas Wasser bestreichen und andrücken. Die Rolle in neun Stücke schneiden. Die Stücke in die Form setzen und mit Frischhaltefolie bedecken. 1 Stunde gehen lassen, bis sich das Volumen verdoppelt hat. Backofen auf 190 °C vorheizen. Buns 30 Minuten backen; mit Honig bestreichen; in der Form etwas abkühlen lassen. Zum Auskühlen aus der Form nehmen und auf ein Gitter setzen.

Früchtebrötchen

Diese gewürzten Brötchen sind einfach zu machen.

12 STÜCK · **30 MIN.** · **15 MIN./BLECH** · **MAX. 4 WOCHEN**

Gehzeiten
1½ Stunden

Für 2 Backbleche
1 Würfel Hefe (42 g)
250 ml lauwarme Milch
80 g Butter, plus mehr für das Blech
500 g Weizenmehl Type 550, plus mehr zum Arbeiten
1 TL Lebkuchengewürz
½ TL geriebene Muskatnuss
1 TL Salz
6 EL Zucker
Öl zum Fetten
150 g Dörrobstmischung, gehackt
2 EL Puderzucker
1 Päckchen Vanillezucker

1 Die Hefe in die Milch bröckeln und unter Rühren darin auflösen. Die Butter in Stückchen dazugeben und schmelzen bzw. ganz weich werden lassen. Mehl, Gewürze, Salz und Zucker in eine Schüssel geben. Die Hefe-Butter-Milch unter Rühren dazugießen, bis ein weicher Teig entstanden ist. Den Teig 10 Minuten kneten, dann zur Kugel formen, in eine geölte Schüssel geben; zudecken. An einem warmen Ort 1 Stunde gehen lassen.

2 Teig auf eine bemehlte Arbeitsfläche geben und behutsam das Dörrobst unterkneten. In 12 Portionen teilen, zu Kugeln formen und mit reichlich Abstand zueinander auf die gebutterten Bleche setzen. Locker zudecken und an einem warmen Ort etwa 30 Minuten gehen lassen, bis das Volumen sich verdoppelt hat. Den Backofen auf 200 °C vorheizen.

3 Die Brötchen im heißen Ofen etwa 15 Minuten backen, bis sie beim Klopfen auf die Unterseiten hohl klingen. Zum Abkühlen auf ein Gitter legen. Inzwischen den Puderzucker mit dem Vanillezucker und 1 EL kaltem Wasser verrühren. Die noch warmen Brötchen damit bestreichen.

Hot Cross Buns

Die englischen Kreuz-Brötchen schmecken nicht nur zu Ostern.

| 10–12 STÜCK | 30 MIN. | 15–20 MIN./ BLECH | MAX. 4 WOCHEN |

Gehzeiten
2–4 Stunden

Für 2 Backbleche
200 ml Milch
50 g Butter
1 Würfel Hefe (42 g)
100 g Zucker
1 Päckchen Vanillezucker
500 g Weizenmehl Type 550, plus mehr
  zum Arbeiten
1 TL Salz, 2 TL Lebkuchengewürz
1 TL gemahlener Zimt
150 g Korinthen, Sultaninen, Orangeat und
  Zitronat
2 Eier
Öl zum Fetten

Für die Kreuze
3 EL Mehl
3 EL Zucker

1 Die Milch mit Butter erhitzen, bis die Butter gerade eben geschmolzen ist; lauwarm abkühlen lassen. Die Hefe hineinbröckeln und 1 EL Zucker unterrühren.

2 Den restlichen Zucker mit Vanillezucker, Mehl, Salz und Gewürzen in eine Schüssel geben. 1 Ei untermischen, dann die Hefemilch unterarbeiten. Den Teig auf einer bemehlten Arbeitsfläche 10 Minuten durchkneten. Anschließend zu einem Rechteck flach drücken. Dieses mit Korinthen, Sultaninen, Orangeat und Zitronat bestreuen, dann unterkneten.

3 Den Teig in eine ausgeölte Schüssel geben, mit Frischhaltefolie bedecken und an einem warmen Ort 1–2 Stunden gehen lassen, bis sein Volumen sich verdoppelt hat. Auf die bemehlte Arbeitsfläche geben und die Luft herausschlagen. In 10–12 Portionen teilen und diese zu Kugeln formen. Backbleche mit Backpapier belegen. Die Kugeln daraufsetzen, mit Frischhaltefolie bedecken und 1–2 Stunden gehen lassen.

4 Backofen auf 220 °C vorheizen. Brötchen mit verquirltem Ei bestreichen. Für die Kreuze Mehl mit Zucker und so viel Wasser mischen, dass eine streichfähige Masse entsteht. In einen Spritzbeutel mit glatter Tülle füllen; kreuzförmig auf die Brötchen spritzen. Brötchen im Ofen (oben) 15–20 Minuten backen. Herausnehmen, auf ein Gitter legen und 15 Minuten abkühlen lassen.

Profitipp
Diese süßen Brötchen sind außen zart und knusprig, innen saftig und enthalten eine ausgewogene Mischung an Rosinen, Korinthen, Orangeat und Zitronat sowie Gewürzen. Am besten schmecken Hot Cross Buns frisch und noch warm aus dem Ofen, aufgeschnitten und mit etwas Butter bestrichen.

Profiteroles

Die mit Sahne gefüllten und mit Schokoladensauce überzogenen Mini-Windbeutel sind ein beeindruckendes Dessert.

4 PERSONEN | **30 MIN.** | **22 MIN./ BLECH** | **12 WOCHEN UNGEFÜLLT**

Für 2 Backbleche
60 g Mehl
50 g Butter
2 Eier

Für Füllung und Sauce
400 g Sahne
200 g Bitterschokolade, in Stücke
  gebrochen
25 g Butter
2 EL heller Zuckersirup (Golden
  Syrup)

1 Den Backofen auf 220 °C vorheizen. Die Backbleche mit Backpapier belegen.

2 Mehl in eine Schüssel sieben; Sieb dabei hoch halten, damit Luft in das Mehl gelangt.

3 Die Butter mit 150 ml Wasser in einem kleinen Topf erwärmen, bis sie geschmolzen ist.

4 Aufkochen lassen, vom Herd nehmen und das Mehl auf einmal dazuschütten.

5 Schlagen, bis sich die Mischung als Kloß vom Topfboden löst. 10 Min. abkühlen lassen.

6 Eier unterschlagen. Erst das nächste zugeben, wenn das vorherige untergearbeitet ist.

7 Wenn alle Eier untergerührt sind, soll eine weiche, glänzende Masse entstanden sein.

8 Die Brandmasse in einen Spritzbeutel mit Lochtülle (5 mm Ø) füllen.

9 Walnussgroße Häufchen auf die Bleche spritzen; in etwa 20 Min. goldgelb backen.

10 Vom Blech nehmen und sofort aufschneiden, damit der Dampf entweichen kann.

11 Nochmals 2 Min. backen, damit sie knusprig werden; auf einem Gitter auskühlen lassen.

12 Vorm Servieren 100 g Sahne in einen Topf geben; die übrige Sahne steif schlagen.

13 Schokolade, Butter und Sirup zur Sahne im Topf geben und alles erwärmen.

14 Die geschlagene Sahne in einen Spritzbeutel mit Sterntülle (5 cm Ø) füllen.

15 Die Windbeutelchen mit der Sahne füllen.

16 Profiteroles pyramidenartig auf eine Servierplatte stapeln. Sauce über den Stapel gießen. Sofort servieren. **AUFBEWAHREN** Ungefüllt halten sich die Windbeutel luftdicht verpackt 2 Tage.

Brandteiggebäck-Varianten

Schoko-Orangen-Profiteroles

Eine köstliche Abwandlung des Originals mit dem kräftigen Aroma von Orangenschale und -likör. Für die Sauce sollten Sie Bitterschokolade mit mindestens 60 Prozent Kakaoanteil verwenden.

6 PERSONEN — **20 MIN.** — **40 MIN./ BLECH** — **12 WOCHEN UNGEFÜLLT**

Für 2 Backbleche

Für den Brandteig
60 g Mehl
50 g Butter
2 Eier, verquirlt

Für die Füllung
500 g Sahne
abgeriebene Schale von 1 Bio-Orange
2 EL Orangenlikör (z. B. Grand Marnier)

Für die Schokoladensauce
150 g Bitterschokolade, in Stücke gebrochen
300 g Sahne
2 EL heller Zuckersirup (Golden Syrup)
1 EL Orangenlikör (z. B. Grand Marnier)

1 Den Backofen auf 220 °C vorheizen. Zwei Backbleche mit Backpapier belegen. Das Mehl in eine große Schüssel sieben, das Sieb dabei hoch halten, damit möglichst viel Luft in das Mehl gelangt.

2 Die Butter mit 150 ml Wasser in einen kleinen Topf geben und erwärmen, bis sie geschmolzen ist. Aufkochen lassen, vom Herd nehmen und das Mehl dazuschütten. Mit einem Kochlöffel schlagen, bis die Mischung glatt ist und sich als Kloß vom Topfboden löst. 10 Minuten abkühlen lassen, dann nach und nach die Eier unterschlagen; vor der nächsten Zugabe muss das vorherige Ei komplett untergearbeitet worden sein. Die Masse soll fest und glatt sein.

3 Die Masse in einen Spritzbeutel mit glatter Tülle (1 cm Ø) füllen und mit reichlich Abstand zueinander walnussgroße Häufchen auf die Bleche spritzen. Im heißen Ofen 20 Minuten backen, bis sie aufgegangen und goldbraun sind. Die Windbeutel-chen aus dem Ofen nehmen und seitlich einschneiden, damit Dampf entweichen kann, dann in weiteren 2 Minuten knusprig backen. Auf einem Gitter auskühlen lassen.

4 Für die Füllung die Sahne mit Orangenschale und -likör steif schlagen. Orangensahne in einen Spritzbeutel mit Lochtülle (5 mm Ø) füllen und in die Profiteroles spritzen.

5 Für die Sauce die Schokolade mit Sahne, Sirup und Likör schmelzen lassen. Mit einem Schneebesen schlagen, bis die Sauce glatt ist und glänzt. Profiteroles mit der heißen Sauce begießen und servieren.

Profitipp
Schneiden Sie das noch heiße Brandteiggebäck sofort nach dem Backen mit einem Messer oder der Küchenschere auf, damit der Dampf aus dem Inneren entweichen kann und die Teilchen nicht durchweichen. So wird das Gebäck locker, trocken und knusprig.

Käse-Gougères mit Räucherlachs

Dieses herzhafte Brandteiggebäck ist eine Spezialität aus dem Burgund (Frankreich). Dort sieht man es in fast jeder Bäckerei. Mit Lachs gefüllt, passt es sehr gut zum Aperitif.

8 PERSONEN — **40–45 MIN.** — **30–35 MIN./ BLECH**

Für 2 Backbleche
75 g Butter, plus mehr für die Backbleche
1¼ TL Salz, 150 g Mehl
6 Eier, 125 g Gruyère, geraspelt

Für die Räucherlachsfüllung
1 kg Blattspinat, geputzt
30 g Butter
1 Zwiebel, fein gewürfelt
4 Knoblauchzehen, fein gewürfelt
1 Prise frisch geriebene Muskatnuss
Salz und frisch gemahlener Pfeffer
250 g Doppelrahmfrischkäse
175 g Räucherlachs, in Streifen geschnitten
4 EL Milch

1 Backofen auf 190 °C vorheizen. Bleche fetten. Butter mit 250 ml Wasser und ¾ TL Salz in einem Topf aufkochen lassen; vom Herd nehmen und das Mehl dazuschütten. Alles zu einer glatten Masse verrühren. Den Topf wieder auf den Herd stellen und die Masse bei schwacher Hitze 30 Sekunden schlagen, bis sie sich vom Topfboden löst.

2 Vom Herd nehmen. Nacheinander 4 Eier unter die Masse schlagen. Das fünfte Ei verquirlen; nach und nach unterarbeiten, dann die Hälfte des Käses unterrühren. Den Teig in acht etwa 6 cm breiten Häufchen auf die Bleche setzen. Das letzte Ei mit dem restlichen Salz verquirlen. Die Häufchen damit bestreichen und mit dem restlichen Käse bestreuen; im heißen Ofen 30–35 Minuten backen, bis sie fest sind. Herausnehmen und auf ein Gitter setzen. Deckel abschneiden und das Gebäck abkühlen lassen.

3 Spinat waschen, tropfnass in einen Topf geben und bei starker Hitze in 1–2 Minuten zusammenfallen lassen. In ein Sieb schütten und abkühlen lassen; ausdrücken und hacken. Butter zerlassen. Zwiebel darin glasig dünsten. Knoblauch und Spinat hinzufügen; mit Muskat, Salz und Pfeffer würzen. Rühren, bis die Flüssigkeit verdampft ist. Frischkäse unterrühren; vom Herd nehmen. Zwei Drittel des Lachses unter die Spinatmischung ziehen, dann die Milch dazugießen und alles verrühren. In jedes Gougère 2–3 EL von der Spinat-Lachs-Mischung füllen. Restlichen Lachs darauf anrichten. Die Deckel an die Gougères lehnen und das Gebäck sofort servieren.

Schokoladen-Eclairs

Die länglichen Schwestern der Profiteroles können Sie ganz leicht abwandeln: zum Beispiel mit Orangenfüllung und Schokoladensauce (siehe links), Konditorcreme (siehe S. 166) oder Schokoladen-Konditorcreme (siehe S. 296).

30 STÜCK · **30 MIN.** · **25–30 MIN./BLECH** · **12 WOCHEN UNGEFÜLLT**

Für 2 Backbleche
75 g Butter
125 g Mehl, gesiebt
3 Eier
500 g Sahne
150 g Bitterschokolade, in Stücke gebrochen

1 Den Backofen auf 200 °C vorheizen. Die Butter in 200 ml heißem Wasser in einem Topf zerlassen. Die Mischung aufkochen lassen und vom Herd nehmen; das Mehl unterrühren. Mit einem Kochlöffel schlagen, bis die Masse glatt ist.

2 Die Eier nach und nach unter ständigem Schlagen zur Mehl-Butter-Mischung geben. So lange schlagen, bis die Masse glatt ist, glänzt und sich vom Topfboden löst. Die Masse in einen Spritzbeutel mit glatter Tülle (1 cm Ø) geben.

3 Die Backbleche mit Backpapier belegen. Etwa 30 ungefähr 10 cm langen Streifen von der Brandmasse daraufspritzen, dabei die Masse immer mit einem nassen Messer von der Tülle schneiden. Die Streifen

im heißen Ofen in 20–25 Minuten goldbraun backen, herausnehmen und seitlich aufschneiden. Weitere 5 Minuten backen, dann abkühlen lassen.

4 Die Sahne steif schlagen und in die Eclairs füllen. Die Schokoladenstücke in eine hitzebeständige Schüssel geben und über dem köchelndem Wasserbad schmelzen. Anschließend über die Eclairs schöpfen. Trocknen lassen und die Eclairs servieren.

AUFBEWAHREN Ungefüllt halten sich die Eclairs luftdicht verpackt 2 Tage frisch.

Millefeuilles mit kandierten Maronen

Diese beeindruckende geschichtete Blätterteigkreation ist recht einfach und lässt sich bis zu 6 Std. im Voraus zubereiten.

8 STÜCKE **2 STD.** **20–25 MIN.**

Kühlzeit
1 Stunde

Für 1 Backblech
375 ml Milch
4 Eigelb
60 g Zucker
3 EL Mehl, gesiebt
2 EL brauner Rum

600 g Blätterteig (Fertigprodukt
  oder selbst gemacht nach Rezept
  S. 174–175, Schritte 1–10)
250 g Sahne
500 g kandierte Maronen, grob
  zerkleinert
50 g Puderzucker, plus mehr
  nach Bedarf

1 Die Milch in einem Topf bis kurz vor dem Aufkochen erhitzen. Vom Herd nehmen.

2 Eigelbe mit Zucker in 2–3 Min. zu einer dicklichen Creme schlagen. Mehl unterrühren.

3 Die Milch nach und nach unter die Creme schlagen. In einen sauberen Topf umfüllen.

4 Unter Rühren erhitzen, bis die Creme andickt. Bei schwacher Hitze noch 2 Min. rühren.

5 Falls Klümpchen entstehen sollten, vom Herd nehmen und die Creme glatt rühren.

6 Abkühlen lassen; Rum untermischen. In eine Schüssel füllen, zudecken, 1 Std. kalt stellen.

7 Backofen auf 200 °C vorheizen. Das Backblech mit Wasser benetzen.

8 Den Teig zu einem 3 mm dicken Rechteck ausrollen, das etwas größer als das Blech ist.

9 Auf eine Teigrolle rollen und über dem Blech abrollen. Ränder über das Blech hängen lassen.

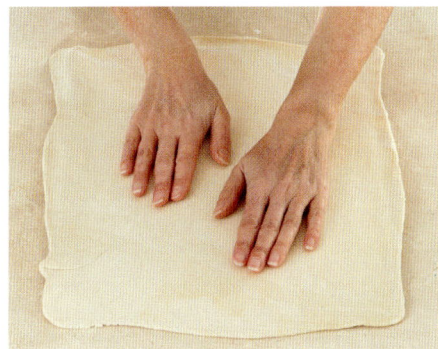

10 Teig leicht auf das Blech drücken, dann für 15 Min. kalt stellen.

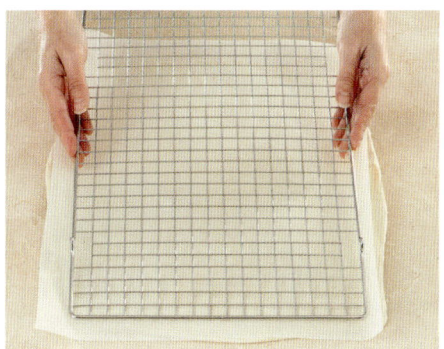

11 Teig mit einer Gabel einstechen. Mit Backpapier bedecken, darauf ein Gitter setzen.

12 15–20 Min. backen. Herausnehmen; mit dem Blech noch oben stürzen. Blech abheben.

13 Blech unter die Teigplatte schieben; Blätterteig noch 10 Min. backen.

14 Teigplatte aus dem Ofen nehmen und vorsichtig auf ein Brett gleiten lassen.

15 Die Ränder mit einem scharfen Messer begradigen, so lange die Platte noch warm ist.

16 Die Blätterteigplatte nun in drei gleich breite Streifen schneiden. Abkühlen lassen.

17 Die Sahne in einer Schüssel steif schlagen.

18 Die Sahne mit einem Löffel unter die gekühlte Eiercreme ziehen.

19 Die Hälfte der Creme mit einem Palettmesser auf einen Teigstreifen streichen.

20 Creme mit 250 g Maronen bestreuen. Vorgang mit dem 2. Streifen wiederholen.

21 Mit dem 3. Streifen bedecken, diesen mit Puderzucker bestäuben. In Portionen schneiden.

Millefeuilles-Varianten

Millefeuilles mit Schokoladencreme

Gefüllt mit einer Creme aus Bitterschokolade und garniert mit einem Gitter aus weißer Schokolade – diese Variante hat einiges zu bieten.

8 PERSONEN · **2 STD.** · **25–30 MIN.**

Kühlzeit
1 Stunde (Teigzubereitung)

Für 1 Backblech
2 EL Weinbrand
1 Portion Konditorcreme (siehe S. 166, Schritte 1–5)
600 g Blätterteig (Fertigprodukt; oder siehe S. 174–175, Schritte 1–10)
350 g Sahne
50 g Bitterschokolade, geschmolzen
30 g weiße Schokolade, geschmolzen

1 Weinbrand mit Konditorcreme verrühren; zugedeckt 1 Stunde kalt stellen. Den Backofen auf 200 °C vorheizen.

2 Backblech mit kaltem Wasser benetzen. Teig zu einem Rechteck ausrollen, das größer als das Blech ist. Auf das Blech legen; Ränder über die Kanten hängen lassen. Teig andrücken; 15 Minuten kalt stellen. Mehrmals mit einer Gabel einste-chen, mit Backpapier bedecken und darauf ein Gitter legen. Im Ofen 15–20 Minuten backen, bis der Teig zu bräunen beginnt. Teigplatte mithilfe von Gitter und Blech wenden. Backblech darunterschieben; Teigplatte noch 10 Minuten backen. Aus dem Ofen nehmen und auf ein Brett gleiten lassen. Ränder begradigen. Die noch warme Teigpatte längs in drei Streifen schneiden.

3 Sahne steif schlagen. Mit zwei Dritteln der Bitterschokolade unter die Konditorcreme rühren. Zudecken und kalt stellen. Einen Teigstreifen mit der restlichen Bitterschoko-lade bestreichen. Schokolade erstarren lassen. Einen anderen Teigstreifen auf eine Servierplatte setzen. Mit der Hälfte der Schokoladencreme bestreichen. Darauf einen zweiten Teigstreifen legen. Mit rest-licher Creme bestreichen, darauf den mit Schokolade bestrichenen Streifen setzen.

4 Die weiße Schokolade in eine Ecke eines Gefrierbeutels geben. Beutel zudrehen und die Spitze der gefüllten Tütenecke abschnei-den. Die Schokolade gitterförmig auf die Millefeuilles spritzen.

Vanilleschnitten

Klassisch und lecker: die Kombina-tion von Vanillecreme und Konfitüre.

6 STÜCK · **2 STD.** · **25–30 MIN.**

Kühlzeit
1 Stunde (Teigzubereitung)

Für 1 Backblech
250 g Sahne
1 Portion Konditorcreme (siehe S. 166, Schritte 1–5)
600 g Blätterteig (Fertigprodukt; oder siehe S. 174–175, Schritte 1–10)
100 g Puderzucker
1 TL Kakaopulver
½ Glas Erdbeer- oder Himbeerkonfitüre ohne Stücke

1 Die Sahne steif schlagen und unter die Konditorcreme heben; kalt stellen. Den Backofen auf 200 °C vorheizen. Das Back-blech mit kaltem Wasser benetzen. Den Teig zu einem Rechteck ausrollen, das grö-ßer als das Blech ist. Auf das Blech legen, die Ränder über die Kanten hängen lassen. Teig andrücken; 15 Minuten kalt stellen.

2 Teig mehrmals mit einer Gabel einste-chen, dann mit Backpapier belegen und darauf ein Gitter legen. Im heißen Ofen 15–20 Minuten backen, bis er zu bräunen beginnt. Teigplatte mithilfe von Gitter und Blech wenden. Das Backblech darunter-schieben und die Platte weitere 10 Minuten backen. Aus dem Ofen nehmen und auf ein großes Brett gleiten lassen. Noch warm in 5 x 10 cm große Rechtecke schneiden (die Anzahl muss durch 3 teilbar sein).

3 Für den Guss den Puderzucker mit 1–1½ EL kaltem Wasser verrühren. Für einen Schokoguss 2 EL Guss mit dem Kakao ver-rühren. Schokoguss in einen Spritzbeutel mit dünner glatter Tülle füllen. Ein Drittel der Teigstücke mit dem weißen Guss bestrei-chen, dann längs Schokogussstreifen da-raufspritzen. Mit einem Spieß quer so durch die beiden Guss-Schichten fahren, dass ein Muster entsteht. Guss trocknen lassen.

4 Die restlichen Teigstücke dünn mit Konfitüre bestreichen, darauf jeweils 1 cm hoch Creme streichen; die Teigränder gerade schneiden.

5 Vorsichtig je zwei mit Creme und Konfitüre versehene Teigstücke aufeinandersetzen und behutsam andrücken. Darauf dann ein mit Guss garniertes Teigstück legen.

VORBEREITEN Die Schnitten 6 Stunden im Voraus fertigstellen, dann kühlen.

Sommerliche Beeren-Millefeuilles

Schön anzusehen und ideal für ein sommerliches Buffet. ▶

| 8 PERSONEN | 2 STD. | 25–30 MIN. |

Kühlzeit
1 Std.

Für 1 Backblech
1 Portion Konditorcreme (siehe S. 166, Schritte 1–5)
600 g Blätterteig (Fertigprodukt; oder siehe
 S. 174–175, Schritte 1–10)
250 g Sahne
400 g gemischte Beeren (z. B. Himbeeren und
 zerkleinerte Erdbeeren)
Puderzucker zum Bestäuben

1 Den Backofen auf 200 °C vorheizen. Ein Backblech gleichmäßig mit kaltem Wasser benetzen. Den Teig zu einem Rechteck ausrollen, das größer als das Blech und etwa 3 mm dick ist. Auf das Blech legen, dabei die Ränder über die Kanten hängen lassen. Teigplatte andrücken; 15 Minuten kalt stellen.

2 Den Teig mehrmals mit einer Gabel einstechen, dann mit Backpapier bedecken und darauf ein Gitter legen. Im heißen Ofen 15–20 Minuten backen, bis er zu bräunen beginnt. Die Teigplatte mithilfe von Gitter und Blech wenden. Backblech darunterschieben; Platte weitere 10 Minuten backen.

Aus dem Ofen nehmen und auf ein großes Brett gleiten lassen. Die Ränder gerade schneiden und die Platte noch warm längs in drei gleich breite Streifen schneiden.

3 Die Sahne steif schlagen und unter die Konditorcreme heben. Die Hälfte der Mischung auf einen Teigstreifen streichen. Darauf einen zweiten Streifen setzen und diesen mit der restlichen Sahnemischung bestreichen. Den dritten Streifen daraufsetzen und behutsam andrücken. Die Millefeuilles dick mit Puderzucker bestäuben.

VORBEREITEN Die Millefeuilles 6 Stunden im Voraus fertigstellen, dann kühlen.

Profitipp
Wenn Sie erst einmal den Bogen raushaben, können Sie zahllose Millefeuille-Varianten mit Füllungen Ihrer Wahl herstellen – große als Schaustück für ein Buffet oder kleine für einen gemütlichen Kaffeeklatsch.

Apfel-Marzipan-Galettes

Diese eleganten Törtchen sind unglaublich einfach zu machen. Ein wenig Zucker verleiht den Äpfeln eine feine Karamellnote.

| 8 STÜCK | 25–30 MIN./ BLECH | 20–30 MIN. |

Kühlzeit
15 Minuten (plus Teigzubereitung)

Für 2 Backbleche
Mehl zum Arbeiten
600 g Blätterteig (Fertigprodukt; oder siehe
 S. 174–175, Schritte 1–10)
200 g Marzipanrohmasse
1 Zitrone
8 kleine säuerliche Äpfel
50 g Zucker
Puderzucker zum Bestäuben

1 Die Arbeitsfläche dünn bemehlen. Die Hälfte des Teigs zu einem 35 cm großen, etwa 3 mm dicken Quadrat ausrollen. Mithilfe eines 15 cm großen Tellers vier Kreise ausschneiden.

2 Die Backbleche mit kaltem Wasser benetzen. Die Teigkreise auf ein Blech legen. Aus dem restlichen Teig ebenfalls vier Kreise schneiden, diese auf das zweite Blech legen; für 15 Minuten kalt stellen. Das Marzipan in acht Portionen teilen und jede zu einer Kugel formen.

3 Ein Stück Backpapier auf der Arbeitsfläche ausbreiten. Eine Marzipankugel daraufsetzen, mit einem zweiten Stück Backpapier bedecken und das Marzipan zu einem 12 cm großen Kreis ausrollen. Den Marzipankreis auf einen Teigkreis legen, dabei einen etwa 1 cm breiten Rand frei lassen. Mit dem restlichen Marzipan und den restlichen Teigkreisen ebenso verfahren. Bis zum Backen kalt stellen.

4 Die Zitrone halbieren, den Saft aus einer Hälfte in eine kleine Schüssel pressen. Die Äpfel halbieren, schälen, von den Kerngehäusen befreien und in dünne Spalten schneiden. Die Spalten im Zitronensaft wenden (siehe Profitipp).

5 Den Backofen auf 220 °C vorheizen. Die Apfelspalten spiralförmig leicht überlappend auf die Marzipankreise legen, dabei einen dünnen Teigrand frei lassen.

6 Die Galettes im heißen Ofen 15–20 Minuten backen, bis die Teigränder um das Marzipan herum aufgegangen und hellbraun sind. Die Äpfel gleichmäßig mit dem Zucker bestreuen.

7 Die Galettes weitere 5–10 Minuten backen, bis die Äpfel goldbraun und an den Kanten karamellisiert sind. Mit einer Messerspitze testen, ob sie weich sind. Die Galettes auf vorgewärmte Teller geben, mit etwas Puderzucker bestäuben und sofort servieren.

VORBEREITEN Den Blätterteig können Sie 2 Stunden im Voraus ausrollen und mit Marzipan belegen. Alle Galettes schmecken frisch aus dem Ofen am besten.

Profitipp
Das Fruchtfleisch von Äpfeln und Birnen wird schnell weich und verfärbt sich, sobald es mit Luft in Kontakt kommt. Um dem vorzubeugen, Apfel- bzw. Birnenstücke bis zur Weiterverwendung in Zitronensaft oder in mit Zitronensaft gesäuertes Wasser geben.

Apfel-Jalousie

Dieses Gebäck ist so eingeschnitten, dass es wie eine Jalousie aussieht, durch die man die Apfelfüllung erkennt.

6–8 PERSONEN | **1¼–1½ STD.** | **30–40 MIN.** | **MAX. 4 WOCHEN**

Kühlzeiten
1¼ Stunden

Für 1 Backblech

Für den Blätterteig
250 g Butter, 30 Min. tiefgekühlt
250 g Mehl, plus mehr zum
  Arbeiten
1 TL Salz
1 TL Zitronensaft

Für die Füllung
15 g Butter
1 kg Äpfel, geschält, entkernt und
  gewürfelt
2,5 cm frischer Ingwer,
  fein gehackt
100 g Zucker
1 Eiweiß

1 Butter in eine Schüssel raspeln. Mehl mit Salz darübersieben. Krümelig zusammenreiben.

2 90–100 ml Wasser und den Zitronensaft dazugießen. Einen groben Teig herstellen.

3 Teig auf einer bemehlten Fläche zu einer Kugel formen, diese etwas flach drücken.

4 Teig in einen Gefrierbeutel geben und etwa 20 Min. kühlen.

5 Auf einer bemehlten Fläche zu einem dünnen Rechteck ausrollen (schmale Seiten 25 cm).

6 Ein Drittel der Teigplatte zur Mitte falten, das letzte Drittel darüberschlagen.

7 In der Mitte zusammenklappen, dass die offenen Seiten aufeinanderliegen; um 45° drehen.

8 Das Ganze zur etwa urspünglichen Größe ausrollen.

9 Die Schritte 6–8 wiederholen. Teig wieder in den Beutel geben und 20 Min. kühlen.

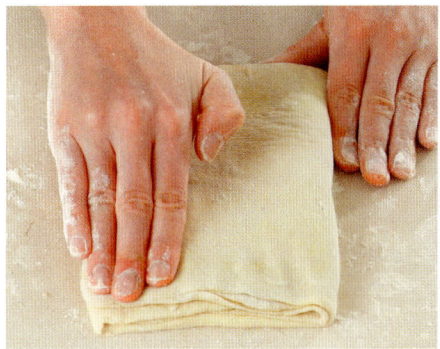

10 Die Schritte 6–8 noch 2-mal wiederholen und den Teig ein letztes Mal 20 Min. kühlen.

11 Für die Füllung die Butter in einer Pfanne zerlassen; Äpfel, Ingwer, 80 g Zucker untermischen.

12 Unter Rühren 15–20 Min. braten, bis die Äpfel weich und karamellisert sind. Abkühlen lassen.

13 Teig auf bemehlter Fläche 28 x 32 cm groß ausrollen. Der Länge nach halbieren.

14 Eine Hälfte längs zusammenklappen; alle 5 mm einschneiden, dabei einen Rand lassen.

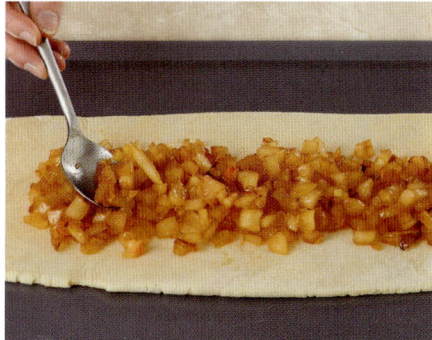

15 Zweite Teighälfte auf ein beschichtetes Blech legen; Apfelfüllung längs auf die Mitte löffeln.

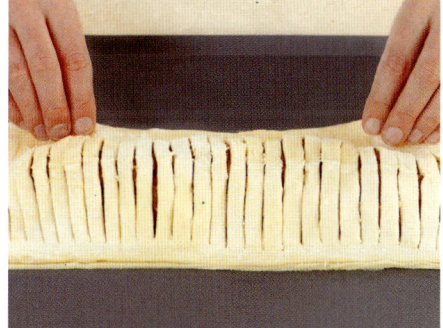

16 Mit dem eingeschnittenen Teig bedecken. 15 Min. kühlen. Backofen auf 220 °C vorheizen.

17 20–25 Min. backen. Mit Eiweiß bestreichen und mit dem restlichen Zucker bestreuen.

18 Weitere 10–15 Min. backen. In Stücke schneiden und warm oder kalt servieren.
VORBEREITEN Die Jalousie kann nach Schritt 16 eingefroren werden.

Jalousie-Varianten

Bananenschiffchen

Seinen Namen verdankt das Gebäck seiner Ähnlichkeit mit Weberschiffchen. Bananen und Rum sorgen hier für eine karibische Note.

6 STÜCK **1¼–1½ STD.** **30–40 MIN.** **4 WOCHEN UNGEBACKEN**

Kühlzeit
1 Stunde (Teigzubereitung) plus 15 Minuten

Für 1 Backblech
¼ TL gemahlene Gewürznelke
¼ TL gemahlener Zimt
50 g Zucker, plus 2 EL
3 EL brauner Rum
3 Bananen, geschält und halbiert
600 g Blätterteig (Fertigprodukt; oder siehe
  S. 174–175, Schritte 1–10)
1 Eiweiß, verquirlt

1 Nelke und Zimt mit 50 g Zucker mischen. Den Rum in eine zweite Schale geben. Die Bananenhälften in den Rum tauchen und in der Zuckermischung wenden.

2 Ein Backblech mit Wasser benetzen. Den Teig zu einem 30 x 37 cm großen Rechteck ausrollen; dieses in zwölf 7,5 x 12 cm große Rechtecke schneiden. Sechs Rechtecke längs in der Mitte zusammenfalten; den Bruch jeweils dreimal 1 cm tief einschneiden. Die restlichen Rechtecke auf das Backblech legen und etwas andrücken.

3 Die Bananenhälften in dünne Scheiben schneiden. Die Teigstücke auf dem Blech damit belegen, dabei rundherum einen 1 cm breiten Rand frei lassen. Den Rand mit kaltem Wasser bestreichen.

4 Die zusammengefalteten Teigstücke entfalten und auf die belegten Stücke setzen; die Ränder zusammendrücken und mit einem Messerrücken dekorativ einkerben.

5 Die Schiffchen 15 Minuten kalt stellen. Den Backofen auf 220 °C vorheizen. Die Schiffchen darin 15–20 Minuten backen; mit Eiweiß bestreichen und mit 2 EL Zucker bestreuen. Weitere 10–15 Minuten backen, bis die Schiffchen knusprig und goldbraun sind. Zum Abkühlen auf ein Gitter legen; warm oder mit Raumtemperatur servieren.

VORBEREITEN Nach dem Abkühlen (Schritt 5) können die Schiffchen eingefroren werden.

Profitipp
Es spricht nichts dagegen, dass Sie fertigen Blätterteig verwenden. Achten Sie jedoch darauf, dass er nur mit Butter und keinen anderen Fetten hergestellt wurde – er schmeckt so einfach am besten und weist garantiert keinen unerwünschten Beigeschmack auf.

TEILCHEN MIT UND OHNE FÜLLUNG

Hähnchenpastete

Auch mit einer herzhaften Füllung schmeckt Blätterteig hervorragend.

| 4 STÜCK | 25 MIN. | 25 MIN. | 4 WOCHEN UNGEBACKEN |

Kühlzeit
1 Stunde (Teigzubereitung)

Für 1 Backblech
25 g Butter
2 Stangen Lauch, in dünne Ringe geschnitten
1 TL gehackter Thymian
1 TL Mehl, plus mehr zum Arbeiten
100 ml Hühnerbrühe, 1 TL Zitronensaft
600 g Blätterteig (Fertigprodukt; oder siehe S. 174–175, Schritte 1–10)
300 g gegartes Hähnchenfleisch, gewürfelt
Salz und frisch gemahlener schwarzer Pfeffer
1 Ei, verquirlt

1 Die Butter in einem Topf zerlassen. Den Lauch darin unter Rühren bei mittlerer bis schwacher Hitze in etwa 5 Minuten weich dünsten. Thymian unterrühren, das Mehl darüberstreuen und anschwitzen. Brühe hinzugießen und rühren, bis die Flüssigkeit angedickt ist. Vom Herd nehmen; Zitronensaft unterrühren; abkühlen lassen.

2 Backofen auf 220 °C vorheizen. Knapp die Hälfte des Teigs auf einer bemehlten Fläche zu einem Rechteck (25 x 15 cm) ausrollen. Das Blech mit Wasser benetzen und den Teigboden darauflegen. Den restlichen Teig zu einem 25 x 18 cm großen Rechteck ausrollen, mit Mehl bestäuben und in der Mitte längs falten. Den Bruch mit 1 cm Abstand zur Ober- und 2,5 cm Abstand zur Unterkante mehrmals einschneiden.

3 Fleisch unter die Lauchmischung rühren; salzen und pfeffern. Alles auf dem Teigboden verteilen, dabei rundherum einen 2,5 cm breiten Rand frei lassen. Den Rand mit Wasser bestreichen. Die eingeschnittene Teigplatte aufklappen und auf die Füllung legen. Die Teigränder zusammendrücken und gerade schneiden. Die Pastete mit Ei bestreichen und im heißen Ofen in etwa 25 Minuten knusprig backen. Lauwarm servieren.

Birnen-Mincemeat-Pastete

Oft wird das englische Mincemeat, eine Mischung aus Dörrobst und Nüssen, mit Äpfeln kombiniert. Doch Birnen passen fast noch besser dazu.

| 8–10 STÜCKE | 15 MIN. | 40 MIN. | 8 WOCHEN UNGEBACKEN |

Kühlzeit
1 Stunde (Teigzubereitung)

Für 1 Backblech
Butter für das Backblech
600 g Blätterteig (Fertigprodukt; oder siehe S. 174–175, Schritte 1–10), Mehl zum Arbeiten
400 g Mincemeat (z. B. Onlinehandel)
1 EL Weinbrand
abgeriebene Schale von 1 Bio-Orange
25 g gemahlene Mandeln
1 reife Birne, geschält, entkernt und in dünne Scheiben geschnitten
1 Ei, verquirlt

1 Den Backofen auf 200 °C vorheizen. Das Backblech mit Butter fetten. Den Teig auf der bemehlten Arbeitsfläche zu zwei Platten (je 28 x 20 cm) ausrollen.

2 Das Mincemeat mit Weinbrand und Orangenschale mischen. Eine Teigplatte auf das Blech legen und mit den Mandeln bestreuen, dabei rundherum einen 2 cm breiten Rand frei lassen.

3 Die Mincemeat-Mischung auf den Mandeln verteilen und mit den Birnenscheiben belegen. Den Teigrand mit Ei bestreichen.

4 Die zweite Teigplatte auf die erste legen. Die Ränder zusammendrücken und ein Muster einkerben. Die obere Platte mehrmals mit einem Messer einschneiden, damit Dampf entweichen kann.

5 Die Pastete mit Ei bestreichen und im heißen Ofen in 30–40 Minuten goldbraun backen.

VORBEREITEN Nach dem Ende von Schritt 4 kann die Pastete eingefroren werden.

Zimt-Palmiers

Der Blätterteig für die Palmiers ist relativ schnell gemacht – noch schneller geht's mit fertigem aus der Tiefkühltruhe.

24 STÜCK **45 MIN.** **25–30 MIN./BLECH** **MAX. 8 WOCHEN**

Kühlzeiten
1 Stunde 10 Minuten

Für 2 Backbleche

Für den Blätterteig
250 g Butter, 30 Min. tiefgekühlt
250 g Mehl, plus mehr zum
  Arbeiten
1 TL Salz
1 Ei, verquirlt

Für die Füllung
100 g weiche Butter
100 g heller Muscovado-Zucker
4–5 TL gemahlener Zimt, nach
  Geschmack

1 Butter in eine Schüssel raspeln. Mehl mit Salz darübersieben. Krümelig zusammenreiben.

2 90–100 ml Wasser und den Zitronensaft dazugießen. Einen groben Teig herstellen.

3 Den Teig in einen Gefrierbeutel geben und etwa 20 Min. kühlen.

4 Auf einer bemehlten Fläche zu einem dünnen Rechteck ausrollen (schmale Seiten 25 cm).

5 Ein Drittel der Teigplatte zur Mitte falten, das letzte Drittel darüberschlagen.

6 In der Mitte zusammenklappen, dass die offenen Seiten aufeinanderliegen; um 45° drehen.

7 Das Ganze zur etwa urspünglichen Größe ausrollen.

8 Die Schritte 5–7 wiederholen. Teig wieder in den Beutel geben und 20 Min. kühlen.

9 Die Schritte 6–8 noch 2-mal wiederholen und den Teig ein letztes Mal 20 Min. kühlen.

TEILCHEN MIT UND OHNE FÜLLUNG

10 Inzwischen für die Füllung die Butter mit Zucker und Zimt cremig rühren.

11 Den Backofen auf 200 °C vorheizen. Die Backbleche mit Backpapier belegen.

12 Teig noch einmal ausrollen. Ränder begradigen. Teigplatte dünn mit Füllung bestreichen.

13 Den Teig von jeder Längsseite her bis zur Mitte aufrollen.

14 Mit Ei bestreichen, die Rollen zusammendrücken; 10 Min. kühlen.

15 Die Palmier-Rolle vorsichtig in 2 cm dicke Scheiben schneiden.

16 Die Scheiben vorsichtig zusammen- und dann mit der Handfläche leicht flach drücken.

17 Die Palmiers auf die Bleche setzen, mit Ei bestreichen und 25–30 Min. backen.

18 Die Palmiers sind fertig, wenn sie goldbraun, aufgegangen und knusprig sind. Auf einem Gitter auskühlen lassen. **AUFBEWAHREN** Luftdicht verpackt halten sich die Palmiers 3 Tage frisch.

Palmier-Varianten

Schokolade-Palmiers

Ist der Teig erst einmal zubereitet, sind die Palmiers schnell fertiggestellt. Ein Snack, den man zum Beispiel gut zu einem Picknick mitnehmen kann.

| 24 STÜCK | 45 MIN. | 25–30 MIN./BLECH | MAX. 8 WOCHEN |

Kühlzeiten
1 Stunde (Teigzubereitung) plus 10 Minuten

Für 2 Backbleche
150 g Bitterschokolade, in Stücke gebrochen
1 Portion Blätterteig (siehe S. 178, Schritte 1–9)
1 Ei, verquirlt

1 Die Schokolade in einer Schüssel über dem köchelnden Wasserbad schmelzen. Zum Abkühlen beiseitestellen. Den Backofen auf 200 °C vorheizen und die Backbleche mit Backpapier belegen.

2 Den Teig zu einem 5 mm dicken Rechteck ausrollen; dieses mit der Schokolade bestreichen. Erst eine, dann die zweite Längsseite bis fast zur Mitte aufrollen. Die Seiten mit Ei bestreichen und aneinanderrollen. Die Rolle wenden und 10 Minuten kalt stellen.

3 Die Rolle an den Enden gerade und dann in 2 cm dicke Scheiben schneiden. Scheiben auf die Bleche legen. Jede Scheibe zu einem Oval formen, dann leicht daraufdrücken, damit die Schichten sich verbinden. Mit etwas Ei bestreichen, im Ofen (oben) 25–30 Minuten backen, bis sie goldbraun, aufgegangen und in der Mitte knusprig sind. Zum Abkühlen auf ein Gitter legen.

AUFBEWAHREN Die Palmiers halten sich luftdicht verpackt 3 Tage frisch.

VARIANTE Ganz schnell sind die Palmiers gefüllt, wenn Sie statt der Schokolade Nussnougatcreme verwenden.

Profitipp
Wichtig beim Herstellen von Palmiers ist, dass die Teigplatte gleichmäßig, aber nicht zu fest aufgerollt wird. Zu festes Aufrollen führt dazu, dass die Rollen in der Mitte spitz nach oben aufgehen, was nicht so schön aussieht.

Tapenade-Palmiers

Besonders schnell geht es, wenn Sie eine fertige Olivenpaste verwenden.

| 24 STÜCK | 55 MIN. | 25–30 MIN./BLECH | MAX. 8 WOCHEN |

Kühlzeiten
1 Stunde (Teigzubereitung) plus 10 Minuten

Für 2 Backbleche
1 Portion Blätterteig (siehe S. 178, Schritte 1–9)

Für die Tapenade
150 g entsteinte schwarze Oliven
2 Knoblauchzehen, zerdrückt
4 EL grob gehackte Petersilie
3–4 EL Olivenöl, plus mehr (nach Bedarf)
2 Sardellenfilets (nach Belieben)
frisch gemahlener schwarzer Pfeffer

1 Die Zutaten für die Tapenade in die Küchenmaschine geben und zu einer stückigen, aber streichfähigen Paste verarbeiten; falls nötig, etwas mehr Öl hinzufügen. Die Backbleche mit Backpapier belegen.

2 Den Teig zu einem Rechteck ausrollen und die Ränder gerade schneiden. Die Teigplatte dünn mit der Tapenade bestreichen.

3 Die Längsseiten der Teigplatte bis fast zur Mitte aufrollen. Mit Ei bestreichen und aneinanderrollen. Die Rolle wenden und 10 Minuten kalt stellen.

4 Die Enden der Rolle gerade und die Rolle in 2 cm dicke Scheiben schneiden. Die Scheiben auf den Blechen verteilen, jeweils zu einem Oval formen und dann daraufdrücken, damit die Schichten sich verbinden.

5 Mit etwas Ei bestreichen und im heißen Ofen (oben) 25–30 Minuten backen, bis sie aufgegangen und knusprig sind.

AUFBEWAHREN Die Palmiers halten sich luftdicht verpackt 3 Tage frisch.

Käse-Paprika-Palmiers

Toll für Gäste, etwa als Knabberei zum Aperitif.

24 STÜCK	45 MIN.	25–30 MIN./BLECH	MAX. 8 WOCHEN

Kühlzeiten
1 Stunde (Teigzubereitung) plus 10 Minuten

Für 2 Backbleche
1 Portion Blätterteig (siehe S. 178, Schritte 1–9)
1 Ei, verquirlt

Für die Füllung
50 g weiche Butter
50 g Parmesan, gerieben
1 TL geräuchertes Paprikapulver

1 Für die Füllung die Butter mit Parmesan und Paprika cremig verrühren. Den Backofen auf 200 °C vorheizen und die Backbleche mit Backpapier belegen.

2 Den Teig zu einem Rechteck ausrollen, die Ränder gerade schneiden. Die Teigplatte gleichmäßig mit der Füllung bestreichen.

3 Die Längsseiten der Teigplatte bis fast zur Mitte aufrollen. Mit Ei bestreichen und aneinanderrollen. Die Rolle wenden und 10 Minuten kalt stellen.

4 Die Enden der Rolle gerade und die Rolle in 2 cm dicke Scheiben schneiden. Die Scheiben auf den Blechen verteilen. Jede Scheibe zu einem Oval formen und dann daraufdrücken, damit die Schichten sich verbinden.

5 Mit etwas Ei bestreichen und im heißen Ofen (oben) 25–30 Minuten backen, bis sie goldbraun, aufgegangen und in der Mitte knusprig sind.

AUFBEWAHREN Die Palmiers halten sich luftdicht verpackt 3 Tage frisch.

Krapfen mit Konfitürefüllung

Selbst gemacht schmecken Krapfen so viel besser als gekaufte. Das Gute: Sie sind überraschend leicht zu machen.

12 STÜCK **30 MIN.** **5–10 MIN.**

Gehzeiten
3–4 Stunden

Für den Teig
150 ml Milch
75 g Butter
2 Eier, verquirlt
400 g Mehl, plus mehr zum
  Bestäuben
½ TL Salz
1 Päckchen Trockenhefe

75 g Zucker
1 Päckchen Vanillezucker

Außerdem
1 l Sonnenblumenkernöl, zum Ausbacken, plus mehr zum Fetten
Zucker zum Wälzen
250 g Konfitüre ohne Stückchen
  (Himbeer, Erdbeer oder Kirsch)

1 Milch mit Butter erwärmen, bis die Butter geschmolzen ist. Lauwarm abkühlen lassen.

2 Die verquirlten Eier in die Milch-Butter-Mischung rühren.

3 Mehl mit Salz in eine große Schüssel sieben. Zucker, Vanillezucker und Hefe untermischen.

4 Eine Mulde in die Mitte drücken. Milchmischung hineingießen; alles grob verrühren.

5 Teig auf der bemehlten Arbeitsfläche 10 Min. durchkneten, bis er weich und elastisch ist.

6 In eine ausgeölte Schüssel legen; zudecken. 2 Std. an einem warmen Ort gehen lassen.

7 Teig auf bemehlter Fläche schlagen und kneten, dann in 12 gleich große Stücke teilen.

8 Teigportionen zu Kugeln formen. Mit gutem Abstand zueinander auf Bleche setzen.

9 Mit Folie und Geschirrtuch bedecken. An einem warmen Ort 1–2 Std. gehen lassen.

10 Öl 10 cm hoch in einem Topf auf 170–180 °C erhitzen. Mit einem Fettthermometer prüfen.

11 Krapfen einzeln vom Blech heben. Es macht nichts, wenn sie auf einer Seite flach sind.

12 Vorsichtig je 3 in das Öl gleiten lassen (runde Seite unten). Nach 1 Min. wenden.

13 Mit einem Schaumlöffel herausheben und auf Küchenpapier abtropfen lassen.

14 Die noch heißen Krapfen in Zucker wenden. Vor dem Füllen abkühlen lassen.

15 Konfitüre in einen Spritzbeutel mit Spitztülle geben. Krapfen an der Seite einstechen; füllen.

16 In jeden Krapfen so viel Konfitüre hineinspritzen, bis sie fast herausquillt. Die Öffnung mit etwas Zucker bestreuen. **AUFBEWAHREN** Luftdicht verpackt halten sich die Krapfen 1 Tag frisch.

Krapfen-Varianten

Doughnuts

Krapfen auf amerikanische Art schmecken selbst gemacht besonders gut. Die ausgestochenen Mittelstücke nicht wegwerfen, sondern separat ausbacken und dann als leckere kleine Happen servieren.

12 STÜCK 35 MIN. 5–10 MIN.

Gehzeiten
1–2 Stunden (plus Teigzubereitung)

Für 2 Backbleche
1 Portion Krapfenteig (siehe S. 182, Schritte 1–6)
1 l Sonnenblumenöl zum Ausbacken, plus mehr
   für den Ausstecher
Zucker zum Wenden

1 Den Teig auf die dünn bemehlte Arbeitsfläche geben und die Luft herausschlagen, dann in 12 Portionen teilen und diese zu Kugeln formen.

2 Die Kugeln mit reichlich Abstand zueinander (sie gehen stark auf) auf Backbleche legen. Mit Frischhaltefolie und einem Geschirrtuch bedecken und an einem warmen Ort 1–2 Stunden gehen lassen, bis sich ihr Volumen verdoppelt hat.

3 Die Kugeln mit einer Teigrolle zu 3 cm dicken Kreisen flach drücken. Eine runde Ausstechform (4 cm) ölen und damit jeweils die Mitte aus den Kreisen stechen. Die ausgestochenen Stücke beiseitelegen.

4 Das Öl mindestens 10 cm hoch in einen großen Topf geben und auf 170–180 °C erhitzen. Den passenden Deckel in Reichweite halten und das heiße Öl nicht aus den Augen lassen. Das Öl nicht zu heiß werden lassen, damit die Doughnuts nicht verbrennen.

5 Die Doughnuts von den Blechen nehmen. Es macht nichts, wenn sie auf einer Seite flach sind; beim Ausbacken gehen sie auf. Jeweils 3 Doughnuts mit den gerundeten Seiten nach unten in das Öl gleiten lassen und etwa 1 Minute ausbacken; wenden, sobald sie unten gebräunt sind und weiter ausbacken, bis auch die zweite Seite gebräunt ist.

6 Die Doughnuts mit einem Schaumlöffel aus dem Öl nehmen und auf Küchenpapier abtropfen lassen. Die ausgestochenen Mittelstücke können ähnlich ausgebacken werden. Die Doughnuts noch heiß in Zucker wenden und vor dem Essen etwas abkühlen lassen.

Krapfen mit Puddingfüllung

Besonders schnell sind die Krapfen mit fertig gekauftem Pudding gefüllt – besonders fein schmecken sie mit Konditorcreme (siehe S. 166).

12 STÜCK 30 MIN. 5–10 MIN.

Gehzeiten
1–2 Stunden (plus Teigzubereitung)

Für 2 Backbleche
1 Portion Krapfenteig (siehe S. 182, Schritte 1–6)
1 l Sonnenblumenöl zum Frittieren
Zucker zum Garnieren
250 g Vanillepudding (Fertigprodukt)

1 Den Teig auf einer dünn bemehlten Arbeitsfläche durchkneten, dann in zwölf Portionen teilen und diese zu Kugeln formen. Diese mit reichlich Abstand zueinander auf die Backbleche legen. Mit Frischhaltefolie und einem Geschirrtuch bedecken und an einem warmen Ort etwa 1–2 Stunden gehen lassen, bis sich ihr Volumen verdoppelt hat.

2 Das Öl mindestens 10 cm hoch in einen großen Topf gießen und auf 170–180 °C erhitzen. Den passenden Deckel in Reichweite halten und das heiße Öl nicht aus den Augen lassen. Öl nicht zu stark erhitzen, damit die Krapfen nicht verbrennen.

3 Die Krapfen von den Blechen nehmen. Es macht nichts, wenn sie auf einer Seite flach sind; beim Ausbacken gehen sie auf. Jeweils 3 Stück mit den gerundeten Seiten nach unten in das Öl geben und etwa 1 Minute frittieren. Sobald sie unten gebräunt sind, wenden und auf der zweiten Seite ausbacken. Mit einem Schaumlöffel aus dem Öl nehmen und auf Küchenpapier abtropfen lassen.

4 Die Krapfen noch heiß in Zucker wenden; abkühlen lassen. Zum Füllen den Pudding in einen Spritzbeutel mit dünner glatter Tülle geben. Die Krapfen seitlich einstechen und etwa 1 EL Pudding in die Mitte spritzen. Das Loch mit Zucker verdecken.

AUFBEWAHREN Die Krapfen halten sich luftdicht verpackt 1 Tag frisch.

Churros

Die mit Zimtzucker bestreuten spanischen Leckerbissen sind rasch fertig – und genauso schnell vertilgt. Besonders, wenn es dazu heiße Schokolade zum Eintunken gibt.

2–4 PERSONEN   **10 MIN.**   **5–10 MIN.**

Für 1 großen Topf
25 g Butter
200 g Mehl
1 TL Backpulver
50 g feiner Zucker
1 l Sonnenblumenöl zum Frittieren
1 TL gemahlener Zimt

1 Butter in 200 ml heißem Wasser unter Rühren zerlassen. Mehl, Backpulver und die Hälfte des Zuckers in eine Schüssel sieben. In die Mitte eine Mulde drücken und langsam unter ständigem Schlagen die heiße Butterflüssigkeit hineingießen, bis ein dickflüssiger, pastenartiger Teig entstanden ist; möglicherweise wird nicht die gesamte Flüssigkeit benötigt. Den Teig 5 Minuten ruhen und abkühlen lassen.

2 Das Öl mindestens 10 cm hoch in einen großen Topf geben und auf 170–180 °C erhitzen. Den passenden Deckel in Reichweite halten und das heiße Öl nicht aus den Augen lassen. Öl nicht zu stark erhitzen, damit die Churros nicht verbrennen.

3 Den abgekühlten Teig in einen Spritzbeutel mit glatter Tülle (2 cm Ø) füllen; in 7 cm langen Streifen in das heiße Öl spritzen, dabei die Enden mit einer Schere abschneiden. Nicht zu viele Churros auf einmal ausbacken, sonst kühlt das Öl zu stark ab. Die Churros pro Seite 1–2 Minuten backen.

4 Die ausgebackenen Churros mit einem Schaumlöffel aus dem Öl heben und auf Küchenpapier abtropfen lassen. Den restlichen Zucker mit dem Zimt mischen. Die Churros noch heiß im Zimt-Zucker wenden, dann 5–10 Minuten abkühlen lassen und noch warm servieren.

AUFBEWAHREN Die Churros halten sich luftdicht verpackt 1 Tag frisch.

Profitipp
Die Churros-Masse können Sie noch mit Eigelb, Butter oder Milch anreichern. Das Mengenverhältnis von flüssigen zu trockenen Zutaten sollte dabei stets beibehalten werden. Je dünner der Teig, desto leichter das Gebäck – das Ausbacken flüssigen Teigs erfordert aber etwas Übung.

Kekse und anderes Kleingebäck

Hafer-Cookies mit Nüssen und Rosinen

Kindern und Erwachsenen schmecken die schnell gemachten kernigen Kekse gleichermaßen gut.

18 STÜCK · **20 MIN.** · **10–15 MIN./ BLECH** · **MAX. 8 WOCHEN**

Für 2–3 Backbleche
100 g Haselnusskerne
100 g weiche Butter
200 g heller Muscovado-Zucker
1 Ei, verquirlt
1 Päckchen Vanillezucker
1 EL flüssiger Honig

125 g Mehl
1 TL Backpulver
125 g Haferflocken (Großblatt)
1 Prise Salz
100 g Rosinen
etwas Milch (nach Bedarf)

KEKSE UND ANDERES KLEINGEBÄCK

1 Backofen auf 190 °C vorheizen. Nüsse auf einem Blech im Ofen 5 Minuten rösten.

2 Geröstete Nüsse auf einem Geschirrtuch gegeneinander rubbeln, um sie zu häuten.

3 Die Nüsse mit einem Messer grob hacken und beiseitestellen.

4 In einer Schüssel Butter und Zucker mit den Quirlen des Handrührgeräts cremig rühren.

5 Vanillezucker, Ei und Honig hinzufügen und alles zu einer glatten Masse verrühren.

6 Mehl, Backpulver, Haferflocken und Salz in einer zweiten Schüssel gründlich vermischen.

7 Die Mehlmischung zur cremigen Masse geben und sehr gut unterrühren.

8 Gehackte Nüsse und Rosinen zugeben; gründlich unter den Teig rühren.

9 Falls der Teig zu fest sein sollte, etwas Milch unterarbeiten, damit er weicher wird.

10 Walnussgroße Teigkugeln mit Abstand zueinander auf mit Papier belegte Bleche setzen.

11 Die Teigkugeln mit Zeige- und Mittelfinger etwas flach drücken.

12 Cookies blechweise 10–15 Min. backen. Auf dem Blech, dann auf Gitter abkühlen lassen.

13 Vor dem Servieren vollständig abkühlen lassen. **AUFBEWAHREN** Die Cookies halten sich in einem luftdicht verschlossenem Behälter bis zu 5 Tage frisch. Tipp: Backen Sie genügend am Sonntagabend, dann haben Sie welche für die ganze Woche.

Cookie-Varianten

KEKSE UND ANDERES KLEINGEBÄCK

Hafer-Pistazien-Cookies

Pistazien und Cranberrys machen diese Kekse zum bunten Augenschmaus – eine edle Alternative zu einfachen Hafercookies.

24 STÜCK	20 MIN.	10–15 MIN./ BLECH	MAX. 8 WOCHEN

Für 2–3 Backbleche
100 g weiche Butter
200 g heller Muscovado-Zucker
1 Päckchen Vanillezucker
1 Ei
1 EL flüssiger Honig
125 g Mehl
1 TL Backpulver
125 g Großblatt-Haferflocken
1 Prise Salz
100 g Pistazienkerne, leicht geröstet und grob gehackt
100 g getrocknete Cranberrys, grob gehackt
etwas Milch (nach Bedarf)

1 Backofen auf 190 °C vorheizen. Butter mit Zucker mit den Quirlen des Handrührgeräts schaumig schlagen. Dann den Vanillezucker, das Ei und den Honig unterrühren.

2 Mehl, Backpulver, Haferflocken und Salz mit einem Kochlöffel unterrühren. Anschließend Pistazien und Cranberrys gründlich unterheben. Ist die Masse zu fest, so viel Milch unterrühren, bis sie geschmeidig ist.

3 Die Backbleche mit Backpapier belegen. Aus dem Teig walnussgroße Kugeln rollen und auf die Bleche setzen; zwischen den Kugeln ausreichend Platz lassen, da sie im Ofen etwas auseinanderlaufen. Die Teigkugeln leicht flach drücken.

4 Die Cookies blechweise im Ofen in 10–15 Minuten goldgelb backen. Anschließend auf den Blechen leicht abkühlen lassen, dann auf ein Kuchengitter heben.

AUFBEWAHREN Diese Cookies halten sich luftdicht verpackt 5 Tage frisch.

Profitipp
Experimentieren Sie ruhig einmal mit unterschiedlichen Kombinationen von frischem oder getrocknetem Obst und Nüssen. Oder rühren Sie Sonnenblumen- oder Kürbiskerne unter den Teig.

Apfel-Zimt-Hafer-Cookies

Ein geriebener Apfel macht diese Cookies weich und saftig.

24 STÜCK	20 MIN.	10–15 MIN./ BLECH	MAX. 8 WOCHEN

FÜR 2–3 BACKBLECHE
100 g weiche Butter
200 g heller Muscovado-Zucker
1 Päckchen Vanillezucker
1 Ei
1 EL flüssiger Honig
125 g Mehl, gesiebt
1 TL Backpulver
125 g Großblatt-Haferflocken
2 TL gemahlener Zimt
1 Prise Salz
2 Äpfel, geschält, entkernt und fein gerieben
etwas Milch (nach Bedarf)

1 Den Backofen auf 190 °C vorheizen. Butter und Zucker mit den Quirlen des Handrührgeräts cremig schlagen. Anschließend Vanillezucker, Ei und Honig unterrühren.

2 Mehl, Backpulver, Haferflocken, Zimt und Salz mischen. Die Mischung mit einem Kochlöffel unterarbeiten. Anschließend die geriebenen Äpfel unterheben. Ist die Masse zu fest, etwas Milch unterrühren, bis ein weicher Teig entsteht. Aus dem Teig walnussgroße Kugeln formen.

3 Die Backbleche mit Backpapier belegen. Aus dem Teig walnussgroße Kugeln rollen und auf die Bleche setzen; zwischen den Kugeln ausreichend Platz lassen, da sie im Ofen etwas auseinanderlaufen. Die Teigkugeln leicht flach drücken.

4 Die Cookies blechweise im Ofen in 10–15 Minuten goldgelb backen. Anschließend auf den Blechen leicht abkühlen lassen, dann auf ein Kuchengitter heben.

AUFBEWAHREN Diese Cookies halten sich luftdicht verpackt 5 Tage frisch.

Macadamia-Cookies mit weißer Schokolade

Weiße Schokolade verleiht klassischen Cookies eine feine Note.

| 24 STÜCK | 25 MIN. | 10–15 MIN./ BLECH | MAX. 4 WOCHEN |

Kühlzeit
30 Minuten

2-3 Backbleche
150 g Bitterschokolade, zerkleinert
100 g Mehl
1 TL Backpulver
25 g Kakaopulver
75 g weiche Butter
175 g heller Muscovado-Zucker
1 Päckchen Vanillezucker
1 Ei
50 g Macadamia-Nusskerne, grob gehackt
50 g weiße Schokolade, zerkleinert

1 Den Backofen auf 190 °C vorheizen. Die Bitterschokolade über dem Wasserbad schmelzen; das Gefäß mit der Schokolade darf das Wasser dabei nicht berühren. Abkühlen lassen. Mehl, Backpulver und Kakaopulver in eine Schüssel sieben.

2 Butter und Zucker in einer zweiten Schüssel mit den Quirlen des Handrührgeräts cremig schlagen. Vanillezucker und Ei unterrühren, dann die Mehlmischung unterheben. Nun die flüssige Schokolade und anschließend die Nüsse sowie die weißen Schokoladenstücke unterziehen. Die Schüssel zudecken und den Teig für 30 Minuten kalt stellen.

3 Die Backbleche mit Backpapier belegen. Esslöffelgroße Teigportionen auf die Bleche setzen; dabei einen Abstand von mindestens 5 cm lassen.

4 Die Cookies blechweise im Ofen (oben) 10–15 Minuten backen; sie müssen gar, aber in der Mitte noch weich sein. Einige Minuten auf dem Blech abkühlen lassen, dann auf ein Kuchengitter heben.

Butterkekse

Dünne, knusprige Kekse aus buttrigem Teig sind schnell und einfach gemacht und sehr beliebt.

30 STÜCK **15 MIN.** **10–15 MIN./ BLECH** **MAX. 8 WOCHEN**

Kühlzeit
15–30 Minuten

Für 3 Backbleche
100 g feiner Zucker
1 Päckchen Vanillezucker
250 g Mehl, plus mehr zum Arbeiten
150 g weiche Butter, eventuell plus mehr für die Bleche
1 Eigelb

1 Backofen auf 180 °C vorheizen. Die Backbleche fetten oder mit Backpapier belegen.

2 Zucker, Vanillezucker, Mehl und Butter in eine große Schüssel geben.

3 Die Zutaten zwischen den Händen oder in der Küchenmaschine kurz krümelig mixen.

4 Das Eigelb hinzufügen und alles zu einem glatten Teig verarbeiten.

5 Den Teig auf einer leicht bemehlten Arbeitsfläche kurz zusammenkneten.

6 Teig und die Arbeitsfläche bemehlen. Den Teig darauf 5 mm dick ausrollen.

7 Die Teigplatte mit einem Palettmesser von der Arbeitsfläche lösen.

8 Falls der Teig zu klebrig zum Ausrollen ist, diesen 15–30 Min. kühlen. Danach ausrollen.

9 Mit einem runden Ausstecher 7 cm große Kreise ausstechen und auf die Bleche legen.

10 Teigreste zusammenfassen. Erneut 5 mm dick ausrollen und ausstechen.

11 Kekse blechweise im Ofen (Mitte) 10–15 Min. backen, bis sie am Rand goldbraun sind.

12 Aus dem Ofen nehmen, kurz auf dem Blech, dann auf einem Gitter auskühlen lassen.

13 Die Butterkekse müssen vor dem Servieren vollständig ausgekühlt sein. **AUFBEWAHREN** Luftdicht verpackt bleiben die Kekse bis zu 5 Tage frisch und knusprig.

Butterkeks-Varianten

Kandierte Ingwerkekse

Kandierter Ingwer sorgt für ein wärmendes angenehmes Aroma.

30 STÜCK	15 MIN.	12–15 MIN./ BLECH	MAX. 8 WOCHEN

Für 3 Backbleche
100 g feiner Zucker
1 Päckchen Vanillezucker
250 g Mehl, plus mehr zum Arbeiten
150 g weiche Butter
1 TL gemahlener Ingwer
50 g kandierter Ingwer, fein gehackt
1 Eigelb

1 Den Backofen auf 180 °C vorheizen. Die Backbleche fetten oder mit Backpapier belegen. Zucker, Vanillezucker, Mehl und Butter in einer Schüssel mit den Händen oder in der Küchenmaschine zu einer krümeligen Masse verarbeiten. Anschließend den gemahlenen und den kandierten Ingwer untermischen.

2 Das Eigelb hinzufügen und alles zu einem glatten Teig verarbeiten. Den Teig auf einer dünn bemehlten Arbeitsfläche kurz verkneten, bis er glatt ist.

3 Teig und Arbeitsfläche leicht mit Mehl bestreuen und den Teig 5 mm dick ausrollen. Mit einem runden Ausstecher (7 cm Ø) Kreise ausstechen und diese auf die Backbleche setzen.

4 Die Kekse blechweise im heißen Ofen (Mitte) 12–15 Minuten backen, bis die Ränder goldbraun sind. Einige Minuten auf den Blechen abkühlen lassen, dann auf ein Kuchengitter setzen und vollständig abkühlen lassen.

AUFBEWAHREN Die Ingwerkekse halten sich luftdicht verpackt 5 Tage frisch.

Mandelkekse

Mandeln und Bittermandelaroma machen diese Kekse zu einer eleganten, nicht allzu süßen Köstlichkeit.

30 STÜCK	15 MIN.	12–15 MIN./ BLECH	MAX. 8 WOCHEN

Für 3 Backbleche
100 g Zucker
1 Päckchen Vanillezucker
250 g Mehl, plus mehr zum Arbeiten
150 g weiche Butter, in Flocken
40 g gehobelte Mandeln, leicht geröstet
1 Eigelb
1–2 Tropfen Bittermandelaroma

1 Den Backofen auf 180 °C vorheizen. Die Backbleche fetten oder mit Backpapier belegen. Zucker, Vanillezucker, Mehl und Butter mit den Händen oder in der Küchenmaschine zu einer krümeligen Masse verarbeiten. Die Mandeln untermischen.

2 Eigelb und Bittermandelaroma hinzufügen und alles zu einem glatten Teig verarbeiten. Teig und Arbeitsfläche mit Mehl bestreuen und den Teig 5 mm dick ausrollen. Mit einem runden Ausstecher (7 cm Ø) Kreise ausstechen und diese auf die Backbleche setzen.

3 Die Kekse blechweise im heißen Ofen (Mitte) 12–15 Minuten backen, bis die Ränder goldbraun sind. Einige Minuten auf den Blechen abkühlen lassen, dann auf ein Kuchengitter setzen und vollständig abkühlen lassen.

Profitipp

Statt mit Bittermandelaroma können Sie die Kekse mit 1 TL echtem Mandelextrakt würzen. Wenn Sie sehr feine Kekse backen möchten, rollen Sie den Teig dünner aus und backen die Teigkreise nur 5–8 Minuten.

Spritzgebäck

Das buttrige Gebäck gehört bei uns traditionell auf den weihnachtlichen Plätzchenteller. ▶

80 STÜCK	45 MIN.	15 MIN./ BLECH

Für 2–3 Backbleche
350 g weiche Butter
250 g Zucker
1 Päckchen Vanillezucker
1 Prise Salz
500 g Mehl
125 g gemahlene Mandeln
2 Eigelb (nach Bedarf)
100 g Bitter- oder Vollmilchschokolade

1 Den Backofen auf 180 °C vorheizen. Die Backbleche mit Backpapier belegen. Die Butter in einer Schüssel mit den Quirlen des Handrührgeräts cremig schlagen. Zucker, Vanillezucker und Salz hinzufügen und alles zu einer glatten Masse verrühren. Nach und nach zwei Drittel des Mehls unter Rühren hinzufügen.

2 Anschließend das restliche Mehl und die gemahlenen Mandeln dazugeben und alles zu einem weichen, glatten Teig verarbeiten. Falls der Teig zu fest ist, die Eigelbe dazugeben. Den Teig portionsweise in einen Spritzbeutel füllen und in etwa 7 cm langen Streifen auf die Bleche spritzen.

3 Das Spritzgebäck blechweise im Ofen (Mitte) in 12–15 Minuten goldbraun backen; aus dem Ofen nehmen und auf einem Kuchengitter abkühlen lassen. Die Schokolade über dem Wasserbad schmelzen. Das Gebäck jeweils mit einem Ende in die Schokolade tauchen; auf dem Kuchgitter fest werden lassen.

Lebkuchenfiguren

Vor allem Kinder mögen Lebkuchen in Figurenform und dieses Rezept ist tatsächlich kinderleicht.

16 STÜCK   **20 MIN.**   **10–12 MIN./ BLECH**   **MAX. 8 WOCHEN (TEIG)**

Für 3 Backbleche
4 EL flüssiger Honig
300 g Mehl, plus mehr zum
  Arbeiten
1 TL Speisenatron
2 ½ TL Lebkuchengewürz

100 g weiche Butter, in Stückchen
150 g dunkler Muscovado-Zucker
1 Ei
Rosinen und Puderzucker zum
  Verzieren

1 Backofen auf 190 °C vorheizen. Honig erhitzen, bis er dünnflüssig ist; abkühlen lassen.

2 Mehl, Natron und Lebkuchengewürz in eine Schüssel geben. Butter hinzufügen.

3 Die Zutaten zwischen den Händen krümelig zusammenreiben.

4 Den Zucker zu der krümeligen Mischung geben und gründlich unterrühren.

5 Das Ei mit einer Gabel unter den kalten Honig schlagen.

6 Mulde in die Mehlmischung drücken. Honig-Ei-Mischung hineingießen; alles verrühren.

7 Den Teig auf einer bemehlten Arbeitsfläche kurz durchkneten, bis er geschmeidig ist.

8 Teig und Arbeitsfläche bemehlen und den Teig 5 mm dick ausrollen.

9 Mit einem Ausstecher Figuren ausstechen. Auf mit Backpapier belegte Bleche setzen.

10 Die Teigreste zusammenfassen, erneut ausrollen und weitere Figuren ausstechen.

11 Die Figuren mit Rosinen, zum Beispiel für Augen, Nase und Knöpfe, verzieren.

12 Blechweise in 10–12 Minuten goldbraun backen. Auf einem Gitter abkühlen lassen.

13 Den Puderzucker mit wenig Wasser zu einem Guss verrühren.

14 Den Guss in einen Spritzbeutel füllen, dabei den Beutel z. B. in ein Glas hängen.

15 Die gebackenen Figuren ganz nach Belieben mit Zuckerguss verzieren.

16 Vor dem Servieren oder Lagern den Guss ganz trocknen lassen. **AUFBEWAHREN** Die Lebkuchenfiguren halten sich luftdicht verpackt 3 Tage frisch.

Lebkuchen-Varianten

Schwedische Gewürzkekse

Eine Version der traditionellen schwedischen Pepparkakor. Je dünner der Teig ausgerollt wird (Backzeit reduzieren!), desto besser.

| 60 STÜCK | 20 MIN. | 10 MIN./ BLECH | MAX. 8 WOCHEN (TEIG) |

Kühlzeit
1 Stunde

Für 2 Backbleche
125 g weiche Butter
150 g Zucker
1 Ei
1 EL Honig
1 EL Rübensirup
250 g Mehl, plus mehr zum Arbeiten
1 Prise Salz
1 TL gemahlener Zimt
1 TL gemahlener Ingwer
1 TL Lebkuchengewürz

1 Butter und Zucker in einer Schüssel mit den Quirlen des Handrührgeräts scremig schlagen. Ei, Honig und Sirup unterrühren. Mehl, Salz und die Gewürze in einer zweite Schüssel sieben; die Mehlmischung unter die Butter-Zucker-Masse heben und alles zu einem Teig verarbeiten.

2 Den Teig kurz durchkneten, zur Kugel formen, diese flach drücken, in Frischhaltefolie wickeln und 1 Stunde kühlen.

3 Den Backofen auf 180 °C vorheizen. Die Backbleche mit Backpapier belegen. Den Teig auf einer bemehlten Arbeitsfläche 3 mm dick ausrollen; beliebige Formen ausstechen.

4 Die Kekse auf die Bleche legen und im Ofen (oben) 10 Minuten backen, bis die Ränder gebräunt sind. Herausnehmen, einige Minuten auf den Blechen abkühlen lassen, dann auf ein Kuchengitter heben und auskühlen lassen.

Profitipp
Wenn Sie die Kekse als Christbaumschmuck verwenden möchten, Herzen aus dem Teig stechen und mit einem Strohhalm vor dem Backen oben ein kleines Loch ausstechen. Nach dem Backen ein rotes Bändchen durch das Loch fädeln, um die Herzen daran aufzuhängen.

Gingernut-Kekse

Ingwer, Lebkuchengewürz und Mandeln bestimmen bei diesen knusprigen Keksen das Aroma.

| 45 STÜCK | 30 MIN. | 8–10 MIN./ BLECH | MAX. 8 WOCHEN (TEIG) |

Für 2 Backbleche
250 g Mehl, mehr zum Arbeiten
2 TL Backpulver
175 g Zucker
1 Päckchen Vanillezucker
½ TL Lebkuchengewürz
2 TL gemahlener Ingwer
100 g flüssiger Honig
1 Ei, getrennt
4 TL Milch
125 g weiche Butter, in Stücken
125 g gemahlene Mandeln
gehackte Haselnusskerne oder Mandeln zum Verzieren

1 Den Backofen auf 180 °C vorheizen und die Backbleche mit Backpapier belegen.

2 Mehl und Backpulver in eine Schüssel sieben. Alle Zutaten, bis auf die Mandeln und die gehackten Nüsse, hinzufügen und mit einem Kochlöffel zu einem weichen Teig verarbeiten. Diesen mit den Händen zu einer Kugel formen.

3 Den Teig auf einer leicht bemehlten Arbeitsfläche 5 mm dick ausrollen. Beliebige Figuren ausstechen und mit genügend Abstand zueinander auf die Bleche setzen, da die Kekse beim Backen etwas auseinanderlaufen. Das Eiweiß verquirlen und die Kekse damit bestreichen. Mit gehackten Nüssen oder Mandeln bestreuen. Die Kekse im heißen Ofen (Mitte) in 8–10 Minuten hellbraun backen.

4 Die Kekse aus dem Ofen nehmen. Erst einige Minuten auf den Blechen abkühlen, dann auf einem Kuchengitter vollständig auskühlen lassen.

AUFBEWAHREN Diese Kekse halten sich luftdicht verpackt 3 Tage frisch.

Zimtsterne

Der Klassiker ist ein wunderbares Last-Minute-Weihnachtsgeschenk.

| 30 STÜCK | 20 MIN. | 12–15 MIN./ BLECH | MAX. 4 WOCHEN (TEIG) |

Kühlzeit
1 Stunde

Für 2 Backbleche
2 Eiweiß
250 g Puderzucker, mehr zum Arbeiten
½ TL Zitronensaft
1 TL gemahlener Zimt
250 g gemahlene Mandeln
Öl für die Ausstecher
etwas Milch (nach Bedarf)

1 Die Eiweiße fast steif schlagen. Den Puderzucker daraufsieben und den Eischnee weitere 5 Minuten schlagen, bis er dick und glänzend ist, dabei den Zitronensaft dazugeben. 2 EL Eischnee abnehmen und zum Bestreichen zugedeckt beiseitestellen.

2 Zimt und gemahlene Mandeln behutsam unter den restlichen Eischnee heben und die Masse zugedeckt für mindestens 1 Stunde, besser über Nacht, kalt stellen. Die Masse ähnelt dann einer zähen Paste.

3 Den Backofen auf 160 °C vorheizen. Die Arbeitsfläche dünn mit Puderzucker bestreuen und die Masse darauf mit etwas Puderzucker zu einem weichen Teig verkneten. Eine Teigrolle mit Puderzucker bestäuben und den Teig 5 mm dick ausrollen.

4 Die Backbleche mit Backpapier belegen. Einen sternförmigen Ausstecher innen mit Öl bepinseln, dann Sterne aus dem Teig ausstechen und auf das Backblech setzen. Jeden Stern mit etwas Eischnee bestreichen; den Eischnee mit etwas Milch verrühren, falls er zu fest ist.

5 Die Zimtsterne im Ofen (oben) 12–15 Minuten backen, bis der Eischnee darauf fest ist. Aus dem Ofen nehmen. Die Zimtsterne mindestens 10 Minuten auf den Blechen abkühlen, dann auf einem Kuchengitter auskühlen lassen.

Canestrelli

Luftig-leicht und einfach himmlisch sind die italienischen Kekse,
die traditionell in Blütenform ausgestochen werden.

20–30 STÜCK	20 MIN.	15–20 MIN./ BLECH	MAX. 4 WOCHEN

Kühlzeit
30 Minuten

Für 3–4 Backbleche
3 Eigelb, jedes intakt
150 g weiche Butter
150 g Puderzucker, gesiebt
abgeriebene Schale von ½ Bio-Zitrone
150 g Kartoffelmehl (Kartoffelstärke)
100 g Mehl (alternativ Kartoffelmehl, wenn Sie
 glutenfrei backen möchten), mehr zum Arbeiten
1 TL Backpulver

1 Die Eigelbe vorsichtig nacheinander in
einen Topf mit köchelndem Wasser gleiten
lassen und bei schwacher Hitze 5 Minuten
pochieren, bis sie vollständig fest sind. Aus
dem Wasser nehmen und abkühlen lassen.
Anschließend die abgekühlten Eigelbe mit
einem Löffelrücken durch ein feines Metall-
sieb in eine kleine Schüssel streichen.

2 Butter und Puderzucker mit den Quirlen
des Handrührgeräts cremig schlagen. Die
duchpassierten Eigelbe und die Zitronenschale gut unterrühren.

3 Weizen- und Kartoffelmehl zusammen
auf die Butter-Zucker-Masse sieben und
alles zu einem weichen, geschmeidigen
Teig verrühren. Den Teig zur Kugel formen,
in Frischhaltefolie wickeln und für 30 Minuten kalt stellen. Den Backofen auf 160 °C
vorheizen und die Bleche mit Backpapier
auslegen.

4 Den kalten Teig auf einer leicht bemehlten
Arbeitsfläche 1 cm dünn ausrollen und mit
einem blumenförmigen oder ringförmigen
Ausstecher ausstechen.

5 Die Kekse auf die Bleche setzen und
blechweise im Ofen (oben) in 15–17 Minuten
hellbraun backen. Canestrelli schmecken
warm besonders gut – dann mindestens
10 Minuten auf den Blechen abkühlen
lassen und rasch verzehren; restliche Kekse
auf einem Kuchengitter vollständig abkühlen lassen.

AUFBEWAHREN Canestrelli halten sich luftdicht verpackt 5 Tage frisch.

Profitipp
Dieses Gebäck stammt aus Ligurien und
verdankt seine luftige Konsistenz dem Kartoffelmehl. Sie können Sie es durch helles
Weizenmehl, wie z. B. italienisches Weizenmehl Type 00, ersetzen. Es ist in großen
Supermärkten oder im italienischen Spezia-
litätengeschäft erhältlich.)

Mandelmakronen

Dieses Mandelgebäck ist außen knusprig und innen weich – ganz anders als die französischen Macarons (siehe S. 246ff.).

24 STÜCK **10 MIN.** **12–15 MIN.**

Für 2 Backbleche
2 Eiweiß
225 g Zucker
125 g gemahlene geschälte
 Mandeln
30 g Reismehl
ein paar Tropfen Mandelaroma
24 gehäutete Mandeln
Esspapier oder Oblaten

KEKSE UND ANDERES KLEINGEBÄCK

1 Den Backofen auf 180 °C vorheizen. Eiweiße mit dem Handrührgerät steif schlagen.

2 Den Zucker löffelweise dazurieseln lassen, dabei weiterschlagen, bis die Masse glänzt.

3 Mandeln, Reismehl und Mandelaroma gründlich unter die Baisermasse ziehen.

4 Esspapier oder Oblaten auf den Backblechen verteilen.

5 Mithilfe von 2 in Wasser getauchten Teelöffeln Häufchen von der Masse abstechen.

6 Die Häufchen mit etwas Abstand zueinander auf Esspapier oder Oblaten setzen.

7 Auf jedes Baiserhäufchen eine gehäutete Mandel setzen.

8 Die Makronen im heißen Ofen (Mitte) in 12–15 Min. goldgelb backen.

9 Auf dem Gitter auskühlen lassen; je nach verwendeter Papiergröße aus dem Papier lösen.

Makronen sind sehr klebrig und bleiben an dem Papier, auf dem sie gebacken wurden, haften. Deshalb werden sie auf Oblaten oder essbares Papier gesetzt. **AUFBEWAHREN** Makronen schmecken am Backtag am besten, können aber 2–3 Tage in einer Keksdose gelagert werden.

Makronen-Varianten

Kokosmakronen

Kokosmakronen lassen sich im Nu zubereiten und sind glutenfrei. Dieses Rezept garantiert einen leichten Genuss.

| 18–20 STÜCK | 20 MIN./ BLECH | 15–20 MIN. |

Kühlzeit
2 Stunden

Für 2 Backbleche
1 Eiweiß
50 g Zucker
1 Prise Salz
½ Päcken Vanillezucker
100 g Kokosraspel

1 Den Backofen auf 160 °C vorheizen. Das Eiweiß in einer großen Schüssel mit den Quirlen des Handrührgeräts steif schlagen. Nach und nach den Zucker unterrühren, bis ein dicker, glänzender Eischnee entstanden ist.Salz und Vanillezucker zügig unterrühren.

2 Behutsam die Kokosrapel unterheben. Dann die Masse zugedeckt für 2 Stunden kalt stellen, sodass sie fest wird und sich die Kokosraspel mit Flüssigkeit vollsaugen und weich werden.

3 Die Bleche mit Backpapier auslegen und gut teelöffelgroße Teigportionen daraufsetzen; die Portionen so formen, dass sie nach oben spitz zulaufen.

4 Die Makronen im Ofen (Mitte) in 15–20 Minuten goldbraun backen. Aus dem Ofen nehmen und mindestens 10 Minuten auf dem Blech abkühlen lassen, dann auf ein Kuchengitter heben und vollständig abkühlen lassen.

AUFBEWAHREN Diese Makronen halten sich luftdicht verpackt 5 Tage frisch.

Schokoladen-makronen

Kakaopulver macht aus dem Grundrezept eine schokoladige Variante.

| 24 STÜCK | 20 MIN. | 15 MIN./ BLECH | MAX. 4 WOCHEN |

Kühlzeit
30 Minuten

Für 2 Backbleche
2 Eiweiß
225 g Zucker
100 g gemahlene geschälte Mandeln
30 g Reismehl
25 g Kakaopulver, gesiebt
24 ganze geschälte Mandeln

1 Backofen auf 180 °C vorheizen. Eiweiße in einer großen Schüssel mit den Quirlen des Handrührgeräts steif schlagen. Nach und nach den Zucker unterrühren, bis ein dicker, glänzender Eischnee entstanden ist.

2 Die gemahlenen Mandeln, das Reismehl und anschließend das Kakaopulver unterrühren. Die Masse zugedeckt für 30 Minuten kalt stellen, sodass sie fest wird. Die Bleche mit Backpapier auslegen.

3 Gut teelöffelgroße Teigportionen auf das Blech setzen; die Portionen so formen, dass sie nach oben spitz zulaufen.

4 Die Makronen blechweise im Ofen (oben) 12–15 Minuten backen, bis sie außen knusprig und auf Druck fest sind. Aus dem Ofen nehmen und mindestens 5 Minuten auf dem Blech abkühlen lassen, dann auf ein Kuchengitter heben und vollständig abkühlen lassen.

AUFBEWAHREN Diese Makronen werden am besten am Backtag verzehrt, halten sich luftdicht verpackt aber auch 2–3 Tage frisch.

Kaffee-Haselnuss-Makronen

Die kleinen aromatischen Makronen sind schnell gemacht. Sie können sie nach dem Essen zum Kaffee reichen – für diesen Anlass kann man sie auch kleiner formen.

20 STÜCK	30 MIN.	20 MIN./ BLECH	MAX. 4 WOCHEN

Kühlzeit
30 Minuten

Für 2 Backbleche
150 g Haselnusskerne, plus 20 Stück
  zum Dekorieren
2 Eiweiß
225 g Zucker
30 g Reismehl
1 TL Instant-Kaffeepulver, in 1 TL kochendem
  Wasser aufgelöst und abgekühlt oder
  1 TL abgekühlter Espresso

1 Den Backofen auf 180 °C vorheizen. Alle Haselnüsse auf einem Backblech im Ofen 5 Minuten rösten, dann in ein Geschirrtuch geben und gegeneinander rubbeln, um die die Häutchen abzulösen. Abkühlen lassen.

2 Die Eiweiße mit den Quirlen des Handrührgeräts steif schlagen. Nach und nach den Zucker unterrühren, bis ein dicke, glänzende Masse entstanden ist.

3 Die 150 g Haselnüsse im Blitzhacker fein mahlen und mit dem Reismehl unter den Eischnee heben. Anschließend behutsam den Kaffee oder Espresso unterziehen. Die Masse anschließend zugedeckt für 30 Minuten kalt stellen, bis sie fest ist.

4 Teelöffelgroße Teigportionen auf die mit Backpapier belegten Bleche setzen; dabei jeweils mindestens 4 cm Abstand lassen.

Die Portionen so formen, dass sie nach oben spitz zulaufen. In die Mitte jeder Makrone 1 Haselnuss setzen.

5 Die Makronen blechweise im Ofen (oben) 12–15 Minuten backen, bis sie knusprig sind und sich leicht färben; haben Sie sie kleiner geformt, sind sie wahrscheinlich nach 10 Minuten fertig. Aus dem Ofen nehmen und mindestens 5 Minuten auf dem Blech abkühlen lassen; auf ein Kuchengitter heben und vollständig abkühlen lassen.

Profitipp
Diese Makronen wurden in letzter Zeit von ihren attraktiveren französischen Verwandten, den Macarons, etwas in den Schatten gestellt (siehe S. 246–251). Doch für Makronen spricht, dass sie leicht herzustellen, glutenfrei und eigentlich genauso hübsch sind.

MAKRONEN-VARIANTEN

Vanillekipferl

Eine typisch deutsche Gebäckspezialität und wie Zimtsterne (siehe S. 199) aus der Weihnachtszeit gar nicht wegzudenken.

| 30 STÜCK | 35 MIN. | 15–17 MIN./ BLECH | MAX. 4 WOCHEN |

Kühlzeit
30 Minuten

Für 2 Backbleche
200 g Mehl, mehr zum Arbeiten
150 g weiche Butter, in Flocken
75 g Puderzucker
75 g gemahlene Mandeln
1 Päcken Vanillezucker
1 Ei, verquirlt
Vanille- oder Puderzucker zum Wälzen

1 Das Mehl in eine große Schüssel sieben. Die weiche Butter mit den Fingern einarbeiten, sodass eine krümelige Masse entsteht. Den Puderzucker daraufsieben und mit den gemahlenen Mandeln unterrühren.

2 Den Vanillezucker mit dem Ei mischen und beides in die Mehlmischung rühren, bis ein geschmeidiger Teig entsteht. Ist er zu klebrig, noch etwas Mehl hinzufügen. Den Teig in einen Gefrierbeutel verpacken und für mindestens 30 Minuten kalt stellen.

3 Den Backofen auf 160 °C vorheizen und den Teig in zwei gleich große Portionen teilen. Jede Portion auf einer dünn bemehlten Fläche zu einer Rolle von etwa 3 cm Ø rollen und mit einem scharfen Messer in etwa 1 cm dicke Scheiben schneiden.

4 Die Scheiben nacheinander zwischen den Handflächen zu kleinen Rollen von 8 x 2 cm formen, beide Enden halbrund zulaufend formen und die Teigröllchen in Halbmondform biegen. Die Backbleche mit Backpapier belegen und die geformten Kipferl daraufsetzen; dabei zwischen den Kipferln etwas Abstand lassen.

5 Die Vanillekipferl im heißen Ofen (oben) 5 Minuten backen, bis sie ganz leicht gebräunt sind.

6 Das Blech aus dem Ofen nehmen und die Vanillekipferl 5 Minuten darauf abkühlen lassen, dann mit der Oberseite in Vanille- oder Puderzucker drücken und zum vollständigen Abkühlen auf ein Kuchengitter setzen.

AUFBEWAHREN Vanillekipferl halten sich luftdicht verpackt 5 Tage frisch.

Profitipp
Die gemahlenen Mandeln geben den Vanillekipferln ihre typische mürbe Konsistenz. Sie können die warmen Kipferl auch in einer Mischung aus Vanille- und Puderzucker wälzen.

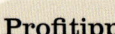

Florentiner

Diese süße knusprige Spezialität aus Italien vereint Trockenobst, Mandeln und Schokolade – eine schnelle Nascherei zum Tee.

| 16–20 STÜCK | 20 MIN. | 15–20 MIN./ BLECH |

Für 2 Backbleche

60 g Butter
60 g Zucker
1 EL flüssiger Honig
60 g Mehl, gesiebt
45 g Orangeat und Zitronat, gehackt
45 g Belegkirschen (glasierte Kirschen), fein gehackt
50 g gehäutete Mandeln, fein gehackt
1 TL Zitronensaft
1 EL Sahne
175 g Bitterschokolade, zerkleinert

1 Den Backofen auf 180 °C vorheizen und die Bleche mit Backpapier belegen.

2 Butter, Zucker und Honig in einem kleinen Topf bei schwacher Hitze zum Schmelzen bringen, vom Herd nehmen und lauwarm abkühlen lassen. Alle anderen Zutaten – bis auf die Schokolade – unterrühren.

3 Teelöffelgroße Portionen der Masse auf die Bleche setzen; zwischen den einzelnen Portionen etwas Abstand lassen, da die Florentiner im Ofen auseinanderfließen.

4 Die Florentiner blechweise im Ofen in 10 Minuten goldbraun, jedoch nicht zu dunkel backen. Aus dem Ofen nehmen, das Gebäck einige Minuten auf dem Blech abkühlen lassen, dann zum vollständigen Abkühlen auf ein Kuchengitter heben.

5 Die Schokolade über dem heißen Wasserbad zum Schmelzen bringen; das Gefäß darf das köchelnde Wasser dabei nicht berühren.

6 Mit einem Palettmesser die Unterseite der Florentiner mit flüssiger Schokolade bestreichen und das Gebäck mit der Schokoladenseite nach oben auf das Kuchengitter legen. Anschließend eine zweite Schicht Schokolade auftragen und kurz bevor diese fest wird, mit einer Gabel ein Wellenmuster hineinziehen.

AUFBEWAHREN Die Florentiner halten sich luftdicht verpackt 5 Tage frisch.

Profitipp

Hübsch sieht es aus, wenn Sie je ein Drittel der Florentiner mit Vollmilch-, Bitter- und weißer Schokolade glasieren. Oder Sie verwenden unterschiedliche Schokoladensorten sowohl zum Glasieren als auch zum Beträufeln in einem Zickzackmuster.

Biscotti

Hübsch verpackt sind die knusprigen italienischen Kekse ein ideales Mitbringsel, das sich ein paar Tage hält.

25–30 STÜCK | 15 MIN. | 40–45 MIN. | MAX. 8 WOCHEN

Für 1 Backblech
50 g Butter
100 g geschälte Mandeln
225 g Mehl, plus mehr zum Arbeiten
½ TL Backpulver
100 g Zucker
1 Päckchen Vanillezucker
2 Eier

1 Die Butter in einem kleinen Topf zerlassen, dann abkühlen lassen.

2 Den Backofen auf 180 °C vorheizen. Das Backblech mit Backpapier belegen.

3 Die Mandeln auf ein zweites Backblech streuen; in die Mitte des Ofens schieben.

4 Mandeln 5–10 Min. rösten, bis sie leicht gebräunt sind. Nach der Hälfte der Zeit wenden.

5 Die Mandeln etwas abkühlen lassen, dann mit einem Messer grob hacken.

6 Das Mehl mit dem Backpulver in eine große Schüssel sieben.

7 Zucker, Vanillezucker und Mandeln in die Schüssel geben und unter das Mehl mischen.

8 Die Eier mit der flüssigen Butter in einer zweiten Schüssel verquirlen.

9 Die Eier-Butter-Mischung unter Rühren mit einer Gabel zur Mehlmischung gießen.

KEKSE UND ANDERES KLEINGEBÄCK

10 Die Masse mit den Händen zu einem Teig verarbeiten.

11 Falls der Teig zu feucht sein sollte, noch etwas Mehl unterarbeiten.

12 Den Teig auf eine leicht bemehlte Arbeitsfläche geben.

13 Den Teig halbieren. Jede Hälfte zu einer 20 cm langen Rolle formen.

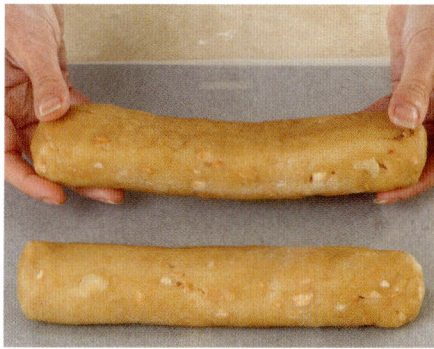

14 Teigrollen auf das mit Papier belegte Blech geben und 20 Min. im Ofen (Mitte) backen.

15 Aus dem Ofen nehmen. Etwas abkühlen lassen, dann auf ein Schneidbrett legen.

16 Die Brote mit einem Sägemesser leicht schräg in 3–5 cm dicke Scheiben schneiden.

17 Die Biscotti auf ein Blech legen und etwa 10 Min. backen, damit sie etwas austrocknen.

18 Biscotti mit einem Palettmesser wenden und noch 5 Min. backen.

19 Biscotti auf einem Gitter auskühlen und hart werden lassen.

EINFRIEREN Biscotti auf einem Blech oder Tablett im Tiefkühlgerät anfrieren lassen.

In Gefrierbeutel füllen. **AUFBEWAHREN** Nicht eingefroren halten sie sich in einer Dose max. 7 Tage.

Biscotti-Varianten

Haselnuss-Schoko-Biscotti

Kinder lieben die Variante mit Schokotröpfchen.

| 25–30 STÜCK | 15 MIN. | 40–45 MIN. | MAX. 8 WOCHEN |

Für 1 Backblech

100 g Haselnusskerne
225 g Mehl, gesiebt, plus mehr zum Arbeiten
1 TL Backpulver
100 g Zucker
50 g dunkle Schokotröpfchen
2 Eier
1 Päckchen Vanillezucker
50 g Butter, zerlassen und abgekühlt

1 Den Backofen auf 180 °C vorheizen und das Blech mit Backpapier auslegen. Die Haselnusskerne auf einem Blech verteilen und im Ofen 5–10 Minuten rösten, bis sie sich leicht färben. Abkühlen lassen, in ein sauberes Geschirrtuch geben und kräftig rubbeln, um die Haut zu entfernen. Anschließend grob hacken.

2 Mehl, Backpulver, Zucker, Nüsse und Schokotröpfchen in einer Schüssel vermischen. In einer zweiten Schüssel Eier, Vanillezucker und Butter verrühren. Die trockenen Zutaten unterrühren und alles zu einem geschmeidigen Teig verarbeiten. Ist der Teig zu klebrig und schlecht formbar, noch etwas Mehl hinzufügen.

3 Den Teig in zwei Portionen teilen und jede auf einer bemehlten Fläche zu einer etwa 20 cm langen Rolle von etwa 7 cm Ø formen. Beide Rollen auf das Blech setzen und im Ofen (Mitte) 20 Minuten backen. Rollen herausnehmen und leicht abkühlen lassen; mit einem Sägemesser schräg in 3–5 cm dicke Scheiben schneiden.

4 Die Scheiben wieder auf das Blech setzen und nochmals 15 Minuten backen (nach 10 Minuten wenden), bis sich die Kanten goldbraun färben. Auf einem Kuchengitter abkühlen lassen.

Paranuss-Schoko-Biscotti

Bieten Sie diese nussige kakaobraune Variante nach dem Essen zum Espresso an.

| 25–30 STÜCK | 15 MIN. | 40–45 MIN. | MAX. 8 WOCHEN |

Für 1 Backblech

100 g Paranusskerne
175 g Mehl, gesiebt, plus mehr zum Arbeiten
1 TL Backpulver
50 g Kakaopulver
100 g Zucker
2 Eier
1 Päckchen Vanillezucker
50 g Butter, zerlassen und abgekühlt

1 Den Backofen auf 180 °C vorheizen und ein Blech mit Backpapier belegen. Die Nüsse wie links beschrieben rösten, häuten und grob hacken.

2 Mehl, Backpulver, Kakaopulver, Zucker und Nüsse in einer Schüssel vermischen. In einer zweiten Schüssel Eier, Vanillezucker und Butter verrühren. Die trockenen Zutaten unterrühren und alles zu einem geschmeidigen Teig verarbeiten.

3 Den Teig in zwei Portionen teilen und jede auf einer bemehlten Fläche zu einer etwa 20 cm langen Rolle von etwa 7 cm Ø formen. Beide Rollen auf das Blech setzen und im Ofen (Mitte) 20 Minuten backen. Die Rollen herausnehmen und leicht abkühlen lassen; mit einem Sägemesser schräg in 3–5 cm dicke Scheiben schneiden.

4 Die Scheiben wieder auf das Blech setzen und nochmals 15 Minuten backen (nach 10 Minuten Backzeit wenden), bis sie sich goldbraun färben und sich fest anfühlen.

Profitipp

Durch das Backen auf beiden Seiten werden die Biscotti herrlich knusprig und halten sich auch recht lange frisch.

Pistazien-Orangen-Biscotti

Diese himmlisch duftenden Biscotti können Sie zu Kaffee reichen, oder Sie tauchen sie in süßen Dessertwein. ▶

| 25–30 STÜCK | 15 MIN. | 40–45 MIN. | MAX. 8 WOCHEN |

Für 1 Backblech

100 g geschälte, ungesalzene Pistazienkerne
225 g Mehl, gesiebt, mehr zum Arbeiten
2 TL Backpulver
100 g Zucker
abgeriebene Schale von 1 Bio-Orange
2 Eier
1 Päckchen Vanillezucker
50 g Butter, zerlassen und abgekühlt

1 Den Backofen auf 180 °C vorheizen und die Pistazien grob hacken.

2 Mehl, Backpulver, Zucker, Orangenschale und Pistazien in einer Schüssel vermischen.

3 In einer zweiten Schüssel Eier, Vanillezucker und Butter verrühren. Die trockenen Zutaten unterrühren und alles zu einem geschmeidigen Teig verarbeiten.

4 Den Teig in zwei Portionen teilen und jede auf einer bemehlten Fläche zu einer etwa 20 cm langen Rolle von etwa 7 cm Ø formen. Beide Rollen auf ein mit Backpapier belegtes Blech setzen und im Ofen (Mitte) 20 Minuten backen. Die Rollen herausnehmen und leicht abkühlen lassen. Mit einem Sägemesser schräg in 3–5 cm dicke Scheiben schneiden.

5 Die Scheiben wieder auf das Blech setzen und in weiterer 15 Minuten goldbraun backen; nach 10 Minuten Backzeit wenden.

KEKSE UND ANDERES KLEINGEBÄCK

Hippen

Der Teig für Hippen ist wirklich einfach – die Herausforderung besteht im Formen des zarten Gebäcks.

15 STÜCK   **15 MIN.**   **5–7 MIN./ BLECH**

Für 2 Backbleche
50 g weiche Butter
50 g Puderzucker, gesiebt
1 Ei, verquirlt
50 g Mehl
Öl zum Fetten

1 Den Backofen auf 200 °C vorheizen. Butter mit Puderzucker schaumig schlagen.

2 Ei unterschlagen. Das Mehl auf die Masse sieben und mit einem Löffel unterheben.

3 Je 2–4 EL Teig mit großem Abstand zueinander auf ein beschichtetes Backblech geben.

4 Mit dem Rücken eines angefeuchteten Löffels die Teigportionen auf 8 cm Ø flach streichen.

Alternativ in einen Bogen Silikonpapier Schablonen schneiden (z. B. Sterne).

Schablonenpapier auf das Blech legen und über jede Schablone 1 Löffel Teig streichen.

5 Im heißen Ofen (oben) 5–7 Min. backen, bis sich die Ränder goldgelb zu färben beginnen.

6 Hippen sofort mit einem Palettmesser vom Blech heben und in Sekundenschnelle formen.

7 Für eine einfache Form die Hippen um eine gefettete Teigrolle legen.

Für ein Körbchen die Hippe um den Boden eines gefetteten Schälchens legen.

Mit den Händen oder einem 2. Schälchen 1 Min. andrücken, bis die Hippe hart ist.

Für eine Spirale eine längliche Hippe um den geölten Stiel eines Kochlöffels drehen.

8 Die Hippen 2–3 Min. abkühlen lassen, dann von der Teigrolle streifen. Auf einem Gitter vollständig abkühlen und trocknen lassen. Sie sollten frisch zubereitet gegessen werden.

Hippen-Varianten

Hippenröllchen mit Brandysahne

Höchste Zeit, dass diese Röllchen wieder in Mode kommen. In einem Hippen-Körbchen wird eine einfache Creme zum eleganten Dessert.

16–20 STÜCK   15 MIN.   6–8 MIN./BLECH

Für 3–4 beschichtete Backbleche
100 g Butter, gewürfelt
100 g Zucker
60 g heller Zuckersirup (Golden Syrup)
100 g Mehl, gesiebt
1 TL gemahlener Ingwer
abgeriebene Schale von ½ Bio-Zitrone
1 EL Brandy (nach Belieben)
Öl zum Fetten

Für die Füllung (nach Belieben)
250 g Sahne, steif geschlagen
1 EL Puderzucker
1 TL Brandy

1 Den Backofen auf 180 °C vorheizen. Butter und Zucker in einem kleinen Topf bei mittlerer Hitze zum Schmelzen bringen. Zuckersirup unterrühren, den Topf vom Herd nehmen und das Mehl, den Ingwer und die Zitronenschale unterrühren. Nach Belieben auch den Brandy hinzufügen.

2 Gut teelöffelgroße Teigportionen auf die Bleche setzen; dabei zwischen den Portionen ausreichend Platz lassen, da der Teig zu etwa 8 cm großen Kreisen auseinanderläuft. Blechweise im Ofen (Mitte) 6–8 Minuten backen, bis sich die Hippen goldbraun färben.

3 Aus dem Ofen nehmen, die Hippen kurz auf den Blechen abkühlen lassen. Sie müssen noch weich genug sein, um sich formen zu lassen. Sind sie zu fest, nochmals für 1–2 Minuten in den Ofen schieben – so werden sie wieder formbar.

4 Um die klassische Form zu erhalten, rollt man die hauchdünnen Kekse um den geölten Stiel eines Holzlöffels und lässt sie dort abkühlen; dann auf ein Kuchengitter setzen. Wie Sie ein Körbchen formen, wird auf Seite 217 gezeigt und beschrieben.

5 Für die Füllung die Sahne mit Puderzucker und Brandy verrühren; in einen Spritzbeutel geben und in die abgekühlten Röllchen füllen. Am besten am Backtag verzehren.

Parmesan-Crisps

Die Plätzchen können Sie als Garnitur oder Kanapees verwenden.

24 STÜCK   5 MIN.   5–7 MIN.

Für 1 Backblech
100 g geriebener Parmesan

Zur Verfeinerung (nach Belieben)
1 EL Mohn- oder 1 EL Sesamsamen oder 1 EL fein gehackte Kräuter (z. B. Rosmarin, Thymian oder Salbei)

1 Den Backofen auf 200 °C vorheizen. Den Käse in einer Schüssel nach Belieben mit einer der Verfeinerungszutaten vermischen.

2 Einen runden Keksausstecher (7 cm Ø) auf ein beschichtetes Blech setzen. 1 TL Käsemischung in den Ausstecher geben und gleichmäßig darin verteilen; den Ausstecher vorsichtig hochheben. Mit dem restlichen Käse ebenso verfahren.

3 Die Parmesan-Plätzchen im heißen Ofen (oben) 5–7 Minuten backen, bis der Käse geschmolzen ist und beginnt, an den Rändern leicht zu bräunen.

4 Die Plätzchen aus dem Ofen nehmen und einige Minuten auf dem Blech abkühlen lassen. Zum vollständigen Abkühlen auf ein Kuchengitter setzen; lässt man sie vollständig auf dem Blech abkühlen, lösen sie sich möglicherweise nicht mehr. Am besten schmecken sie am Backtag.

KEKSE UND ANDERES KLEINGEBÄCK

Mandel-Hippen

Diese Variante ist verblüffend einfach – und doch unglaublich raffiniert. Verwenden Sie sie als Verzierung von Obst oder Desserts mit Vanillearoma.

15 STÜCK   **15 MIN.**   **5–7 MIN./BLECH**

Für 2 Backbleche
50 g weiche Butter
50 g Puderzucker, gesiebt
1 Ei
50 g Mehl, gesiebt
25 g gehobelte Mandeln
Öl zum Fetten

1 Den Backofen auf 200 °C vorheizen. Butter und Puderzucker mit den Quirlen des Handrührgeräts cremig schlagen. Das Ei unterrühren und das Mehl unterheben.

2 Gut teelöffelgroße Teigportionen auf ein Blech setzen und diese mit einem in Wasser getauchtem Löffelrücken in kreisförmigen Bewegungen zu gleichmäßigen Kreisen (je etwa 8 cm Ø) verstreichen. Sie können die Hippen auch mithilfe von Schablonen formen (siehe S. 216); achten Sie jedoch darauf, dass die Teigschicht gleichmäßig dick ist.

3 Teigkreise mit gehobelten Mandeln bestreuen und blechweise im Ofen (oben) 5–7 Minuten backen. Die Hippen sind fertig, wenn sie in der Mitte hellbraun sind und sich die Ränder etwas dunkler zu färben beginnen.

4 Die Hippen aus dem Ofen nehmen. Jetzt bleiben nur wenige Sekunden zum Formen, bevor das Gebäck hart wird. Sind sie dafür zu fest, nochmals für 1–2 Minuten in den Ofen schieben, bis sie wieder formbar sind.

5 Klassische Hippen lassen sich formen, indem Sie die Kekse über eine leicht geölte Teigrolle legen und dort einige Minuten abkühlen lassen, dann abnehmen (andere Möglichkeiten des Formens finden Sie auf Seite 217). Sind die Hippen fest, auf ein Kuchengitter setzen und vollständig abkühlen lassen. Am besten am Backtag verzehren.

Profitipp
Hippen sind erstaunlich einfach herzustellen, insbesondere wenn man weiß, dass sie durch erneutes Erhitzen im Ofen wieder weich werden – so bleibt mehr Zeit zum Formen. Diese Mandel-Hippen sollten Sie nicht zu stark biegen, da sie wegen der Mandeln leicht zerbrechen.

Schottisches Shortbread

Das klassische schottische Buttergebäck sollte nach dem Backen nur ganz leicht goldgelb gebräunt sein.

8 STÜCKE **15 MIN.** **30–40 MIN.**

Kühlzeit
1 Stunde

Für 1 Springform (18 cm Ø)
150 g weiche Butter, plus mehr für
  die Form
75 g Zucker, plus mehr zum
  Bestreuen
175 g Mehl
50 g Speisestärke

KEKSE UND ANDERES KLEINGEBÄCK

1 Die Form fetten und mit Backpapier auskleiden.

2 Die weiche Butter und den Zucker in eine Schüssel geben.

3 Beides mit den Quirlen des Handrührgeräts schaumig schlagen.

4 Mehl und Speisestärke mit einem Kochlöffel locker unterrühren.

5 Mit den Händen alles zu einem Teig zusammenfassen. Teig in die Form geben.

6 Den Teig mit den Händen in einer Schicht auf den Formboden drücken.

7 Mit einem scharfen Messer den Teig in acht Tortenstücke schneiden.

8 Das Shortbread mit einer Gabel mehrfach in einem Muster einstechen.

9 Mit Frischhaltefolie bedecken; 1 Std. kalt stellen. Den Backofen auf 160 °C vorheizen.

10 Teig im Ofen (Mitte) 30–40 Min. backen. Falls er zu rasch bräunt, mit Folie bedecken.

11 Shortbread aus dem Ofen nehmen und die Stücke mit dem Messer nachschneiden.

12 Den Zucker in einer dünnen Schicht auf das noch warme Gebäck streuen.

SCHOTTISCHES SHORTBREAD

13 Shortbread in der Form auskühlen lassen, dann behutsam herauslösen und an den Schnittstellen in Stücke schneiden oder brechen.
AUFBEWAHREN Das Shortbread hält sich luftdicht verpackt bis zu 5 Tage.

221

Shortbread-Varianten

Sandies

Achtung – diese Variante macht süchtig! Diese Kekse ähneln dem Heidesand, und heißen so, weil sie die Konsistenz von feinem Sand haben.

18–20 STÜCK · 15 MIN. · 15 MIN./BLECH

Kühlzeit
30 Minuten (falls nötig)

Für 2 Backbleche
100 g weiche Butter
50 g heller Muscovado-Zucker
50 g Zucker
½ Päckchen Vanillezucker
1 Eigelb
150 g Mehl, plus mehr zum Arbeiten
75 g Pekannusskerne, gehackt

1 Den Backofen auf 180 °C vorheizen. Butter mit den beiden Zuckersorten mit den Quirlen des Handrührgeräts cremig schlagen. Vanillezucker und Eigelb unterrühren.

Das Mehl und die Nüsse unterheben und alles zu einem lockeren Teig verarbeiten.

2 Den Teig auf einer dünn bemehlten Arbeitsfläche kneten, bis er geschmeidig ist, und zu einer etwa 20 cm langen Rolle formen. Ist der Teig zu weich, in Frischhaltefolie wickeln und für 30 Minuten kalt stellen.

3 Die Teigrolle in 1 cm breite Scheiben schneiden und diese mit etwas Abstand auf die mit Backpapier belegten Bleche setzen. Blechweise im Ofen (oben) 15 Minuten backen, bis sich die Ränder goldbraun färben. Aus dem Ofen nehmen. Die Kekse zuerst einige Minuten auf den Blechen abkühlen, dann auf einem Kuchengitter auskühlen lassen.

Knusper-Cookies mit Schokoladen-Tröpfchen

Kinder mögen das Gebäck wegen der Schokostückchen besonders gern.

14–16 STÜCK · 15 MIN. · 15–20 MIN./BLECH

Für 2 Backbleche
100 g weiche Butter
75 g Zucker
100 g Mehl, plus mehr zum Arbeiten
25 g Speisestärke, gesiebt
50 g dunkle Schokoladentröpfchen

1 Den Backofen auf 170 °C vorheizen. Die Backbleche mit Backpapier belegen. Butter mit Zucker mit den Quirlen des Handrührgeräts cremig schlagen. Mehl, Speisestärke und Schokoladentröpfchen unterrühren und alles zu einem lockeren Teig verarbeiten.

2 Den Teig auf einer dünn bemehlten Arbeitsfläche kneten, bis er geschmeidig ist. Zu einer etwa 6 cm dicken Rolle formen und diese in etwa 0,5 cm dicke Scheiben schneiden. Die Scheiben mit etwas Abstand zueinander auf die Bleche setzen.

3 Blechweise im Ofen (Mitte) in 15–20 Minuten hellbraun backen – nicht zu dunkel werden lassen. Aus dem Ofen nehmen, einige Minuten auf dem Blech abkühlen, dann auf einem Kuchengitter auskühlen lassen.

AUFBEWAHREN Die Knusper-Cookies halten sich luftdicht verpackt 5 Tage frisch.

Marmoriertes Millionaire's Shortbread

Typisch englisch: süß und reichhaltig – so muss dieses Gebäck sein.

| 16 STÜCK | 45 MIN. | 35–40 MIN. |

Für 1 quadratische Form (20 x 20 cm)
200 g Mehl
175 g weiche Butter, plus mehr für die Form
100 g Zucker

Für die Karamellfüllung
50 g Butter
50 g heller Muscovado-Zucker
400 ml dicke gesüßte Kondensmilch (z. B. Milchmädchen)

Für die Schokoladenglasur
200 ml Vollmilchschokolade
25 g Butter
50 g Bitterschokolade

1 Den Backofen auf 160 °C vorheizen. Mehl, Butter und Zucker in einer Schüssel zu einer krümeligen Masse verarbeiten. Die Form fetten und mit Backpapier auskleiden. Die Krümelmasse mit den Fingern so in die Form drücken, dass ein kompakter, gleichmäßig dicker Boden entsteht. Im heißen Ofen (Mitte) in 35–40 Minuten hellbraun backen. Herausnehmen und in der Form abkühlen lassen.

2 Für den Karamell Butter und Zucker in einem dickwandigen Topf bei mittlerer Hitze schmelzen. Die Kondensmilch hinzufügen und alles unter ständigem Rühren zum Kochen bringen; anschließend bei schwacher Hitze 5 Minuten köcheln lassen, bis die Mischung dicklich und hell karamellisiert ist. Die Karamellmasse auf dem abgekühlten Kuchenboden verteilen; abkühlen lassen.

3 Für die Schokoladenglasur Vollmilchschokolade und Butter über dem heißen Wasserbad unter Rühren schmelzen. Die Bitterschokolade separat über dem Wasserbad schmelzen.

4 Die Schokoladen-Butter-Mischung auf der fest gewordenen Karamellschicht verteilen. Anschließend die flüssige Bitterschokolade im Zickzackmuster darüberträufeln. Mit einem Holzspieß durch die dunkle Schokolade ziehen, um das Ganze zu marmorieren. Abkühlen und fest werden lassen, dann in Quadrate schneiden.

Profitipp
Entscheidend bei diesem Gebäck ist, dass die Karamellschicht so fest ist, dass sie beim Aufschneiden nicht herausquillt und die Schokoladenglasur weich genug ist, um sich leicht schneiden zu lassen. Damit beides gelingt, den Karamell schön dick einkochen und die Vollmilchschokolade mit Butter vermischen.

Flapjacks

Die englischen knusprigen Haferflockenschnitten sind eine prima Alternative zu gekauften Müsliriegeln.

16–20 STÜCK   **15 MIN.**   **40 MIN.**

Für 1 quadratische Form (ca. 25 x 25 cm)
225 g Butter, plus mehr für die Form
225 g heller Muscovado-Zucker
2 EL heller Zuckersirup (Golden Syrup)
350 g Haferflocken (Großblatt)

1 Backofen auf 150 °C vorheizen. Die Form mit Butter ausfetten.

2 Butter, Zucker und Zuckersirup in einen großen Topf geben. Bei mittlerer Hitze erwärmen.

3 Währenddessen mit einem Kochlöffel rühren, damit nichts ansetzt. Vom Herd nehmen.

4 Haferflocken nicht zu kräftig, aber gründlich unter die Butter-Zucker-Mischung rühren.

5 Die Haferflockenmischung in die vorbereitete Form füllen.

6 Die Mischung mit dem Kochlöffel in der Form zu einer Schicht zusammendrücken.

7 Die Oberfläche mit dem Rücken eines in heißes Wasser getauchten Löffels glatt streichen.

8 Die Kuchenplatte im Ofen in ca. 40 Min. gleichmäßig goldbraun backen.

9 In der Form 10 Min. abkühlen lassen, dann in 16 Quadrate oder 20 Rechtecke schneiden.

KEKSE UND ANDERES KLEINGEBÄCK

10 Die Schnitten in der Form auskühlen lassen, dann die Flapjacks aus der Form heben.
AUFBEWAHREN Die Flapjacks halten sich luftdicht verpackt bis zu 1 Woche.

Flapjack-Varianten

Nuss-Rosinen-Flapjacks

Haselnüsse und Rosinen verleihen dieser Variante einen kernigen Biss.

16–20 STÜCK | 15 MIN. | 30 MIN. | MAX. 4 WOCHEN

Für 1 rechteckige Form (20 x 25 cm)
225 g Butter, plus mehr für die Form
225 g heller Muscovado-Zucker
2 EL heller Zuckersirup (Golden Syrup)
350 g Haferflocken (Großblatt)
75 g gehackte Haselnusskerne
50 g Rosinen

1 Den Backofen auf 160 °C vorheizen. Die Form fetten und mit Backpapier auskleiden. Butter, Zucker und Zuckersirup in einem dickwandigen Topf bei schwacher Hitze erwärmen, bis die Butter schmilzt. Vom Herd nehmen. Haferflocken, Nüsse und Rosinen unter die Masse rühren.

2 Die Masse so in die Form drücken, dass ein kompakter, gleichmäßig dicker Boden entsteht. Diesen im Ofen (Mitte) in 30 Minuten goldbraun backen; die Ränder sollen sich etwas dunkler färben.

3 Aus dem Ofen nehmen und das Gebäck 5 Minuten in der Form abkühlen lassen, dann mit einem scharfen Messer in Quadrate schneiden. Die fertigen Flapjacks vollständig in der Form abkühlen lassen, dann aus der Form heben.

AUFBEWAHREN Diese Flapjacks halten sich luftdicht verpackt 1 Woche frisch.

Profitipp
Nüsse und Rosinen machen diese Flapjacks kernig und gesund; außerdem können Sie sie, genau wie bei einigen der Cookie-Rezepte (siehe S. 188–190), noch mit einer Handvoll Kürbis- oder Sonnenblumenkernen anreichern. Der hohe Butteranteil sorgt für relativ viele Kalorien.

Kirsch-Flapjacks

Hier werden die Trockenfrüchte wie Rosinen und Sultaninen durch getrocknete Kirschen ersetzt, das ergibt eine extravagantere Variante. ▶

18 STÜCK | 15 MIN. | 25 MIN.

Für 1 quadratische Form (20 x 20 cm)
150 g Butter, plus mehr für die Form
75 g heller Muscovado-Zucker
2 EL heller Zuckersirup (Golden Syrup)
350 g Haferflocken (Großblatt)
125 g Belegkirschen (glasierte Kirschen), geviertelt, oder 75 g getrocknete Kirschen, grob gehackt
50 g Rosinen
100 g weiße oder Vollmilchschokolade, zerkleinert, zum Verzieren

1 Den Backofen auf 180 °C vorheizen und die Form dünn fetten. Butter, Zucker und Zuckersirup in einem mittelgroßen Topf bei schwacher Hitze unter Rühren erwärmen, bis die Butter schmilzt. Den Topf vom Herd nehmen; Haferflocken, Kirschen und Rosinen unter die Masse rühren.

2 Die Masse in die Form drücken und im Ofen (oben) 25 Minuten backen. Aus dem Ofen nehmen, das Gebäck in der Form leicht abkühlen lassen, dann mit einem scharfen Messer in 18 Rechtecke schneiden.

3 Wenn die Flapjacks vollständig abgekühlt sind, die Schokolade über dem Wasserbad zum Schmelzen bringen. Die flüssige Schokolade mit einem Teelöffel im Zickzackmuster auf die Flapjacks träufeln und die Schokolade fest werden lassen. Anschließend die Flapjacks mit einem Pfannenwender aus der Form heben.

AUFBEWAHREN Diese Flapjacks halten sich luftdicht verpackt 1 Woche frisch.

Dattel-Flapjacks

Die Datteln sorgen bei dieser Flapjack-Variante für ein karamelliges Aroma und eine herrlich saftige Konsistenz.

16 STÜCK | 25 MIN. | 40 MIN.

Für 1 quadratische Form (20 x 20 cm)
200 g Datteln ohne Stein, gehackt
½ TL Speisenatron
200 g Butter
200 g heller Muscovado-Zucker
2 EL heller Zuckersirup (Golden Syrup)
300 g Haferflocken (Großblatt)

1 Den Backofen auf 160 °C vorheizen und die Form mit Backpapier auskleiden. Die Datteln und das Natron in einem kleinen Topf gerade eben mit Wasser bedecken und 5 Minuten köcheln lassen; abgießen und den Sud aufbewahren. Die Datteln mit 3 EL Sud pürieren.

2 Butter, Zucker und Zuckersirup in einem großen Topf unter Rühren erhitzen, bis sich alle Zutaten aufgelöst haben. Die Haferflocken unterrühren und die Hälfte der Masse in die Form drücken.

3 Das Dattelpüree auf dem Teigboden verstreichen, dann die restliche Haferflockenmasse mit einem Löffel darauf verteilen. Im Ofen in 40 Minuten goldbraun backen. Aus dem Ofen nehmen, erst 10 Minuten in der Form abkühlen lassen, dann das Gebäck mit einem scharfen Messer in 16 Quadrate schneiden und vollständig in der Form abkühlen lassen.

Brownies mit Haselnüssen

Das beliebte Schokoladengebäck aus Amerika ist außen schön knusprig und innen wunderbar saftig.

24 STÜCKE 25 MIN. 12–15 MIN.

Für 1 rechteckige Form (ca. 23 x 30 cm)
100 g Haselnusskerne
175 g Butter, in Stückchen
300 g Bitterschokolade, in Stücke gebrochen
300 g Zucker
4 große Eier, verquirlt

200 g Mehl
25 g Kakaopulver, plus
  mehr zum Bestäuben

1 Den Backofen auf 200 °C vorheizen. Die Nüsse auf einem Backblech verteilen.

2 Die Nüsse im Ofen etwa 5 Minuten rösten. Aufpassen, dass sie nicht verbrennen.

3 Auf ein Geschirrtuch geben und die Nüsse gegeneinander rubbeln, um sie zu häuten.

4 Die Nüsse grob hacken – in größere und kleinere Stückchen. Beiseitestellen.

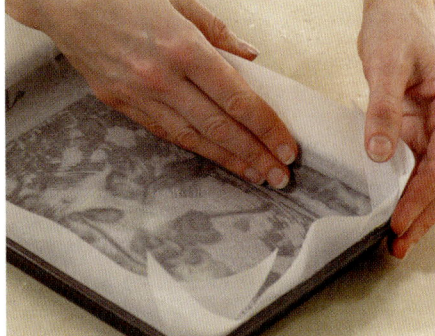

5 Die Backform mit Backpapier auskleiden. Das sollte dabei über den Formrand ragen.

6 Butter und Schokolade in eine hitzebeständige Schüssel über köchelndes Wasser setzen.

7 Beides unter Rühren schmelzen. Vom Wasserbad nehmen und abkühlen lassen.

8 Den Zucker gründlich unter die abgekühlte Butter-Schokolade-Mischung rühren.

9 Die Eier nach und nach in die Masse gießen; die Eier dabei gründlich unterrühren.

10 Mehl und Kakao locker auf die Schokoladenmasse sieben.

11 Mehl und Kakao unter die Masse ziehen, bis keine Mehlspuren mehr zu sehen sind.

12 Schließlich die Nüsse unter den Teig rühren. Der Teig sollte nun recht dick sein.

13 Den Teig in die Form füllen und darin verteilen. Die Oberfläche glatt streichen.

14 12–15 Min. backen, bis sich der Kuchen oben fest, darunter aber noch weich anfühlt.

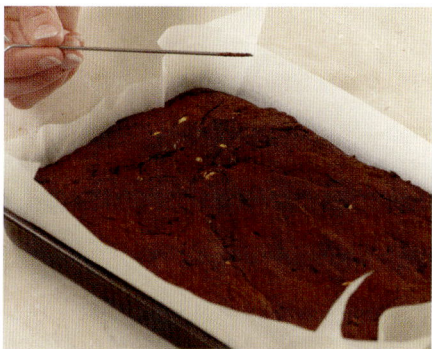

15 Bei der Stäbchenprobe soll noch etwas Teig haften bleiben. Aus dem Ofen nehmen.

16 Den Kuchen in der Form auskühlen lassen, damit er innen weich bleibt.

17 Den Brownie mithilfe des überstehenden Papiers aus der Form heben.

18 Auf der Oberfläche mit einem scharfen Messer 24 gleich große Stücke anritzen.

19 Kochend heißes Wasser in ein Schälchen füllen; neben den Kuchen stellen.

20 Brownie in Stücke schneiden; Messerklinge jeweils abwischen und in das Wasser tauchen.

21 Die Brownies mit Kakao bestäuben. **AUFBEWAHREN** Luftdicht verpackt max. 3 Tage.

Brownie-Varianten

Sauerkirsch-Schoko-Brownies

Das säuerliche Aroma und die Konsistenz der getrockneten Kirschen bilden einen himmlischen Kontrast zur gehaltvollen Schokolade.

16 STÜCK · **15 MIN.** · **20–25 MIN.**

Für 1 rechteckige Form (20 x 25 cm)
150 g Butter, gewürfelt, plus mehr für die Form
150 g Bitterschokolade, zerkleinert
250 g heller Muscovado-Zucker
3 Eier
1 Päckchen Vanillezucker
150 g Mehl
1½ TL Backpulver
100 g getrocknete Sauerkirschen
100 g Bitterschokolade, zerkleinert

1 Den Backofen auf 180 °C vorheizen. Die Form fetten und mit Backpapier auskleiden. Butter und Schokolade über dem Wasserbad zum Schmelzen bringen, den Zucker gründlich unterrühren und die Masse abkühlen lassen.

2 Eier und Vanillezucker in die Schokoladenmasse rühren. Mehl und Backpulver daraufsieben und unterheben – nicht überrühren. Zum Schluss die Sauerkirschen und die Schokoladenstücke unterheben.

3 Den Teig in die Form füllen und im Ofen (Mitte) 20–25 Minuten backen. Die Brownies sind fertig, wenn sie am Rand fest sind, sich aber in der Mitte noch weich anfühlen.

4 Die Brownies aus dem Ofen nehmen und in der Form 5 Minuten abkühlen lassen. Aus der Form stürzen, in Quadrate schneiden und auf einem Kuchengitter auskühlen lassen.

AUFBEWAHREN Die Brownies halten sich luftdicht verpackt 3 Tage frisch.

Profitipp
Brownies können ganz nach Belieben mit unterschiedlicher Konsistenz hergestellt werden. Wer sie weich und feucht bevorzugt, sollte die Brownies eher kürzer als im Rezept angegeben backen.

Brownies mit Walnüssen und weißer Schokolade

Mit ihrem weichen Kern sind diese Brownies ein besonderer Genuss.

16 STÜCK · **10 MIN.** · **1 STD. 15 MIN.**

Für 1 quadratische Form (20 x 20 cm)
25 g Butter, gewürfelt, plus mehr für die Form
50 g Bitterschokolade, zerkleinert
3 Eier
1 EL flüssiger Honig
250 g heller Muscovado-Zucker
75 g Mehl, gesiebt
½ TL Backpulver
175 g Walnusskerne, grob gehackt
25 g weiße Schokolade, zerkleinert

1 Den Backofen auf 160 °C vorheizen. Die Form dünn fetten oder vollständig mit Backpapier auskleiden.

2 Bitterschokolade und Butter über dem heißen Wasserbad unter gelegentlichem Rühren zum Schmelzen bringen; dann die Masse leicht abkühlen lassen.

3 Eier, Honig und Zucker verrühren. Diese Mischung nach und nach unter die Schokoladenmasse rühren. Mehl und Backpulver daraufsieben, darauf dann Walnüsse und weiße Schokolade geben; alles behutsam unterheben. Den Teig in die Form füllen.

4 Im Ofen (Mitte) 30 Minuten backen, danach die Form locker mit Alufolie bedecken und den Kuchen weitere 45 Minuten backen. In der Mitte sollte der Brownie noch etwas weich sein. Aus dem Ofen nehmen, die Form auf ein Kuchengitter stellen und den Kuchen vollständig in der Form abkühlen lassen. Anschließend auf ein Brett stürzen und in Quadrate schneiden.

AUFBEWAHREN Diese Brownies halten sich luftdicht verpackt 5 Tage frisch.

Blondies mit Macadamias und weißer Schokolade

Eine elegante helle Version der beliebten dunklen Brownies.

24 STÜCK	15 MIN.	20 MIN.

Kühlzeit
20 Min.

Für 1 rechteckige Form (20 x 25 cm)
300 g weiße Schokolade, zerkleinert
175 g Butter, gewürfelt
300 g Zucker
4 große Eier
225 g Mehl
100 g Macadamia-Nusskerne, grob ghackt

1 Den Backofen auf 200 °C vorheizen und die Form mit Backpapier auskleiden. Schokolade und Butter über dem heißen Wasserbad unter gelegentlichem Rühren zum Schmelzen bringen, dann die Masse 20 Minuten abkühlen lassen.

2 Den Zucker in die Schokoladenmasse rühren (es entsteht eine körnige Mischung, die aber durch die Eier wieder locker wird). Mit einem Schneebesen nacheinander die Eier unterschlagen; jedes Ei muss sich perfekt mit der Masse verbunden haben, bevor das nächste hinzukommt. Anschließend das Mehl daraufsieben und behutsam unterheben, dann die Nüsse unterziehen.

3 Den Teig in die Form füllen. Im Ofen (Mitte) 20 Minuten backen, bis sich der Kuchen oben gerade fest anfühlt, man darunter aber noch einen weichen Kern spürt. Aus dem Ofen nehmen, vollständig in der Form abkühlen lassen und dann in 24 Quadrate oder in Rechtecke schneiden.

AUFBEWAHREN Die Blondies halten sich luftdicht verpackt 5 Tage frisch.

Stilton-Walnuss-Gebäck

Ein herzhaftes Käsegebäck, das auch mit jedem anderen Blauschimmelkäse gut schmeckt.

24 STÜCKE | **10 MIN.** | **20 MIN./BLECH** | **12 WOCHEN (TEIG)**

Kühlzeit
1 Stunde

Für 2 Backbleche
120 g Stilton
50 g weiche Butter
125 g Mehl, plus mehr zum Arbeiten
60 g Walnusskerne, gehackt
frisch gemahlener schwarzer Pfeffer
1 Eigelb

1 Käse und Butter mit den Quirlen des Handrührgeräts cremig rühren.

2 Das Mehl hinzufügen und mit den Fingern zusammenreiben, bis sich Streusel bilden.

3 Nüsse und Pfeffer dazugeben und mit einem Kochlöffel gründlich unterrühren.

4 Das Eigelb in die Schüssel geben und alles zu einem festen Teig verrühren.

5 Teig kurz auf einer bemehlten Fläche durchkneten, um die Nüsse gut einzuarbeiten.

6 Teig in Frischhaltefolie wickeln und 1 Std. kühlen. Backofen auf 180 °C vorheizen.

7 Gekühlten Teig auf der bemehlten Fläche kurz durchkneten, damit er etwas weich wird.

8 Teig 5 mm dick ausrollen; mit einem 5 cm großen Förmchen Kreise ausstechen..

Alternativ kann man den Teig vor dem Kühlen zu einer 5 cm dicken Rolle formen.

Die gekühlte Rolle anschließend in 5 mm dicke Scheiben schneiden.

9 Die Teigtaler auf beschichtete Backbleche legen; im heißen Ofen (oben) 15 Min. backen.

10 Gebäck umdrehen; noch 5 Min. backen, bis die Taler auf beiden Seiten goldbraun sind.

11 Aus dem Ofen nehmen und ein paar Min. auf den Blechen abkühlen lassen. Anschließend auf einem Kuchengitter ganz auskühlen lassen.
AUFBEWAHREN Das Gebäck hält sich luftdicht verpackt bis zu 5 Tage frisch.

Käsegebäck-Varianten

Parmesan-Rosmarin-Kekse

Diese pikante, leichte Knabberei besticht durch Eleganz – perfekt als Appetizer oder zum Käse nach dem Essen.

15–20 STÜCK   10 MIN.   15 MIN.   MAX. 12 WOCHEN (TEIG)

Kühlzeit
1 Stunde

Für 3–4 Backbleche
60 g weiche Butter, in Flocken
75 g Mehl, plus mehr zum Arbeiten
60 g Parmesan, gerieben
frisch gemahlener Pfeffer
1 EL Rosmarin, Thymian oder Basilikum, alles gehackt

1 Butter und Mehl in einer Schüssel mit den Händen oder in der Küchenmaschine in kurzen Intervallen zu einer krümeligen Masse verarbeiten. Parmesan, Pfeffer und gehackte Kräuter untermischen und alles zu einem Teig verkneten.

2 Den Teig auf einer bemehlten Fläche kurz durchkneten, in Frischhaltefolie wickeln und für 1 Stunde kalt stellen.

3 Den Backofen auf 180 °C vorheizen. Den Teig auf einer dünn bemehlten Arbeitsfläche kneten, bis er geschmeidig ist.

4 Den Teig 2 mm dünn ausrollen und mit einem runden Ausstecher (6 cm Ø) Kreise ausstechen. Diese auf mehrere mit Backpapier belegte Bleche setzen und blechweise im Ofen (oben) 10 Minuten backen. Die Kekse wenden und in weiterer 5 Minuten hellbraun backen.

5 Die Kekse aus dem Ofen nehmen, 5 Minuten auf den Blechen abkühlen lassen. Zum vollständigen Abkühlen auf ein Kuchengitter heben.

AUFBEWAHREN Diese herzhaften Kekse halten sich luftdicht verpackt 3 Tage frisch.

Käseplätzchen

Dieses Partygebäck sollten Sie gleich in größeren Mengen backen.

30 STÜCK   10 MIN.   15 MIN./ BLECH   MAX. 8 WOCHEN (TEIG)

Kühlzeit
1 Stunde

Für 3–4 Backbleche
50 g weiche Butter, in Flocken
100 g Mehl, plus mehr zum Arbeiten
150 g reifer Hartkäse (z. B. Cheddar oder Bergkäse), fein gerieben
frisch gemahlener schwarzer Pfeffer
½ TL geräuchertes Paprikapulver oder Cayennepfeffer
1 Eigelb

1 Butter und Mehl in einer Schüssel mit den Händen oder in der Küchenmaschine in kurzen Intervallen zu einer krümeligen Masse verarbeiten. Käse, Pfeffer und Paprikapulver untermischen, das Eigelb hinzufügen und alles zu einem glatten Teig verarbeiten.

2 Den Teig auf einer bemehlten Fläche kurz durchkneten, in Frischhaltefolie wickeln und für 1 Stunde kalt stellen. Den Backofen auf 180 °C vorheizen. Den Teig auf einer dünn bemehlten Arbeitsfläche kneten, bis er geschmeidig ist.

3 Den Teig 2 mm dünn ausrollen und mit einem runden Ausstecher (6 cm Ø) Kreise ausstechen. Diese auf mit Backpapier belegte Bleche setzen und blechweise im Ofen (oben) 10 Minuten backen. Die Plätzchen wenden, mit einem Palettmesser behutsam nach unten drücken und weitere 5 Minuten backen, bis sie auf beiden Seiten hellbraun sind.

4 Die Plätzchen aus dem Ofen nehmen. 5 Minuten auf den Blechen abkühlen, dann auf einem Kuchengitter auskühlen lassen.

AUFBEWAHREN Die Käseplätzchen halten sich luftdicht verpackt 3 Tage frisch.

Käsestangen

Ein tolles Rezept, um Reste von Hartkäse zu verarbeiten.

| 15–20 STÜCK | 10 MIN. | 15 MIN. | MAX.12 WOCHEN (TEIG) |

Kühlzeit
1 Stunde

Für 2 Backbleche
75 g Mehl, plus mehr zum Arbeiten
1 Prise Salz
50 g weiche Butter, in Flocken
30 g reifer Hartkäse (z. B. Cheddar oder Bergkäse), fein gerieben
1 Eigelb
1 Ei, verquirlt
1 TL Dijonsenf

1 Butter, Salz und Mehl in einer Schüssel mit den Händen oder in der Küchenmaschine in kurzen Intervallen zu einer krümeligen Masse verarbeiten. Den Käse untermischen, dann das Eigelb, 1 EL kaltes Wasser sowie den Senf unterrühren und alles zu einem glatten Teig verarbeiten.

2 Teig auf einer bemehlten Arbeitsfläche kurz durchkneten und in Folie wickeln. Etwa 1 Stunde kalt stellen. Backofen auf 200 °C vorheizen, die Bleche mit Backpapier belegen. Teig nochmals kurz durchkneten.

3 Den Teig zu einem Rechteck (30 x 15 cm) und 5 mm dick ausrollen. Mit einem scharfen Messer von der kurzen Seite aus in 1 cm breite Streifen schneiden und diese dünn mit dem verquirlten Ei bestreichen. Jeden Streifen zu einer Spirale drehen.

4 Die Teigspiralen auf die Bleche legen; jeweils beide Enden auf das Blech drücken, damit die Spiralen sich nicht aufdrehen. Blechweise im Ofen (oben) 15 Minuten backen. Herausnehmen, auf dem Blech 5 Minuten abkühlen, dann auf ein Kuchengitter auskühlen lassen.

AUFBEWAHREN Die Käsestangen halten sich luftdicht verpackt 3 Tage frisch.

Schottische Haferplätzchen

Oatcakes schmecken mit Käse und Chutney einfach wunderbar. Werden sie nur aus Hafermehl gebacken, sind sie glutenfrei.

16 STÜCK	20 MIN.	15 MIN./ BLECH	MAX. 4 WOCHEN

Für 2 Backbleche

100 g mittelfeines Hafermehl, plus mehr
  zum Arbeiten
100 g Weizenvollkornmehl, plus mehr
  zum Arbeiten
¾ TL Salz
frisch gemahlener schwarzer Pfeffer
½ TL Speisenatron
2 EL Olivenöl

1 Den Backofen auf 180 °C vorheizen. Die Bleche mit Backpapier belegen. Alle trockenen Zutaten in einer Schüssel vermischen und in der Mitte eine Mulde formen. Das Öl mit 4 EL kochend heißem Wasser verrühren und in die Mulde zum Mehl geben. Alles mit einem Löffel zu einer dicklichen Masse vermischen.

2 Die Arbeitsfläche mit einer Mischung aus Hafer- und Vollkornmehl bestreuen. Die Masse darauf rasch zu einem glatten Teig verkneten und diesen 5 mm dünn ausrollen. Falls der Teig ausschließlich mit Hafermehl zubereitet wurde (siehe Profitipp), wird er mürber und bricht leichter.

3 Mit einem runden Ausstecher (6 cm Ø) so viele Kekse wie möglich ausstechen – der Teig lässt sich nur schwer ein zweites Mal verkneten und ausrollen. Falls er beim zweiten Verkneten nicht mehr gut zusammenhält, wieder in die Schüssel geben und 1–2 Tropfen Wasser unterkneten, bis er sich wieder zu einer glatten Masse verbindet. Erneut ausrollen und ausstechen.

4 Die ausgestochenen Kekse auf die Backbleche setzen und im Ofen (oben) blechweise 10 Minuten backen. Danach wenden und weitere 5 Minuten backen, bis die Kekse auf beiden Seiten goldbraun sind. Aus dem Ofen nehmen, 5 Minuten auf dem Blech abkühlen lassen und zum vollständigen Abkühlen auf ein Kuchengitter heben.

AUFBEWAHREN Die Haferplätzchen halten sich luftdicht verpackt 3 Tage frisch.

Profitipp

Sie können diese Kekse auch nur aus Hafermehl, statt mit einer Mischung aus Hafer- und Weizenvollkornmehl backen. Reiner Hafermehlteig ist noch brüchiger als der aus gemischten Mehlen, weshalb man beim Ausstechen besonders behutsam vorgehen muss.

Baisers und Soufflés

Baisers mit Himbeersahne

Diese Mini-Baisers sind mit frischen Himbeeren und Sahne gefüllt – perfekt für ein sommerliches Buffet.

6–8 STÜCK **10 MIN.** **1 STD.**

Für 1–2 Backbleche
4 Eiweiß (je 30 g), mit
 Raumtemperatur
ca. 240 g Zucker, siehe Schritt 3

Für die Füllung
100 g Himbeeren
200 g Crème double oder Sahne
1 EL Puderzucker

1 Den Backofen auf etwa 120 °C vorheizen. Das Blech mit Backpapier belegen.

2 Die Schüssel muss absolut fettfrei und sein; falls nötig, Fettspuren mit Zitrone entfernen.

3 Die Eiweiße abwiegen. Anschließend exakt die doppelte Menge Zucker abwiegen.

4 Die Eiweiße in der Schüssel so steif schlagen, dass Spitzen stehen bleiben.

5 Nach und nach die Hälfte des Zucker löffelweise unterschlagen.

6 Rest-Zucker mit einem Löffel unter die Masse rühren, ohne dass sie dabei zusammenfällt.

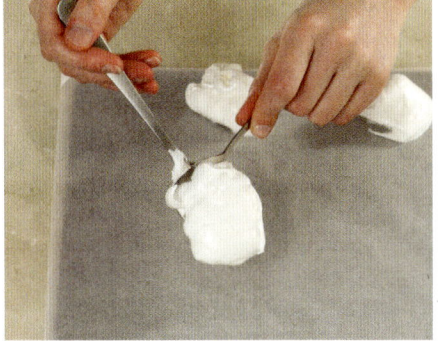

7 Esslöffelgroße Portionen mit einem Abstand von 5 cm zueinander auf das Blech setzen.

Alternativ mit einem Spritzbeutel aufspritzen. Im heißen Ofen (Mitte) etwa 1 Std. backen.

8 Lassen sie sich leicht vom Papier lösen und klingen beim Daraufklopfen hohl, sind sie fertig.

9 Ofen ausschalten; Baisers darin abkühlen, dann auf einem Gitter auskühlen lassen.

10 Die Himbeeren in einer Schüssel mit einem Gabelrücken zerdrücken.

11 Crème double nur halb steif, Sahne ganz steif schlagen.

12 Himbeeren und gesiebten Puderzucker unter Crème double oder Sahne ziehen.

13 Die Hälfte der Mini-Baisers mit der Himbeersahne bestreichen.

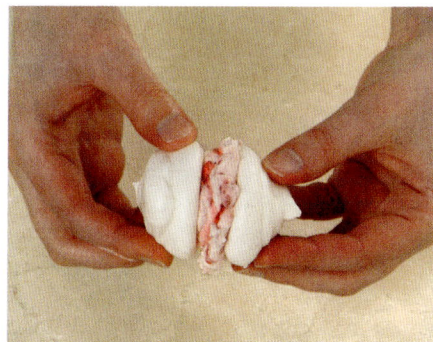

14 Die restlichen Baisers daraufsetzen und leicht zusammendrücken.

Wer mag, kann noch kleinere Baisers aus der Masse backen. Dafür die Masse in 40 Häufchen aufspritzen und 45 Min. backen. **AUFBEWAHREN** Ungefüllt und luftdicht verpackt 5 Tage haltbar.

Baiser-Varianten

Pistazien-Baisers

Diese Baisers sind zu groß, um sie mit einer Creme zusammenzusetzen. Essen Sie sie einfach als Plätzchen.

| 8 STÜCK | 15 MIN. | 1½ STD. |

Für 1 Backblech
100 g ungesalzene geschälte Pistazienkerne
4 Eiweiß, mit Raumtemperatur
etwa 250 g Zucker (siehe S. 242, Schritt 3)

1 Den Backofen auf 120 °C vorheizen. Etwas weniger als die Hälfte der Pistazien fein mahlen, den Rest grob hacken.

2 Die Eiweiße in eine große Metallschüssel geben und mit den Quirlen des Handrührgeräts zu steifem Schnee schlagen. Nacheinander jeweils 2 EL Zucker unterrühren, bis etwa die Hälfte des Zuckers verbraucht ist. Vorsichtig den restlichen Zucker und die gemahlenen Pistazien unterheben.

3 Das Backblech mit Backpapier belegen. Aus der Baisermasse 8 gehäufte EL mit mindestens 5 cm Abstand zueinander daraufsetzen. Die Baiserhäufchen mit gehackten Pistazien bestreuen.

4 Die Baisers im Ofen (Mitte) 1½ Stunden backen. Den Ofen ausschalten und die Baisers darin abkühlen lassen, damit sie keine Risse bekommen. Die Baisers aus dem Ofen nehmen und auf einem Gitter auskühlen lassen.

AUFBEWAHREN Die Baisers halten sich luftdicht verpackt 3 Tage frisch.

Zitronen-Krokant-Baisers

Ähnlich wie die Mont Blancs (rechts), nur extraknusprig.

| 6 STÜCK | 35 MIN. | 1½ STD. |

Für 1 Backblech
3 Eiweiß, mit Raumtemperatur
etwa 180 g Zucker (siehe S. 242, Schritt 3)
Öl für das Backblech
60 g Zucker
60 g gehäutete Mandeln
1 Prise Weinstein-Backpulver
90 g Bitterschokolade, in Stücke gebrochen
150 g Sahne
3 EL Lemon Curd

1 Den Backofen auf 120 °C vorheizen. Ein Backblech mit Backpapier belegen. Die Eiweiße zu steifem Schnee schlagen. 2 EL Zucker unterschlagen, bis die Masse glatt ist und glänzt. Den restlichen Zucker esslöffelweise hinzufügen; nach jeder Zugabe kräftig schlagen. Die Masse in einen Spritzbeutel mit Sterntülle füllen und daraus sechs Kreise (je 10 cm Ø) auf das Blech spritzen. Diese im Ofen in etwa 1½ Stunden knusprig backen.

2 Inzwischen für den Krokant ein Backblech mit Öl fetten. Zucker, Mandeln und Weinstein-Backpulver in einen großen Topf mit schwerem Boden geben. Bei schwacher Hitze rühren, bis der Zucker sich auflöst. Kochen lassen, bis der Sirup goldbraun wird, dann auf das gefettete Blech gießen. Auskühlen lassen, dann grob hacken.

3 Die Schokolade über dem heißen Wasserbad schmelzen. Die Sahne steif schlagen; den Lemon Curd unterheben. Die Baisers mit Schokolade bestreichen. Sobald sie fest ist, die Sahnemischung daraufhäufen. Die Baisers mit Krokant bestreuen und servieren.

AUFBEWAHREN Die ungefüllten Baisers halten sich luftdicht verpackt 5 Tage frisch.

Monts Blancs

Bei gesüßtem Maronenpüree ist kein Zucker nötig.

| 8 STÜCK | 20 MIN. | 45–60 MIN. |

Für 2 Backbleche
4 Eiweiß, mit Raumtemperatur
etwa 250 g Zucker (siehe S. 242, Schritt 3)
Öl für den Ausstecher

Für die Füllung
1 Dose gesüßtes oder ungesüßtes Maronen-
    püree (etwa 400 g)
100 g Zucker (nach Belieben)
1 Päckchen Vanillezucker
500 g Sahne
Puderzucker zum Bestäuben

1 Den Backofen auf 120 °C vorheizen. Die Eiweiße in einer großen Metallschüssel zu steifem Schnee schlagen. Nach und nach jeweils 2 EL Zucker unterschlagen, bis mindestens die Hälfte des Zuckers verarbeitet ist, dann den restlichen Zucker behutsam unterheben.

2 Ein rundes Ausstechförmchen (10 cm Ø) dünn einölen. Die Backbleche mit Backpapier belegen. Den Ausstecher auf ein Blech setzen und etwa 3 cm hoch Baisermasse hineinfüllen. Glatt streichen, den Ausstecher entfernen. Wiederholen, bis auf jedem Blech vier Baiserböden sind.

3 Die Baisers im Ofen (Mitte) blechweise 45 Minuten (sollen sie knuspriger werden, 1 Stunde) backen. Den Ofen ausschalten und die Baisers darin abkühlen lassen, damit sie keine Risse bekommen. Zum Auskühlen auf ein Gitter geben.

4 Das Maronenpüree mit Zucker (nach Belieben), Vanillezucker und 4 EL Sahne in eine Schüssel geben und alles mit einem Schneebesen glatt schlagen. Die Mischung durch ein Sieb streichen, damit die Füllung locker wird. Die restliche Sahne steif schlagen.

5 Vorsichtig auf jedes Baiser 1 EL Maronenfüllung setzen und mit einem Palettmesser

glatt streichen. Darauf je 1 EL Schlagsahne geben, kreisförmig verstreichen und zu kleinen Spitzen formen. Die Monts Blancs mit Puderzucker bestäuben.

AUFBEWAHREN Die Baiserböden halten sich luftdicht verpackt 5 Tage frisch.

Profitipp
Die Schüssel, in der Sie den Eischnee schlagen, muss unbedingt ganz sauber und fettfrei sein. Die Eiweiße sollten Sie abwiegen und genau die doppelte Menge Zucker abmessen – am besten mit einer elektronischen Küchenwaage.

Macarons mit Sahne und Erdbeeren

Nach diesem Rezept gelingen die zarten französischen Mandelbaisers bestimmt.

20 STÜCK   **30 MIN./ BLECH**   **18–20 MIN.**

Für 2 Backbleche
100 g Puderzucker
75 g geschälte gemahlene
   Mandeln
2 Eiweiß von großen Eiern,
   mit Raumtemperatur
75 g Zucker

Für die Füllung
200 g Sahne
5–10 sehr große Erdbeeren, möglichst mit dem gleichen Durchmesser wie die Macarons

BAISERS UND SOUFFLÉS

1 Backofen auf 150 °C vorheizen. Backbleche mit Back- oder Silikonpapier belegen.

2 20 Kreise (3 cm Ø) mit jeweils 3 cm Abstand dazwischen aufzeichnen. Papier wenden.

3 Gemahlene Mandeln und Puderzucker zu einem sehr feinen Mehl mahlen.

4 Die Eiweiße in einer großen Schüssel steif schlagen, bis Spitzen stehen bleiben.

5 Unter Rühren den Zucker portionsweise einrieseln lassen.

6 Die Baisermasse sollte nun sehr fest und glänzend sein.

7 Das Mandel-Zucker-Mehl esslöffelweise gründlich unter die Baisermasse ziehen.

8 Einen Spritzbeutel in einen Krug oder ein Glas hängen und die Masse hineinfüllen.

9 In die Mitte jedes Kreises etwas Macaron-Masse spritzen; Beutel dabei senkrecht halten.

10 Die Kreise sollten gleichmäßig gefüllt sein; die Masse dehnt sich beim Backen kaum aus.

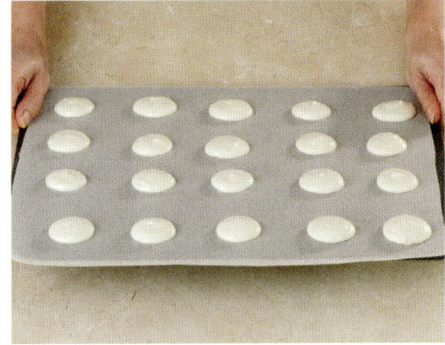

11 Die Bleche mehrmals auf die Arbeitsfläche stoßen, damit die Macarons flach werden.

12 Die Macarons im heißen Ofen (Mitte) 18–20 Min. backen, bis die Oberfläche fest ist.

13 Garprobe: Auf etwas festeren Fingerdruck sollte das Macaron oben zerbrechen.

14 15–20 Min. auf dem Blech abkühlen, dann auf einem Gitter auskühlen lassen.

15 Die Sahne mit den Quirlen des Handrührgeräts sehr steif schlagen.

16 Die Sahne in den (gereinigten) Spritzbeutel mit gleicher Tülle wie in Schritt 8 füllen.

17 Jeweils auf die flache Seite der Hälfte der Macarons etwas Sahne spritzen.

18 Beeren quer in dünne Scheiben schneiden – möglichst mit Durchmesser der Macarons.

19 Auf jeden Sahnetupfen 1 Erdbeerscheibe legen.

20 Restliche Macarons auf die Beeren setzen; leicht andrücken.

21 Sofort servieren. **AUFBEWAHREN** Ungefüllt halten sich die Macarons 3 Tage.

Macaron-Varianten

Tangerinen-Macarons

Hierfür werden anstelle der eher gewöhnlichen Orangen Tangerinen verwendet, deren Säure die Süße der Baisers ausgleicht.

20 STÜCK | **30 MIN.** | **18–20 MIN./ BLECH**

Abkühlzeit
20 Minuten

Für 2 Backbleche
75 g gemahlene gehäutete Mandeln
100 g Puderzucker
1 TL abgeriebene Tangerinenschale
2 große Eiweiß, mit Raumtemperatur
75 g Zucker
etwas orange Speisefarbe

Für die Füllung
50 g weiche Butter
100 g Puderzucker
1 EL Tangerinensaft
1 TL abgeriebene Tangerinenschale

1 Den Backofen auf 150 °C vorheizen. Auf 2 Bögen Backpapier mit Bleistift mit 3 cm Abstand zueinander 3 cm große Kreise zeichnen. Das Papier auf die Backbleche legen (Zeichnung nach unten). Die Mandeln in der Küchenmaschine mit dem Puderzucker fein zerkleinern. Die Tangerinenschale kurz untermixen.

2 Die Eiweiße zu steifem Schnee schlagen. Nach und nach unter ständigem Schlagen den Zucker hinzufügen; erst neuen Zucker dazugeben, wenn die vorherige Menge untergearbeitet ist. Die Speisefarbe mit dem Schneebesen unter die Masse schlagen.

3 Die Mandelmischung esslöffelweise unterheben. Die Masse in einen Spritzbeutel mit glatter Tülle füllen und mittig in die Kreise spritzen, den Beutel dabei gerade halten.

4 Macarons blechweise im Ofen (Mitte) 18–20 Minuten backen, bis die Oberfläche fest ist. Herausnehmen und 15–20 Minuten auf den Blechen abkühlen lassen, dann zum Auskühlen auf ein Gitter setzen.

5 Für die Füllung die Butter mit Puderzucker, Tangerinenschale und -saft cremig rühren. Die Creme in den gesäuberten Spritzbeutel geben und als Tupfen auf die flachen Seiten von der Hälfte der Makronen spritzen. Die restlichen Makronen daraufsetzen.

Schokoladen-Macarons

Hier werden Makronen mit üppiger Schokoladen-Buttercreme gefüllt.

20 STÜCK | **30 MIN.** | **18–20 MIN./ BLECH**

Abkühlzeit
20 Minuten

Für 2 Backbleche
50 g gemahlene gehäutete Mandeln
25 g Kakaopulver
100 g Puderzucker
2 große Eiweiß, mit Raumtemperatur
75 g Zucker

Für die Füllung
50 g Kakaopulver
150 g Puderzucker
50 g Butter, zerlassen
3 EL Milch, plus etwas mehr, falls nötig

1 Auf zwei Bögen Backpapier Kreise (siehe Rezept links) zeichnen. Das Papier (Zeichnung nach unten) auf die Backbleche legen. Die Mandeln in der Küchenmaschine mit Kakao und Puderzucker fein zerkleinern.

2 Die Eiweiße steif schlagen. Den Zucker unterschlagen, bis die Mischung steif ist. Löffelweise die Mandelmischung unterheben. Die Masse in einen Spritzbeutel mit glatter Tülle füllen und mittig in die Kreise spritzen, den Beutel dabei gerade halten.

3 Macarons blechweise im Ofen (Mitte) 18–20 Minuten backen, bis sie oben fest sind. Herausnehmen und 15–20 Minuten auf den Blechen abkühlen lassen, dann zum Auskühlen auf ein Gitter setzen.

4 Für die Füllung Kakao und Puderzucker in eine Schüssel sieben. Butter und Milch mit einem Schneebesen unterrühren. Falls nötig, etwas mehr Milch unterschlagen. Die Creme in den gesäuberten Spritzbeutel geben und als Tupfen auf die flachen Seiten von der Hälfte der Makronen spritzen. Die restlichen Makronen daraufsetzen.

Himbeer-Macarons

Diese Macarons sind zum Essen fast zu schön.

| 20 STÜCK | 30 MIN. | 18–20 MIN./ BLECH |

Abkühlzeit
20 Minuten

Für 2 Backbleche
75 g gemahlene gehäutete Mandeln
100 g Puderzucker
2 große Eiweiß, mit Raumtemperatur
75 g Zucker
etwas rosa Speisefarbe

Für die Füllung
150 g Mascarpone
50 g Himbeergelee

1 Den Backofen auf 150 °C vorheizen. Auf zwei Bögen Backpapier mit Bleistift im 3 cm Abstand zueinander 3 cm große Kreise zeichnen. Das Papier auf die Backbleche legen (Zeichnung nach unten). Die Mandeln in der Küchenmaschine mit dem Puderzucker sehr fein zerkleinern.

2 Die Eiweiße steif schlagen. Nach und nach portionsweise den Zucker unterarbeiten. Die Speisefarbe unter die Masse schlagen.

3 Löffelweise die Mandelmischung unter den Eischnee heben. Die Masse in einen Spritzbeutel mit glatter Tülle füllen und mittig in die Kreise spritzen, den Beutel dabei gerade halten.

4 Die Macarons blechweise im Ofen (Mitte) 18–20 Minuten backen, bis sie an der Oberfläche fest sind. Macarons herausnehmen und 15–20 Minuten auf den Blechen abkühlen lassen, dann zum Auskühlen auf ein Gitter setzen.

5 Für die Füllung den Mascarpone mit dem Himbeergelee glatt schlagen. Die Creme in den gesäuberten Spritzbeutel geben und als Tupfen auf die flachen Seiten von der Hälfte der Makronen spritzen. Die restlichen Makronen daraufsetzen. Die Macarons möglichst am selben Tag servieren, sonst werden sie weich.

Profitipp
Beim Herstellen von Macarons kommt es vor allem auf die richtige Technik an. Behutsames Unterheben und ein schweres, flaches Backblech sind ebenso hilfreich wie das Aufspritzen der Masse mit exakt gerade gehaltenem Beutel.

Erdbeer-Pavlova

Frieren Sie übriges Eiweiß ein. Sobald Sie genug beisammen haben, können Sie die Pavlova backen.

8 PERSONEN **15 MIN.** **80 MIN.**

Für 1 Backblech
6 Eiweiß, mit Raumtemperatur
1 Prise Salz
etwa 360 g Zucker (siehe S. 242,
　Schritt 3)
2 TL Speisestärke
1 TL Essig
300 g Sahne
Erdbeeren zum Garnieren

1 Backofen auf 180 °C vorheizen. Das Blech mit Backpapier belegen.

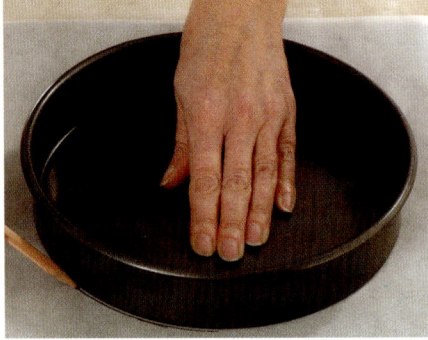

2 Einen 20 cm großen Kreis mit Bleistift auf das Backpapier zeichnen.

3 Das Papier wenden, damit der Bleistift nicht auf das Baiser abfärbt.

4 Die Eiweiße und das Salz in eine absolut fettfreie große Schüssel geben.

5 Die Eiweiße mit den Quirlen des Handrührgeräts schlagen, bis sich Spitzen formen.

6 Den Zucker esslöffelweise unter Rühren in den Eischnee rieseln lassen.

7 Die Masse weiterschlagen, bis sie dick und glänzend ist. Stärke und Essig unterrühren.

8 Masse in die Mitte des Kreises häufen. Dann bis zum Kreisrand hin verstreichen.

9 Die Masse dabei mit einem Palettmesser oben wellenförmig ziehen.

10 5 Min. backen, dann die Ofentemperatur auf 120 °C senken; noch 75 Min. backen.

11 Vollständig im Ofen auskühlen lassen. Die Sahne steif schlagen.

12 Die Sahne auf den gebackenen Baiserboden streichen und mit Erdbeeren garnieren.

13 Die Pavlova mit einem sehr scharfen Messer in Tortenstücke schneiden und servieren. **VORBEREITEN** Den Baiserboden können Sie bis zu 1 Woche vor dem Servieren backen und dann luftdicht verpackt aufbewahren. Die Pavlova erst kurz vor dem Servieren fertigstellen.

Pavlova-Varianten

Rhabarber-Ingwer-Baisertorte

Eine ungewöhnliche Torte – klassisch gefüllt.

6–8 STÜCK — **30 MIN.** — **65 MIN./ BLECH**

Für 2 Backbleche

Für die Baisers
4 Eiweiß, mit Raumtemperatur
1 Prise Salz
etwa 250 g Zucker (siehe S. 242, Schritt 3)

Für die Füllung
600 g Rhabarber, geschält und in Stücke
  geschnitten
80 g Zucker
4 Stücke kandierter Ingwer, gehackt
½ TL gemahlener Ingwer
250 g Sahne
Puderzucker zum Bestäuben

1 Den Backofen auf 180 °C vorheizen. Zwei Backbleche mit Backpapier belegen. Die Eiweiße mit Salz und 125 g Zucker zu steifem, glänzendem Schnee schlagen. Den restlichen Zucker löffelweise unterheben.

2 Auf jedes Blech eine Hälfte der Masse geben und zu einem Kreis (18 cm Ø) verstreichen. Blechweise im Ofen 5 Minuten backen, dann die Ofentemperatur auf 130 °C senken und die Baisers 1 Stunde backen. Die Ofentür etwas öffnen und die Baisers im Ofen auskühlen lassen.

3 Inzwischen den Rhabarber in einem großen Topf mit Zucker, kandiertem und gemahlenem Ingwer sowie einem Schuss Wasser in etwa 20 Minuten weich dünsten; abkühlen lassen. Zu viel Flüssigkeit abgießen. Rhabarberkompott kühl stellen.

4 Die Sahne steif schlagen und das Kompott unterheben. Einen Baiserboden auf eine Tortenplatte setzen. Die Füllung darauf verstreichen und den zweiten Boden darauflegen. Die Torte mit Puderzucker bestäuben und servieren.

Mini-Pavlovas

Ideal für eine größere Party – weil die Böden im Voraus hergestellt und erst im letzten Moment gefüllt werden.

8 STÜCK — **15 MIN.** — **45–60 MIN./ BLECH**

Für 2 Backbleche

1 Portion Baisermasse (siehe S. 252, Schritte 4–7)
300 g Sahne
400 g gemischte Beeren

1 Den Backofen auf 120 °C vorheizen. Zwei Backbleche mit Backpapier belegen. Von der Baisermasse gehäufte Esslöffel in gleichmäßigen Abständen auf die Bleche setzen und zu 3 cm hohen Kreisen (je 10 cm Ø) verstreichen.

2 Die Baiserkreise blechweise im Ofen in 45–60 Minuten knusprig backen. Vollständig auskühlen lassen, dann auf eine Servierplatte setzen.

3 Für die Füllung die Sahne steif schlagen. Auf jeden Baiserboden 1 EL Sahne setzen und mit Beeren garnieren.

AUFBEWAHREN Die Baiserböden halten sich luftdicht verpackt 1 Woche frisch. Erst unmittelbar vor dem Servieren füllen.

Mokka-Pavlova

Kaffeewürzige Baisers, mit Sahne gefüllt und mit Schokolade beträufelt – ein beeindruckendes Dessert für ein festliches Abendessen.

8 STÜCK — **15 MIN.** — **1 STD. 20 MIN.**

Für 1 Backblech

6 Eiweiß, mit Raumtemperatur
1 Prise Salz
etwa 300 g Zucker (siehe S. 242, Schritt 3)
2 TL Speisestärke
1 TL Essig
3 EL Instant-Espressopulver, in 3 EL kochend heißem Wasser aufgelöst, dann abgekühlt, oder
  3 EL kalter Espresso
50 g gute Bitterschokolade, in Stücke gebrochen,
  plus mehr zum Garnieren
weiße Schokolade zum Garnieren
300 g Sahne

1 De Backofen auf 180 °C vorheizen. Auf Backpapier mit Bleistift einen Kreis (20 cm Ø) zeichnen. Das Papier auf ein Backblech legen (Zeichnung nach unten).

2 Eiweiße mit dem Salz zu steifem Schnee schlagen. Esslöffelweise den Zucker unterarbeiten. Sobald die Masse steif ist und glänzt, Stärke und Essig darunterschlagen. Behutsam den Kaffee unterheben. Die Baisermasse esslöffelweise auf das Blech in den Kreis geben und glatt streichen.

3 Baiser im Ofen 5 Minuten backen, dann die Temperatur auf 120 °C senken und das Baiser in etwa 1 Stunde 15 Minuten knusprig backen. Den Ofen ausschalten und den Boden darin abkühlen lassen.

4 Die Bitterschokolade in einer Metallschüssel auf dem heißen Wasserbad schmelzen; abkühlen lassen. Mit einem Sparschäler Späne von der weißen und der Bitterschokolade abziehen. Vor dem Servieren die Sahne steif schlagen. Auf den Baiserboden geben, mit der geschmolzenen Schokolade beträufeln und mit Schokoladenspänen garnieren.

Pavlova mit exotischen Früchten

Der Kontrast zwischen herber Passionsfrucht, kühler Sahne und süßem Baiser macht diese sommerliche Torte zu einem unschlagbaren Genuss.

8 STÜCK   15 MIN.   65–80 MIN.

Für 1 Backblech
1 Portion Baisermasse (siehe S. 252, Schritte 4–7)
300 g Sahne
400 g Mango und Papaya, geschält und in mundgerechte Stücke geschnitten
2 Passionsfrüchte

1 Den Backofen auf 180 °C vorheizen. Auf einen Bogen Backpapier mit Bleistift einen 20 cm großen Kreis zeichnen. Das Papier auf das Backblech (Zeichnung nach unten) legen.

2 Die Baisermasse in den Kreis löffeln und glatt streichen.

3 Baiser im Ofen 5 Minuten backen, dann die Ofentemperatur auf 120 °C senken und das Baiser etwa 1 Stunde 15 Minuten backen, bis es knusprig ist und sich leicht vom Backpapier lösen lässt. Den Ofen ausschalten und den Baiserboden darin vollständig auskühlen lassen. Dann auf eine Tortenplatte setzen.

4 Zum Servieren die Sahne steif schlagen. Auf den Baiserboden geben und mit den Obststücken garnieren. Die Passionsfrüchte halbieren. Saft und Kerne herausdrücken und unmittelbar vor dem Servieren auf die Pavlova gießen.

AUFBEWAHREN Der Baiserboden hält sich luftdicht verpackt 1 Woche frisch. Erst unmittelbar vor dem Servieren füllen.

Profitipp
Eine Pavlova sollte innerhalb weniger Stunden gegessen werden, ansonsten weicht sie durch. Falls etwas davon übrigbleibt, können Sie das Baiser in Stücke brechen, dieses mit Obst und Sahne in einer Schüssel mischen und am nächsten Tag als Dessert genießen.

Zitronen-Pie mit Baiserhaube

Süßsaure Zitronencreme, darauf ein feines Vanillebaiser – kein Wunder,
dass diese Pie in Amerika so beliebt ist.

8 STÜCK   30 MIN.   40–50 MIN.

Für 1 Pieform mit herausnehmbarem Boden (24 cm Ø)
50 g Butter in Stückchen, plus mehr für die Form
400 g Mürbeteig (Fertigprodukt; oder siehe S. 286, Schritte 1–5)
3 EL Mehl, plus mehr zum Arbeiten
6 Eier, mit Raumtemperatur, getrennt
3 EL Speisestärke
400 g Zucker
Saft von 3 Zitronen
1 EL abgeriebene Schale von 1 Bio-Zitrone
½ TL Weinstein-Backpulver
½ Päckchen Vanillezucker
getrocknete Hülsenfrüchte zum Blindbacken

1 Den Backofen auf 200 °C vorheizen. Die Form dünn mit Butter ausfetten. Den Teig auf einer dünn bemehlten Arbeitsfläche ausrollen und die Form damit auskleiden.

2 Den Teigboden mit Backpapier belegen und darauf die Hülsenfrüchte geben. Die Form auf ein Backblech stellen und den Pie-Boden im Ofen in 10–15 Minuten hell backen. Papier und Hülsenfrüchte entfernen und den Pie-Boden in 3–5 Minuten goldbraun backen. Die Ofentemperatur auf 180 °C senken. Den Boden in der Form etwas abkühlen lassen.

3 Die Eigelbe in einer Schüssel verquirlen; beiseitestellen. Die Speisestärke mit dem Mehl und 225 g Zucker in einem Topf mischen. Nach und nach 350 ml Wasser unterrühren und das Ganze unter Rühren schwach erhitzen, bis sich der Zucker aufgelöst hat und keine Klümpchen mehr vor-

handen sind. Die Mischung unter Rühren bei etwas stärkerer Hitze köcheln lassen, bis eine dickliche Creme entsteht.

4 Etwas von der heißen Creme unter die Eigelbe schlagen. Diese Mischung unter Rühren in den Topf zur übrigen Creme gießen. Alles unter ständigem Rühren aufkochen und 3 Minuten köcheln lassen; Zitronensaft und-schale sowie Butter unterrühren. 2 Minuten weiterkochen lassen, bis die Mischung dickflüssig ist und glänzt. Dabei ständig rühren und Creme von der Topfwand abschaben. Den Topf vom Herd nehmen und zudecken.

5 Die Eiweiße in einer großen Schüssel schaumig schlagen. Weinstein-Backpulver daraufstreuen und unterschlagen. Unter ständigem Schlagen esslöffelweise restlichen Zucker untermischen. Mit dem letzten Löffel Zucker den Vanillezucker dazugeben; schlagen, bis die Masse dick ist und glänzt.

6 Die Form mit dem Pie-Boden auf ein Backblech setzen. Zitronencreme hineingießen. Die Baisermasse daraufgeben und so verstreichen, dass sie den Rand des Teigbodens berührt (siehe Profitipp). Die Masse darf nicht überlaufen, weil sich die Pie sonst nur schlecht aus der Form lösen lässt.

7 Die Pie im Ofen 12–15 Minuten backen, bis die Baiserhaube stellenweise gebräunt ist. Die Form auf ein Gitter stellen. Die Pie auskühlen lassen, dann erst aus der Form nehmen und servieren.

AUFBEWAHREN Der fertige Pie-Boden hält sich luftdicht verpackt bis zu 3 Tage frisch.

Profitipp
Die Baiserhaube verbindet sich nicht mit Zitronencreme, weshalb sie leicht abrutschen kann. Um das zu verhindern, vergewissern Sie sich, dass das Baiser rundherum mit dem Pie-Boden verbunden ist; so bekommt es genügend Halt.

Baked Alaska

Das Geheimnis dieser Eisbombe ist der Teigboden. Er schützt die Eiscreme vor der Ofenhitze – vorausgesetzt, die Alaska wird richtig zusammengesetzt.

8–10
STÜCK

45–50
MIN.

30–40
MIN.

Gefrierzeit
2 Stunden

Für 1 Springform (20 cm Ø)
50 g Butter, plus mehr für die Platte
125 g Mehl, plus mehr zum Arbeiten
1 Prise Salz
4 Eier
130 g Zucker
1 Päckchen Vanillezucker

Für die Füllung
300 g Erdbeeren
2–3 EL Puderzucker (nach Geschmack)
7–8 Kugeln Vanilleeiscreme

Für die Baiserhaube
300 g Zucker, plus mehr zum Bestreuen
6 Eiweiß, mit Raumtemperatur

1 Den Backofen auf 180 °C vorheizen. Die Butter in einem Topf zerlassen; abkühlen lassen. Die Form fetten, den Boden mit Backpapier belegen. 2 EL Mehl in die Form geben und durch Schwenken verteilen. Überschüssiges Mehl herausschütten.

2 Das Mehl mit dem Salz sieben. Die Eier in einer Rührschüssel mit den Quirlen des Handrührgeräts einige Sekunden schlagen. Den Zucker unterschlagen, bis die Mischung hell und dick ist. Den Vanillezucker unterarbeiten.

3 Das Mehl nach und nach auf die Eiercreme sieben und behutsam unterheben. Die zerlassene Butter unterziehen. Die Masse in die Form geben und im Ofen 30–40 Minuten backen. Mit einem Messer

innen am Rand der Form entlangfahren und den Teigboden auf ein Gitter stürzen. Das Papier abziehen, den Boden abkühlen lassen.

4 Die Erdbeeren pürieren und mit dem Puderzucker verrühren. Für das Baiser den Zucker in einem Topf in 250 ml Wasser auflösen. Kochen lassen, bis der Sirup das »Ballenstadium« erreicht. Zum Testen 1 TL Sirup abnehmen; kurz abkühlen lassen, dann zwischen Daumen und Zeigefinger nehmen. Es soll sich eine Kugel formen lassen. Oder mit dem Zuckerthermometer prüfen: Es sollte 120 °C anzeigen.

5 Die Eiweiße steif schlagen. Unter ständigem Schlagen den Sirup dazugießen, bis die Masse kalt und steif ist.

6 Eine backofenfeste Servierplatte mit Butter fetten. Das Eis aus dem Tiefkühlgerät nehmen und so weich werden lassen, dass man Kugeln abstechen kann. Die abgekühlte Teigplatte quer halbieren. Eine Hälfte als Boden verwenden, die andere fein zerkrümeln.

7 Die Brösel mit 250 ml Erdbeerpüree mischen. Das restliche Püree auf den Teigboden streichen.

8 Von der Eiscreme Kugeln abstechen und nebeneinander auf den Teigboden geben. Darauf eine zweite Lage Eiskugeln geben. Die Schichten glatt streichen. Die Erdbeer-Brösel oben auf das Eis geben. Die Baisermasse mit einem Metalllöffel daraufgeben; zügig arbeiten, das Eis soll vor dem Backen noch möglichst fest sein.

9 Das Baiser so verstreichen, dass auch die Seiten bedeckt sind und die Masse mit der Platte abschließt, damit das Eis isoliert ist. Die Alaska bis zu 2 Stunden gefrieren lassen. Den Backofen auf 220 °C vorheizen. Die Alaska aus dem Tiefkühlgerät nehmen, mit Zucker bestreuen. 1 Minute stehen lassen, dann im Ofen 4–5 Minuten backen, bis das Baiser bräunt. Sofort servieren.

Profitipp
Es scheint unmöglich, Eiscreme zu backen, doch es gibt dafür einige Geling-Tipps: Der Teigboden muss dick genug sein, und das Eis muss komplett von Baisermasse umhüllt sein. So wird die Eiscreme vor der Ofenhitze geschützt.

Baiserroulade mit Zitronencreme

Für die Füllung wird einfach Lemoncurd unter Schlagsahne gehoben – raffiniert und lecker.

8 STÜCK **30 MIN.** **15 MIN.** **MAX 8 WOCHEN**

Für 1 kleines tiefes Backblech (25 x 35 cm)
5 Eiweiß, mit Raumtemperatur
225 g Zucker
½ TL Weißweinessig
1 TL Speisestärke
½ TL Vanilleextrakt oder 1 Päckchen Vanillezucker
250 g Sahne

4 EL Lemoncurd (englische Zitronenbutter; erhältlich im Feinkostgeschäft oder auch im gut sortierten Supermarkt)
Puderzucker zum Bestäuben

BAISERS UND SOUFFLÉS

1 Backofen auf 180 °C vorheizen. Das Backblech mit Backpapier auskleiden.

2 Eiweiße mit den Quirlen des Handrührgeräts steif schlagen, bis Spitzen stehen bleiben.

3 Zucker in den Eischnee rieseln lassen; weiterschlagen, bis die Masse fest ist und glänzt.

4 Essig, Speisestärke und Vanille unter die Masse ziehen, ohne dass sie zusammenfällt.

5 Baisermasse in das Backblech füllen und 15 Min. im heißen Ofen (Mitte) backen.

6 Baiser aus dem Ofen nehmen und auf Raumtemperatur abkühlen lassen.

7 Währenddessen die Sahne steif und cremig schlagen.

8 Lemoncurd locker unter die Sahne ziehen – es sollen Streifen davon sichtbar bleiben.

9 Puderzucker auf einen Bogen Backpapier sieben.

10 Die abgekühlte Rolle aus dem Blech auf das gezuckerte Papier stürzen.

11 Die Zitronensahne mit einem Palettmesser auf die Baiserplatte streichen.

12 Platte mithilfe des Backpapiers eng aufrollen; die Fülllung soll jedoch nicht herausquillen.

13 Die Baiserrolle mit der Nahtseite nach unten auf eine Servierplatte setzen; zudecken und kühlen. Vor dem Servieren mit Puderzucker bestäuben. **VORBEREITEN** Die Baiserplatte backen; luftdicht verpackt hält sie sich 3 Tage. Erst kurz vor dem Servieren füllen.

Baiserrouladen-Varianten

Baiserroulade mit Aprikosen

Die Zutaten für dieses exquisite Gebäck hat man meist im Vorrat.

8 STÜCK · **30 MIN.** · **15 MIN.** · **MAX. 8 WOCHEN**

Für 1 kleines Backblech (23 x 32,5 cm)
5 Eiweiß, mit Raumtemperatur
225 g Zucker
½ TL Weißweinessig
1 TL Speisestärke
1 Prise Salz
25 g gehobelte Mandeln
250 g Sahne
Puderzucker zum Bestäuben
Aprikosenhälften (Dose; 400 g), abgetropft und gewürfelt
Saft und Kerne von 2 Passionsfrüchten

1 Den Backofen auf 180 °C vorheizen. Das Blech mit Backpapier belegen. Die Eiweiße mit dem Salz mit den Quirlen des Handrührgeräts zu Schnee schlagen, dann esslöffelweise den Zucker unterschlagen, bis die Masse fest ist und glänzt.

2 Die Mischung auf das Blech löffeln und auch in die Ecken streichen. Mit den Mandeln bestreuen und im Ofen 15 Minuten backen. Herausnehmen und Raumtemperatur annehmen lassen. Inzwischen die Sahne in einer Schüssel steif schlagen.

3 Ein Stück Backpapier mit Puderzucker bestäuben und die Baiserplatte daraufstürzen. Mit der Sahne bestreichen, dann die Aprikosen sowie Saft und Kerne der Passionsfrüchte darauf verteilen. Die Platte von einer Schmalseite her mithilfe des Papiers aufrollen. Mit der Naht nach unten auf eine Servierplatte legen, zudecken und kalt stellen. Vor dem Servieren mit Puderzucker bestäuben.

VORBEREITEN Die Baiserplatte 3 Tage im Voraus backen; ungefüllt und luftdicht aufbewahren.

Baiserroulade mit Beeren

Die Roulade wird mit Obst der Saison gefüllt und ist so ein ideales Dessert für ein sommerliches Bufett.

8 STÜCK · **25 MIN.** · **15 MIN.** · **MAX. 8 WOCHEN**

Für 1 kleines Backblech (23 x 32,5 cm)
1 Portion Baiserrouladenmasse (siehe S. 260, Schritte 1–4)
250 g Sahne
Puderzucker zum Bestäuben
250 g gemischte Beeren (z. B. Erdbeeren, Himbeeren und Heidelbeeren, große Exemplare zerkleinert)

1 Baiserplatte wie auf S. 260 (Schritte 5 –6) beschrieben backen und abkühlen lassen. Inzwischen die Sahne steif schlagen. Ein Stück Backpapier mit Puderzucker bestäuben und die Baiserplatte daraufstürzen.

2 Die Platte mit Sahne bestreichen und mit den Beeren bestreuen. Aufrollen, mit der Naht nach unten auf eine Servierplatte legen, zudecken und kalt stellen. Vor dem Servieren mit Puderzucker bestäuben.

VORBEREITEN 3 Tage im Voraus backen und ungefüllt aufbewahren.

Profitipp
Jedes weiche Obst kann für diese Roulade verwendet werden. Schneiden Sie es in gleich große Stücke (höchstens 1,5 cm groß), damit die Roulade nach dem Aufrollen keine Beulen von großen Obststücken bekommt.

Schoko-Baiserroulade mit Birnensahne

Servieren Sie diese Roulade doch einmal zu Weihnachten – viele werden sie lieber mögen als den traditionellen Stollen. ▶

8 STÜCK · **25 MIN.** · **15 MIN.** · **MAX. 8 WOCHEN**

Für 1 kleines Backblech (23 x 32,5 cm)
5 Eiweiß, mit Raumtemperatur
225 g Zucker
½ TL Weißweinessig
1 TL Speisestärke
½ Päckchen Vanillezucker
30 g Kakaopulver, gesiebt
250 g Sahne
Puderzucker zum Bestäuben
Birnenhälften (Dose; 400 g), abgetropft und gewürfelt

1 Den Backofen auf 180 °C vorheizen und das Blech mit Backpapier belegen. Die Eiweiße mit den Quirlen des Handrührgeräts zu steifem Schnee schlagen. Auf niedriger Stufe weiterschlagen und nach und nach den Zucker hinzufügen. Essig, Stärke, Vanillezucker und Kakaopulver unterheben. Die Mischung in die Form geben, glatt streichen und im Ofen (Mitte) 15 Minuten backen.

2 Herausnehmen und Raumtemperatur annehmen lassen. Inzwischen die Sahne steif schlagen. Ein Stück Backpapier mit Puderzucker bestäuben und die Baiserplatte vorsichtig daraufstürzen.

3 Die Sahne auf der Platte verstreichen und mit den Birnenwürfeln bestreuen. Die Platte aufrollen, mit der Naht nach unten auf eine Servierplatte legen, zudecken und kalt stellen. Vor dem Servieren mit Puderzucker bestäuben.

VORBEREITEN Die Baiserplatte hält sich ungefüllt und luftdicht verpackt 3 Tage.

Orangensoufflés

Soufflés sind gar nicht so schwierig in der Zubereitung – etwas Sorgfalt ist allerdings gefragt.

4 PERSONEN | **20 MIN.** | **12–15 MIN.** | **4 WOCHEN (ROHE MASSE)**

Für 4 Portions-Souffléformen
50 g zerlassene Butter, plus mehr für die Formen
60 g Zucker, plus mehr für die Formen
50 g Mehl
300 ml Milch

2 Bio-Orangen
2 EL Orangensaft
3 Eier, getrennt
1 Eiweiß, mit Raumtemperatur
Puderzucker zum Bestäuben

1 Ein Backblech in den Ofen schieben; Ofen auf 200 °C vorheizen. Formen ausfetten.

2 Die Formen gründlich mit Zucker ausstreuen – es dürfen keine Lücken bleiben.

3 Das Mehl in der Butter 1 Min. unter Rühren anschwitzen. Vom Herd nehmen.

4 Milch unter Rühren zugießen, bis eine glatte Sauce entstanden ist. Langsam aufkochen.

5 1–2 Min. köcheln lassen; vom Herd nehmen, Orangenschale hineinreiben; Saft unterrühren.

6 Zucker, bis auf 1 TL, in der heißen Sauce unter Rühren auflösen. Etwas abkühlen lassen.

7 Die Eigelbe gründlich unter die leicht abgekühlte Sauce schlagen.

8 Alle 4 Eiweiße halbsteif schlagen; den restlichen TL Zucker zugeben; weiterschlagen.

9 1 EL Eischnee gründlich unter die Sauce mischen, um sie aufzulockern.

10 Danach den restlichen Eischnee sorgfältig unter die Masse heben.

11 Die Soufflémasse randvoll in die Formen gießen.

12 Mit Daumen und Zeigefinger um den Förmchenrand fahren, damit die Masse gut aufgeht.

13 Die Formen auf das heiße Backblech im Ofen setzen und die Soufflés 12–15 Min. backen. Sie sollen oben goldbraun und schön aufgegangen, in der Mitte aber noch flüssig sein. Mit Puderzucker bestäuben und sofort servieren.

Soufflé-Varianten

Kaffeesoufflés

Sehr schön als Dessert nach einem feinen Essen. Die Kardamomsahne sorgt für eine nordafrikanische Note.

| 6 STÜCK | 30–35 MIN. | 10–12 MIN. |

Für 6 Souffléförmchen
400 g Sahne
2 Kardamomkapseln, leicht gequetscht
30 g grob gemahlenes Kaffeepulver
350 ml Milch
4 Eigelb, mit Raumtemperatur
150 g Zucker
50 g Mehl
75 ml Tia Maria oder anderer Kaffeelikör
zerlassene Butter für die Förmchen
6 Eiweiß, mit Raumtemperatur
Kakaopulver zum Servieren

1 Sahne mit dem Kardamom aufkochen lassen. Vom Herd nehmen und 10–15 Minuten ziehen lassen, dann durch ein Sieb gießen und zugedeckt kalt stellen. Gleichzeitig den Kaffee in die Milch geben; zugedeckt 10–15 Minuten ziehen lassen.

2 Eigelbe mit 120 g Zucker 2–3 Minuten cremig schlagen. Mehl unterschlagen. Die Kaffee-Milch aufkochen lassen, durch ein Sieb in die Eigelbcreme gießen und unterrühren. Diese Mischung zur Sahne geben und unter ständigem Schlagen aufkochen, dann 2 Minuten köcheln lassen. Vom Herd nehmen und den Likör unterrühren.

3 Den Backofen auf 200 °C vorheizen und ein Backblech darin erhitzen. Die Förmchen mit Butter ausstreichen. Die Eiweiße zu steifem Schnee schlagen. Restlichen Zucker 20 Sekunden darunterschlagen, bis eine glänzende Baisermasse entstanden ist. Die Masse unter die Kaffeemasse heben.

4 Die Soufflémasse auf die Förmchen verteilen; mit einem Finger an den Formrändern entlangfahren. Formen auf das heiße Blech stellen. Soufflés im Ofen 10–12 Minuten backen, bis sie aufgegangen sind.

5 Das Kakaopulver auf die Soufflés sieben und die Kardamomsahne dazu servieren.

Käsesoufflé

Hierfür eignet sich jeder Hartkäse; am besten passt ein würziger.

| 4 STÜCK | 20 MIN. | 30–35 MIN. |

Für 1 Souffléform (1,2 l Inhalt)
50 g Butter, plus mehr für die Form
50 g Mehl
225 ml Milch
Salz und frisch gemahlener schwarzer Pfeffer
125 g alter Gouda oder Bergkäse, gerieben
½ TL Dijonsenf
5 große Eier, mit Raumtemperatur, getrennt
1 EL geriebener Parmesan

1 Die Butter in einem kleinen Topf zerlassen. Das Mehl hinzufügen und bei mittlerer Hitze 1 Minute unter Rühren anschwitzen. Die Milch mit einem Schneebesen unterschlagen und unter Rühren kochen lassen, bis sie angedickt ist. Vom Herd nehmen, salzen und pfeffern. Käse und Senf untermischen. Nacheinander 4 Eigelb unterrühren (das fünfte Eigelb anderweitig verwenden).

2 Den Backofen auf 190 °C vorheizen und ein Backblech darin erhitzen. Die Eiweiße zu steifem Schnee schlagen. 1 EL Eischnee zum Auflockern unter die Käsemischung rühren. Den restlichen Eischnee behutsam unterheben.

3 Die Mischung in die gebutterte Form geben. Mit einem Finger am Rand der Form entlangfahren. Die Masse mit Parmesan bestreuen. Die Form auf das heiße Blech stellen und das Soufflé im Ofen 25–30 Minuten backen, bis es aufgegangen und goldbraun ist. Sofort servieren.

Profitipp
Für ein Soufflé muss die Form innen an der Seite gebuttert und mit Zucker, Bröseln o. Ä. ausgestreut werden, damit die Masse beim Aufgehen Halt hat. Mit einem Finger am Rand der Form entlangfahren, damit das Soufflé hoch und gerade aufgeht. Außerdem die Form auf ein erhitztes Backblech stellen.

Himbeersoufflés

Verwenden Sie hierfür nur ganz süße, saftige Himbeeren.

6 STÜCK | 20–25 MIN. | 10–12 MIN.

Für 6 ofenfeste Förmchen
Butter für die Förmchen
100 g Zucker, plus mehr für die Förmchen
500 g Himbeeren
5 Eiweiß, mit Raumtemperatur
Puderzucker zum Bestäuben

Für die Kirschwassercreme
400 ml Milch
50 g feiner Zucker
5 Eigelb, mit Raumtemperatur
1 EL Speisestärke
2–3 EL Kirschwasser

1 Für die Creme die Milch in einem Topf bei mittlerer Hitze aufkochen. Ein Viertel beiseitestellen. Den Zucker in die restliche Milch geben und rühren, bis er sich aufgelöst hat.

2 Eigelbe mit der Stärke in einem Topf mit dem Schneebesen cremig schlagen. Die süße Milch unterschlagen und bei mittlerer Hitze unter Rühren andicken lassen. Vom Herd nehmen. Restliche Milch unterrühren und die Masse durch ein Sieb in eine kalte Schüssel gießen; etwas abkühlen lassen. Falls sich Haut bildet, mit dem Schneebesen durchrühren. Kirschwasser unterrühren. Die Masse zudecken und kalt stellen.

3 Förmchen fetten und mit Zucker ausstreuen. Backofen auf 190 °C vorheizen. Himbeeren mit 50 g Zucker pürieren und durch ein Sieb streichen. Eiweiße steif schlagen. 50 g Zucker unterschlagen, bis die Masse glänzt. Ein Viertel der Masse unter das Himbeerpüree rühren. Mischung unter die restliche Baisermasse heben.

4 Die Masse in die Formen füllen und mit einem Finger an den Rändern entlangfahren. Die Soufflés im Ofen 10–12 Minuten backen, bis sie aufgegangen und leicht gebräunt sind. Mit Puderzucker bestäuben und mit der Creme servieren.

Cheesecakes und Käsekuchen

Gebackener Heidelbeer-Cheesecake

Der Marmoreffekt dieses Kuchens ist kinderleicht herzustellen und sieht eindrucksvoll aus.

8 STÜCKE · **20 MIN.** · **40 MIN.**

Für 1 Springform (20 cm Ø)
50 g Butter, plus mehr für die Form
125 g Butterkekse
150 g Heidelbeeren
150 g Zucker, plus 3 EL für die Beeren
400 g Doppelrahmfrischkäse
250 g Mascarpone

2 kleine Eier
Eigelb von 1 kleinem Ei
½ Päckchen Vanillezucker
2 EL Mehl, gesiebt

Für das Kompott
100 g Heidelbeeren
1 EL Zucker
etwas Zitronensaft

1 Den Backofen auf 180 °C vorheizen. Den Boden und den Rand der Form fetten.

2 Die Kekse in einen Gefrierbeutel geben und mit der Teigrolle fein zerbröseln.

3 Die Butter bei schwacher Hitze schmelzen; sie darf dabei nicht bräunen.

4 Die Keksbrösel zur Butter geben und gut verrühren. Vom Herd nehmen.

5 Bröselmassel in der Form verteilen und mit einem Löffelrücken am Boden festdrücken.

6 Die Heidelbeeren mit 3 EL Zucker in der Küchenmaschine pürieren.

7 Das Beerenpüree durch ein feines Sieb in einen kleinen Topf drücken.

8 Aufkochen und 3–5 Min. köcheln lassen, bis der Saft konfitüreartig wird. Beiseitestellen.

9 150 g Zucker mit den restlichen Zutaten in die Küchenmaschine geben.

10 Anschließend die Zutaten zu einer glatten Masse mixen.

11 Die Käsemasse auf den Keksboden geben und mit einem Palettmesser glatt streichen.

12 Beerenkonfitüre darüberträufeln und mit einem Spieß zu einem Marmormuster ziehen.

13 Wasser aufkochen. Die Springform in eine Backform oder das tiefe Backblech setzen.

14 Springformrand in Alufolie packen. Form bzw. Blech mit heißem Wasser zur Hälfte füllen.

15 Kuchen im Ofen 40 Min. backen. Ofen ausschalten, etwas öffnen; Kuchen darin lassen.

16 Nach 1 Std. den Kuchen herausnehmen und auf ein Gitter stellen. Vom Rand lösen.

17 Den Kuchen mit Bratenwendern oder einem großen Kuchenheber vom Formboden heben.

18 Den Käsekuchen auf eine Kuchenplatte setzen und vollständig auskühlen lassen.

19 Inzwischen die Zutaten für das Kompott in einen kleinen Topf geben.

20 Alles langsam erhitzen, dabei gelegentlich umrühren, bis der Zucker aufgelöst ist.

21 Das Kompott zum Servieren in ein Gefäß füllen und zum Kuchen servieren.

Gebackene Käsekuchen-Varianten

Marmor-Käsekuchen

Ein echter amerikanischer Klassiker, der auch bei uns garantiert seine Anhänger finden wird.

8–10 STÜCKE | **35–40 MIN.** | **50–60 MIN.**

Kühlzeit
4½–5 Stunden

Für 1 Springform (20 cm Ø)
75 g Butter, zerlassen, plus mehr für die Form
150 g Butterkekse, zerbröselt
150 g Bitterschokolade, in Stücke gebrochen
500 g Doppelrahmfrischkäse
150 g Zucker
1 Päckchen Vanillezucker
2 Eier

1 Die Form fetten; kalt stellen. Die Butter sorgfältig mit den Keksbröseln mischen. Die Mischung auf Boden und Rand der Form drücken. 30–60 Minuten kühlen.

2 Den Backofen auf 180 °C vorheizen. Die Schokolade über dem heißen Wasserbad schmelzen; abkühlen lassen. Frischkäse glatt rühren. Zucker und Vanillezucker unterschlagen. Nacheinander die Eier unterarbeiten. Die Hälfte der Füllung auf den Bröselboden gießen.

3 Die Schokolade unter die restliche Käsemasse rühren. Die Schokomasse kreisförmig auf die helle Masse geben. Einen Spieß so durch beide Massen ziehen, dass ein Marmoreffekt entsteht. Den Kuchen im heißen Ofen (Mitte) 50–60 Minuten backen; er soll in der Mitte weich bleiben.

4 Den Ofen ausschalten und den Kuchen darin abkühlen lassen. Danach für mindestens 4 Stunden kalt stellen. Mit einem Messer innen am Rand der Form entlangfahren, den Kuchen aus der Form nehmen und auf eine Kuchenplatte setzen.

VORBEREITEN Den Käsekuchen 3 Tage im Voraus backen und kühl stellen. Er wird dadurch saftiger und aromatischer.

Vanille-Cheesecake

Er ist reichhaltig, aber leicht und hat das Zeug zum Favoriten.

10–12 STÜCKE | **20 MIN.** | **50 MIN.**

Kühlzeit
6 Stunden

Für 1 Springform (24 cm Ø)
60 g Butter, plus mehr für die Form
225 g Butterkekse, fein zerbröselt
1 EL Demerara-Zucker
700 g Doppelrahmfrischkäse mit Raumtemperatur
4 Eier, getrennt
200 g Zucker
2 Päckchen Vanillezucker
500 g saure Sahne
Kiwischeiben zum Garnieren

1 Den Backofen auf 180 °C vorheizen. Die Form fetten und mit Backpapier auskleiden. Die Butter bei mittlerer Hitze zerlassen. Keksbrösel und Demerara-Zucker hinzufügen; rühren, bis alles gut vermischt ist. Die Bröselmasse auf den Boden der Form drücken.

2 Frischkäse mit Eigelben, 150 g Zucker und Vanillezucker glatt rühren. Eiweiße steif schlagen. Den Eischnee unter die Käsemischung heben. Die Masse in die Form gießen und glatt streichen.

3 Den Kuchen im Ofen etwa 45 Minuten backen, bis er fest ist. Herausnehmen und in der Form 10 Minuten ruhen lassen. Die saure Sahne mit 50 g Zucker verrühren, auf den Kuchen geben und glatt streichen.

4 Die Ofentemperatur auf 240 °C erhöhen. Den Kuchen weitere 5 Minuten backen. Auf einem Gitter auskühlen lassen, dann für mindestens 6 Stunden kalt stellen. Mit Kiwischeiben garnieren.

VORBEREITEN Der Käsekuchen 3 Tage im Voraus backen und kalt stellen.

Ingwer-Cheesecake

Kandierter Ingwer verleiht der Käsemasse sanfte Schärfe.

8–10
STÜCKE

40–45
MIN.

50–60
MIN.

Kühlzeit
5½ Stunden

Für 1 Springform (20 cm Ø)
1 Bröselboden (siehe Marmor-Käsekuchen,
   siehe S. 274, Schritt 1)
500 g Doppelrahmfrischkäse
125 g kandierter Ingwer in Sirup, gehackt,
   plus 3 EL Sirup
abgeriebene Schale von 1 Bio-Zitrone
2 TL Zitronensaft
250 g saure Sahne
150 g Zucker
1 Päckchen Vanillezucker
4 Eier
150 g Sahne

1 Den Backofen auf 180 °C vorheizen. Den
Frischkäse mit den Quirlen des Handrührgeräts cremig schlagen. Ingwer (bis auf
2 EL), Sirup, Zitronenschale und -saft, saure
Sahne, Zucker und Vanille hinzufügen. Alles
zu einer glatten Masse verrühren. Die Eier
nacheinander unterarbeiten.

2 Die Masse auf dem Bröselboden verteilen. Die Form auf ein Backblech stellen.
Den Kuchen im Ofen (Mitte) 50–60 Minuten
backen. Den Ofen ausschalten, den Kuchen
darin 1½ Stunden abkühlen lassen, dann
4 Stunden kalt stellen.

3 Die Sahne steif schlagen. Den Kuchenrand mit einem Messer lösen, die Form entfernen. Die Sahne auf dem Kuchen verteilen
und vor dem Servieren mit dem restlichen
Ingwer bestreuen.

Profitipp
Bei Käsekuchen reißt die Oberfläche leicht ein.
Das lässt sich verhindern, indem man den
Kuchen vollständig im Ofen abkühlen lässt. So
sinkt er langsam zusammen und reißt nicht
so leicht ein.

GEBACKENE CHEESECAKE-VARIANTEN

Klassischer Käsekuchen

Schmeckt immer und überall und hat das Zeug zum Lieblingskuchen.

| 12 STÜCKE | 30 MIN. | 70 MIN. |

Kühlzeit
15 Minuten (plus Abkühlzeit)

Für 1 Springform (26 cm Ø)

250 g Mehl, plus mehr zum Arbeiten
50 g Zucker
1 Prise Salz
125 g kalte Butter in Stückchen, plus mehr
   für die Form
1 Ei

Für den Belag

750 g Sahnequark
150 g Zucker
3 Eier, getrennt
abgeriebene Schale und Saft von 1 Bio-Zitrone
40 g Speisestärke
2 Päckchen Vanillezucker

1 Den Form fetten. Für den Teig das Mehl mit Zucker und Butter in der Küchenmaschine in Intervallen zu feinen Streuseln verarbeiten. Das Ei hinzufügen und alles rasch zu einem glatten Teig verarbeiten. Die Form mit dem Teig auskleiden, dabei einen 3–4 cm hohen Rand formen. Den Teig in der Form mit Frischhaltefolie bedecken und für 15 Minuten kalt stellen.

2 Den Backofen auf 180 °C vorheizen. Für den Belag den Quark mit Zucker, Eigelben, Zitronenschale und -saft glatt rühren. Die Speisestärke dazusieben und unterrühren. Die Eiweiße steif schlagen und behutsam unter die Quarkmasse heben. Die Masse auf den Teigboden gießen.

3 Den Käsekuchen im heißen Ofen (unten) 60 Minuten backen. Anschließend noch 10 Minuten in der Mitte des Ofens backen, bis er goldbraun ist. Den Ofen ausschalten und den Kuchen darin bei leicht geöffneter Ofentür etwa 30 Minuten abkühlen lassen. Anschließend bei Raumtemperatur 1 Stunde ganz abkühlen lassen (siehe Profitipp). Den Kuchen mit Raumtemperatur oder leicht gekühlt servieren.

AUFBEWAHREN Der Käsekuchen hält sich im Kühlschrank 2 Tage frisch, der Teigboden weicht dann allerdings durch.

Profitipp

Der Eischnee lässt die Quarkmasse beim Backen aufgehen. Beim Abkühlen fällt der Belag etwas zusammen; das ist normal. Ebenso reißt die Oberfläche leicht ein. Wenn Sie den Kuchen im Ofen abkühlen lassen, passiert das weniger stark.

Zitronen-Cheesecake

Dieser Kuchen wird nicht gebacken, sondern gut gekühlt – das macht ihn leicht und besonders schmackhaft.

8 STÜCKE

30 MIN.

Kühlzeit
4 Stunden oder über Nacht

Für 1 Springform (24 cm Ø)
250 g Butterkekse
100 g Butter, gewürfelt
4 Blatt Gelatine
abgeriebene Schale und Saft von
 2 Bio-Zitronen
350 g Doppelrahmfrischkäse
200 g Zucker
300 g Sahne

1 Kekse in einem Gefrierbeutel mit der Teigrolle zerbröseln. Backpapier in die Form legen.

2 Die Butter schmelzen und über die Keksbrösel gießen; gut vermengen.

3 Die Keksmischung in der Form verteilen und fest auf den Formboden drücken.

4 Gelatine in Zitronensaft in einer hitzebeständigen Schüssel 5 Minuten einweichen.

5 Anschließend über dem heißen Wasserbad unter Rühren auflösen. Beiseitestellen.

6 Den Frischkäse mit Zucker und Zitronenschale glatt rühren.

7 Die Sahne steif schlagen, bis sie Spitzen bildet. Sie darf nicht zu steif sein.

8 Die Gelatine mit dem Saft in die Käsecreme rühren und gründlich untermischen.

9 Die Sahne behutsam unterheben, dabei nicht zu stark rühren.

10 Die Käsemasse auf den kalten Keksboden geben und gleichmäßig verstreichen.

11 Oberfläche mit einem Palettmesser oder einem feuchten Löffelrücken glatt streichen.

12 Kuchen 4 Std. kalt stellen. Dann mit einem langen, dünnen Messer vom Formrand lösen.

13 Den Cheesecake vorsichtig vom Backpapier lösen und auf eine Kuchenplatte heben. **VORBEREITEN** Den Cheesecake 2 Tage im Voraus zubereiten und bis zum Servieren kühl stellen.

Cheesecake-Varianten

Erdbeer-Cheesecake

Dieser Kühlschrank-Kuchen ist schnell gemacht. Mascarpone macht den Belag wunderbar cremig.

8–10 STÜCKE · 15 MIN. · 5 MIN.

Kühlzeit
mind. 1 Stunde

Für eine Springform (20 cm Ø)
50 g Butter
100 g Bitterschokolade, in Stücke gebrochen
150 g Butterkekse, zerbröselt
400 g Mascarpone
Zesten und Saft von 2 Bio-Limetten
2–3 EL Puderzucker, plus mehr zum Bestäuben
250 g Erdbeeren, halbiert

1 Die Butter mit der Schokolade in einer Schüssel über dem heißen Wasserbad unter gelegentlichem Rühren zerlassen. Die Keksbrösel unter die flüssige Mischung rühren. Die Mischung in die Form geben und mit einem Kochlöffel fest und gleichmäßig andrücken.

2 Die Limettenzesten (bis auf ein wenig für die Garnitur) mit dem Saft unter den Mascarpone schlagen. Nach Geschmack Puderzucker unterrühren. Die Masse auf dem Boden verstreichen; den Kuchen für mindestens 1 Stunde kalt stellen.

3 Zum Servieren den Kuchen rundherum mit den Erdbeeren belegen; in die Mitte die restlichen Limettenzesten streuen. Den Kuchen mit Puderzucker bestäuben.

VORBEREITEN Den Kuchen können Sie 1 Tag im Voraus zubereiten und kalt stellen.

Profitipp
Je nach Belag nehmen Sie für den Boden andere Kekse. Für den Orangen-Ingwer-Cheesecake (rechts) werden Ingwerplätzchen verwendet. Schokokekse passen gut zu einem Schokoladenbelag. Shortbread oder Butterkekse würden hier ebenfalls gut mit den Erdbeeren harmonieren.

Orangen-Ingwer-Cheesecake

Orangenmarmelade und kandierter Ingwer peppen den Klassiker auf.

8–10 STÜCKE · 30 MIN. · 5 MIN.

Kühlzeit
4 Stunden oder über Nacht

Für 1 Springform (22 cm Ø)
100 g kalte Butter in Stückchen
250 g Ingwerplätzchen
4 Blatt Gelatine, in kleine Stücke geschnitten
abgeriebene Schale und Saft von 2 Bio-Orangen
300 g Sahne
350 g Doppelrahmfrischkäse
200 g Zucker
2 gehäufte EL Orangenmarmelade mit feinen Schalenstreifen
1 Stück kandierter Ingwer in Sirup, abgetropft und fein gehackt

1 Die Form mit Backpapier auskleiden. Die Butter zerlassen und mit den Keksbröseln mischen. Die Mischung in die Form geben und mit einem Kochlöffel fest und gleichmäßig andrücken, danach zudecken und kalt stellen.

2 Die Gelatine in einem Topf in dem Orangensaft 5 Minuten einweichen. Bei schwacher Hitze rühren, bis sie sich aufgelöst hat; nicht aufkochen lassen. Zum Abkühlen beiseitestellen.

3 Die Sahne steif schlagen. Die restlichen Zutaten in einer zweiten Schüssel miteinander verrühren. Die Gelierflüssigkeit darunterschlagen und die Sahne unterheben. Die Masse auf den Bröselboden gießen und mit einen feuchten Palettmesser glatt streichen. Cheesecake 4 Stunden oder über Nacht kalt stellen.

4 Mit einem scharfen Messer innen am Rand der Form entlangfahren. Den Cheesecake vorsichtig auf eine Kuchenplatte setzen. Vor dem Aufschneiden das Papier entfernen.

Kirsch-Cheesecake

Luftig, köstlich und das ganze Jahr über ein Genuss.

6 STÜCKE   **30 MIN.**   **5 MIN.**

Kühlzeit
2 Stunden

Für 1 Springform (20 cm Ø)
1 Glas Sauerkirschen (400 g)
75 g Butter
200 g Butterkekse, zerbröselt
500 g Ricotta
75 g brauner Zucker
abgeriebene Schale und Saft von 4 Bio-Zitronen
150 g Sahne
6 Blatt Gelatine, in kleine Stücke geschnitten

1 Die Kirschen in einem Sieb abtropfen lassen, den Saft auffangen. Die Form mit Backpapier auskleiden. Die Butter zerlassen. Die Brösel gründlich unterrühren. Die Mischung in die Form geben und andrücken.

2 Den Ricotta mit Zucker und der Zitronenschale glatt rühren. Die Sahne steif schlagen. Zur Ricottamischung geben und gut untermischen.

3 Gelatine im Zitronensaft in einem Topf 5 Minuten einweichen. Leicht erhitzen und rühren, bis sie sich aufgelöst hat; nicht aufkochen. Die Flüssigkeit kurz abkühlen lassen, dann unter die Ricottamischung rühren. Die Masse gleichmäßig auf dem Bröselboden verstreichen. Den Cheesecake für mindestens 2 Stunden kalt stellen, bis der Belag fest ist.

4 Den Kirschsaft in einem Topf aufkochen und köcheln lassen, bis er auf etwa ein Viertel reduziert ist; abkühlen lassen. Die Kirschen auf dem Cheesecake verteilen und mit der Sauce begießen.

Crostata di Ricotta

Für diesen italienischen Klassiker wird Ricotta mit Orangeat und Mandeln gemischt und gebacken. Je frischer der Ricotta ist, desto besser.

8–10 STÜCKE 35–40 MIN. 1–1¼ STD.

Kühlzeiten
45–60 Minuten

Für 1 Springform (24 cm Ø)
175 g kalte Butter, plus mehr für die Form
250 g Mehl, plus mehr zum Arbeiten
abgeriebene Schale von 1 Bio-Zitrone
50 g Zucker
4 Eigelb
1 Prise Salz
1 Ei, verquirlt

Für den Belag
1,25 kg Ricotta
100 g Zucker
1 EL Mehl
1 Prise Salz
abgeriebene Schale von 1 Bio-Orange
2 EL gehacktes Orangeat
1 Päckchen Vanillezucker
50 g Sultaninen
30 g gehobelte Mandeln
4 Eigelb

1 Die Butter zwischen zwei Stücken Backpapier mit einer Teigrolle schlagen, damit sie weicher wird. Das Mehl auf die Arbeitsfläche sieben. Zitronenschale, Zucker, Butter, Eigelbe und Salz in die Mitte geben. Alles mit den Händen zusammenreiben, dann kurz das Mehl unterkneten. Den Teig zu einer Kugel formen.

2 Den Teig auf einer bemehlten Arbeitsfläche in 1–2 Minuten sehr glatt kneten. Zur Kugel formen, in Frischhaltefolie wickeln und 30 Minuten kühlen. Die Form fetten. Die Arbeitsfläche erneut bemehlen und darauf drei Viertel des Teiges zu einem 35–37 cm großen Kreis ausrollen. Die Form damit auskleiden, überhängenden Teig abschneiden. Teigboden, Teigabschnitte und den restlichen Teig für 15 Minuten kalt stellen.

3 Ricotta mit Zucker, Mehl und Salz verrühren. Alle restlichen Zutaten unterschlagen und gut mischen. In den Teigboden füllen. Die Form auf die Arbeitsfläche schlagen, um Luftblasen zu entfernen. Die Masse glatt streichen.

4 Teigabschnitte und -reste verkneten. Das Ganze auf der bemehlten Arbeitsfläche zu einem Kreis (25 cm Ø) ausrollen. In etwa 1 cm breite Streifen schneiden und diese gitterförmig auf den Kuchen legen. Überhängende Enden so abschneiden, dass die Streifen mit dem Teigrand abschließen.

5 Die Streifenenden mit Ei bestreichen und auf den Teigrand drücken. Das Gitter mit Ei bestreichen. Den Kuchen für 15–30 Minuten kalt stellen. Den Backofen auf 180 °C vorheizen, dabei auf der untersten Schiene ein Backblech heiß werden lassen.

6 Die Form auf das heiße Blech stellen und den Kuchen 1–1¼ Stunden backen, bis die Oberfläche fest und goldbraun ist. In der Form lauwarm abkühlen lassen. Den Rand der Form abnehmen. Den Kuchen auskühlen lassen, dann auf eine Platte setzen, in Stücke schneiden und mit Raumtemperatur servieren.

VORBEREITEN Die Crostata kann 1 Tag im Voraus gebacken und dann gekühlt aufbewahrt werden. Dabei bleibt sie allerdings nicht so locker.

Profitipp
Dieser traditionelle italienische Käsekuchen wird durch den Ricotta locker und wohlschmeckend. Der Ricotta muss frisch und von bester Qualität sein. Am besten kaufen Sie ihn im italienischen Feinkostgeschäft.

Süße Kuchen, Tartes und Pies

Birnentarte mit Mandelcreme

Ein Klassiker aus der französischen Normandie.

6–8 STÜCKE **40–45 MIN.** **37–45 MIN.**

Kühlzeiten
45 Minuten

Für 1 Tarteform (24 cm Ø)
175 g Mehl, plus mehr zum
 Arbeiten
3 Eigelb
60 g Zucker
1 Päckchen Vanillezucker
1 Prise Salz
75 g Butter, plus mehr für die Form
3–4 reife Birnen
Saft von 1 Zitrone

Für die Mandelcreme
125 g geschälte Mandeln
125 g weiche Butter
100 g Zucker
1 Ei
1 Eigelb
1 EL Kirschwasser
2 EL Mehl, gesiebt

Zum Glasieren
150 g Aprikosenkonfitüre
2–3 EL Kirschwasser oder Wasser

1 Für den Teig das Mehl auf eine Arbeitsfläche sieben; in die Mitte eine Mulde drücken.

2 Eigelbe, Zucker, Vanillezucker und Salz in die Vertiefung geben.

3 Die Butter in Stückchen dazugeben. Alle Zutaten miteinander verreiben.

4 Das Mehl dabei unterarbeiten, bis Streusel entstehen. Falls nötig, wenig Wasser zugeben.

5 Den Teig auf einer bemehlten Arbeitsfläche 1–2 Min. kneten. In Folie wickeln; 30 Min. kühlen.

6 Form fetten. Teig auf bemehlter Fläche zu einem Kreis ausrollen (5 cm größer als die Form).

7 Den Teig mithilfe einer Teigrolle auf die Form legen, in die Form drücken und auskleiden.

8 Den Teigboden mit einer Gabel mehrfach einstechen. Mindestens 15 Min. kalt stellen.

9 Backofen auf 200 °C vorheizen. Die Mandeln im Mixer zu feinem Mehl mahlen.

SÜSSE KUCHEN, TARTES UND PIES

10 Butter und Zucker mit den Quirlen des Handrührgeräts in 2–3 Min. cremig schlagen.

11 Ei und Eigelb in einm Schälchen verquirlen, dann unter die Buttercreme rühren.

12 Kirschwasser zugeben, dann Mandeln und Mehl gründlich unter die Masse rühren.

13 Birnen schälen, entkernen und in Spalten schneiden. Spalten mit Zitronensaft beträufeln.

14 Die Mandelcreme mit einem Palettmessser auf dem gekühlten Teigboden verstreichen.

15 Birnen auf der Creme anordnen. Form auf ein Backblech setzen; Tarte 12–15 Min. backen.

16 Ofentemperatur auf 180°C senken. Tarte noch 25–30 Min. backen, bis die Creme fest ist.

17 Die Konfitüre mit Kirschwasser oder Wasser erwärmen, dann durch ein Sieb streichen.

18 Die Tarte abkühlen lassen, dann aus der Form nehmen und mit der Konfitüre glasieren. **AUFBEWAHREN** Möglichst am Backtag essen. Hält sich jedoch luftdicht verpackt 2 Tage.

Tarte-Varianten mit Mandelcreme

Normannische Pfirsichtarte

Wenn Birnen im Sommer noch keine Saison haben, können Sie sie durch reife Pfirsiche ersetzen – und ein köstliches Dessert genießen.

6–8 STÜCKE   40–45 MIN.   37–45 MIN.

Kühlzeit
45 Minuten (Teigzubereitung)

Für 1 Tarteform mit herausnehmbarem Boden (24 cm Ø)
1 süßer Teigboden (siehe S. 286, Schritte 1–8)
125 g gehäutete Mandeln
125 g weiche Butter
100 g Zucker
1 Ei
1 Eigelb
1 EL Kirschwasser, plus 2–3 EL zum Glasieren
2 EL Mehl, gesiebt
1 kg reife Pfirsiche
150 g Aprikosenkonfitüre

1 Den Teigboden herstellen. Den Backofen auf 200 °C vorheizen; ein Backblech darin (unten) erhitzen. Die Mandeln sehr fein mahlen. Butter und Zucker schaumig schlagen. Ei und Eigelb, dann 1 EL Kirschwasser, Mandeln und Mehl unterrühren. Die Creme auf dem Teigboden in der Form verteilen.

2 Die Pfirsiche 10 Sekunden mit kochendem Wasser überbrühen, dann kalt abschrecken. Die Früchte halbieren, entsteinen und schälen. Die Hälften in Spalten schneiden und auf die Mandelcreme setzen.

3 Die Form auf das heiße Blech stellen. Die Tarte im heißen Ofen (Mitte) erst 12–15 Minuten backen, dann bei 180 °C 25–30 Minuten weiterbacken, bis die Creme aufgegangen und gestockt ist. Die Tarte herausnehmen und abkühlen lassen.

4 Für die Glasur die Konfitüre mit den 2–3 EL Kirschwasser in einem Topf zum Schmelzen bringen; durch ein feines Sieb streichen. Die Tarte aus der Form nehmen und mit der Glasur bestreichen.

Profitipp
Die köstliche Mandelcreme (Frangipane) harmoniert besonders gut mit Steinobst wie Pfirsichen, Nektarinen, Kirschen und Zwetschgen. Probieren Sie die Tarte aber auch mit Äpfeln, Himbeeren oder Stachelbeeren – diese Geschmackskombination wird Sie ebenfalls begeistern.

Pflaumen-Mandel-Tarte

Trockenpflaumen und Weinbrand sind in der französischen Küche eine klassische Kombination; sie passen sehr gut zum Mandelaroma der Frangipane-Creme.

8 STÜCKE   20 MIN.   45 MIN.

Kühlzeit
30 Minuten

Für 1 Tarteform mit herausnehmbarem Boden (24 cm Ø)
175 g Mehl, plus mehr zum Arbeiten
1 EL Zucker
80 g kalte Butter
1 kleines Ei
getrocknete Hülsenfrüchte zum Blindbacken

Für die Füllung
200 g Trockenpflaumen (ohne Steine)
2 EL Weinbrand
100 g gehobelte Mandeln, geröstet
80 g Zucker
2 Eier, 1 Eigelb
1 EL abgeriebene Schale von 1 Bio-Orange
einige Tropfen Bittermandelaroma
30 g weiche Butter, 125 g Crème fraîche

1 Mehl, Butter und Zucker mit den Händen oder in der Küchenmaschine zu einer krümeligen Masse verarbeiten. Das Ei hinzufügen und alles verkneten. Den Teig auf einer bemehlten Arbeitsfläche ausrollen und die Form damit auskleiden; überstehenden Teig abschneiden. Die mit Teig ausgekleidete Form für mindestens 30 Minuten kalt stellen.

2 Den Backofen auf 190 °C vorheizen. Den Teigboden mit Backpapier bedecken und mit Hülsenfrüchten beschweren. Im heißen Ofen (Mitte) 10 Minuten backen. Papier und Hülsenfrüchte entfernen und den Boden weitere 5 Minuten backen. Auf einem Gitter abkühlen lassen.

3 Die Ofentemperatur auf 180 °C reduzieren. Die Trockenpflaumen in einem Topf mit Wasser bedecken und den Weinbrand hinzufügen. 5 Minuten köcheln lassen, dann vom Herd nehmen. 50 g gehobelte Mandeln mit dem Zucker in der Küchenmaschine fein mahlen. Eier, Eigelb, Orangenschale, Mandelaroma, Butter und Crème fraîche dazugeben und alles zu einer weichen Masse verarbeiten.

4 Die Pflaumen abgießen; große Exemplare halbieren. Die Mandelcreme gleichmäßig auf dem Teigboden verteilen, darauf die Pflaumen setzen. Die restlichen gehobelten Mandeln darauf verteilen und den Kuchen im Ofen 30 Minuten backen, bis die Creme gerade fest ist.

AUFBEWAHREN Diese Tarte schmeckt am besten am Backtag. Sie können sie aber auch luftdicht verpackt bis zu 2 Tage aufbewahren.

Mandel-Pfirsich-Tarte

Mit Fertigteig ist diese einfache Tarte noch schneller zubereitet.

| 8 STÜCKE | 20 MIN. | 30 MIN. | MAX. 8 WOCHEN |

Kühlzeit
1 Stunde (Teigzubereitung)

Für 1 rechteckige Tarteform mit herausnehmbarem Boden (12 x 36 cm)
300 g Mürbeteig (Fertigprodukt oder siehe S. 290, Schritt 1)
100 g weiche Butter
100 g Zucker
2 große Eier
25 g Mehl, gesiebt, plus mehr zum Arbeiten
100 g gemahlene Mandeln
4 Pfirsiche, halbiert und entsteint
Puderzucker zum Bestäuben

1 Den Backofen auf 200 °C vorheizen, dabei ein Backblech im Ofen heiß werden lassen. Den Teig auf einer leicht bemehlten Arbeitsfläche etwa 5 mm dünn ausrollen und die Form damit auskleiden. Überstehende Teigränder abschneiden.

2 Butter und Zucker schaumig schlagen, die Eier unterrühren. Mehl und gemahlene Mandeln unterrühren und die Masse in die Form füllen. Die Pfirsiche mit den Schnittflächen nach unten hineindrücken.

3 Die Form auf das heiße Blech stellen und die Tarte im Ofen (Mitte) 30 Minuten backen, bis sie goldbraun und durchgebacken ist.

4 Aus dem Ofen nehmen und einige Minuten in der Form abkühlen lassen, dann auf ein Kuchengitter heben und vollständig abkühlen lassen; oder warm servieren. Vor dem Servieren mit Puderzucker bestäuben.

AUFBEWAHREN Diese Tarte schmeckt am besten am Backtag. Sie können sie luftdichtverpackt aber auch bis zu 2 Tage aufbewahren.

TARTE-VARIANTEN MIT MANDELCREME

Mandelkuchen englische Art

Diese elegante Version des Teatime-Klassikers »Bakewell Tart« können Sie auch warm mit Schlagsahne als Dessert servieren.

| 6–8 STÜCKE | 30 MIN. | 60–65 MIN. | MAX. 12 WOCHEN (BODEN) |

Kühlzeit
1 Stunde

Für 1 Tarteform mit herausnehmbarem Boden (22 cm Ø)
150 g Mehl, gesiebt, plus mehr zum Arbeiten
100 g kalte Butter, gewürfelt
50 g Zucker
abgeriebene Schale von ½ Bio-Zitrone
1 Eigelb
1 Päckchen Vanillezucker
getrocknete Hülsenfrüchte zum Blindbacken

Für die Füllung
125 g weiche Butter
125 g Zucker
3 große Eier
einige Tropfen Bittermandelaroma
125 g gemahlene Mandeln
150 g Himbeerkonfitüre
25 g gehobelte Mandeln
Puderzucker zum Bestäuben

1 Mehl und Butter mit den Fingern oder in der Küchenmaschine in kurzen Intervallen zu Streuseln reiben. Zucker und Zitronenschale untermischen. Das Eigelb mit dem Vanillezucker verquirlen und mit der Krümelmasse zu einem geschmeidigen Teig kneten. Falls nötig, etwas Wasser hinzufügen. Den Teig in Frischhaltefolie wickeln und für 1 Stunde kalt stellen.

2 Den Backofen auf 180 °C vorheizen. Den Teig auf einer bemehlten Arbeitsfläche etwa 3 mm dünn ausrollen. So dünn ist der Teig sehr brüchig; notfalls wieder zusammenschieben und mit der Hand glatt drücken.

3 Die Form mit dem Teig auskleiden und dabei einen Teigrand von etwa 2 cm überstehen lassen. Den Teigboden mehrmals mit einer Gabel einstechen, dann mit Backpapier bedecken und darauf Hülsenfrüchte verteilen.

4 Die Form auf ein Blech setzen und den Teig im heißen Ofen 20 Minuten backen. Dann Hülsenfrüchte und Papier entfernen und den Boden weitere 5 Minuten backen, falls die Mitte noch nicht gar ist. Herausnehmen, den Ofen eingeschaltet lassen.

5 Für die Füllung Butter und Zucker schaumig rühren. Eier und Mandelaroma unterrühren, die gemahlenen Mandeln unterheben und alles zu einer dicken Masse verrühren.

6 Die Himbeerkonfitüre auf dem gebackenen Teigboden verteilen und die Mandelcreme mit einem Palettmesser gleichmäßig daraufstreichen. Die gehobelten Mandeln darüberstreuen.

7 Die Tarte im heißen Ofen (Mitte) in 40 Minuten goldbraun backen. Aus dem Ofen nehmen und 5 Minuten abkühlen lassen, dann die überstehenden Teigränder abschneiden (siehe Profitipp). Die Tarte vollständig abkühlen lassen und mit Puderzucker bestäubt servieren.

AUFBEWAHREN Diese Tarte kann man luftdicht verpackt 2 Tage aufbewahren.

VORBEREITEN Der gebackene, ungefüllte Teigboden kann luftdicht verpackt 3 Tage bzw. tiefgekühlt 12 Wochen aufbewahrt werden.

Profitipp
Die Tarte sieht wie vom Konditor aus, wenn Sie den Teigrand stehen lassen und erst nach dem Backen abschneiden. Dafür das Messer von der Tarte weg nach außen führen, so fallen keine Krümel auf den Kuchen.

Erdbeerkuchen

Wenn Sie den Dreh für diesen Obstkuchen raushaben, können Sie ihn mit jedem anderen Obst backen.

6–8 STÜCKE | **40 MIN.** | **25 MIN.** | **12 WOCHEN (TARTEBODEN)**

Kühlzeit
1 Stunde

Für 1 Tarteform mit herausnehmbarem Boden (22 cm Ø)

Für den Teig
150 g Mehl, plus mehr zum
  Arbeiten
100 g kalte Butter, in Würfel
  geschnitten

50 g Zucker
1 Päckchen Vanillezucker
1 Eigelb
Bohnen zum Blindbacken
6 EL rotes Johannisbeergelee
  zum Bestreichen
300 g Erdbeeren, in dicke Scheiben
  geschnitten

Für die Konditorcreme
80 g Zucker
2 Päckchen Vanillezucker
50 g Speisestärke
2 Eier
400 ml Milch

1 Mehl, Butter, Zucker und Vanillezucker mischen, bis ein bröseliger Teig entsteht.

2 Das Eigelb zu der bröseligen Mischung geben.

3 Alles zu einem glatten Teig verkneten; evtl. Wasser zufügen. In Folie wickeln; 1 Std. kühlen.

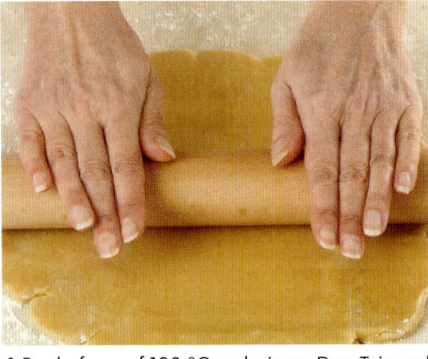

4 Backofen auf 180 °C vorheizen. Den Teig auf bemehlter Fläche 3 mm dick ausrollen.

5 Falls der Teig brüchig wird, diesen zusammenschieben und weiter ausrollen.

6 Die Form mit dem Teig auskleiden, dabei den Teig 2 cm über den Rand hängen lassen.

7 Teig, der mehr als 2 cm über den Rand hängt, mit der Küchenschere abschneiden.

8 Den Teigboden mit einer Gabel einstechen, damit sich beim Backen keine Blasen bilden.

9 Den Teigboden und -rand mit einem Bogen Backpapier belegen.

10 Bohnen auf Papier geben. Form auf ein Backblech stellen; Teigboden 20 Min. backen.

11 Bohnen und Papier entfernen; Boden noch 5 Min. backen. Rand gerade schneiden.

12 Gelee mit 1 EL Wasser erwärmen. Boden mit etwas davon bestreichen; abkühlen lassen.

13 Für die Konditorcreme Zucker, Vanillezucker, Stärke und Eier in einer Schüssel verrühren.

14 Milch zum Kochen bringen. Vom Herd nehmen, sobald sie aufzukochen beginnt.

15 Die heiße Milch unter Schlagen mit dem Schneebesen zur Eiermischung gießen.

16 Die Creme in den Topf gießen; unter Rühren bei mittlerer Hitze zum Kochen bringen.

17 Sobald die Creme andickt, noch 2–3 Min. bei schwacher Hitze köcheln lassen.

18 In eine Schüssel umfüllen, mit Frischhaltefolie bedecken und ganz abkühlen lassen.

19 Konditorcreme durchschlagen; auf den Kuchenboden streichen. Mit Erdbeeren belegen.

20 Gelee nochmals erwärmen und die Beeren damit bestreichen. Fest werden lassen.

21 Aus der Form nehmen. **AUFBEWAHREN** Frisch servieren; evtl. über Nacht kühl lagern.

Tarte-Varianten mit Konditorcreme

Himbeertarte mit Schokocreme

Ein Obstkuchen mit besonderer Raffinesse: Die Konditorcreme wird mit Schokolade zubereitet und der Mürbeteig-boden zusätzlich mit Schokolade bestrichen – eine perfekte Grundlage für frische Himbeeren.

6–8 STÜCKE | 40 MIN. | 20–25 MIN. | MAX. 12 WOCHEN (BODEN)

Kühlzeit
1 Stunde

Für 1 Tarteform mit herausnehmbarem Boden (22 cm Ø)
130 g Mehl, plus mehr zum Arbeiten
20 g Kakaopulver
100 g kalte Butter, gewürfelt
150 g Zucker
1 Eigelb
50 g Speisestärke, gesiebt
2 Eier
2 Päckchen Vanillezucker
500 ml Milch
150 g Bitterschokolade, zerkleinert
400 g Himbeeren
getrocknete Hülsenfrüchte zum Backen
Puderzucker zum Bestäuben

1 Mehl, Kakaopulver und Butter zu Streuseln reiben. 50 g Zucker untermischen. Das Ei-gelb mit 1 Päckchen Vanillezucker verquir-len und zu den Streuseln geben; alles zu einem geschmeidigen Teig verarbeiten. Ist der Teig zu fest, etwas Wasser hinzufügen. Den Teig in Frischhaltefolie wickeln und für 1 Stunde kalt stellen.

2 Den Backofen auf 180 °C vorheizen. Den Teig 3 mm dünn ausrollen und die Form damit auskleiden; 2 cm Teig über die Form hängen lassen. Den Teigboden mit einer Gabel mehrmals einstechen.

3 Das Backpapier auf den Teig legen und Hülsenfrüchte darauf verteilen. Die Form auf ein Blech setzen und den Teig im heißen Ofen (Mitte) 20 Minuten backen. Hülsen-früchte und Papier entfernen und den Boden weitere 5 Minuten backen. Überstehenden Teig abschneiden.

4 Für die Konditorcreme die restlichen 100 g Zucker, die Speisestärke, die Eier und 1 Päckchen Vanillezucker verrühren. Die Milch und 100 g Schokolade in einem Topf unter ständigem Rühren zum Kochen bringen. Sobald die Milch aufwallt, den Topf vom Herd nehmen und die Milch unter die Eiermasse schlagen.

5 Die Masse zurück in den gereinigten Topf geben und bei mittlerer Hitze unter Rühren zum Kochen bringen. Sobald sie andickt, noch 2–3 Minuten unter Rühren köcheln lassen. In eine Schüssel füllen; Frischhalte-folie auf die Creme legen, damit sich keine Haut darauf bildet. Abkühlen lassen.

6 Restliche Schokolade über dem heißen Wasserbad schmelzen; auf den Kuchen-boden streichen. Die kalte Konditorcreme aufschlagen und darauf verteilen. Mit Him-beeren belegen. Tarte aus der Form neh-men; mit Puderzucker bestäuben.

Obsttörtchen

Hier passen alle Früchte wunderbar
– wählen Sie nach Saison aus.

8 STÜCK	40–45 MIN.	11–13 MIN.	MAX. 12 WOCHEN (BODEN)

Kühlzeit
1 Stunde

Für 4 Tartelettförmchen (10 cm Ø)
175 g Mehl, plus mehr zum Arbeiten
4 Eigelb
100 g Zucker
1 Prise Salz
1 Päckchen Vanillezucker
100 g Butter, gewürfelt, plus mehr für die Formen

Für die Füllung
375 ml Milch
1 aufgeschlitzte Vanilleschote oder
   2 Päckchen Vanillezucker
5 Eigelb
60 g Zucker
30 g Mehl
500 g gemischtes Obst der Saison (z. B. Kiwi,
   Himbeeren, Trauben, Pfirsiche)
etwa 200 g Aprikosen- oder Johannisbeergelee
   zum Glasieren

1 Das Mehl auf die Arbeitsfläche sieben und in der Mitte eine Mulde formen. Eigelbe, Zucker, Salz, Vanillezucker und Butter hineingeben und mit den Händen locker mischen, dann mit dem Mehl zu groben Streuseln verarbeiten. Anschließend alles rasch zu einem geschmeidigen Teig kneten. Diesen in Frischhaltefolie wickeln und für 30 Minuten kalt stellen.

2 Für die Füllung die Milch mit Vanilleschote oder Vanillezucker aufkochen. Vom Herd nehmen und zugedeckt 10–15 Minuten ziehen lassen. In einer Schüssel die Eigelbe mit Zucker und Mehl verrühren, dann die heiße Milch unterrühren. Die Masse zurück in den gereinigten Topf geben und bei schwacher Hitze unter ständigem Rühren aufkochen lassen, bis sie eindickt. Noch 2 Minuten köcheln lassen.

3 Die Creme in eine Schüssel füllen und, falls nötig, die Vanilleschote entfernen. Frischhaltefolie auf die Creme legen, damit sich keine Haut auf der Oberfläche bildet. Die Creme abkühlen lassen.

4 Inzwischen die Tartelettformen fetten. Den Teig auf einer leicht bemehlten Arbeitsfläche 3 mm dünn ausrollen. Die Formen so eng zusammenschieben, dass sie sich berühren. Den Teig locker um die Teigrolle legen und über den Formen ausbreiten, dass alle bedeckt sind. Mit der Rolle über den Teig rollen, um ihn so in die Formen zu drücken. Überstehenden Teig entfernen. Die Tartelettformen auf ein Blech setzen und die Teigböden mit einer Gabel mehrmals einstechen. 30 Minuten kalt stellen.

5 Den Backofen auf 200 °C vorheizen. Jeden Teigboden mit Alufolie bedecken und diese fest auf den Teig drücken. Die Törtchen im heißen Ofen (Mitte) 6–8 Minuten backen. Anschließend die Folie entfernen und die Tortenböden weitere 5 Minuten backen. Aus dem Ofen nehmen, auf einem Kuchengitter abkühlen lassen, dann aus den Formen stürzen.

6 Das Obst schälen und zerkleinern. Konfitüre bzw. Gelee mit 2–3 EL Wasser in einem kleinen Topf erwärmen und durch ein feines Sieb streichen. Die Tartelettböden mit Konfitüre oder Gelee bestreichen. Jeweils halb mit der Creme füllen und diese mit einem Löffelrücken glatt streichen. Das Obst auf der Creme verteilen und mit der restlichen Glasur bestreichen.

Profitipp
Konditorcreme oder Crème pâtissière ist ausgesprochen vielseitig. Haben Sie den Dreh für die Zubereitung erst einmal raus, können Sie mit der Creme gut Eindruck machen. Sie wird noch lockerer, wenn Sie 100 g geschlagene Sahne unter die abgekühlte Creme ziehen.

Apfeltarte

Für diesen französischen Klassiker brauchen Sie zwei Apfelsorten: mürbe Äpfel zum Kochen von Mus und feste Tafeläpfel für die dünnen Spalten.

| 8 STÜCKE | 20 MIN. | 50–55 MIN. | MAX. 12 WOCHEN (BODEN) |

Kühlzeit
30 Minuten (plus Teigzubereitung)

Für 1 Tarteform mit herausnehmbarem Boden (24 cm Ø)
400 g Mürbeteig (Fertigprodukt, oder siehe S. 300, Schritt 1)
Mehl zum Arbeiten
50 g Butter
800 g Kochäpfel, geschält, entkernt und zerkleinert
125 g Zucker
abgeriebene Schale und Saft von ½ Bio-Zitrone
2 EL Calvados oder Weinbrand
2 Tafeläpfel
2 EL Aprikosenkonfitüre, durch ein Sieb gestrichen
getrocknete Hülsenfrüchte zum Blindbacken

1 Den Teig auf einer bemehlten Arbeitsfläche etwa 3 mm dünn ausrollen und die Form damit auskleiden; dabei einen Rand von mindestens 2 cm überstehen lassen. Den Teigboden mit einer Gabel mehrmals einstechen und in der Form für 30 Minuten kalt stellen.

2 Den Backofen auf 200 °C vorheizen. Den Teigboden mit Backpapier bedecken, Hülsenfrüchte darauf verteilen und den Boden im heißen Ofen (Mitte) 15 Minuten backen. Papier und Hülsenfrüchte entfernen und den Teigboden weitere 5 Minuten backen, bis er hellbraun ist.

3 Inzwischen die Butter in einem Topf zerlassen und die Kochäpfel dazugeben. Die Äpfel zugedeckt bei schwacher Hitze unter gelegentlichem Rühren in 15 Minuten sehr weich kochen.

4 Die weichen Äpfel durch ein Sieb streichen und das Apfelmus zurück in den Topf geben. Den Zucker bis auf 1 EL hineinrühren; Zitronenschale und Calvados oder Weinbrand unterrühren. Das Mus unter ständigem Rühren kochen, bis es eindickt.

5 Das Apfelmus auf dem Tarteboden verteilen. Die Tafeläpfel schälen, entkernen und in dünne Spalten schneiden. Die Spalten auf dem Mus kreisförmig anrichten, mit Zitronensaft bestreichen und mit 1 EL Zucker bestreuen.

6 Die Tarte im heißen Ofen 30–35 Minuten backen, bis die Apfelspalten weich und hell gebräunt sind. Aus dem Ofen nehmen und den überstehenden Teigrand abschneiden (siehe Profitipp S. 290).

7 Die Aprikosenkonfitüre erwärmen und die Tarte damit glasieren. Die warme Tarte in Stücke schneiden und servieren.

AUFBEWAHREN Die gebackene Apfeltarte hält sich luftdicht verpackt 2 Tage frisch.

VORBEREITEN Der gebackene, ungefüllte Tarteboden kann luftdicht verpackt bis zu 3 Tage bzw. tiefgekühlt 12 Wochen aufbewahrt werden.

Profitipp

Mit einer Glasur sieht eine Tarte besonders appetitlich aus. Aprikosenkonfitüre passt gut zu Äpfeln und Birnen, rotes Johannisbeergelee zu einer Tarte mit rotem Obstbelag. Streichen Sie die warme Konfitüre durch ein Haarsieb, um Obststückchen, Kerne oder Klümpchen zu entfernen.

Kürbis-Pie

Diese Variante des amerikanischen Klassikers besticht durch die warmen Aromen von Zimt und Lebkuchengewürz.

| 6–8 STÜCKE | 30 MIN. | 60–65 MIN. | MAX. 12 WOCHEN (BODEN) |

Kühlzeit
1 Stunde

Für 1 Tarteform mit herausnehmbarem Boden (22 cm Ø)
150 g Mehl, plus mehr zum Arbeiten
100 g kalte Butter, gewürfelt
50 g Zucker
1 Eigelb
1 Päckchen Vanillezucker
getrocknete Hülsenfrüchte zum Blindbacken

Für die Füllung
3 Eier
100 g heller Muscovado-Zucker
1 TL gemahlener Zimt
1 TL Lebkuchengewürz
200 g Crème fraîche
350 g geschmorter, pürierter Kürbis (siehe Profitipp)
geschlagene Sahne oder Vanilleeis zum Servieren (nach Belieben)

1 Für den Teig Mehl und Butter mit den Fingern oder in der Küchenmaschine in kurzen Intervallen zu Streuseln reiben. Den Zucker untermischen. Das Eigelb mit dem Vanillezucker verquirlen und mit der Streuselmasse zu einem geschmeidigen Teig verarbeiten. Falls nötig, noch etwas Wasser hinzufügen. Den Teig in Frischhaltefolie wickeln und für 1 Stunde kalt stellen.

2 Den Backofen auf 180 °C vorheizen. Den Teig auf der bemehlten Arbeitsfläche etwa 3 mm dünn ausrollen. So dünn ist der Teig

sehr brüchig; notfalls wieder zusammenschieben und mit der Hand glatt drücken. Die Form mit dem Teig auskleiden und dabei einen Teigrand von etwa 2 cm überstehen lassen. Den Teigboden mehrmals mit einer Gabel einstechen, mit Backpapier bedecken und darauf die Hülsenfrüchte zum Blindbacken verteilen.

3 Die Form auf einem Blech in den Ofen schieben und den Boden 20 Minuten backen. Hülsenfrüchte und Papier entfernen und den Pieboden weitere 5 Minuten backen, falls die Mitte noch nicht gar ist.

4 Für die Füllung die Eier mit Zucker, Gewürzen und Crème fraîche gut verrühren, dann das Kürbispüree dazugeben und alles zu einer glatten Masse rühren. Die Füllung auf den Teigboden geben, die Form auf das Backofengitter setzen und das Gitter in den Ofen (Mitte) schieben.

5 Die Pie im heißen Ofen etwa 40 Minuten backen, bis die Füllung recht fest ist. Aus dem Ofen nehmen und 5 Minuten abkühlen lassen, dann die überstehenden Teigränder abschneiden (siehe Profitipp S. 290). Die Pie in der Form mindestens 15 Minuten abkühlen lassen; anschließend aus der Form nehmen. Warm mit geschlagener Sahne oder Vanilleeis servieren.

AUFBEWAHREN Diese Pie hält sich luftdicht verpackt im Kühlschrank 2 Tage frisch.

VORBEREITEN Der gebackene, ungefüllte Teigboden kann luftdicht verpackt 3 Tage bzw. tiefgekühlt 12 Wochen aufbewahrt werden.

Profitipp
Für das Kürbispüree 350 g frischen Kürbis (z. B. Butternut) schälen, putzen und in Stücke schneiden. In einem Topf mit Wasser bedecken, mit etwas Salz würzen und weich garen. Die Kürbisstücke abgießen, pürieren und vor der Weiterverwendung abkühlen lassen.

Linzer Torte

Der beliebte Klassiker aus Mandelmürbeteig wird hier mit selbst gemachtem Himbeermark gefüllt.

6–8 STÜCKE **30–35 MIN.** **40–45 MIN.**

Kühlzeit
1¼–2¼ Stunden

Für 1 Tarteform mit herausnehmbarem Boden (24 cm Ø)

Für den Teig
125 g Mehl, plus mehr
  zum Arbeiten
175 g gemahlene Mandeln
1 Prise gemahlene Gewürznelken

½ TL gemahlener Zimt
125 g weiche Butter, plus mehr
  für die Form
1 Eigelb
100 g Zucker
¼ TL Salz
abgeriebene Schale von
  1 Bio-Zitrone
Saft von ½ Bio-Zitrone

Für die Füllung und zum Fertigstellen
400 g Himbeeren
125 g Zucker
Puderzucker zum Bestäuben

SÜSSE KUCHEN, TARTES UND PIES

1 Mehl in eine Schüssel sieben. Mandeln, Nelken und Zimt mit dem Mehl mischen.

2 Die übrigen Teigzutaten mit den Händen zu einer weichen Creme verarbeiten.

3 Mehlmischung unterarbeiten, bis ein krümeliger Teig entsteht. Teig zusammendrücken.

4 1–2 Min. auf bemehlter Fläche kneten, bis er geschmeidig ist. In Folie wickeln. 1–2 Std. kühlen.

5 Himbeeren mit Zucker in 10–12 Min. dicklich einköcheln, dann abkühlen lassen.

6 Hälfte der gekochten Beeren mit einem Löffelrücken durch ein feines Sieb streichen.

7 Die restlichen gekochten Beeren untermischen. Die Form fetten.

8 Zwei Drittel des Teigs auf bemehlter Fläche zu einem 28 cm großen Kreis ausrollen.

9 Die Form mit dem Teig auskleiden. Überhängenden Teig abschneiden.

10 Himbeeren auf Teigboden verstreichen. Teigrest zu einem Rechteck (15 x 30 cm) ausrollen.

11 Mit einem Teigrädchen aus dem Rechteck 12 etwa 1 cm breite Streifen schneiden.

12 6 Streifen mit je 2 cm Abstand zueinander auf den Kuchen legen; Kuchen um 45°drehen.

13 Rest-Streifen über die anderen legen. Teigüberhang abschneiden; 4 Streifen schneiden.

14 Teigrand mit Wasser bestreichen; Teigstreifen rundherum darauflegen. 15 Min. kühlen.

15 Ofen auf 190 °C vorheizen. Kuchen 15 Min. backen; bei 180 °C noch 25–30 Min. backen.

16 Die Linzer Torte in der Form auskühlen lassen. Etwa 30 Min. vor dem Servieren dünn mit Puderzucker bestäuben.
AUFBEWAHREN Der Kuchen hält sich luftdicht verpackt 2 Tage frisch; dabei entfaltet sich das Aroma besonders gut.

LINZER TORTE

Varianten von Linzer Torte

Kirsch-Pie

Für diese amerikanische Pie werden die Kirschen für die Füllung in Mehl gewendet, damit der Pie-Boden nicht durchweicht.

8 STÜCKE **40–45 MIN.** **40–45 MIN.**

Kühlzeiten
45 Minuten

Für 1 Pieform (24 cm Ø)
250 g Mehl, plus mehr zum Arbeiten
1 Prise Salz
125 g kaltes Schweineschmalz oder Margarine
75 g kalte Butter

Für die Füllung
500 g Kirschen, entsteint
200 g Zucker
40 g Mehl
einige Tropfen Bittermandelaroma (nach Belieben)
1 Ei
1 Messerspitze Salz

1 Mehl und Salz in eine Schüssel sieben. Schmalz und Butter würfeln, zum Mehl geben und alles mit den Fingern zu Streuseln reiben. 3 EL Wasser dazugeben und alles verkneten. Den Teig zu einer Kugel formen, in Frischhaltefolie wickeln und für 30 Minuten kalt stellen. Den Backofen auf 200 °C vorheizen und ein Blech hineinschieben. Zwei Drittel des Teigs auf einer bemehlten Arbeitsfläche ausrollen, die Form damit auskleiden und für 15 Minuten kalt stellen.

2 Die Kirschen in einer Schüssel mit Zucker, Mehl und Mandelaroma (nach Belieben) verrühren. Anschließend die Kirschmischung auf dem Teigboden verteilen.

3 Den restlichen Teig zu einem Rechteck ausrollen und in acht Streifen (je 1 cm breit) schneiden. Die Streifen als Gitter auf die Kirschfüllung legen; überstehende Ränder abschneiden.

4 Das Ei mit Salz verquirlen und damit das Teiggitter bestreichen. Die Pie im heißen Ofen (Mitte) 40–45 Minuten backen, bis sie goldgelb ist. Mit Raumtemperatur oder gekühlt servieren.

AUFBEWAHREN Diese Pie hält sich luftdicht verpackt 2 Tage frisch; am besten schmeckt sie aber frisch.

Crostata di marmellata

Diese italienische Tarte ist im Nu zubereitet.

6–8 STÜCKE **30 MIN.** **50 MIN.** **MAX. 12 WOCHEN (BODEN)**

Kühlzeit
1 Stunde

Für 1 Tarteform mit herausnehmbarem Boden (22 cm Ø)
200 g Mehl, plus mehr zum Arbeiten
100 g kalte Butter, gewürfelt
50 g Zucker
1 Eigelb
1 verquirltes Ei zum Bestreichen
2 EL Milch, plus mehr, falls nötig
1 Päckchen Vanillezucker
450 g Himbeer-, Kirsch- oder Aprikosenkonfitüre
getrocknete Hülsenfrüchte zum Blindbacken

1 Mehl und Butter mit den Fingern zu feinen Streuseln reiben. Den Zucker untermischen. Das Eigelb mit Milch und Vanillezucker verrühren und dazugeben; alles zu einem geschmeidigen Teig verarbeiten. Falls der Teig zu trocken ist, noch 1 EL Milch hinzufügen. Den Teig in Frischhaltefolie wickeln und für 1 Stunde kalt stellen.

2 Den Backofen auf 180 °C vorheizen. Den Teig auf einer gut bemehlten Arbeitsfläche 3 mm dünn ausrollen. So dünn ist der Teig sehr brüchig; notfalls wieder zusammenschieben und mit der Hand glatt drücken. Die Form mit dem Teig auskleiden und dabei einen Teigrand von etwa 2 cm überstehen lassen; überstehenden Teig abschneiden. Den Teigboden mehrmals mit einer Gabel einstechen. Den restlichen Teig im Kühlschrank aufbewahren.

3 Den Teigboden mit Backpapier bedecken und Hülsenfrüchte darauf verteilen. Die Form auf einem Blech in den heißen Ofen schieben und den Boden 20 Minuten backen. Hülsenfrüchte und Papier entfernen und den Boden eventuell noch weitere 5 Minuten backen.

4 Die Ofentemperatur auf 200 °C erhöhen. Die Konfitüre 1–2 cm dick auf dem Teigboden verstreichen. Den restlichen Teig zu einem 3 mm dünnen Rechteck ausrollen, das länger ist als der Durchmesser der Tarte. Daraus 12 Streifen (je 1 cm breit) ausschneiden und im Gittermuster auf die Füllung legen.

5 Das Teiggitter mit dem verquirlten Ei bestreichen. Die Tarte im heißen Ofen weitere 20–25 Minuten backen, bis sich der Teig goldbraun färbt. Heiß oder lauwarm servieren.

AUFBEWAHREN Diese Tarte hält sich luftdicht verpackt 2 Tage frisch.

Pfirsich-Pie

Nicht ganz so berühmt wie die Kirsch-Pie, aber genauso köstlich. Dieser amerikanische Klassiker ist ein wunderbares Sommerdessert!

8 STÜCKE   40–45 MIN.   40–45 MIN.

Kühlzeit
1 Stunde (Teigzubereitung)

Für 1 Pieform (24 cm Ø)
1 Teigboden in der Form und Teigreste (siehe Rezept Kirsch-Pie, S. 304, Schritt 1)
4–5 reife Pfirsche
30 g Mehl
150 g Hagelzucker
1 Prise Salz
1–2 EL Zitronensaft (nach Belieben)

Für die Glasur
1 Ei
1 Messerspitze Salz

1 Die Pfirsiche mit kochendem Wasser übergießen, 10 Sekunden ziehen lassen, dann kalt abschrecken. Die Steine entfernen und die Haut abziehen. Die Pfirsichhälften in 1 cm dicke Scheiben schneiden und in eine Schüssel geben.

2 Die Pfirsiche mit Mehl, Zucker und Salz bestreuen und mit Zitronensaft (nach Belieben) beträufeln. Die Pfirsiche behutsam mischen und samt Saft auf dem Teigboden in der Form verteilen.

3 Restlichen Teig in Streifen schneiden und gitterförmig auf die Pie legen (siehe Rezept Kirsch-Pie, Seite 304, Schritt 3). Ei mit Salz verrühren und die Pie damit bestreichen.

4 Die Pie im heißen Ofen 40–45 Minuten backen, bis sie goldbraun ist und die Pfirsiche weich sind. Warm servieren.

AUFBEWAHREN Diese Pie schmeckt am besten frisch; Sie können sie aber auch luftdicht verpackt bis zu 2 Tage aufbewahren.

Pekannuss-Pie

Eine süße, knuspige Pie aus dem Süden der USA, wo Pekannüsse angebaut und geerntet werden.

6–8 STÜCKE   **15 MIN.**   **1½ STD.**   **MAX. 12 WOCHEN (BODEN)**

Kühlzeit
1 Stunde

Für 1 Tarteform mit herausnehmbarem Boden (22 cm Ø)
150 g Mehl, plus mehr zum Arbeiten
100 g kalte Butter, gewürfelt
50 g Zucker
1 Eigelb
1 Päckchen Vanillezucker
getrocknete Hülsenfrüchte zum Blindbacken
Crème fraîche oder geschlagene Sahne zum Servieren

Für die Füllung
150 g Ahornsirup
60 g Butter
175 g heller Muscovado-Zucker
1 TL Vanillezucker
1 Prise Salz
3 Eier
200 g Pekannusskerne

1 Mehl und Butter mit den Fingern oder in der Küchenmaschine in kurzen Intervallen zu Streuseln reiben. Zucker untermischen. Das Eigelb mit dem Vanillezucker verquirlen und mit der Streuselmasse zu einem geschmeidigen Teig vermengen. Falls nötig, noch etwas Wasser hinzufügen. Den Teig in Frischhaltefolie wickeln und für 1 Stunde kalt stellen. Den Backofen auf 180 °C vorheizen.

2 Den Teig auf einer gut bemehlten Arbeitsfläche etwa 3 mm dünn ausrollen. So dünn ist der Teig sehr brüchig; notfalls wieder zusammenschieben und mit der Hand glatt drücken. Die Form mit dem Teig auskleiden und dabei einen Teigrand von etwa 2 cm überstehen lassen. Den Teigboden mehrmals mit einer Gabel einstechen.

3 Den Teigboden mit Backpapier bedecken und darauf Hülsenfrüchte verteilen. Die Form auf einem Blech in den Ofen schieben und den Teig 20 Minuten backen. Hülsenfrüchte und Papier entfernen und den Boden weitere 5 Minuten backen, falls die Mitte noch nicht gar ist.

4 Für die Füllung den Ahornsirup mit Butter, Zucker, Vanillezucker und Salz bei schwacher Hitze unter ständigem Rühren erwärmen, bis die Butter geschmolzen ist und sich der Zucker aufgelöst hat. Den Topf vom Herd nehmen und die Mischung lauwarm abkühlen lassen. Dann nacheinander die Eier unterschlagen. Anschließend die Pekannüsse unterheben und die Füllung auf dem Teigboden verteilen.

5 Die Pie im heißen Ofen 40–50 Minuten backen, bis die Füllung gerade fest ist. Falls sie zu schnell bräunt, mit einem Stück Alufolie abdecken. Die Pie aus dem Ofen nehmen und in der Form auf einem Kuchengitter 15–20 Minuten abkühlen lassen. Dann aus der Form lösen und warm oder vollständig abgekühlt servieren. Dazu Crème fraîche oder geschlagene Sahne reichen.

AUFBEWAHREN Diese Pie hält sich luftdicht verpackt 2 Tage frisch.

VORBEREITEN Der gebackene, ungefüllte Teigboden kann luftdicht verpackt 3 Tage bzw. tiefgekühlt 12 Wochen aufbewahrt werden.

Profitipp
Kaufen Sie möglichst nur so viele Nusskerne, wie Sie benötigen. Aufgrund ihres hohen Fettgehalts werden sie schnell ranzig – und schon eine ranzige Nuss kann den ganzen Kuchen verderben. Ganze Nüsse (also Nüsse in der Schale) sind länger haltbar.

Treacle Tart

Dieser englische Tarte-Klassiker mit Zuckersirupbelag ist beliebt bei Jung und Alt. Mit Sahne und Eiern wird der Belag noch raffinierter.

6–8 STÜCKE	30 MIN.	50–55 MIN.	MAX 12 WOCHEN (BODEN)

Kühlzeit
1 Stunde

Für 1 Tarteform mit herausnehmbarem Boden (22 cm Ø)
150 g Mehl, plus mehr zum Arbeiten
100 g kalte Butter, gewürfelt
50 g Zucker
1 Eigelb
1 Päckchen Vanillezucker
getrocknete Hülsenfrüchte zum Blindbacken

Für die Füllung
200 ml heller Zuckersirup (Golden Syrup)
200 g Sahne
2 Eier
abgeriebene Schale von 1 Bio-Orange
100 g Brioche oder Croissant, zerbröselt
geschlagene Sahne oder Eis zum Servieren

1 Mehl und Butter mit den Fingern oder in der Küchenmaschine zu Streuseln reiben. Den Zucker untermischen. Das Eigelb mit dem Vanillezucker verquirlen und mit der Streuselmasse zu einem geschmeidigen Teig verarbeiten. Falls nötig, noch etwas Wasser hinzufügen. Den Teig in Frischhaltefolie wickeln und für 1 Stunde kalt stellen. Den Backofen auf 180 °C vorheizen.

2 Den Teig auf einer gut bemehlten Arbeitsfläche etwa 3 mm dünn ausrollen. So dünn ist der Teig sehr brüchig; notfalls wieder zusammenschieben und mit der Hand glatt drücken. Anschließend die Form mit dem Teig auskleiden und dabei einen Teigrand

von 2 cm überstehen lassen. Den Teigboden mehrmals mit einer Gabel einstechen.

3 Den Teigboden mit Backpapier bedecken und Hülsenfrüchte darauf verteilen. Die Form auf einem Blech in den Ofen schieben und den Teig 20 Minuten blindbacken. Hülsenfrüchte und Papier entfernen und den Boden weitere 5 Minuten backen, falls die Mitte noch nicht gar ist. Herausnehmen; die Ofentemperatur auf 170 °C reduzieren.

4 Für die Füllung den Sirup, die Sahne, die Eier und die Orangenschale in einer Schüssel mit den Quirlen des Handrührgeräts verrühren. Behutsam die Brioche-Krümel unterheben.

5 Die Tarteform auf ein Blech setzen. Die Füllung auf dem Teigboden verteilen und das Blech auf ein Backofengitter in den Ofen schieben.

6 Die Tarte im heißen Ofen (Mitte) 30 Minuten backen, bis die Füllung gerade fest ist; sie soll aber noch keine Blasen werfen. Die Tarte aus dem Ofen nehmen, die Teigränder abschneiden (siehe Profitipp S. 290) und den Kuchen in der Form mindestens 15 Minuten abkühlen lassen. Anschließend aus der Form lösen und warm mit geschlagener Sahne oder Eis servieren.

AUFBEWAHREN Diese Pie hält sich luftdicht verpackt 2 Tage frisch.

VORBEREITEN Der gebackene, ungefüllte Teigboden kann luftdicht verpackt 3 Tage bzw. tiefgekühlt 12 Wochen aufbewahrt werden.

Profitipp

Eine traditionelle Treacle Tart besteht nur aus dem Teigboden sowie einer meist festen und eher zähen Füllung aus Zuckersirup und Semmelbröseln. In diesem Rezept werden für die Füllung zusätzlich Sahne und Eier verwendet, was sie cremiger und luftiger macht.

Tarte Tatin

Die berühmte Apfeltarte, die »kopfüber« gebacken wird, erfanden im 19. Jahrhundert die Schwestern Tatin.

8 STÜCKE · **45–50 MIN.** · **20–25 MIN.**

Kühlzeit
30 Minuten

Für 1 ofenfeste Pfanne oder 1 Tatin-Form (24 cm Ø)
175 g Mehl, plus mehr zum Arbeiten
2 Eigelb
1½ EL Zucker
1 Prise Salz
75 g weiche Butter

Für die Füllung
1,2 kg Äpfel
1 Zitrone
75 g Butter
100 g Zucker
Crème fraîche zum Servieren (nach Belieben)

1 Für den Teig das Mehl in eine Schüssel sieben; eine Vertiefung in die Mitte drücken.

2 Eigelbe, Zucker und Salz in die Vertiefung geben. Butter und 1 EL Wasser hinzufügen.

3 Zuerst die Zutaten in der Mitte mit den Fingerspitzen vermengen.

4 Das Mehl unterarbeiten, bis ein bröseliger Teig entsteht; zur Kugel zusammendrücken.

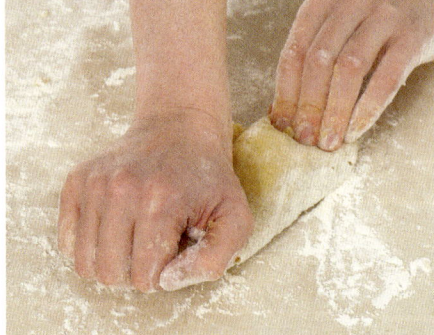

5 Den Teig auf der bemehlten Arbeitsfläche 2 Min. kneten, bis er glatt und weich ist.

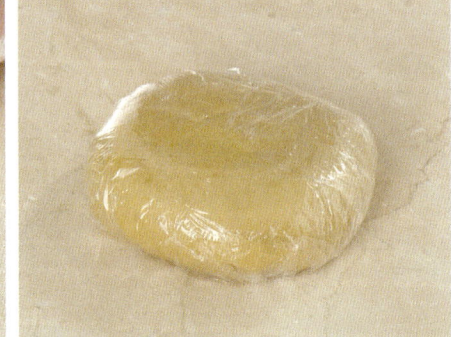

6 Teig zur Kugel formen, flach drücken und in Folie wickeln. 30 Min. kühlen, bis er hart ist.

7 Für die Füllung die Äpfel schälen, dann halbieren und entkernen.

8 Zitrone halbieren. Die Apfelhälften damit abreiben, damit sie sich nicht verfärben.

9 Die Butter in der Pfanne oder Form zerlassen. Zucker dazugeben und alles verrühren.

10 Bei mittlerer Hitze köcheln, bis der Zucker dunkel karamellisiert ist; immer wieder rühren.

11 Vom Herd nehmen. Lauwarm werden lassen. Die Apfelstücke auf dem Karamell anordnen.

12 Anschließend bei starker Hitze 15–20 Min. karamellisieren, dabei einmal wenden.

13 Vom Herd nehmen. 15 Min. abkühlen lassen. Backofen auf 190 °C vorheizen.

14 Teig rund und 2,5 cm größer als Form oder Pfanne ausrollen. Locker über die Äpfel legen.

15 Am inneren Formrand den Teig nach unten drücken. Tarte in 20–25 Min. goldgelb backen.

16 Etwas abkühlen lassen. Kuchenplatte auf Pfanne oder Form legen, das Ganze umdrehen. Die Äpfel mit Karamell, der sich beim Backen gebildet hat, beträufeln. Mit Crème fraîche servieren.

Varianten der Tarte Tatin

Tarte Tatin mit Birnen

Mit Birnen ist eine Tarte Tatin ebenfalls lecker, die Garzeit auf dem Herd ist jedoch etwas länger als beim Original. Verarbeiten Sie reife, aber feste Birnen. Alexander oder Abate sind eine gute Wahl.

8 STÜCKE | 30 MIN. | 20–25 MIN.

Kühlzeit
30 Minuten

Abkühlzeit
15 Minuten

Für 1 ofenfeste Pfanne oder 1 Tatin-Form (24 cm Ø)
175 g Mehl, plus mehr zum Arbeiten
2 Eigelb
1½ EL Zucker
1 Prise Salz
75 g weiche Butter

Für den Belag
125 g Butter
200 g Zucker
1,5 kg Birnen, geschält, halbiert, entkernt und mit Zitronensaft beträufelt
Crème fraîche zum Servieren (nach Belieben)

1 Für den Teig das Mehl in eine Schüssel sieben; in der Mitte eine Mulde formen. Die Eigelbe, den Zucker und das Salz in die Mulde geben; Butter und 1 EL Wasser hinzufügen und alles in der Mulde mit dem Mehl zu Streuseln reiben.

2 Die Streusel auf einer bemehlten Arbeitsfläche rasch zu einem glatten Teig verkneten. Diesen in Frischhaltefolie wickeln und 30 Minuten kalt stellen, bis er fest ist.

3 Für den Belag die Butter in der Pfanne oder Form zerlassen, den Zucker einrühren und die Mischung bei mittlerer Hitze in 3–5 Minuten unter Rühren zu einer dunkel goldbraunen Masse karamellisieren. Vom Herd nehmen und abkühlen lassen.

4 Birnenhälften mit den Schnittseiten nach unten so in die Pfanne oder Form legen, dass die schmal zulaufenden Enden in die Mitte zeigen. Bei starker Hitze 20–30 Minuten karamellisieren lassen. Die Birnen dabei einmal wenden; sie sollen weich werden, aber ihre Form behalten; der Saft muss größtenteils verdampft sein.

5 Die Pfanne vom Herd nehmen und die Birnen darin 10–15 Minuten abkühlen lassen. Den Backofen auf 190 °C vorheizen. Den Teig zu einem 26–27 cm großen Kreis ausrollen und auf die Pfanne legen. Den Rand außen unter die Birnen schieben. Die Tarte im heißen Ofen (Mitte) 20–25 Minuten backen.

6 Die Pfanne aus dem Ofen nehmen und lauwarm abkühlen lassen. Dann eine Kuchenplatte auf die Pfanne setzen und die Tarte daraufstürzen. Die restliche Karamellmasse aus der Pfanne auf die Tarte träufeln. Mit Crème fraîche servieren.

Profitipp
Birnen geben mehr Saft ab als Äpfel. Deshalb müssen sie länger in dem Karamell garen, bis die ganze Flüssigkeit verdampft ist. Das ist wichtig, damit die Tarte nicht zu feucht wird.

Tarte mit karamellisierten Bananen

Diese Tarte ist so köstlich und einfach zuzubereiten, sodass man sie einfach lieben muss – ein besonderer Hit ist sie bei Kindern.

 6 STÜCKE | 15 MIN. | 30–35 MIN.

Für 1 Tarteform (20 cm Ø)
75 g Butter
150 g heller Zuckersirup (Golden Syrup)
4 Bananen, geschält und in 1 cm dicke Scheiben geschnitten
200 g Blätterteig (Kühlregal, oder siehe S. 178, Schritte 1–9)
Mehl zum Arbeiten
Vanilleeis oder Crème fraîche zum Servieren (nach Belieben)

1 Den Backofen auf 200 °C vorheizen. Butter und Sirup in einem kleinen Topf erhitzen, bis die Butter geschmolzen und eine geschmeidige Masse entstanden ist; dann 1 Minute aufkochen lassen.

2 Die Karamellmasse in die Form geben und die Bananenscheiben darauf verteilen; nach dem Stürzen ist dies die Oberseite der Tarte. Die Form auf ein Blech setzen, in den heißen Ofen schieben. Karamell und Bananen 10 Minuten backen.

3 Inzwischen den Blätterteig auf einer leicht bemehlten Arbeitsfläche zu einem 23 cm großen und 5 mm dicken Kreis ausrollen. Überstehenden Teig abschneiden. Die Form aus dem Ofen nehmen und den Teig auf die karamellisierten Bananen setzen. Die Teigränder mit einem Messergriff (Vorsicht, heiß!) in die Form drücken.

4 Die Tarte in den heißen Ofen schieben und 20–25 Minuten backen, bis sie sich oben goldbraun färbt. Herausnehmen und 5–10 Minuten abkühlen lassen. Danach eine Kuchenplatte auf die Form setzen, alles umdrehen und dadurch die Tarte auf die Platte stürzen. Sofort mit Vanilleeis oder Crème fraîche servieren.

Tarte Tatin mit Pfirsichen

Diese ungewöhnliche Variante ist ein köstliches Sommerdessert. Wählen Sie feste Pfirsiche, die beim Karamellisieren in Form bleiben. Auch Mangoscheiben sind eine feine Alternative.

6 STÜCKE   40–45 MIN.   20–25 MIN.

Kühlzeiten
45 Minuten

Für 1 Springform (26 cm Ø)
3 Eigelb
1 Päckchen Vanillezucker
200 g Mehl, plus mehr zum Arbeiten
60 g Zucker, 1 Prise Salz
100 g Butter, gewürfelt

Für den Belag
200 g Zucker
1 kg Pfirsiche

1 Eigelbe mit Vanillezucker verquirlen. Mehl, Zucker und Salz in einer großen Schüssel mischen und mit den Fingerspitzen die Butter einarbeiten, bis Streusel entstehen. Die Eigelbe hinzufügen und alles zu einem glatten Teig verarbeiten. Den Teig für 30 Minuten kalt stellen.

2 Für die Füllung den Zucker in einem Topf unter gelegentlichem Rühren behutsam erhitzen und zum Schmelzen bringen. Ohne zu rühren aufkochen lassen, bis der Karamell an den Rändern beginnt, sich goldbraun zu färben. Nicht rühren – sonst kristallisiert die Masse. Bei schwacher Hitze weiter köcheln lassen und den Topf ein-, zweimal schwenken, damit die Masse gleichmäßig bräunt. Der Karamell darf nur mittelbraun werden; wird er zu dunkel, bekommt er einen bitteren Geschmack.

3 Den Topf vom Herd nehmen und den Topfboden sofort in eine Schüssel mit kaltem Wasser tauchen, um den Kochprozess zu stoppen. Halten Sie Abstand – es kann spritzen. Anschließend den Karamell auf den Boden der Form gießen. Arbeiten Sie zügig und schwenken Sie die Form, bis der Boden gleichmäßig mit einer dünnen Karamellschicht bedeckt ist. Abkühlen lassen.

4 Die Pfirsiche 10 Sekunden mit kochendem Wasser übergießen, dann kalt abschrecken, halbieren, entsteinen und häuten. Die Hälften längs halbieren und die Viertel dicht an dicht in konzentrischen Kreisen mit der runden Seite nach unten auf die Karamellschicht legen.

5 Teig auf einer dünn bemehlten Arbeitsfläche zu einem Kreis von 28 cm Ø ausrollen, diesen um die Teigrolle legen und auf die Pfirsiche setzen. Die Teigränder unter die Pfirsiche schieben; die Form für 15 Minuten kalt stellen. Backofen auf 200 °C vorheizen.

6 Die Tarte im heißen Ofen 30–35 Minuten backen, herausnehmen und lauwarm abkühlen lassen. Danach eine Kuchenplatte auf die Form setzen und die Tarte daraufstürzen. Die Form vorsichtig abheben und die Tarte sofort servieren.

Tarte mit Eiercreme

Eine zarte, mit Muskat gewürzte Eiercreme auf knusprigem Mürbeteigboden ergibt eine feine Tarte.

8 STÜCKE   **20 MIN.**   **45–50 MIN.**   **12 WOCHEN TARTEBODEN**

Kühlzeit
1 Stunde

**Für 1 Tarteform mit heraus-
nehmbarem Boden (22 cm Ø)**
170 g Mehl, plus mehr zum
 Arbeiten
100 g kalte Butter, in Würfel
 geschnitten50 g Zuckerr
2 Eigelb

½ TL Vanilleextrakt oder 1 Päckchen
 Vanillezucker
getrocknete Hülsenfrüchte zum
 Blindbacken

Für die Füllung
200 ml Milch
150 g Sahne
2 Eier
30 g Zucker
½ TL Vanilleextrakt oder
 1 Päckchen Vanillezucker
¼ TL frisch geriebene Muskatnuss

1 Mehl und Butter in einer Schüssel verrühren, bis sich Brösel bilden. Zucker untermischen.

2 Eigelbe mit der Vanille verschlagen. Diese Mischung zu den trockenen Zutaten geben.

3 Alles zu einem weichen, glatten Teig verkneten; zur Kugel formen und 1 Std. kühlen.

4 Backofen auf 180 °C vorheizen. Auf einer bemehlten Arbeitsfläche 3mm dick ausrollen.

5 Falls der Teig brüchig ist, diesen zusammenschieben und vorsichtig kneten.

6 Form mit dem Teig auskleiden, dabei einen Rand von mind. 2 cm überhängen lassen.

7 Den Teigboden mit einer Gabel einstechen, damit beim Backen keine Blasen enstehen.

8 Mit Backpapier belegen und mit Bohnen beschweren. 20 Min. im Ofen backen.

9 Bohnen und Papier entfernen; Teigboden noch 5 Min. backen. Rand gerade schneiden.

10 Backofentemperatur auf 170 °C senken. Milch und Sahne in einem Topf erhitzen.

11 Die Eier mit Zucker, Vanille und Muskat cremig aufschlagen.

12 Sobald Milch und Sahne aufkochen, diese unter Rühren zur Eiercreme gießen.

13 Die Tarteform auf ein Backblech setzen; so lässt sie sich leichter in den Ofen stellen.

14 Füllung auf den Tarteboden gießen. Tarte auf dem Blech in den Ofen (oben) schieben.

15 Tarte 20–25 Min. backen, bis die Füllung gerade gestockt, in der Mitte aber noch weich ist.

16 Die Tarte aus dem Ofen nehmen und abkühlen lassen. Dann aus der Form nehmen.
AUFBEWAHREN Die Tarte hält sich luftdicht verpackt 1 Tag im Kühlschrank.

Varianten für Tarte mit Eiercreme

Stachelbeertarte

Die herbe Säure der Stachelbeeren, kombiniert mit einem cremigen Eierguss auf leichtem Mürbeteig – ein Sommertraum!

| 6–8 STÜCKE | 30 MIN. | 1 STD. | MAX. 12 WOCHEN (BODEN) |

Kühlzeit
30 Minuten

Für 1 Tarteform mit herausnehmbarem Boden (24 cm Ø)
175 g Mehl
80 g Butter
25 g Zucker
2 Eigelb
getrocknete Hülsenfrüchte zum Blindbacken

Für die Füllung
250 g Sahne
2 Eier
50 g Zucker
400 g Stachelbeeren, Stielansätze entfernt
geschlagene Sahne zum Servieren (nach Belieben)

1 Mehl und Butter mit den Fingern oder in der Küchenmaschine in kurzen Intervallen zu Streuseln reiben. Den Zucker untermischen, die Eigelbe hinzufügen und alles zu einem Teig verarbeiten. Diesen in Frischhaltefolie wickeln und für 30 Minuten kalt stellen. Den Backofen auf 180 °C vorheizen. Für den Eierguss die Sahne mit Eiern und Zucker verrühren; kalt stellen.

2 Den Teig zu einem Kreis ausrollen, der etwas größer als die Form ist. Die Form mit dem Teig auskleiden; den Teig mit Backpapier bedecken und darauf Hülsenfrüchte verteilen. 20 Minuten backen. Hülsenfrüchte und Papier entfernen und den Teigboden weitere 5 Minuten backen, bis er durchgebacken, aber noch sehr hell ist.

3 Den Teigboden aus dem Ofen nehmen und mit Stachelbeeren in einer Schicht belegen. Den Eierguss darübergießen und die Tarte weitere 35 Minuten backen, bis der Guss fest und hellbraun ist. Die Tarte aus dem Ofen nehmen und überstehende Teigränder abschneiden. Etwas abkühlen lassen. Die Tarte aus der Form lösen und noch warm mit geschlagener Sahne servieren.

Flan Nature

Der französische Dessert-Klassiker schmeckt am besten gut gekühlt.

| 6–8 STÜCKE | 20 MIN. | 50–60 MIN. | MAX. 12 WOCHEN (BODEN) |

Für 1 Springform (22 cm Ø)
1 süßer Mürbeteigboden (Fertigprodukt, oder siehe S. 314, Schritte 1–9)
125 g Mehl
125 g Zucker
3 Eier
50 g Butter, zerlassen und abgekühlt
1 Päckchen Vanillezucker
500 ml Milch

1 Den Backofen auf 150 °C vorheizen. Mehl, Zucker, Eier, Butter und Vanillezucker zu einer glatten Paste verrühren. Anschließend die Milch unterrühren.

2 Den Mürbeteigboden in die Form setzen. Die Form auf ein Backblech stellen. Die Milchmischung auf den Mürbeteigboden gießen und das Backblech vorsichtig in den Ofen schieben.

3 Den Flan im heißen Ofen 50–60 Minuten backen, bis die Füllung gerade stockt, aber nicht aufgegangen ist. Die Oberfläche sollte goldbraun sein. Den Flan aus dem Ofen nehmen und überstehende Teigränder abschneiden. Vollständig in der Form abkühlen lassen, dann servieren.

AUFBEWAHREN Dieser Flan hält sich luftdicht verpackt im Kühlschrank 2 Tage frisch.

Tarta di nata

Diese kleinen Cremetörtchen sind eine portugiesische Spezialität.

| 16 STÜCK | 30 MIN. | 20–25 MIN. |

Für 16 Muffinformen

30 g Mehl, plus mehr zum Arbeiten
500 g Blätterteig (Fertigprodukt, oder siehe S. 178, Schritte 1–9)
500 ml Milch
1 Zimtstange
1 großes Stück Schale von 1 Bio-Zitrone
4 Eigelb
100 g Zucker
1 EL Speisestärke

1 Den Backofen auf 220 °C vorheizen. Den Blätterteig auf einer bemehlten Fläche zu einem Rechteck (30 x 40 cm) ausrollen und dieses von einer langen Seite her aufrollen; die Enden sauber abschneiden und die Rolle in 16 gleich große Scheiben schneiden.

2 Die Scheiben jeweils in eine Muffinform legen und mit den Daumen hineindrücken, um die Formen mit dem Teig auszukleiden. Mit einer Gabel die Teigböden mehrmals einstechen. Die Muffinformen in den Kühlschrank stellen.

3 Für die Füllung die Milch mit der Zimtstange und der Zitronenschale in einem Topf erhitzen. Sobald die Milch zu kochen beginnt, den Topf vom Herd nehmen.

4 Die Eigelbe in einer Schüssel mit Zucker, Mehl und Speisestärke zu einer dicken Masse verrühren. Zimtstange und Zitronenschale aus der Milch entfernen; die Milch nach und nach unter ständigem Rühren unter die Eigelbmischung gießen.

5 Die entstandene Creme zurück in den gereinigten Topf geben und bei mittlerer Hitze unter ständigem Rühren eindicken lassen. Vom Herd nehmen.

6 Die Muffinformen zu zwei Dritteln mit Creme füllen und die Törtchen im heißen Ofen (oben) 20–25 Minuten backen, bis die Creme fest ist und zu bräunen beginnt. Aus dem Ofen nehmen und abkühlen lassen. Die Creme sinkt dabei etwas ein, das ist ganz normal. Lauwarm oder kalt verzehren.

AUFBEWAHREN Die Törtchen halten sich luftdicht verpackt 1 Tag frisch.

VORBEREITEN Sowohl die Creme als auch die mit Teig ausgekleideten Förmchen können über Nacht im Kühlschrank aufbewahrt werden.

Französische Zitronentarte

Die klassische »Tarte au Citron« ist üppig und dabei erfrischend; der Tarteboden zergeht auf der Zunge – die säuerlich-cremige Füllung sowieso.

6–8 STÜCKE | **35 MIN.** | **45 MIN.** | **MAX. 12 WOCHEN (BODEN)**

SÜSSE KUCHEN, TARTES UND PIES

Kühlzeiten
1½ Stunden

Für 1 Tarteform mit herausnehmbarem Boden (24 cm Ø)
200 g Mehl, plus mehr zum Arbeiten
100 g kalte Butter
50 g Zucker
1 Ei
getrocknete Hülsenfrüchte zum Blindbacken

Für die Füllung
5 Eier
200 g Zucker
abgeriebene Schale und Saft von 4 Bio-Zitronen
250 g Sahne
Puderzucker zum Bestäuben
Zitronenzesten zum Bestreuen

1 Für den Teig Mehl und Butter mit den Fingern oder in der Küchenmaschine in kurzen Intervallen zu Streuseln reiben. Das Ei hinzufügen und alles zu einem glatten Teig verkneten. Diesen auf einer dünn bemehlten Fläche zu einem großen Kreis ausrollen und die Form damit auskleiden. Für mindestens 30 Minuten kalt stellen.

2 Für die Füllung Eier und Zucker verrühren, die Zitronenschale, den Saft und anschließend die Sahne unterrühren. Für 1 Stunde kalt stellen.

3 Den Backofen auf 190 °C vorheizen. Den Teig mit Backpapier belegen, darauf Hülsenfrüchte verteilen. Im Ofen 10 Minuten blindbacken. Papier und Hülsenfrüchte entfernen und den Teigboden in weiteren 5 Minuten knusprig backen.

4 Die Ofentemperatur auf 140 °C reduzieren. Die Zitronenfüllung auf den Tarteboden gießen (darauf achten, dass sie nicht überläuft) und die Form auf ein Blech setzen. Die Tarte im Ofen 30 Minuten backen, bis die Füllung gerade gestockt ist.

5 Die Tarte aus dem Ofen nehmen und abkühlen lassen. Vor dem Servieren aus der Form lösen, mit Puderzucker bestäuben und mit Zitronenzesten bestreuen.

AUFBEWAHREN Diese Zitronentarte hält sich luftdicht verpackt 2 Tage frisch.

VORBEREITEN Der gebackene, ungefüllte Teigboden kann luftdicht verpackt 3 Tage bzw. tiefgekühlt 12 Wochen aufbewahrt werden.

Profitipp
Für Zitronenschale nur ungewachste Bio-Früchte verwenden. Falls Sie keine bekommen, reiben Sie gewachste Zitronen unter heißem Wasser ab, um die Wachsschicht zu entfernen. Wählen Sie schwere Zitronen – sie geben am meisten Saft.

Key Lime Pie

Ihren Namen verdankt diese Pie einer kleinen Limettensorte, die auf den Florida Keys wächst – von dort stammt auch das folgende Rezept.

8 STÜCKE   20–30 MIN.   15–20 MIN.

Für 1 Tarteform mit herausnehmbarem Boden (24 cm Ø)
125 g Butter
250 g Vollkornbutterkekse, zerbröselt
5 Bio-Limetten
3 große Eigelb
400 ml gesüßte Kondensmilch
Sahne zum Servieren

1 Den Backofen auf 180 °C vorheizen. Die Butter bei schwacher Hitze in einem Topf zerlassen und unter Rühren die Keksbrösel dazugeben. Den Topf vom Herd nehmen, die Masse in die Form geben und mit einem Löffelrücken gleichmäßig auf Boden und Rand der Form festdrücken. Die Form auf ein Backblech setzen und den Krümelboden im heißen Ofen 5–10 Minuten backen. Herausnehmen.

2 In der Zwischenzeit die Schale von 3 Limetten fein abreiben und, falls gewünscht, die Schale von 1 weiterer Limette mit einem Zestenschäler in langen Streifen entfernen (für die Garnitur). Alle 5 Limetten auspressen; den Saft beiseitestellen.

3 Die Eigelbe und die Limettenschale in eine Schüssel geben und mit den Quirlen des Handrührgeräts aufschlagen, bis eine dickliche Masse entstanden ist. Die Kondensmilch dazugeben und die Masse weitere 5 Minuten schlagen, dann den Limettensaft unterrühren.

4 Die Eier-Limetten-Masse auf dem Krümelboden verteilen und das Ganze im heißen Ofen 15–20 Minuten backen, bis die Füllung gestockt ist, in der Mitte aber noch leicht wackelt.

5 Die Pie aus dem Ofen nehmen und vollständig in der Form abkühlen lassen. Zum Servieren mit Puderzucker bestäuben und nach Belieben mit Limettenzeste bestreuen. Dazu flüssige Sahne reichen.

AUFBEWAHREN Diese Pie hält sich luftdicht verpackt im Kühlschrank 2 Tage frisch.

Profitipp
Backen Sie die Pie nicht zu lange, sondern nehmen Sie sie aus dem Ofen, wenn die Füllung in der Mitte noch leicht wackelt. Beim Abkühlen wird sie automatisch fester und schön cremig. Lässt man diese Art von Pie zu lange im Ofen, wird die Füllung zäh und gummiartig.

Schokoladentarte

Schmeckt am besten noch warm, mit reichlich steif geschlagener Sahne oder Crème fraîche dazu.

8–10 STÜCKE	30 MIN.	35–40 MIN.	12 WOCHEN (TARTEBODEN)

Kühlzeit
1 Stunde

Für 1 Tarteform mit herausnehmbarem Boden (22 cm Ø)
150 g Mehl
100 g kalte Butter, in Stückchen
50 g Zucker
1 Eigelb
½ TL Vanilleextrakt oder 1 Päckchen Vanillezucker
getrocknete Hülsenfrüchte zum Blindbacken

Für die Füllung
150 g Butter, in Stücke geschnitten
200 g Bitterschokolade, grob zerkleinert
3 Eier
30 g Zucker
100 g Sahne

1 Mehl und Butter in einer Schüssel zu feinen Bröseln verarbeiten.

2 Den Zucker zur Bröselmischung geben und alles vermengen.

3 Eigelb mit der Vanille verschlagen; die Mischung zur Mehl-Butter-Ei-Mischung geben.

4 Alles zu einem Teig verrühren; falls nötig, Wasser zugeben. In Folie wickeln. 1 Std. kühlen.

5 Backofen auf 180 °C vorheizen. Teig auf bemehlter Fläche 3 mm dick ausrollen.

6 Falls der Teig brüchig ist, diesen nochmals vorsichtig kneten.

7 Die Form mit dem Teig auskleiden, dabei einen 2 cm hohen Rand überhängen lassen.

8 Teig, der mehr als 2 cm überhängt, mit der Küchenschere abschneiden.

9 Den Teigboden mit einer Gabel einstechen, damit sich beim Backen keine Blasen bilden.

10 Den Teigboden mit einem Stück Backpapier belegen.

11 Mit Bohnen beschweren und die Form auf ein Backblech setzen. Tarte 20 Min. backen.

12 Bohnen und Papier entfernen; Tarteboden noch 5 Min. backen. Rand gerade schneiden.

13 Butter mit Schokolade in einer Schüssel über dem warmen Wasserbad schmelzen.

14 Sobald beides gerade geschmolzen ist, die Schüssel vom Wasserbad nehmen.

15 Die Eier mit dem Zucker hell und schaumig schlagen.

16 Die Eiercreme gründlich unter die abgekühlte Schokoladenmischung rühren.

17 Zum Schluss die Sahne unter Rühren zur Schokoladenmasse gießen.

18 Die Form mit dem Tarteboden auf ein Backblech setzen.

19 Die Füllung auf den Tarteboden gießen und das Blech in den heißen Ofen (oben) schieben.

20 Tarte 10–15 Min. backen, bis die Füllung gerade fest ist. 5 Min. abkühlen lassen.

21 Die Tarte auf eine Servierplatte setzen. **AUFBEWAHREN** Im Kühlschrank bis zu 2 Tage.

Schokoladentarte-Varianten

Schokotarte mit Himbeeren

Mit einem gekauften Mürbeteigboden ist sie noch schneller gemacht.

6–8 STÜCKE | **40 MIN.** | **25 MIN. (TEIGBODEN)** | **MAX. 12 WOCHEN (BODEN)**

Kühlzeit
1 Stunde (Teigzubereitung)

Für 1 Tarteform mit herausnehmbarem Boden (22 cm Ø)
1 gebackener dunkler Mürbeteigboden (siehe S. 322–323, Schritte 1–12; nur 130 g Mehl und dafür zusätzlich 20 g Kakaopulver verwenden)

Für die Füllung
100 g weiße Schokolade, zerkleinert
75 g Bitterschokolade, zerkleinert
250 g Sahne
400 g Himbeeren
Puderzucker zum Bestäuben

1 Die weiße Schokolade über dem heißen Wasserbad schmelzen und abkühlen lassen.

2 Die dunkle Schokolade auf die gleiche Weise schmelzen. Anschließend mit einem Backpinsel auf den Kuchenboden streichen – so weicht er nicht durch, wenn er gefüllt ist.

3 Die Sahne steif schlagen und die abgekühlte weiße Schokolade unterheben. Die Hälfte der Himbeeren zerdrücken. Die zerdrückten Beeren unter die Sahnemischung heben; diese gleichmäßig auf dem Tarteboden verteilen. Die Tarte mit den restlichen Himbeeren garnieren, mit Puderzucker bestäuben und servieren.

AUFBEWAHREN Diese Tarte hält sich luftdicht verpackt im Kühlschrank 2 Tage frisch.

VORBEREITEN Der gebackene, ungefüllte Mürbeteigboden kann luftdicht verpackt 3 Tage bzw. tiefgekühlt 12 Wochen aufbewahrt werden.

Schoko-Walnuss-Trüffel-Tarte

In Italien heißt dieser Kuchen mit der üppigen Füllung »Pasta frolla«. Mit Kakaopulver bestreut, erinnert er an Trüffel.

6–8 STÜCKE | **45–50 MIN.** | **35–40 MIN.**

Kühlzeiten
45 Minuten

Für 1 Springform (24 cm Ø)
150 g Mehl, plus mehr zum Arbeiten
75 g weiche Butter, plus mehr für die Form
50 g Zucker
1 Prise Salz
1 Ei

Für die Füllung
150 g Walnusskerne
100 g Zucker
150 g Butter
2 TL Mehl
2 Eigelb
1 Ei
60 g Bitterschokolade, fein gehackt
1 Päckchen Vanillezucker

Für die Schokoladenglasur
175 g Bitterschokolade, zerkleinert
75 g Butter
2 TL Grand Marnier
Kakaopulver zum Bestäuben

1 Das Mehl auf die Arbeitsfläche sieben und in der Mitte eine Mulde formen. Butter, Zucker, Salz und Ei in die Mulde geben; alles zu Streuseln und dann zu einem glatten Teig verarbeiten. Den Teig in Frischhaltefolie wickeln; 30 Minuten kalt stellen.

2 Die Form fetten. Den Teig auf einer bemehlten Arbeitsfläche rund (etwa 28 cm Ø) ausrollen und die Form damit auskleiden. Den Teigboden mit einer Gabel mehrmals einstechen. Für 15 Minuten kalt stellen.

3 Den Backofen auf 180 °C vorheizen. Die Walnüsse auf einem Backblech verteilen und im heißen Ofen in 5–10 Minuten hellbraun rösten. Auf einen Teller schütten und abkühlen lassen. Das Blech zurück in den Ofen schieben. 8 Walnusshälften für die Garnitur beiseitelegen. Die restlichen Nüsse mit dem Zucker in der Küchenmaschine fein mahlen.

4 Die Butter schaumig schlagen. Das Mehl und die Nuss-Zucker-Mischung hinzufügen und alles in weiteren 2–3 Minuten cremig schlagen. Nach und nach die Eigelbe und das Ei unterrühren; nach jedem Ei gut rühren. Anschließend die Schokolade und den Vanillezucker dazugeben.

5 Die Füllung auf dem Teigboden verteilen und die Oberfläche glatt streichen. Die Form auf das Blech in den heißen Ofen stellen und die Tarte 35–40 Minuten backen. Herausnehmen und auf einem Kuchengitter abkühlen lassen.

6 Für die Glasur die Schokolade über dem heißen Wasserbad unter Rühren schmelzen. Die beiseitegelegten Walnusshälften kurz in die flüssige Schokolade tauchen; beiseitelegen. Die Butter zerkleinern und in die Schokolade rühren, dann den Grand Marnier dazugeben. Die Schokomasse abkühlen lassen.

7 Die Tarte aus der Form lösen und auf eine Servierplatte setzen. Die Schokoglasur darauf verteilen und glatt streichen. Abkühlen und fest werden lassen. Die Tarte vor dem Servieren mit Kakaopulver bestäuben und mit den schokolierten Walnusshälften garnieren. Mit Raumtemperatur servieren.

AUFBEWAHREN Diese Tarte kann man luftdicht verpackt 2 Tage aufbewahren; die Aromen intensivieren sich in dieser Zeit. Die Glasur jedoch erst höchstens 4 Stunden vor dem Servieren auftragen.

Profitipp
Durch das Rösten intensiviert sich das Aroma von Nüssen; außerdem werden sie herrlich knusprig. Fertig geröstet sind sie, wenn die dünne braune Haut aufplatzt und sie zu duften beginnen. Nach dem Rösten lassen sich die Nüsse leicht häuten, falls gewünscht.

Banoffee Pie

Die Kombination von Banane, Schokolade und Karamell ist von jeher in England ein Hit. Wenn Sie diese Pie probiert haben, verstehen Sie, warum.

6–8 STÜCKE   **20 MIN.**   **8 WOCHEN**

Kühlzeit
1 Stunde

Für 1 Springform (22 cm Ø)
250 g Vollkorn-Butterkekse
100 g Butter, zerlassen und abgekühlt

Für den Karamell
50 g Butter
50 g heller Muscovado-Zucker
400 g gesüßte Kondensmilch

Für den Belag
2 große reife Bananen
250 g Sahne, geschlagen
etwas geriebene Bitterschokolade zum
  Dekorieren

1 Die Form mit Backpapier auskleiden. Die Kekse in einen Gefrierbeutel geben und mit einer Teigrolle fein zerbröseln. Anschließend die Brösel mit der flüssigen Butter mischen und die Masse gleichmäßig in die Form drücken. Zugedeckt für 1 Stunde kalt stellen.

2 Für den Karamell die Butter mit dem Zucker in einem kleinen, schweren Topf bei mittlerer Hitze schmelzen. Die Kondensmilch dazugießen und die Masse zum Kochen bringen. Bei schwacher Hitze unter ständigem Rühren 2–3 Minuten köcheln lassen, bis sie eindickt und leicht bernsteinfarben wird. Die Karamellmasse auf dem Krümelboden verteilen und fest werden lassen.

3 Sobald die Karamellschicht fest ist, die Pie aus der Form lösen und auf eine Tortenplatte setzen. Die Bananen schräg in etwa 5 mm dicke Scheiben schneiden und auf der Karamellschicht arrangieren.

4 Die Sahne steif schlagen und mit einem Palettmesser gleichmäßig auf den Bananenscheiben verstreichen. Die Pie mit geraspelter Bitterschokolade dekorieren.

AUFBEWAHREN Diese Pie hält sich luftdicht verpackt im Kühlschrank 2 Tage frisch.

Profitipp

Diese Köstlichkeit ist bei Erwachsenen und Kindern gleichermaßen beliebt. Boden und Karamellschicht werden im Kühlschrank schön fest; aber nehmen Sie die Pie 30 Minuten, bevor Sie sie mit Bananenscheiben und Sahne fertigstellen, heraus. Dann lässt sie sich besser schneiden.

Apfel-Pie

Sie ist vermutlich die bekannteste süße englische Pastete und schmeckt am allerbesten warm und mit Vanilleeis.

6–8 STÜCKE	30–35 MIN.	50–55 MIN.

Kühlzeit
45 Minuten

Für 1 Pie-Form (24 cm Ø)
325 g Mehl, plus mehr zum Arbeiten
½ TL Salz
150 g Schweineschmalz oder Margarine, plus mehr für die Form
2 EL Zucker, plus mehr zum Bestreuen
Milch zum Bestreichen

Für die Füllung
1 kg säuerliche Äpfel
Saft von 1 Zitrone
2 EL Mehl
½ TL gemahlener Zimt (oder nach Geschmack)
¼ TL geriebene Muskatnuss (oder nach Geschmack)
100 g Zucker (oder nach Geschmack)

1 Mehl mit Salz in eine Schüssel sieben. Fett zugeben und mit zwei Messern zerkleinern.

2 Fett und Mehl zu Streuseln reiben; durch Hochheben der Mischung Luft einarbeiten.

3 Zucker zugeben. Alles mit 6–7 EL Wasser beträufeln und mit einer Gabel mischen.

4 Teig zur Kugel zusammendrücken, in Folie wickeln und 30 Min. kühlen. Die Form fetten.

5 Zwei Drittel des Teig auf bemehlter Fläche rund ausrollen (5 cm größer als die Form).

6 Mithilfe der Teigrolle den Teig auf die Form legen, dann den Teig in die Form drücken.

7 Überhängenden Teig abschneiden. Die Form 15 Min. kalt stellen, bis der Teig fest ist.

8 Äpfel schälen, in Viertel schneiden und jedes Viertel entkernen.

9 Jedes Apfelviertel in mitteldicke Spalten schneiden.

10 Die Apfelspalten in eine Schüssel füllen und mit Zitronensaft begießen. Alles mischen.

11 Die Äpfel mit Mehl, Zimt, Muskat und Zucker bestreuen. Alles mischen.

12 Die gewürzten Äpfel in die Pie-Form füllen, dabei die Äpfel zur Mitte hin leicht anhäufen.

13 Den Teigrand mit Wasser bestreichen. Restlichen Teig zu einem Kreis (28 cm) ausrollen.

14 Teig mithilfe der Teigrolle auf die Füllung legen. Überstehenden Teig abschneiden.

15 Zum Verschließen die Teigränder mit dem Rücken einer Messerklinge zusammendrücken.

16 Den Pie-Deckel in der Mitte kreuzförmig einschneiden. Die Schnittstellen aufklappen.

17 Teigreste ausrollen; in Streifen schneiden und befeuchten. Pie mit den Streifen verzieren.

18 Die Pie mit Milch bestreichen, damit sie beim Backen goldgelb wird.

19 Pie mit Zucker bestreuen und für 30 Min. kalt stellen. Backofen auf 220 °C vorheizen.

20 Die Pie zuerst 20 Min., dann bei 180 °C weitere 30–35 Min. backen.

21 Garprobe: Mit einem Spieß in die Äpfel stechen, um zu prüfen, ob sie weich sind.

Obst-Pie-Varianten

Rhabarber-Erdbeer-Pie

Hier ist eine süße, saftige Pie für den Frühsommer, wenn Rhabarber und Erdbeeren erntefrisch zu bekommen sind.

6–8 STÜCKE   30–35 MIN.   50–55 MIN.

Kühlzeit
15 Minuten (plus Teigzubereitung)

Für 1 Pieform (24 cm Ø)
1 Portion Pastetenteig (siehe S. 330, Schritte 1–7)

Für die Füllung
1 kg Rhabarber, geschält und in Stücke geschnitten
abgeriebene Schale von 1 Bio-Orange
250 g Zucker, plus 1 EL zum Bestreuen
1 Prise Salz
30 g Mehl
400 g Erdbeeren, geputzt, halbiert oder geviertelt
15 g Butter
1 EL Milch zum Glasieren

1 Den Backofen auf 220 °C vorheizen und ein Backblech in den Ofen (Mitte) schieben. Rhabarber mit Orangenschale, Zucker, Salz und Mehl in einer Schüssel gründlich mischen. Die Erdbeeren unterheben.

2 Die Form mit 2/3 des Teigs auskleiden. Die Obstmischung hineinfüllen – das Obst dabei zur Mitte hin anhäufen. Die Butter in Stückchen auf der Obstfüllung verteilen.

3 Den Rand der Form mit kaltem Wasser bestreichen. Den restlichen Teig rund ausrollen (etwa 28 cm Ø) und als Deckel über das Obst legen. Den Deckel rundum entlang des Formrands abschneiden, den Teigrand fest auf die Form drücken.

4 In die Mitte des Teigdeckels ein Loch schneiden, durch das der entstehende Dampf entweichen kann. Den Deckel mit Milch bestreichen und mit Zucker bestreuen. Die Pie für 15 Minuten kalt stellen.

5 Die Form auf das Blech setzen. Die Pie im heißen Ofen erst 20 Minuten, dann bei 180 °C weitere 30–35 Minuten backen, bis sie hell gebräunt ist. Mit einem Stäbchen testen, ob das Obst weich ist. Bräunt der Deckel zu stark, die Pie lose mit Alufolie bedecken. Die fertige Pie aus dem Ofen nehmen. Form auf ein Gitter stellen und die Pie abkühlen lassen.

Kirsch-Pie

Mit reifen, süßen Kirschen schmeckt diese Pie am besten.

4–6 STÜCKE   30 MIN.   45–50 MIN.

Kühlzeit
1 Stunde

Für 1 Pieform aus Metall (20 cm Ø)
200 g Mehl, plus mehr zum Arbeiten
125 g kalte Butter, gewürfelt
50 g Zucker
2 EL Milch

Für die Füllung
50 g Zucker
500 g Kirschen, entsteint
Saft von 1 kleinen oder ½ großen Zitrone
1 EL Speisestärke
1 Ei, verquirlt

1 Für den Teig das Mehl und die Butter zu Streuseln reiben, den Zucker untermischen. Die Milch hinzufügen und alles verkneten. Den Teig in Frischhaltefolie wickeln und für 1 Stunde kalt stellen. Den Backofen auf 180 °C vorheizen.

2 Für die Füllung in einem Topf den Zucker mit 3½ EL Wasser erhitzen und auflösen, dann Kirschen und Zitronensaft unterrühren. Zugedeckt 5 Minuten köcheln lassen. Die Speisestärke in 1 EL Wasser auflösen. Diese Mischung unter die Kirschen rühren; köcheln lassen, bis die Masse eindickt. Vom Herd nehmen und abkühlen lassen.

3 Den Teig auf einer bemehlten Arbeitsfläche 3–5 mm dünn ausrollen und die Form damit auskleiden; überstehenden Teig so abschneiden, dass rundherum ein 2 cm hoher Rand stehen bleibt. Den Teigrand mit dem verquirlten Ei bestreichen.

4 Den restlichen Teig verkneten und (für den Deckel) etwas größer als die Form rund ausrollen. Kirschen in die Form geben, Teigdeckel darauflegen und fest auf die Form drücken. Überstehenden Teig abschneiden und den Deckel mit Ei bestreichen. In die Mitte des Deckels zwei Schlitze schneiden.

5 Die Kirsch-Pie im heißen Ofen (oben) in 45–50 Minuten goldbraun backen. Herausnehmen, dann 10–15 Minuten abkühlen lassen und warm servieren.

AUFBEWAHREN Luftdicht verpackt hält sich diese Pie 1 Tag frisch.

VORBEREITEN Die Füllung können Sie bis zu 3 Tage, den Teig 1 Tag im Voraus zubereiten; beides im Kühlschrank aufbewahren.

Apfel-Brombeer-Pie

Mit süßen Granny Smith schmeckt die Pie besonders gut. ▶

| 4–6 STÜCKE | 35–40 MIN. | 50–60 MIN. |

Kühlzeiten
45 Minuten

Für 1 Pieform (1 l Inhalt)
250 g Mehl, plus mehr zum Arbeiten
1½ EL Zucker
1 Prise Salz
50 g kaltes Schweineschmalz oder Margarine, gewürfelt
75 g kalte Butter, gewürfelt

Für die Füllung
900 g Granny Smith-Äpfel, geschält, entkernt und gewürfelt
Saft von 1 Zitrone
150 g Zucker (oder nach Belieben)
500 g Brombeeren

1 Mehl, Zucker und Salz in eine Schüssel geben. Schweineschmalz und Butter hinzufügen und alles zu Streuseln reiben. Esslöffelweise wenig Wasser einarbeiten, bis ein glatter Teig entsteht; zu viel Wasser macht den Teig zäh. Teig zur Kugel formen, diese etwas flach drücken und in Frischhaltefolie wickeln. Für 30 Minuten kalt stellen.

2 Die Apfelstückchen in einer Schüssel mit Zitronensaft und Zucker (bis auf 2 EL) mischen. Die Brombeeren unterheben.

3 Den Teig zu einem Kreis ausrollen, dessen Durchmesser 7,5 cm größer als der der Form ist. Die Form mit der Öffnung nach unten auf den Teigkreis setzen. Rundherum einen 2 cm breiten Teigstreifen abschneiden – der Teigkreis ist dann immer noch größer als die Form. Einen Pastetenabzug (»Pie Funnel«) in die Mitte der Form setzen und das Obst rundherum in die Form füllen.

4 Den Rand der Form mit Wasser befeuchten. Den Teigstreifen darauflegen und gut andrücken, dann mit kaltem Wasser bestreichen und den Teigdeckel daraufsetzen; ebenfalls fest andrücken. Für den Pastetenabzug ein Loch ausschneiden und die Pie für 15 Minuten kalt stellen.

5 Den Backofen auf 190 °C vorheizen und die Pie 50–60 Minuten im heißen Ofen backen, bis der Teigdeckel leicht gebräunt und knusprig ist. Mit Zucker bestreuen und heiß oder lauwarm servieren.

Englische Mince-Pies

Diese Mini-Pies sind eine englische Weihnachtsspezialität. Das Mincemeat ist nach diesem Rezept schnell zubereitet und muss nicht durchziehen.

| 18 STÜCK | 20 MIN. | 10–12 MIN. | MAX. 8 WOCHEN |

Kühlzeit
10 Minuten (plus Teigzubereitung)

Für 18 Tartelettförmchen (je 8 cm Ø)

Für die Füllung
1 kleiner Apfel
30 g Butter, zerlassen
80 g Sultaninen
80 g Rosinen
50 g Korinthen
50 g Orangeat und Zitronat, gehackt
50 g gehackte Mandeln oder
  Haselnusskerne
abgeriebene Schale von 1 Bio-Zitrone
1 TL Lebkuchengewürz
1 EL Weinbrand oder Whisky
30 g dunkler Muscovado-Zucker
1 kleine Banane, fein gewürfelt

Für die Teigböden
500 g Mürbeteig (Fertigprodukt, oder
  siehe S. 330, Schritte 1–4)
Mehl zum Arbeiten
Puderzucker zum Bestäuben

1 Den Backofen auf 190 °C vorheizen. Für das Mincemeat den ungeschälten Apfel in eine große Schüssel reiben. Die zerlassene Butter sowie Sultaninen, Rosinen, Korinthen, Orangeat, Zitronat, Man-deln oder Nüsse, Zitronenschale, Lebkuchengewürz, Weinbrand oder Whisky und Zucker hinzufügen. Alles gründlich verrühren und dabei die Banane untermischen.

2 Den Teig auf einer leicht bemehlten Arbeitsfläche 2 mm dünn ausrollen und mit einem runden Ausstecher (7,5 cm Ø) 18 Kreise ausstechen. Die Teigreste verkneten, erneut ausrollen und mit einem kleineren runden oder sternförmigen Ausstecher (6 cm Ø) wiederum 18 Kreise oder, wie auf dem Bild rechts, Sterne ausstechen.

3 Die größeren Teigkreise in die Förmchen legen und auf jeden 1 gehäuften TL Mincemeat geben. Die kleineren Kreise oder Formen daraufsetzen.

4 Die Formen für 10 Minuten kalt stellen, dann die Küchlein im Ofen in 10–12 Minuten goldbraun backen. Die Mince Pies aus dem Ofen nehmen, vorsichtig aus den Formen lösen und auf einem Kuchengitter abkühlen lassen. Mit Puderzucker bestäuben und servieren.

AUFBEWAHREN Die Pies halten sich luftdicht verpackt 3 Tage frisch.

VORBEREITEN Der Teig kann 2 Tage im Voraus zubereitet und in Frischhaltefolie verpackt im Kühlschrank aufbewahrt werden.

Profitipp
Banane als Zutat für Mincemeat ist zwar sehr ungewöhnlich, doch sie macht die Fruchtmischung ein wenig cremiger und gibt ihr Extraaroma. Fertiges Mincemeat wird evtl. im Feinkosthandel angeboten; auf jeden Fall ist es im Onlinehandel erhältlich.

Galette mit Mandelcreme

In Frankreich ein Muss zum Dreikönigstag. Rum oder Weinbrand verleiht diesem Kuchen Aroma; wenn Kinder mitessen, geht's auch mit Milch.

6–8 STÜCKE	25 MIN.	30 MIN.	MAX. 8 WOCHEN

Für 1 Backblech
100 g weiche Butter
100 g Zucker
1 Ei
100 g gemahlene Mandeln
ein paar Tropfen Bittermandelaroma
1 EL Rum, Weinbrand oder Milch
Mehl zum Arbeiten
500 g Blätterteig (Fertigprodukt, oder siehe S. 178, Schritte 1–9)
1 verquirltes Ei zum Glasieren

1 Den Backofen auf 200 °C voheizen. Die Butter mit dem Zucker in einer Schüssel mit den Quirlen des Handrührgeräts schaumig schlagen, dann das Ei unterrühren.

2 Die gemahlenen Mandeln mit Mandelaroma sowie Rum, Weinbrand oder Milch zu einer dicken Paste verrühren.

3 Den Teig auf einer gut bemehlten Arbeitsfläche zu einem Rechteck (etwa 50 x 25 cm) ausrollen; die Maße müssen nicht exakt stimmen, die Teigplatte sollte aber 3–5 mm dünn sein.

4 Die Teigplatte in der Mitte zusammenklappen. Mithilfe eines entsprechenden Tellers oder einer Platte zwei Teigkreise (je 25 cm Ø) ausschneiden. Einen Kreis auf das Backblech setzen und den Rand mit verquirltem Ei bestreichen. Die Mandelcreme auf den Teig streichen; dabei rundherum einen Rand von etwa 1 cm frei lassen.

5 Den zweiten Teigkreis auf die Füllung setzen und die Ränder beider Kreise sorgfältig zusammendrücken. Mit einem kleinen spitzen Messer den Teigdeckel rundherum spiralförmig einritzen; die Ritzen dürfen sich jedoch nicht in der Mitte treffen, da der Teig sonst beim Backen aufplatzen würde. Wenn Sie sehr geschickt sind, können Sie auch die Teigkante rundherum einritzen.

6 Den Teigdeckel mit dem verquirlten Ei bestreichen. Die Galette im heißen Ofen (oben) 30 Minuten backen, bis sie goldbraun gefärbt und schön aufgegangen ist. Aus dem Ofen nehmen und 5 Minuten auf dem Blech abkühlen lassen; anschließend auf ein Kuchengitter heben. Die Galette warm oder kalt servieren.

AUFBEWAHREN Diese Galette hält sich luftdicht verpackt 3 Tage frisch.

VORBEREITEN Die Mandelcreme können Sie bis zu 3 Tage im Voraus zubereiten und im Kühlschrank aufbewahren.

Profitipp

In Frankreich serviert man diese Galette (dort heißt sie »Galette des rois«) traditionell am 6. Januar. Doch sie ist so köstlich, dass man sie durchaus auch öfter genießen kann. Toll fürs Picknick.

Kirschstrudel

Strudelteig muss ganz elastisch sein, damit er sich gut ausziehen lässt, und dafür muss man ihn gründlich kneten.

6–8 STÜCKE **45–50 MIN.** **30–40 MIN.** **MAX 4 WOCHEN**

Ruhezeiten
45 Minuten

Für 1 Backblech
250 g Mehl, plus mehr zum Bestäuben
1 Ei
½ TL Zitronensaft
1 Prise Salz
125 g Butter, plus mehr für das Backblech

Für die Füllung
500 g Kirschen
1 Bio-Zitrone
75 g Walnusskerne
100 g heller Muscovado-Zucker
1 TL gemahlener Zimt
Puderzucker zum Bestäuben

1 Das Mehl durch ein Sieb auf eine Arbeitsfläche häufen; in die Mitte eine Mulde drücken.

2 Das Ei mit 125 ml Wasser, dem Zitronensaft und dem Salz verquirlen. In die Mulde gießen.

3 Die Zutaten von innen nach außen nach und nach miteinander mischen.

4 So viel Mehl unterkneten, bis sich der Teig zur Kugel formt; er sollte recht weich sein.

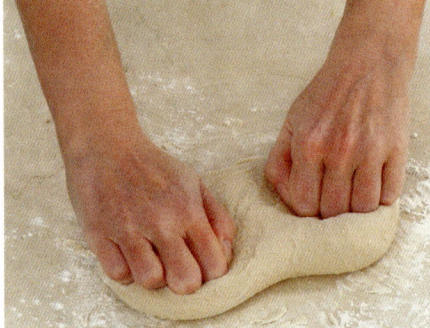

5 Teig auf der bemehlten Fläche etwa 10 Min. kneten, bis er weich ist und seidig glänzt.

6 Teig zur Kugel formen, mit einer Schüssel bedecken und darunter 30 Min. ruhen lassen.

7 Kirschen entsteinen. Die Schale von der Zitrone auf einen Teller fein abreiben.

8 Nüsse grob in gleichmäßige Stücke hacken, ein paar größere sollen jedoch dabei sein.

9 Ein sauberes Bettlaken auf einer großen Arbeitsfläche ausbreiten; mit Mehl bestäuben.

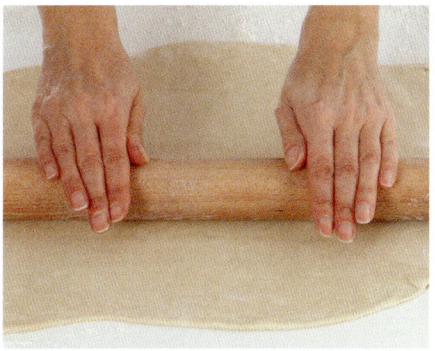

10 Teig zu einem sehr großen Quadrat ausrollen. Unter feuchten Tüchern 15 Min. ruhen lassen.

11 Backofen auf 190 °C vorheizen. Das Backblech fetten und die Butter zerlassen.

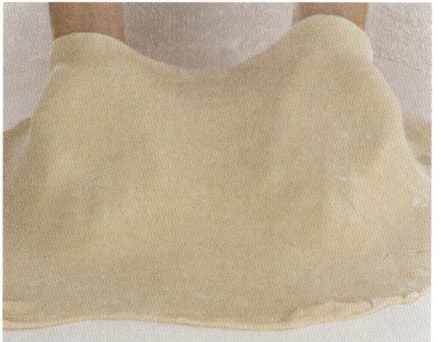

12 Den Teig mit bemehlten Händen von der Mitte aus nach außen ziehen.

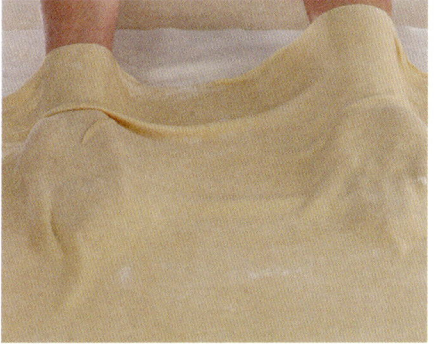

13 Den Teig so lange nach außen ziehen, bis er so dünn ist, dass er durchscheint.

14 Den Teig sofort mit etwa drei Viertel der Butter bestreichen.

15 Den bebutterten Teig mit Kirschen, Nüssen, Zucker, Zitronenschale und Zimt bestreuen.

16 Die dickeren Teigenden mit den Händen so dünn wie möglich ausziehen.

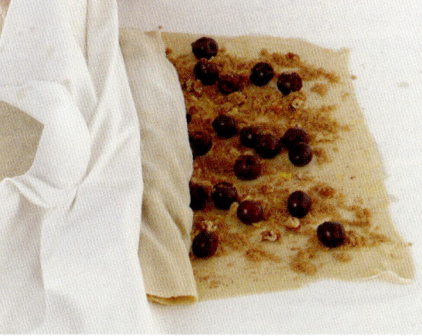

17 Strudel mithilfe des Tuches behutsam, aber doch fest und mit leichtem Druck aufrollen.

18 Den Strudel auf das Backblech legen und halbrund formen.

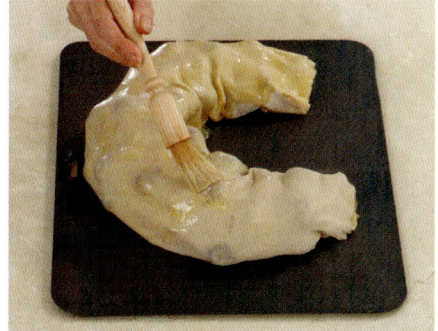

19 Mit übriger Butter bestreichen. 30–40 Min. backen, bis der Strudel knusprig gebräunt ist.

20 Den Strudel aus dem Ofen nehmen und ein paar Min. auf dem Blech ruhen lassen.

21 Auf ein Gitter heben. Puderzucker darübersieben; mit Vanilleeis, -sauce oder -eis servieren.

KIRSCHSTRUDEL

341

Strudel-Varianten

Strudel mit Dörrobst

Perfekt für die kalten Monate, wenn frisches heimisches Obst keine Saison hat – sowohl zum Nachmittagskaffee als auch zum Dessert.

6–8 STÜCKE   45–50 MIN.   30–40 MIN.   MAX. 4 WOCHEN

Für 1 Backblech
500 g gemischtes Dörrobst (Aprikosen, Pflaumen, Datteln, Rosinen, Feigen)
125 ml brauner Rum
125 g Butter, zerlassen, plus mehr für das Blech
1 Portion Strudelteig (siehe S. 340–341, Schritte 1–6, oder 4 Blätter Strudel- oder Filoteig (Kühlregal), je etwa 25 x 45 cm)
75 g Walnusskerne, grob gehackt
100 g heller Muscovado-Zucker
1 TL gemahlener Zimt
Puderzucker zum Bestäuben

1 Das Dörrobst mit Rum und 125 ml Wasser in einem Topf bei schwacher Hitze 5 Minuten unter Rühren erwärmen. Vom Herd nehmen und abkühlen lassen. Das Backblech fetten und den Backofen auf 190 °C vorheizen.

2 Wenn Sie Filoteig oder fertigen Strudelteig verwenden, ein Blatt auf die Arbeitsfläche legen und mit zerlassener Butter bestreichen. Das nächste Blatt darauflegen und mit flüssiger Butter bestreichen; mit den restlichen Blättern ebenso verfahren. Selbst gemachten Teig, wie auf Seite 341 (Schritte 9–14) beschrieben, ausrollen. Das weiche Dörrobst abtropfen lassen und auf dem Teig verteilen; dabei rundherum einen 2 cm breiten Rand frei lassen. Walnüsse, Zucker und Zimt daraufstreuen.

3 Den Teig von einer langen Seite her aufrollen und die Enden fest zusammendrücken. Den Strudel auf das Backblech setzen und mit flüssiger Butter bestreichen. Im heißen Ofen in 30–40 Minuten goldbraun und knusprig backen. Auf dem Blech etwas abkühlen lassen; anschließend mit einem Pfannenwender auf ein Kuchengitter heben. Mit Puderzucker bestäuben und warm servieren.

Kürbis-Ziegen-käse-Strudel

Eine vegetarische Variante, die für festliche Anlässe geeignet ist.

4 STÜCK   15 MIN.   20–25 MIN.   MAX. 4 WOCHEN

Für 1 Backblech
2 EL Olivenöl
3 rote Zwiebeln, in feine Streifen geschnitten
2 EL Balsamessig
1 Prise Zucker
Meersalz und frisch gemahlener schwarzer Pfeffer
Mehl zum Arbeiten
1 Portion Strudelteig (siehe S. 340–341, Schritte 1–6, oder 12 Blätter Filo- oder Strudelteig (Kühlregal), je etwa 25 x 25 cm)
50 g Butter, zerlassen
500 g Butternut-Kürbis, geschält, entkernt und geraspelt
2 EL fein gehackte Salbeiblätter
250 g weicher Ziegenkäse, grob gewürfelt

1 Den Backofen auf 200 °C vorheizen. Das Öl in einer Pfanne erhitzen und die Zwiebeln darin bei mittlerer Hitze 5 Minuten braten. Essig und Zucker unterrühren. Die Zwiebeln kräftig salzen und pfeffern und bei schwacher Hitze weitere 5 Minuten schmoren.

2 Wenn Sie Filoteig verwenden, auf einer gut bemehlten Arbeitsfläche 4 Teigblätter nebeneinander ausbreiten und mit zerlassener Butter bestreichen. Je ein Blatt darauflegen und mit flüssiger Butter bestreichen, dann die restlichen Blätter mit Butter bepinseln und auf die Blätterschichten verteilen. Auch das oberste Blatt mit flüssiger Butter bestreichen; dabei nicht die Ränder vergessen, damit sich der Strudel später besser verschließen lässt. Selbst gemachten Teig, wie auf Seite 341 (Schritte 9–14) beschrieben, ausrollen und in vier Blätter schneiden.

3 Kürbisraspel auf die Teigblätter verteilen, dabei an drei Seiten einen etwa 2 cm breiten Rand frei lassen. Zwiebeln, Salbei und

Ziegenkäse auf den Kürbis geben; alles pfeffern und salzen.

4 Die beiden frei gelassenen Ränder umklappen; die bis zum Rand belegte Seite aufrollen. Die Strudel mit den Nähten nach unten auf das Blech setzen. Mit der restlichen flüssigen Butter bestreichen.

5 Die Strudel im heißen Ofen (oben) in 20–25 Minuten goldbraun und knusprig backen. Aus dem Ofen nehmen und vor dem Servieren mindestens 10 Minuten abkühlen lassen. Oder kalt servieren.

Profitipp
Mit Filo- oder fertigem Strudelteig sind diese vegetarischen Strudel in wenigen Minuten zubereitet. Der geriebene Kürbis gibt ihnen eine interessante Konsistenz; wenn Sie eine Küchenmaschine mit Reibeaufsatz besitzen, geht's noch schneller.

Apfelstrudel

Ob warm oder kalt – diese österreichische Spezialität schmeckt immer. ▶

10–12 STÜCKE	50 MIN.	40 MIN.	MAX. 4 WOCHEN

Für 1 Backblech
60 g Butter, zerlassen, plus mehr für das Blech
1 kg säuerliche Äpfel (z. B. Boskop), geschält, entkernt und gewürfelt
abgeriebene Schale von ½ Bio-Zitrone
3 EL Rum
60 g Rosinen
100 g Zucker
1 TL Vanillezucker
60 g geschälte Mandeln, gehackt
1 Portion Strudelteig (siehe S. 340–341, Schritte 1–6 und 9–14, oder 4 Blätter Filo- oder Strudelteig (Kühlregal), je etwa 25 x 45 cm)
60–80 g Semmelbrösel
Puderzucker zum Bestäuben

1 Den Backofen auf 180 °C vorheizen und das Backblech fetten. Die Apfelwürfel in einer Schüssel mit Zitronenschale, Rum, Rosinen, Zucker, Vanillezucker und Man-

deln mischen. Wenn Sie fertigen Filoteig verwenden, ein Blatt auf die Arbeitsfläche legen und mit zerlassener Butter bestreichen. Das nächste Blatt daraufleggen und mit flüssiger Butter bestreichen; mit den restlichen Blättern ebenso verfahren.

2 Auf das oberste Teigblatt Semmelbrösel streuen; dabei rundum einen 2 cm breiten Rand frei lassen. Die Apfelmischung darauf verteilen, dann die seitlichen Teigränder über die Füllung klappen. Den Teig von

einer langen Seite her vorsichtig aufrollen und die Enden gut zusammendrücken. Den Strudel auf das Blech setzen und mit flüssiger Butter bestreichen.

3 Den Strudel im heißen Ofen 30–40 Minuten backen; nach 20 Minuten mit Butter bestreichen. Auf dem Blech abkühlen lassen; mit Puderzucker bestäuben und warm oder kalt servieren.

Baklava

Mit Nüssen und Gewürzen gefüllt und mit Honigsirup getränkt wird diese knusprig-süße Spezialität aus dem Mittleren Osten – einfach lecker!

36 STÜCKE 50–55 MIN. 1¼–1½ STD.

Für 1 tiefes Backblech

250 g Pistazienkerne, grob gehackt
250 g Walnusskerne, grob gehackt
250 g Zucker
2 TL gemahlener Zimt
1 gute Prise gemahlene Gewürznelken
500 g Filoteig (Fertigprodukt; Kühlregal)
250 g Butter
250 g Honig
Saft von 1 Zitrone
3 EL Orangenblütenwasser

1 Von den Pistazien 3–4 EL zum Bestreuen beiseitelegen. Die restlichen Pistazien mit den Walnüssen, 50 g Zucker sowie Zimt und Nelken in einer Schüssel mischen.

2 Den Backofen auf 180 °C vorheizen. Ein angefeuchtetes Geschirrtuch auf der Arbeitsfläche ausbreiten, die Filoteigblätter darauflegen und mit einem weiteren feuchten Tuch bedecken. Die Butter in einem kleinen Topf zerlassen. Das Backblech fetten. Ein Teigblatt hineinlegen, eventuell eine Kante umklappen, damit es passt.

3 Das Teigblatt mit Butter bestreichen und leicht in die Ecken und Kanten des Blechs drücken. Das nächste Blatt darauflegen, mit Butter bestreichen und ebenfalls andrücken. Mit einem Drittel der Blätter ebenso verfahren. Nun die Hälfte der Füllung auf diesen Filoblättern verteilen.

4 Ein weiteres Drittel der Teigblätter wie beschrieben auf die Füllung schichten; darauf die restliche Füllung verteilen. Anschließend

Profitipp

Filoteig ist sehr mürbe und zerbröselt beim Schneiden leicht. Das lässt sich auch nicht durch den Zuckersirup, mit dem er getränkt wird, verhindern. Benutzen Sie zum Schneiden deshalb ein spitzes, scharfes Messer und markieren Sie schon vor dem Backen die Schnittlinien, wie im Rezept beschrieben.

die übrigen Teigblätter wie beschrieben verarbeiten. Überstehenden Teig mit einem Messer abschneiden und das letzte Teigblatt mit der restlichen Butter bestreichen. Mit einem spitzen Messer den Teig diagonal im Abstand von 4 cm mehrmals 1 cm tief einritzen; so entsteht ein Rautenmuster. Dabei nicht drücken.

5 Die Baklava im heißen Ofen (unten) in 1¼–1½ Stunden goldbraun backen. Zur Garprobe ein Stäbchen für 30 Sekunden in die Mitte des Gebäcks stecken; wenn beim Herausziehen nichts daran haften bleibt, ist die Baklava gar.

6 Für den Sirup 200 g Zucker mit 250 ml Wasser in einem Topf unter gelegentlichem Rühren erhitzen, bis sich der Zucker aufgelöst hat. Dann den Honig einrühren und die Mischung ohne zu rühren 25 Minuten kochen lassen, bis ein Zuckerthermometer 115 °C anzeigt. Ohne Thermometer lässt sich dies folgendermaßen testen: Den Topf vom Herd nehmen und einen Teelöffel in den heißen Sirup tauchen. Den Sirup auf dem Löffel einige Sekunden abkühlen lassen, dann zwischen Zeigefinger und Daumen rollen – lässt sich der Sirup zu einer weichen Kugel formen, ist die gewünschte Temperatur erreicht.

7 Den Topf vom Herd nehmen und den Zuckersirup lauwarm abkühlen lassen. Zitronensaft und Orangenblütenwasser unterrühren. Das Blech aus dem Ofen nehmen und die Baklava sofort mit dem Sirup übergießen. Mit einem scharfen Messer entlang des markierten Rautenmusters bis fast zum Boden des Blechs schneiden (siehe Profitipp). Das Gebäck vollständig abkühlen lassen.

8 Die Baklava entlang der markierten Linien komplett aufschneiden und die Würfel vorsichtig mit einem Palettmesser aus der Form heben. Auf Dessertteller verteilen, mit den restlichen Pistazien bestreuen und servieren.

Heidelbeer-Cobbler

Eine klassische US-amerikanische Süßspeise, die der ganzen Familie schmeckt.

6–8 PORTIONEN   15 MIN.   30 MIN.

Für 1 flache runde Auflaufform

Für die Füllung
500 g Heidelbeeren
2 säuerliche Äpfel oder
  2 große Pfirsiche, in Spalten
  geschnitten
2 EL Zucker
abgeriebene Schale
  von ½ Bio-Zitrone

Für den Cobbler
250 g Mehl
2 TL Backpulver
75 g Zucker, plus 1 EL zum
  Bestreuen
1 Prise Salz
75 g kalte Butter, in Würfel
  geschnitten
1 Ei

100 ml Buttermilch
gehobelte Mandeln zum
  Bestreuen
Vanillesauce oder Sahne zum
  Servieren (nach Belieben)

1 Backofen auf 190 °C vorheizen. Obst mit Zucker und Zitronenschale in die Form geben.

2 Für den Cobbler Mehl, Backpulver, Zucker und Salz in eine Schüssel sieben.

3 Die Butter hinzufügen und alles zu Streuseln vermengen.

4 Ei mit Buttermilch verquirlen. Unter die Streusel mischen, bis ein glatter Teig entsteht.

5 Löffelgroße Teigportionen auf das Obst setzen; dazwischen jeweils etwas Platz lassen.

6 Die Teighäufchen behutsam auf das Obst drücken; so ist der Teig gut damit verbunden.

7 Den Cobbler mit gehobelten Mandeln und 1 EL Zucker bestreuen.

8 Cobbler 30 Min. backen, bis er goldgelb ist und das Obst blubbert. Evtl. mit Folie bedecken.

9 Mit einem Spieß in einen »Cobble« stechen. Beim Herausziehen soll kein Teig daran haften.

10 Falls bei der Garprobe Teig am Spieß haftet, den Cobbler noch 5 Min. backen. Garprobe wiederholen. Den Cobbler aus dem Ofen neh-men und kurz abkühlen lassen. Sofort mit reichlich Vanillesauce oder halb steif geschlagener Sahne servieren.

Cobbler-Varianten

Pfirsich-Cobbler

Harte Pfirsiche sollten Sie zuerst blanchieren, damit sie im Cobbler herrlich weich und saftig werden. Bei sehr reifen Pfirsichen können Sie sich das sparen.

6–8 PERSONEN | 20 MIN. | 30–35 MIN.

Für 1 Auflaufform

Für die Füllung
50 g Zucker
8 reife Pfirsiche, geschält, entsteint und geviertelt
1 TL Speisestärke
Saft von ½ Zitrone

Für den Cobbler
250 g Mehl
2 TL Backpulver
75 g Zucker
1 Prise Salz
½ – ¾ TL gemahlener Zimt
75 g Butter
1 Ei
100 ml Buttermilch
1 EL heller Muscovado-Zucker
Eiscreme, Vanillesauce oder Sahne zum Servieren (nach Belieben)

1 Den Backofen auf 190 °C vorheizen. Den Zucker mit 3–4 EL Wasser in einem großen schweren Topf erhitzen. Sobald er sich aufgelöst hat, die Pfirsiche in den Sirup geben und bei mittlerer Hitze zugedeckt 2–3 Minuten ziehen lassen.

2 Die Stärke mit dem Zitronensaft glatt rühren und zu den Pfirsichen geben. Offen bei schwacher Hitze köcheln lassen, bis die Flüssigkeit eindickt. Anschließend die Pfirsiche samt Sirup in die Form geben.

3 Für den Cobbler Mehl, Backpulver, Zucker, Salz und Zimt in eine Schüssel sieben, die Butter hinzufügen und alles zu Streuseln reiben. Ei mit Buttermilch verquirlen, zu den Streuseln gießen und alles zu einem geschmeidigen, etwas zähen Teig verarbeiten.

4 Den Teig esslöffelweise auf die Pfirsiche setzen; zwischen den Teigportionen etwas Platz lassen. Mit Muscovado-Zucker bestreuen und den Cobbler im heißen Ofen (oben) 25–30 Minuten backen, bis der Teig goldbraun ist und der Pfirsichsirup blubbert. Der Cobbler ist fertig, wenn bei der Stäbchenprobe (in der Mitte der Form einstechen) kein Teig mehr haften bleibt. Den Cobbler 5 Minuten abkühlen lassen, dann heiß mit Eis, Vanillesauce oder Sahne servieren.

Profitipp
Wenn Sie den Bogen mit dem Teigbelag erst einmal heraushaben, können Sie jedes beliebige Obst im Nu zu einem Cobbler verarbeiten. Festeres Obst sollte zuvor blanchiert werden. Die meisten Obstsorten können Sie roh in die Form geben.

Apfel-Brombeer-Cobbler

Äpfel und Brombeeren passen wunderbar zusammen und brillieren normalerweise in Pies und auf Tartes oder Obstkuchen – genauso gut passen sie auch in einen Cobbler.

6–8 PERSONEN | 20 MIN. | 30 MIN.

Für 1 Auflaufform

Für die Füllung
1 kg Äpfel, geschält, entkernt und grob zerkleinert
250 g Brombeeren
Saft von ½ Zitrone
2 EL Zucker
2 EL heller Muscovado-Zucker
25 g kalte Butter, gewürfelt

Für den Cobbler
250 g Mehl
2 TL Backpulver
75 g Zucker
1 Prise Salz
½ – ¾ TL gemahlener Zimt
75 g Butter
1 Ei
100 ml Buttermilch
1 EL heller Muscovado-Zucker
Eiscreme, Vanillesauce oder Sahne zum Servieren (nach Belieben)

1 Den Backofen auf 190 °C vorheizen. Äpfel und Brombeeren erst mit dem Zitronensaft, dann mit beiden Zuckersorten mischen. Das Obst in die Form füllen und die Butterstückchen daraufsetzen.

2 Für den Cobbler Mehl, Backpulver, Zucker, Salz und Zimt in eine Schüssel sieben, die Butter dazugeben und alles zu Streuseln reiben. Das Ei mit Buttermilch verquirlen, die Flüssigkeit zu den Streuseln geben und alles zu einem geschmeidigen, etwas zähen Teig verarbeiten.

3 Den Teig esslöffelweise auf das Obst setzen, dabei zwischen den Teigportionen etwas Platz lassen. Alles mit dem Muscovado-Zucker bestreuen.

4 Den Cobbler im heißen Ofen (Mitte) 30 Minuten backen, bis der Teig goldbraun ist und der Obstsaft Blasen schlägt. Der Cobbler ist fertig, wenn bei der Stäbchenprobe (in der Mitte der Form einstechen) kein Teig mehr haften bleibt. 5 Minuten abkühlen lassen, dann heiß mit Eis, Vanillesauce oder Sahne servieren.

Zwetschgen-Cobbler mit Zimt

Brauner Zucker und Zimt verleihen den Zwetschgen ein noch süßeres, volleres Aroma. Ein Cobbler ist im Nu zubereitet; stellt man die Streusel in der Küchenmaschine her, geht's noch schneller.

6–8 PERSONEN · **20 MIN.** · **30 MIN.**

Für 1 Auflaufform

Für die Füllung
1 kg Zwetschen, entsteint und halbiert
50 g heller Muscovado-Zucker
1 TL gemahlener Zimt
25 g kalte Butter, gewürfelt

Für den Cobbler
225 g Mehl
3 TL Backpulver
75 g Zucker
1 Prise Salz
½ –3/4 TL gemahlener Zimt
75 g Butter

1 Ei
100 ml Buttermilch
1 EL heller Muscovado-Zucker
Eiscreme, Vanillesauce oder Sahne zum Servieren (nach Belieben)

1 Den Backofen auf 190 °C vorheizen. Die Zwetschgen mit Zucker und Zimt mischen, in die Form geben und die Butterwürfel daraufsetzen.

2 Für den Cobbler Mehl, Backpulver, Zucker, Salz und Zimt in eine Schüssel sieben, die Butter dazugeben und alles zu Streuseln reiben. Ei mit Buttermilch verquirlen, dazugeben und einen geschmeidigen, etwas zähen Teig herstellen.

3 Den Teig esslöffelweise auf die Zwetschgen setzen; zwischen den Klecksen etwas Platz lassen. Mit Muscovado-Zucker bestreuen.

4 Den Cobber im heißen Ofen (Mitte) 30 Minuten backen, bis der Teig goldbraun ist und der Zwetschgensaft blubbert. Der Cobbler ist fertig, wenn bei der Stäbchenprobe (in der Mitte der Form einstechen) kein Teig mehr haften bleibt. 5 Minuten abkühlen lassen, dann heiß mit Eis, Vanillesauce oder Sahne servieren.

Zwetschgen-Crumble

Im Ofen gegartes Obst mit knuspriger Streuselhaube lässt sich schnell und einfach zubereiten und schmeckt einfach fantastisch.

4 PERSONEN   **10 MIN.**   **30–40 MIN.**   **MAX. 4 WOCHEN (STREUSEL)**

Für 1 Auflaufform

Für die Streusel
150 g Mehl
100 g kalte Butter, gewürfelt
75 g heller Muscovado-Zucker
60 g Haferflocken

Für die Füllung
600 g Zwetschgen, entsteint und halbiert
Ahornsirup oder Honig zum Beträufeln

1 Den Backofen auf 200 °C vorheizen. Für die Streusel das Mehl mit der Butter in einer Schüssel zu Bröseln verarbeiten. Die Brösel sollten nicht zu fein sein, damit die Streusel nach dem Backen nicht zu hart sind. Zucker und Haferflocken unter die Streusel mischen.

2 Die Zwetschgenhälften in der Form verteilen, mit etwas Ahornsirup oder Honig beträufeln. Anschließend gleichmäßig mit den Streuseln bestreuen.

3 Den Crumble im heißen Ofen (Mitte) 30–40 Minuten backen, bis die Streusel goldbraun sind und der Zwetschgensaft blubbert.

VORBEREITEN Die Streusel können auf Vorrat hergestellt werden; sie halten sich im Tiefkühlgerät 1 Monat.

Profitipp
Der Crumble ist zwar ein einfaches Dessert, passt aber auch zu festlicheren Anlässen. Beachten Sie bei der Zubereitung der Streusel die angegebene Buttermenge. Zu viel Butter sorgt für einen eher feuchten Streuselbelag – die Streusel schmelzen –, bei zu wenig Butter werden die Streusel trocken.

ZWETSCHGEN-CRUMBLE

Amerikanischer Apfelauflauf

In den USA heißt dieser Auflauf »Apple Brown Betty«. Typisch ist der Belag aus Butter und frischen Weißbrotbröseln.

4
PERSONEN

15
MIN.

35–45
MIN.

SÜSSE KUCHEN, TARTES UND PIES

Für 1 Auflaufform (1,2 l Inhalt)
100 g Butter
175 g frische Weißbrotbrösel
900 g Äpfel (z. B. Granny Smith oder Golden Delicious)
75 g heller Muscovado-Zucker
1 TL gemahlener Zimt
½ TL Lebkuchengewürz
abgeriebene Schale von 1 Bio-Zitrone
2 EL Zitronensaft
1 Päckchen Vanillezucker

1 Den Backofen auf 180 °C vorheizen. Die Butter in einem Topf zerlassen und die Weißbrotbrösel unterrühren.

2 Die Äpfel schälen, vierteln und entkernen. Die Viertel in feine Spalten schneiden und mit Zucker, Zimt, Lebkuchengewürz, Zitronenschale, Zitronensaft und Vanillezucker mischen.

3 Die Hälfte der Apfelspalten in die Form geben und darauf die Hälfte der Bröselmischung verteilen. Die restlichen Apfelspalten darauffüllen und diese mit den übrigen Bröseln bestreuen.

4 Den Auflauf im heißen Ofen 35 Minuten backen. Wird der Bröselbelag zu braun, die Ofentemperatur auf 160 °C reduzieren und den Auflauf mit Backpapier bedecken. Der Auflauf ist fertig, wenn der Belag goldbraun ist und die Äpfel weich sind. Falls nötig, den Auflauf noch bis zu 10 Minuten weiterbacken. Sofort servieren.

Profitipp
Ein »Betty« lässt sich prima mit Obst zubereiten. Die Gewürze können Sie ganz nach Geschmack variieren. Seien Sie kreativ: Probieren Sie beispielsweise Zitronenthymian mit Birnen oder Sternanis bzw. Kardamom mit Zwetschgen.

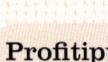

Herzhafte Kuchen, Tartes und Pies

Mangoldtarte mit Gruyère und Feta

Anstelle von Mangold können Sie Spinat nehmen. Diesen in Schritt 14 in die Pfanne geben und etwas kürzer garen.

6–8 STÜCKE | 20 MIN. | 55–70 MIN. | MAX. 8 WOCHEN

Kühlzeit
1 Stunde

Für 1 Tarteform mit herausnehmbarem Boden (22 cm Ø)

Für den Teig
150 g Mehl, plus mehr zum
 Arbeiten
75 g kalte Butter, in Stückchen
1 Eigelb
getrocknete Hülsenfrüchte zum
 Blindbacken

Für die Füllung
1 EL Olivenöl
1 Zwiebel, fein gehackt
Salz
2 Knoblauchzehen, fein gehackt
einige Zweige Rosmarin, Nadeln
 abgezupft und fein gehackt
250 g Mangold, geputzt
125 g Gruyère, geraspelt

125 g Feta, gewürfelt
frisch gemahlener schwarzer
 Pfeffer
2 Eier, verquirlt
200 g Sahne

1 Für den Teig Mehl und Butter zusammenreiben, bis feine Streusel entstehen.

2 Das Eigelb mit 1 EL kaltem Wasser leicht verschlagen.

3 Zu den Streuseln geben; alles zu einem weichen Teig verarbeiten. Evtl. Wasser zugeben.

4 Den Teig in Folie wickeln und 1 Std. kühlen. Backofen auf 180 °C vorheizen.

5 Auf einer bemehlten Fläche den Teig zu einem 3 mm dicken Kreis ausrollen.

6 Den Teig mithilfe der Teigrolle auf die Form legen. Die Form mit dem Teig auskleiden.

7 Teig mit den Fingern in die Form drücken; dabei mindestens 2 cm überhängen lassen.

8 Teigboden mit einer Gabel einstechen, dann mit Backpapier belegen.

9 Teig und Papier mit Bohnen beschweren. Die Form auf ein Backblech stellen.

HERZHAFTE KUCHEN, TARTES UND PIES

10 Tarte im heißen Ofen (Mitte) 20–25 Min. backen. Bohnen und Papier entfernen.

11 Noch 5 Min. backen, damit der Teig knusprig wird. Abkühlen lassen, Rand geradeschneiden.

VORBEREITEN Tarteboden 2 Tage im Voraus backen. Mit Folie bedecken und kühl aufbewahren.

12 Für die Füllung Olivenöl in einer Pfanne erhitzen. Zwiebel und 1 Prise Salz zugeben.

13 Zwiebelwürfel weich dünsten. Knoblauch und Rosmarin untermischen. Kurz mitdünsten.

14 Mangold grob hacken und in die Pfanne geben. 5 Min. dünsten, bis er zusammenfällt.

15 Die Tarteform auf ein Backblech setzen und die Mangoldmischung hineinfüllen.

16 Die Füllung mit Gruyère bestreuen, darauf den Feta verteilen. Salzen und pfeffern.

17 Eier und Sahne in einem Rührbecher mit einer Gabel gründlich verschlagen.

18 Die Eiersahne behutsam über die Tartefüllung gießen.

19 Tarte in 30–40 goldbraun backen. In der Form etwas abkühlen lassen.

20 Warm oder mit Raumtemperatur servieren. Schmeckt am besten am Backtag.

MANGOLDTARTE MIT GRUYÈRE UND FETA

Herzhafte Tarte-Varianten

Zwiebeltarte

Erstaunlich, wie unglaublich lecker eine Tarte mit einem einfachen Belag aus Zwiebeln, Sahne und Eiern schmecken kann.

6–8 STÜCKE   25 MIN.   80–85 MIN.   MAX. 8 WOCHEN

Kühlzeit
1 Stunde (Teigzubereitung)

Für 1 Tarteform mit herausnehmbarem Boden (22 cm Ø)
1 Tarteboden (siehe S. 358–359, Schritte 1–11)

Für den Belag
2 EL Olivenöl
25 g Butter
500 g Zwiebeln, in dünne Ringe geschnitten
200 g Sahne
1 großes Ei
1 Eigelb
Salz und frisch gemahlener schwarzer Pfeffer

1 Das Olivenöl mit der Butter in einer Pfanne erhitzen. Die Zwiebeln hinzufügen, salzen, pfeffern und zugedeckt bei schwacher Hitze unter gelegentlichem Rühren 20 Minuten garen – sie sollen weich, aber nicht braun werden. Anschließend die Zwiebelringe in der offenen Pfanne bei mittlerer Hitze 5–10 Minuten weitergaren, bis die Flüssigkeit verdampft ist.

2 Die Zwiebeln auf dem Tarteboden in der Form verteilen. Die Sahne mit Ei, Eigelb, Salz und Pfeffer verquirlen. Die Form auf ein Backblech stellen und die Sahnemischung auf die Zwiebeln gießen. Die Sahne mit einer Gabel gleichmäßig auf den Zwiebeln verteilen; dafür die Zwiebelringe ein wenig hin- und herschieben.

3 Die Tarte im heißen Ofen (Mitte) 30 Minuten backen, bis der Belag gerade eben gestockt, goldgelb und aufgegangen ist. Aus dem Ofen nehmen und überstehenden Teig abschneiden. Die Tarte 10 Minuten abkühlen lassen; warm oder kalt servieren.

AUFBEWAHREN Die Tarte schmeckt am selben Tag am besten, kann aber über Nacht kühl aufbewahrt und dann bei mittlerer Hitze im Ofen aufgebacken werden.

VORBEREITEN Der Tarteboden kann 2 Tage im Voraus gebacken und in Frischhaltefolie gewickelt aufbewahrt werden.

Tartelets mit geräucherter Forelle

Diese Törtchen sind ideal für ein Picknick oder ein Büfett, aber auch eine prima Vorspeise für eine leichte Mahlzeit.

6 STÜCK   30 MIN.   25–30 MIN.   MAX. 4 WOCHEN

Kühlzeit
30 Minuten

Für 6 Tartelettförmchen (je 10 cm Ø)
125 g Mehl, plus mehr zum Arbeiten
75 g kalte Butter in Stückchen
1 Prise Salz
1 kleines Ei
getrocknete Hülsenfrüchte zum Blindbacken

Für den Belag
125 g Crème fraîche
1 TL Tafelmeerrettich
1 TL Kapern, gehackt
½ TL Zitronensaft
abgeriebene Schale von ½ Bio-Zitrone
Salz und frisch gemahlener schwarzer Pfeffer
4 Eigelb, verquirlt
200 g geräuchertes Forellenfilet, zerpflückt
1 Bund Dill, gehackt

1 Für den Teig Mehl, Butter und Salz mit den Fingerspitzen zu Streuseln reiben. Das Ei dazugeben und alles rasch verkneten.

2 Den Teig auf der gut bemehlten Arbeitsfläche ausrollen und die Tartelettförmchen damit auskleiden. Die Teigböden mit Backpapier belegen und mit Hülsenfrüchten beschweren; für 30 Minuten kalt stellen.

3 Den Backofen auf 200 °C vorheizen. Die Tartelettböden im Ofen 10 Minuten blindbacken, dann Hülsenfrüchte und Papier entfernen und die Tartelets weitere 5 Minuten backen. Ofen eingeschaltet lassen.

4 Crème fraîche mit Meerrettich, Kapern, Zitronensaft und -schale verrühren; salzen und pfeffern. Eigelbe, Fisch und Dill untermischen. Auf die Böden verteilen. Tartelets im heißen Ofen 10–15 Minuten backen, bis der Belag stockt. 5 Minuten ruhen lassen, aus den Formen nehmen; servieren.

AUFBEWAHREN Am besten schmecken die Tartelets am selben Tag; man kann sie auch 1 Tag kühl aufbewahren und bei mittlerer Hitze im Ofen aufbacken.

VORBEREITEN Teigböden 2 Tage im Voraus zubereiten und in Frischhaltefolie wickeln.

Profitipp
Eine gute Tarte oder Quiche basiert auf der Kombination von buttrigem Mürbeteig, Sahne und Eiern sowie den Zutaten für den Belag. Es empfiehlt sich, den Tarteboden vorzubacken und danach zu füllen; so bleibt er auch unter dem feuchten Belag schön knusprig.

Quiche Lorraine

Eier und Speck sind die Hauptzutaten dieses französischen Klassikers.

4–6 STÜCKE 35 MIN. 47–52 MIN.

Kühlzeit
30 Minuten

Für 1 Tarteform (24 cm Ø)
250 g Mehl, plus mehr zum Arbeiten
125 g kalte Butter in Stückchen
1 Eigelb
getrocknete Hülsenfrüchte zum Blindbacken

Für den Belag
200 g durchwachsener Speck, in Streifen
 geschnitten
1 Zwiebel, fein gewürfelt
75 g Gruyère, geraspelt
4 große Eier, verquirlt
200 g Sahne
200 ml Milch
frisch gemahlener schwarzer Pfeffer

1 Für den Teig das Mehl mit der Butter zu feinen Streuseln reiben. Das Eigelb und 3–4 EL eiskaltes Wasser hinzufügen; kneten, bis der Teig glatt ist. Den Teig auf die dünn bemehlte Arbeitsfläche geben und kurz durchkneten, dann in Frischhaltefolie wickeln und 30 Minuten kühlen. Den Backofen auf 190 °C vorheizen.

2 Den Teig auf einer dünn bemehlten Fläche ausrollen. Die Form damit auskleiden. Den Teigboden mehrmals mit einer Gabel einstechen, mit Backpapier belegen und mit getrockneten Hülsenfrüchte beschweren. Im Ofen 12 Minuten blindbacken; Papier und Hülsenfrüchte entfernen und den Teigboden in weiteren 10 Minuten hellbraun backen. Ofen eingeschaltet lassen.

3 Inzwischen den Speck in einer großen Pfanne 3–4 Minuten braten, bis das Fett austritt. Die Zwiebeln 2–3 Minuten mitbraten. Papier und Hülsenfrüchte vom Tarteboden entfernen. Speck-Zwiebel-Mischung auf dem Tarteboden verteilen und mit dem Käse bestreuen.

4 Eier mit Sahne, Milch und Pfeffer verquirlen. Auf den Speck-Zwiebel-Belag gießen; die Form auf ein Backblech stellen. Quiche 25–30 Minuten backen, bis der Belag goldbraun und gerade gestockt ist. Kurz abkühlen lassen. In Stücke schneiden; servieren.

VORBEREITEN Die Quiche 2 Tage im Voraus backen; abkühlen lassen und kalt stellen. Zum Servieren bei mittlerer Hitze im Ofen aufbacken.

Herzhafte Tarte-Varianten

Garnelentarte mit Crabmeat und Safran

Die feinen Aromen von Krabbenfleisch und Garnelen harmonieren hervorragend mit der exquisiten Würze des Safrans. Estragon oder Kerbel sorgt für geschmackliche Ausgewogenheit.

2–4 STÜCKE   20 MIN.   50–65 MIN.S   MAX. 8 WOCHEN

Kühlzeit
1 Stunde

Für 1 Tarteform mit herausnehmbarem Boden (16 cm Ø)
100 g Mehl, plus mehr zum Arbeiten
50 g kalte Butter in Stückchen
1 Eigelb
getrocknete Hülsenfrüchte zum Blindbacken

Für den Belag
1 Prise Safran
125 g weißes Krabbenfleisch (Crabmeat)
100 g kleine Tiefseegarnelen
200 g Sahne
1 Ei
1 EL fein gehackter Estragon oder Kerbel
Salz und frisch gemahlener schwarzer Pfeffer

1 Mehl und Butter zu feinen Streuseln reiben. Das Eigelb und 1 EL kaltes Wasser hinzufügen und alles kurz zu einem weichen Teig verkneten. Falls nötig, noch etwas Wasser dazugeben. Den Teig in Frischhaltefolie wickeln und 1 Stunde kühlen.

2 Den Backofen auf 180 °C vorheizen. Den Teig auf der großzügig bemehlten Arbeitsfläche zu einem großen, 3 mm dicken Kreis ausrollen. Den Kreis mithilfe einer Teigrolle anheben und so in die Form legen, dass er über den Rand hängt. Den überhängenden Teig bis auf 2 cm abschneiden. Anschließend den Teig in die Form drücken und den Boden mehrmals mit einer Gabel einstechen, dann mit Backpapier belegen und mit Hülsenfrüchten beschweren. Die Form auf ein Backblech stellen.

3 Den Teigboden im Ofen (Mitte) 20–25 Minuten backen. Hülsenfrüchte und Papier entfernen und den Tarteboden, falls nötig, noch 5 Minuten backen, bis er knusprig ist. Abkühlen lassen. Den Ofen eingeschaltet lassen.

4 Für den Belag den Safran in einer Schüssel mit 1 EL kochend heißem Wasser begießen. Krabbenfleisch und Garnelen in ein Sieb geben und überschüssige Flüssigkeit herausdrücken, damit die Tarte nicht durchweicht. Garnelen und Krabben mischen, dann auf dem Tarteboden verteilen.

5 Die Sahne mit dem Ei verquirlen. Die Kräuter, den Safran mitsamt dem Einweichwasser sowie Salz und Pfeffer untermischen. Die Form wieder auf das Blech stellen. Den Eierguss auf die Garnelenmischung gießen und das Blech mit der Form darauf in den Ofen (Mitte) schieben.

6 Die Tarte im heißen Ofen 30–35 Minuten backen, bis der Belag aufgegangen und stellenweise gebräunt ist. Herausnehmen und 10 Minuten abkühlen lassen. Die Teigränder gerade schneiden. Tarte aus der Form nehmen; warm oder kalt servieren.

VORBEREITEN Den Tarteboden können Sie 2 Tage im Voraus zubereiten; in Frischhaltefolie verpacken und kühl stellen.

Profitipp
Tartes mit Krabbenfleisch sind meist sehr reichhaltig. Sie können deshalb einfach weniger Krabbenfleisch nehmen. Genauso können Sie auch statt der Krabbenfleisch-Garnelen-Mischung nur Krabbenfleisch oder nur Garnelen verwenden.

Tarte mit Spinat und Ziegenkäse

Eine beliebte Kombination, die immer gut ankommt.

| 6–8 STÜCKE | 20 MIN. | 55–65 MIN. | MAX. 8 WOCHEN |

Kühlzeit
1 Stunde (für die Teigzubereitung)

Für 1 Tarteform mit herausnehmbarem Boden (22 cm Ø)
1 Tarteboden (siehe S. 358–359, Schritte 1–11)

Für den Belag
150 g Pancetta oder durchwachsener Speck
1 EL Olivenöl
150 g junger Blattspinat
100 g Ziegenfrischkäse
Salz und frisch gemahlener schwarzer Pfeffer
300 g Sahne
2 Eier

1 Den Speck im Olivenöl in etwa 5 Minuten goldbraun braten. Den Spinat waschen und tropfnass dazugeben; in einigen Minuten zusammenfallen lassen. Die Flüssigkeit abgießen, die Mischung abkühlen lassen, dann auf dem Tarteboden in der Form verteilen. Den Käse würfeln oder zerbröckeln und auf die Spinatmischung streuen. Salzen (der Speck ist bereits salzig!) und pfeffern.

2 Die Sahne mit den Eiern verquirlen. Die Form auf das Blech stellen und den Eierguss auf die Spinatmischung gießen. Das Blech in den Ofen schieben.

3 Die Tarte im Ofen 30–35 Minuten backen, bis der Belag aufgegangen und goldbraun ist. Aus dem Ofen nehmen und 10 Minuten abkühlen lassen. Die Tarte aus der Form nehmen und warm oder kalt servieren.

AUFBEWAHREN Die Tarte 1 Tag kühl stellen; bei mittlerer Hitze im Ofen aufbacken.

VORBEREITEN Den Teigboden können Sie 2 Tage im Voraus backen; in Frischhaltefolie verpacken und kalt stellen.

Flamiche

Bei dem Lauchkuchen aus der Picardie in Nordfrankreich ist Blauschimmelkäse zwar keine traditionelle Zutat, sorgt aber für eine pikante Note.

4–6 STÜCKE	20 MIN.	40–45 MIN.

Für 1 Tarteform mit herausnehmbarem Boden (18 cm Ø)
50 g Butter
2 EL Olivenöl, plus mehr für die Form
500 g Lauch, in feine Streifen geschnitten
Salz und frisch gemahlener schwarzer Pfeffer
frisch geriebene Muskatnuss
2 EL Mehl, plus mehr zum Arbeiten
250 ml Milch
100 g Blauschimmelkäse (z. B. Roquefort)
500 g Blätterteig (Fertigprodukt; oder siehe S. 178, Schritte 1–9)
1 Ei, verquirlt

1 Den Backofen auf 200 °C vorheizen. In einem großen Topf Butter mit Olivenöl bei schwacher Hitze zerlassen. Den Lauch darin unter gelegentlichem Rühren in etwa 10 Minuten weich, aber nicht braun dünsten. Mit Salz, Pfeffer und etwas Muskatnuss würzen. Das Mehl auf den Lauch streuen und sorgfältig unterrühren.

2 Nach und nach unter ständigem Rühren die Milch dazugießen. Aufkochen, dann bei schwacher Hitze 3–5 Minuten köcheln lassen, bis die Flüssigkeit kräftig angedickt ist. Vom Herd nehmen und nach Belieben den Käse unterrühren.

3 Den Blätterteig zu einem 20 x 40 cm großen, 3–5 mm dicken Rechteck ausrollen. An einer Längsseite die Form auf den Teig setzen und für den Teigdeckel einen entsprechend großen Kreis ausschneiden; der restliche Teig sollte noch groß genug sein, um die Form damit auszukleiden.

4 Die Form mit Öl fetten, dann mit Teig auskleiden; diesen dabei etwas über den Rand hängen lassen. Den Teigboden mit Ei bestreichen – das scheint ungewöhnlich, doch das Ei wirkt wie eine Art Lack, der den Teig vor dem Durchweichen schützt.

5 Die Lauchmischung auf den Teigboden geben. Den Teigrand mit etwas Ei bestreichen, den Teigdeckel darauflegen und die Ränder zusammendrücken. Die Flamiche mit Ei bestreichen und in den Deckel zwei kleine Schlitze schneiden, damit Dampf entweichen kann.

6 Die Flamiche im Ofen (oben) 25–30 Minuten backen, bis sie aufgegangen und goldbraun ist. Aus dem Ofen nehmen und überstehenden Teig abschneiden. Den Lauchkuchen mindestens 10 Minuten abkühlen lassen; warm oder kalt servieren.

VORBEREITEN Die Flamiche hält sich zugedeckt 1 Nacht im Kühlschrank frisch. Vorsichtig aufbacken oder mit Raumtemperatur servieren.

Profitipp

Traditionell schneidet man in den Deckel einer Flamiche vor dem Backen ein Gittermuster. Der Deckel reißt dann aber leicht beim Backen. Ritzen Sie deshalb mit einem sehr scharfen Messer Linien von der Mitte nach außen in den Teig (wie die Speichen eines Rades).

Zwiebelkuchen

Saure Sahne und Kümmel bilden auf diesem beliebten Gebäck einen feinen Kontrast zur Süße der zart schmelzenden Zwiebeln.

8 STÜCKE   40 MIN.   35–40 MIN.

Gehzeiten
1½ –2½ Stunden

Für ein tiefes Backblech
1 Würfel Hefe (42 g)
400 g Mehl Type 550, plus mehr zum Arbeiten
1 TL Salz
3 EL Olivenöl, plus mehr für Schüssel und Blech

Für den Belag
50 g Butter
2 EL Olivenöl
600 g Zwiebeln, in feine Ringe geschnitten
½ TL Kümmelsamen
Salz und frisch gemahlener schwarzer Pfeffer
150 g saure Sahne
150 g Crème fraîche
3 Eier
1 EL Mehl
75 g durchwachsener Speck, gewürfelt

1 Für den Teig die Hefe in 50 ml lauwarmem Wasser auflösen. Das Mehl mit dem Salz in eine große Schüssel sieben. In die Mitte eine Mulde drücken und das Hefewasser unter Rühren hineingießen. Weitere 200 ml Wasser und das Olivenöl dazugeben. Alles zu einem weichen Teig verkneten. Diesen auf einer großzügig bemehlten Arbeitsfläche 10 Minuten kneten, bis er weich, glatt und elastisch ist.

2 Den Teig in eine große ausgeölte Schüssel geben, mit Frischhaltefolie bedecken und an einem warmen Platz 1–2 Stunden gehen lassen, bis er sein Volumen etwa verdoppelt hat.

3 Für den Belag die Butter mit dem Olivenöl in einem großen Topf zerlassen. Die Zwiebeln mit dem Kümmel hineingeben; salzen und pfeffern. Zugedeckt etwa 20 Minuten dünsten, bis die Zwiebeln weich, aber noch nicht gebräunt sind. Offen weitere 5 Minuten garen, bis alle Flüssigkeit verdampft ist.

4 In einer Schüssel die saure Sahne mit Crème fraîche, Eiern und Mehl verquirlen; salzen und pfeffern. Die Zwiebeln untermischen und das Ganze abkühlen lassen.

5 Den aufgegangenen Teig auf die bemehlte Arbeitsfläche geben und mit den Fingerknöcheln vorsichtig die Luft herausschlagen. Das tiefe Blech dünn fetten. Den Teig auf etwa die Größe des Blechs ausrollen und das Blech damit auskleiden; falls nötig, mit den Fingern andrücken. Mit dünn geölter Frischhaltefolie bedecken und an einem warmen Ort weitere 30 Minuten gehen lassen, bis er stellenweise aufgegangen ist.

6 Den Backofen auf 200 °C vorheizen. Den Teig behutsam zusammendrücken, falls er am Rand zu hoch aufgegangen ist. Den Belag auf dem Teigboden verstreichen und mit den Speckwürfeln bestreuen.

7 Den Kuchen im heißen Ofen (oben) 35–40 Minuten backen, bis er goldbraun ist. Herausnehmen und mindestens 5 Minuten abkühlen lassen. Warm oder kalt servieren.

AUFBEWAHREN Zudecken und über Nacht kalt stellen.

Profitipp
Der Zwiebelkuchen ist ein pikanter Kuchen, der vorzugsweise im Herbst zubereitet und mit Federweißem (jungem Wein) serviert wird. Gut schmeckt der Kuchen auch mit einem Belag aus einer Mischung von Zwiebeln und Lauch oder nur mit Lauch anstelle von Zwiebeln.

Rindfleisch-Pilz-Pie

Ein schnell gemachter Blätterteig ist eine praktische Sache – notfalls können Sie aber auch fertigen für diese Pie nehmen.

4–6 PERSONEN **50–55 MIN.** **2½–3 STD.**

Kühlzeit
1¼ Stunden

Für 1 Pieform (2 l Inhalt)
500 g gemischte frische oder
  75 g getrocknete Pilze, 30 Min.
  eingeweicht und abgetropft
35 g Mehl
Salz und frisch gemahlener Pfeffer
1 kg Rindfleisch zum Schmoren
  (z. B. Schulter), in 2,5 cm große
  Würfel geschnitten

4 Schalotten, fein gewürfelt
900 ml Fleischbrühe, plus mehr
  nach Bedarf
6 Petersilienstängel, Blätter
  fein gehackt

Für den Blätterteig
250 g Mehl, plus mehr zum Arbeiten
½ TL Salz
175 g kalte Butter, in Würfel
  geschnitten
1 Ei, verquirlt

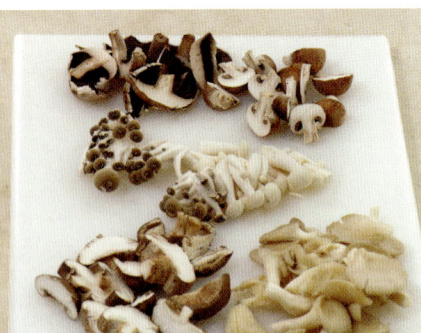

1 Backofen auf 180 °C vorheizen. Die Pilze in Scheiben schneiden.

2 Mehl mit Salz und Pfeffer in einer Schüssel würzen. Fleisch darin wälzen und umhüllen.

3 Fleisch, Pilze, Schalotten in einen Bräter geben. Brühe zugießen und erhitzen.

4 Unter Rühren aufkochen; zudecken. Im Ofen 2 Std. garen, bis das Fleisch weich ist.

5 Für den Teig Mehl mit Salz in eine Schüssel sieben. Mit einem Drittel der Butter verreiben.

6 100 ml kaltes Wasser zugeben; alles zu einem Teig verkneten. Teig für 15 Min. kühlen.

7 Auf einer leicht bemehlten Fläche den Teig zu einem Rechteck (15 x 38 cm) ausrollen.

8 Rest-Butter auf ⅔ Teig verteilen. Das freie Teigstück über die Hälfte des gebutterten schlagen.

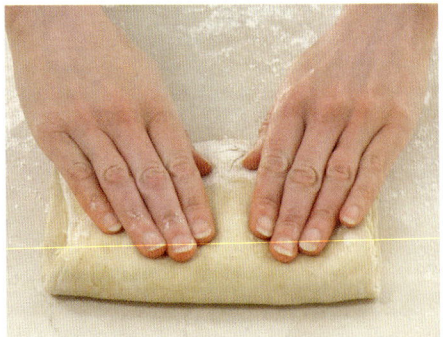

9 Offenes Teigstück so darüberschlagen, dass die Butter zwischen Teig eingeschlossen ist.

10 Teigpaket umdrehen. Darüberrollen, um es zusammenzudrücken. In Folie 15 Min. kühlen.

11 Auf 15 x 45 cm ausrollen. Erneut zusammenfalten, um 90° drehen. Darüberrollen. Kühlen.

12 Schritt 11 dreimal wiederholen; zwischen jeder Wiederholung 15 Min. kühlen.

13 Petersilie unter das Ragout mischen und das Ragout würzen. In die Pieform füllen.

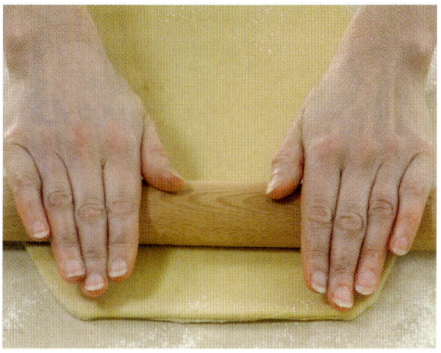

14 Den Teig auf einer bemehlten Fläche ausrollen. Ofentemperatur auf 220 °C erhöhen.

15 Einen Streifen vom Teig abschneiden. Rand der Form anfeuchten, Streifen darauflegen.

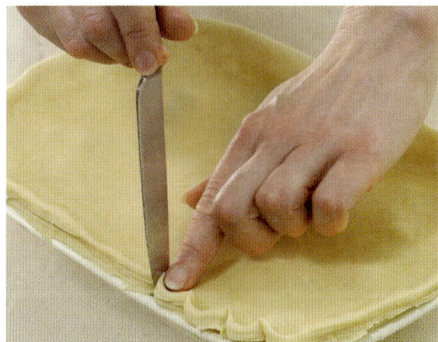

16 Teigplatte auf die Füllung legen. Teigränder zusammendrücken, um die Pie zu schließen.

17 Teig mit Ei bestreichen. In die Mitte ein Loch schneiden, damit der Dampf entweichen kann.

18 Pie 15 Min. kalt stellen, dann 25–35 Min. backen, bis der Teigdeckel goldbraun und knusprig ist. Evtl. mit Folie bedecken. **VORBEREITEN** Die Füllung 2–3 Tage im Voraus kochen.

Herzhafte Pie-Varianten

Fisch-Pie

Verwenden Sie für diese Pie am besten kleine Tiefseegarnelen aus biologisch geführten Aquafarmen.

4 PERSONEN	20 MIN.	20–25 MIN.

Für 1 runde Pieform (18 cm Ø)

300 g Lachsfilet ohne Haut, entgrätet
200 g Schellfischfilet ohne Haut, entgrätet
50 g Butter
5 EL Mehl, plus mehr zum Arbeiten
350 ml Milch
Salz und frisch gemahlener schwarzer Pfeffer
1 Prise frisch geriebene Muskatnuss
100 g junger Blattspinat
200 g geschälte Garnelen
250 g Blätterteig (Fertigprodukt; oder siehe
   S. 370–371, Schritte 5–12)
1 Ei, verquirlt

1 Den Backofen auf 200 °C vorheizen. Die Fischfilets in köchelndem Wasser 5 Minuten pochieren; abgießen und abkühlen lassen. Die Butter in einem Topf zerlassen. Vom Herd nehmen; Mehl unterschlagen. Nach und nach unter ständigem Rühren die Milch dazugießen. Sauce mit Salz, Pfeffer und Muskat würzen, unter Rühren aufkochen und 5 Minuten köcheln lassen.

2 Den Fisch in einer Schüssel zerpflücken. Den Spinat waschen und tropfnass mit den Garnelen daraufgeben; die heiße Sauce darübergießen und würzen. Sobald der Spinat zusammengefallen ist, alles mischen und in die Form füllen.

3 Den Teig auf der bemehlten Arbeitsfläche 3–5 mm dick ausrollen, auf Formgröße zurechtschneiden. Einige Abschnitte zu langen Rollen formen. Den Formrand innen mit Ei bestreichen und die Rollen darandrücken.

4 Den Teigrand mit Ei bestreichen. Den Teigdeckel darauflegen und andrücken; überstehenden Teig abschneiden. Den Deckel mit Ei bestreichen und zwei Schlitze hineinschneiden. Die Pie im Ofen (oben) in 20–25 Minuten goldbraun backen. Vor dem Servieren 5 Minuten ruhen lassen.

VORBEREITEN Die Pie schmeckt frisch am besten, kann aber über Nacht gekühlt und anschließend aufgebacken werden.

Hähnchen-Pie

Mit gekauftem Blätterteig ist diese Pastete schnell gemacht.

4 PERSONEN	20 MIN.	20–25 MIN.

Für 1 runde Pieform (18 cm Ø)

3 EL Olivenöl
1 Zwiebel, fein gewürfelt
50 g Pancetta oder durchwachsener Speck,
   gewürfelt
2 Stangen Lauch (etwa 200 g), in 1 cm dicke
   Scheiben geschnitten
150 g Champignons, falls nötig, halbiert oder
   geviertelt
400 g Hähnchenbrustfilets, in 2–3 cm große
   Stücke geschnitten
1 gehäufter EL gehackter Thymian
1 gehäufter EL gehackte Petersilie
1 EL Mehl, plus mehr zum Arbeiten
300 g Sahne
1 EL Dijonsenf
Salz und frisch gemahlener schwarzer Pfeffer
250 g Blätterteig (Fertigprodukt; oder siehe
   S. 370–371, Schritte 5–12)
1 Ei, verquirlt

1 Den Backofen auf 200 °C vorheizen. In einem Topf 2 EL Öl erhitzen und die Zwiebelwürfel darin glasig dünsten. Speck hinzufügen und 2 Minuten mitdünsten. Lauch und Pilze dazugeben und alles 3–5 Minuten garen, bis der Speck knusprig ist.

2 Das restliche Öl (1 EL) in den Topf geben. Fleisch und Kräuter hinzufügen und alles bei starker Hitze 3–4 Minuten braten, bis das Fleisch rundherum gebräunt ist. Das Mehl darüberstreuen und unterrühren. Sahne, Senf, Salz und Pfeffer dazugeben und alles unter Rühren aufkochen lassen; dabei soll die Flüssigkeit andicken. 5 Minuten bei schwacher Hitze köcheln lassen, bis die Flüssigkeit etwas reduziert ist. Die Mischung in die Pieform geben.

3 Den Teig ausrollen und die Füllung damit bedecken. Die Pie backen, wie links beschrieben (Schritte 3–4).

HERZHAFTE KUCHEN, TARTES UND PIES

Steak and Kidney Pie

Rindfleisch-Lammnieren-Ragout unter knusprigem Teigdeckel.

4 PERSONEN	30 MIN.	2¾–3¼ STD.	8 WOCHEN UNGEBACKEN

Für 1 runde Pieform (18 cm Ø)

Für die Füllung

4 EL Olivenöl, plus mehr für die Form
2 Zwiebeln, fein gewürfelt
100 g Champignons, je nach Größe halbiert oder geviertelt
4 EL Mehl
Salz und frisch gemahlener schwarzer Pfeffer
600 g Rinderschmorbraten, in 3 cm große Stücke geschnitten
600 ml Rinderbrühe
1 großer Thymianzweig
30 g weiche Butter
4 Lammnieren (etwa 200 g)

Für den Teig

300 g Mehl
1 TL Backpulver
150 g Rindertalg
½ TL Salz
1 Ei, verquirlt

HERZHAFTE PIE-VARIANTEN

1 In einem Topf 2 EL Öl erhitzen. Zwiebeln darin in 5 Minuten glasig dünsten. Pilze 3–4 Minuten mitbraten, bis sie etwas Farbe angenommen haben. Zwiebeln und Pilze mit einem Schaumlöffel herausheben.

2 Zwei EL Mehl mit Salz und Pfeffer mischen; die Fleischwürfel darin wenden. Das restliche Öl im Topf heiß werden lassen. Das Fleisch darin portionsweise bei starker Hitze kräftig anbraten, dann herausnehmen und zu Zwiebeln und Pilzen geben.

3 Fleisch, Zwiebeln und Pilze in den Topf geben. Die Brühe angießen, Salz, Pfeffer und Thymian hinzufügen. Aufkochen, dann bei schwacher Hitze 2–2½ Stunden köcheln lassen, bis das Fleisch weich ist.

4 Für den Teig Mehl, Backpulver und Talg zu Streuseln reiben. Salz dazugeben und so viel kaltes Wasser, dass ein weicher Teig entsteht. In Frischhaltefolie wickeln und 1 Stunde ruhen lassen.

5 Die Butter mit 2 EL Mehl verkneten. Den Deckel vom Topf nehmen und die Hitze erhöhen. Sobald die Fleischmischung kocht, unter Rühren nach und nach die Mehlbutter hinzufügen. Das Ganze bei schwacher Hitze 30 Minuten köcheln lassen, bis die Sauce andickt.

6 Den Backofen auf 180 °C vorheizen. Die Nieren häuten, putzen und in Stücke schneiden; zum Fleisch geben. Den Teig auf der bemehlten Arbeitsfläche zu einem 20 x 40 cm großen, 3–5 mm dicken Rechteck ausrollen. Die Form auf eine schmale Teigseite legen und einen Kreis in Formgröße als Deckel ausschneiden.

7 Die Form fetten und so mit Teig auskleiden, dass er über den Rand hängt. Die Füllung auf den Teigboden geben; den Teigrand mit Ei bestreichen. Den Teigdeckel drauflegen und die Ränder zusammendrücken.

8 Die Pie mit Ei bestreichen und in den Deckel zwei Schlitze schneiden, damit Dampf entweichen kann. Im Ofen (Mitte) in 40–45 Minuten goldbraun backen. Herausnehmen und vor dem Servieren mindestens 5 Minuten abkühlen lassen.

VORBEREITEN Die Füllung können Sie 2 Tage im Voraus zubereiten und kalt stellen. Die rohen Nieren jedoch erst unmittelbar vor dem Backen dazugeben.

Rindfleisch-Cobbler

Planen Sie clever: Die Fleischfüllung für dieses Gericht können Sie Tage im Voraus zubereiten, und das Gericht an sich gart ohne Aufsicht im Ofen.

| 4 PERSONEN | 40 MIN. | 2½–3¼ STD. | 8 WOCHEN (FÜLLUNG) |

Für die Füllung
4 EL Olivenöl
2 Zwiebeln, fein gewürfelt
1 Selleriestange, fein gewürfelt
1 Stange Lauch, in dünne Scheiben geschnitten
150 g Champignons, falls nötig, halbiert oder geviertelt
2 EL Mehl
Salz und frisch gemahlener schwarzer Pfeffer
600 g Rinderschmorfleisch, in 3 cm große Stücke geschnitten
500 ml dunkles Bier
300 ml Rinderbrühe
1 Kräutersträußchen (Petersilie, Lorbeer, Thymian)
1 EL Zucker
2 große Möhren, in 2 cm große Stücke geschnitten

Für die Teighaube
300 g Mehl, plus mehr zum Arbeiten
2 TL Backpulver
½ TL Salz
125 g kalte Butter in Stückchen
1 EL fein gehackte Petersilie
3 EL Tafelmeerrettich
2–4 EL Milch
1 Ei, verquirlt

1 In einem großen ofenfesten Schmortopf 2 EL Olivenöl erhitzen. Zwiebel, Sellerie und Lauch darin in etwa 5 Minuten weich dünsten. Die Pilze hinzufügen und 3–4 Minuten braten, bis sie stellenweise gebräunt sind. Gemüse und Pilze mit einem Schaumlöffel herausheben; beiseitestellen.

2 Das Mehl salzen und pfeffern, das Fleisch darin wenden. Das restliche Öl im Topf erhitzen und das Fleisch darin portions-weise rundherum kräftig anbraten. Nicht zu viel Fleisch auf einmal hineingeben, sonst wird es gedämpft statt gebraten. Gebratenes Fleisch zur Gemüsemischung geben.

3 Fleisch und Gemüsemischung wieder in den Topf geben. Bier, Brühe, Kräutersträußchen, Zucker und Möhren hinzufügen. Das Ganze würzen und aufkochen, dann bei sehr schwacher Hitze zugedeckt 2–2 ½ Stunden schmoren, bis das Fleisch weich ist. Falls nötig, etwas Wasser nachgießen.

4 Den Backofen auf 200 °C vorheizen. Das Mehl mit Backpulver und Salz sieben, dann mit der Butter mit den Fingerspitzen zu feinen Streuseln reiben. Die Petersilie hinzufügen. Den Meerrettich mit der Milch verquirlen; zu den Streuseln geben und alles zu einem weichen Teig verarbeiten.

5 Den Teig auf der bemehlten Arbeitsfläche etwa 2 cm dick ausrollen. Mit einem Aus-stechförmchen (5 cm Ø) Kreise ausstechen. Teigreste erneut ausrollen und wieder Kreise ausstechen, bis der Teig aufge-braucht ist. Sobald das Fleisch gar ist, den Kräuterstrauß entfernen und die Teigkreise leicht überlappend auf das Fleisch legen.

6 Die Teighaube mit Ei bestreichen. Das Ganze im Ofen (Mitte) 30–40 Minuten garen, bis der Teig aufgegangen und goldbraun ist. Herausnehmen und vor dem Servieren 5 Minuten ruhen lassen.

VORBEREITEN Das Fleisch 2 Tage im Voraus zubereiten und kühlen. Erst vor dem Backen die Teigkreise drauflegen. Das fertige Gericht kann über Nacht kalt gestellt und vor dem Essen aufgewärmt werden.

Profitipp
Eine solche Teighaube ist viel einfacher zu machen als eine aus Kloß- oder Blätterteig. Das brötchenähnliche Gebäck macht aus einem simplen Schmorgericht oder Eintopf ein vollständiges Essen. Je nach Rezept können Sie den Teig mit Senf, Meerrettich, Kräutern oder Gewürzen abrunden.

Hähnchenragouts mit Kräuterhaube

Ein köstliches und wohltuendes Gericht unter einer leckeren Teighaube. Servieren Sie dazu am besten gedämpftes grünes Gemüse.

6 PERSONEN · **25–35 MIN.** · **22–25 MIN.**

Für 6 ofenfeste Portionsformen (je etwa 400 ml)
1 l Hühnerbrühe
3 Möhren, in Scheiben geschnitten
750 g große Kartoffeln, gewürfelt
3 Selleriestangen, in dünne Scheiben geschnitten
175 g Erbsen
500 g gegarte Hähnchenbrustfilets
60 g Butter
1 Zwiebel, gewürfelt
30 g Mehl
175 g Sahne
frisch geriebene Muskatnuss
Salz und frisch gemahlener schwarzer Pfeffer
Blätter von 1 Bund glatter Petersilie, gehackt
1 Ei

Für die Kräuterhaube
250 g Mehl, plus mehr zum Arbeiten
1 EL Backpulver
1 TL Salz
60 g kalte Butter in Stückchen
Blätter von 1 Bund glatter Petersilie, gehackt
150 ml Milch, plus mehr, falls nötig

1 Die Brühe in einem großen Topf aufkochen lassen. Möhren, Kartoffeln und Sellerie darin 3 Minuten garen. Erbsen hinzufügen und 5 Minuten mitgaren, bis Gemüse und Kartoffeln weich sind. Abgießen, die Brühe dabei auffangen. Das Fleisch in Scheiben schneiden und mit Kartoffeln und Gemüse in eine Schüssel geben.

2 Die Butter in einem kleinen Topf bei mittlerer Hitze zerlassen. Die Zwiebelwürfel darin in 3–5 Minuten glasig dünsten. Mit Mehl bestäuben und unter Rühren 1–2 Minuten weiterdünsten. 500 ml Brühe hinzufügen und unter ständigem Schlagen aufkochen und andicken lassen. 2 Minuten köcheln lassen, dann Sahne, Muskat, Pfeffer und Salz untermischen. Die Sauce über Fleisch und Gemüse gießen. Die Petersilie dazugeben und alles behutsam mischen.

3 Das Mehl mit Backpulver und Salz in eine große Schüssel sieben und mit der Butter mit den Fingerspitzen zu Streuseln reiben. Die Petersilie hinzufügen und die Milch dazugießen. Alles mit einem Messer zu groben Streuseln verhacken; falls sie zu trocken sind, etwas mehr Milch dazugeben. Die Streusel mit den Fingern zu einem Teig zusammendrücken.

4 Den Teig auf der großzügig bemehlten Arbeitsfläche kneten, bis er glatt ist, dann zu einer 1 cm dicken Platte zurechtdrücken. Mit einem Ausstecher (8,5 cm Ø) Kreise ausstechen. Teigreste wieder zu einer Platte drücken und Kreise ausstechen; es sollen insgesamt sechs Kreise entstehen.

5 Den Backofen auf 220 °C vorheizen. Das Hähnchenragout auf die Formen verteilen und je einen Teigkreis darauflegen. Das Ei mit einer Prise Salz verquirlen und die Teigkreise damit bestreichen.

6 Die Ragouts mit Kräuterhaube im Ofen etwa 15 Minuten backen, dann die Ofentemperatur auf 180 °C senken und die Portionen 7–10 Minuten weiterbacken, bis die Teigdeckel goldbraun sind und das Ragout brodelt. Falls die Teighauben zu braun werden, locker mit Alufolie bedecken.

Profitipp
Die Teigdeckel sind ganz leicht zu machen. Sie können aber auch Deckel aus Blätterteig (siehe S. 370–371, Schritte 5–12) oder Mürbeteig (siehe S. 358, Schritte 1–5) verwenden. Das Ragout lässt sich beliebig abwandeln, z. B. mit Kräutern. Estragon wäre hier eine besonders gute Wahl.

VORBEREITEN Die Füllung kann 1 Tag im Voraus zubereitet werden; zudecken und kalt stellen. Vor dem Backen Raumtemperatur annehmen lassen.

Hähnchen-Schinken-Pastete

Super zum Mitnehmen fürs Picknick und lecker mit einem knackigen grünen Salat.

8–10 PERSONEN | **50–60 MIN.** | **1½ STD.**

Kühlzeit
· 30 Minuten

Für 1 Springform (24 cm Ø)

Für den Teig
500 g Mehl, plus mehr zum Arbeiten
2 TL Salz
75 g kalte Butter, in Würfel geschnitten, plus mehr für die Form

75 g kaltes Schweineschmalz, in Würfel geschnitten

Für die Füllung
9 Eier
4 Hähnchenbrustfilets (insgesamt 750 g)
350 g mageres Schweinefleisch
1 TL getrockneter Thymian

1 TL getrockneter Salbei
1 gute Prise geriebene Muskatnuss
abgeriebene Schale von ½ Bio-Zitrone
Salz und frisch gemahlener Pfeffer
400 g gekochter Schinken (am Stück)

1 Mehl und Salz in eine Schüssel sieben. Mit Butter und Schmalz feinbröselig verarbeiten.

2 Eine Mulde in Mitte drücken. 150 ml Wasser hineingießen; zu größeren Streuseln mischen.

3 Mit den Händen zu einem glatten Teig verkneten. In Folie wickeln; 30 Min. kalt stellen.

4 Sechs Eier für 7 Min. in kochendem Wasser garen. Abgießen, abschrecken und schälen.

5 Zwei Hähnchenfilets und das Schweinefleisch würfeln und fein hacken (nicht zu fein).

6 Gehacktes Fleisch in eine Schüssel füllen. Muskat, Zitronenschale, Salz und Pfeffer zugeben.

7 Zwei Eier gründlich unter die Fleischmasse rühren.

8 Übrige Hähnchenfilets und den Schinken in 2 cm große Würfel schneiden; untermischen.

9 Form fetten. Drei Viertel des Teigs zu einer Kugel formen; Rest zugedeckt beiseitelegen.

HERZHAFTE KUCHEN, TARTES UND PIES

10 Teig auf 35–40 cm Ø ausrollen, Form damit auskleiden, 2 cm Teig überhängen lassen.

11 Backofen auf 200 °C vorheizen. Hälfte der Füllung in die Form füllen, Eier daraufsetzen.

12 Eier sanft hineindrücken; mit übriger Füllung bedecken. Teig-Überhang daraufschlagen.

13 Das letzte Ei mit etwas Salz verquirlen, den Teig damit bestreichen.

14 Restlichen Teig 5 mm dick ausrollen; auf die Pastete legen. Teigränder zusammendrücken.

15 Ein Loch in die Mitte schneiden. Alufolie zu einer Rolle geformt als Kamin hineinstecken.

16 Teigreste in 2,5 cm breiten Streifen und diese in Blätter schneiden; Blattadern einritzen.

17 Blätter mittig platzieren. Pastete mit Ei bestreichen; 1 Std. backen. Temp. auf 180 °C senken.

18 Weitere 30 Min. backen. Alu-Kamin entfernen und die Pastete in der Form abkühlen lassen. Mit Raumtemperatur servieren. **AUFBEWAHREN** 3 Tage im Kühlschrank haltbar.

Pasteten-Varianten

Wildpastete

Diese Pastete macht sich gut auf einem sommerlichen Büfett. Im Kühlschrank hält sie sich tagelang frisch.

FÜR 8 PERSONEN | **30 MIN.** | **1½ STD.**

Kühlzeit
12 Stunden oder über Nacht

Für 1 Kastenform (900 ml Inhalt)

Für den Pastetenteig
400 g Mehl, plus mehr zum Arbeiten
½ TL Salz
150 g Schweineschmalz in Stückchen
1 Ei, verquirlt

Für die Füllung
je 150 g Schweineschulter und Schweinebauch ohne Schwarte, in 1 cm große Stücke
  geschnitten
250 g Wildfleisch, in 1 cm große Stücke
  geschnitten
2 Fasanenbrustfilets, in 1 cm dicke Scheiben
  geschnitten
Salz und frisch gemahlener schwarzer Pfeffer

Für den Aspik
4 Blatt Gelatine, in Stücke geschnitten
350 ml Hühnerfond

1 Den Backofen auf 200 °C vorheizen. Für den Teig das Mehl mit Salz in eine Schüssel geben und eine Mulde hineindrücken. 150 ml Wasser kochend heißes Wasser in eine Schüssel füllen und das Schmalz darin rühren, bis es geschmolzen ist. Dieser Vorgang senkt die Wassertemperatur und erleichtert das Verarbeiten des Teigs.

2 Die Flüssigkeit in die Mulde gießen und mit einem Kochlöffel mischen. Zum Schluss alles zu einem weichen Teig zusammenfassen. Vorsicht, der Teig ist heiß. Ein Viertel vom Teig abschneiden, in Frischhaltefolie wickeln und an einen warmen Ort legen.

3 Nun heißt es schnell arbeiten, denn beim Abkühlen wird der Teig härter. Den Teig auf der dick bemehlten Arbeitsfläche zu einer rechteckigen, 5 mm dicken Platte ausrollen. Die Teigplatte mithilfe der Teigrolle in die Form heben und am Formboden und an den Seiten andrücken. Überstehenden

Teig abschneiden; nur 2 cm sollen über den Rand der Form hängen.

4 Das Fleisch in die Form schichten, dabei jede Schicht großzügig salzen und pfeffern. Die Teigränder mit etwas Ei bestreichen. Das beiseitegelegte Teigstück ausrollen und auf die Form legen. Die Ränder mit den Fingern aneinanderdrücken, dann geradeschneiden. Die Pastete nach Belieben mit Ornamenten aus Teigresten garnieren. Mit Ei bestreichen und in die Mitte z. B. mit einem Kochlöffelstiel ein Loch in den Deckel stechen, durch das nach dem Backen der Aspik eingefüllt wird.

5 Die Pastete im Ofen (Mitte) 30 Minuten backen, dann bei 160 °C weitere 1¼ Stunden backen, bis sie goldbraun ist. Herausnehmen und in der Form abkühlen lassen.

6 Die Gelatine 5 Minuten in etwas kaltem Wasser einweichen. Den Hühnerfond erhitzen, vom Herd nehmen und die eingeweichte Gelatine darin unter ständigem Rühren auflösen; abkühlen lassen. Sobald die Flüssigkeit zu gelieren beginnt, diese mithilfe eines kleinen Trichters nach und nach in die Pastete gießen. Falls sich das Loch im Deckel beim Backen verschlossen hat, muss es zuvor aufgestochen werden. Die Pastete über Nacht kalt stellen, damit der Aspik fest werden kann.

AUFBEWAHREN Die Pastete hält sich luftdicht verpackt im Kühlschrank 3 Tage frisch.

> **Profitipp**
> Pastetenteig gilt als kompliziert – man muss schnell arbeiten, damit er nicht kalt und hart wird. Andererseits ist er bemerkenswert formbar; deshalb lässt sich eine Form damit viel leichter auskleiden als mit anderen Teigarten. Außerdem bleibt Pastetenteig viele Tage lang knusprig.

Schweinefleisch-Pastetchen

Eine Bereicherung für jeden Picknickkorb.

12 STÜCK | **40 MIN.** | **1 STD.**

Kühlzeit
12 Stunden oder über Nacht

Für ein 12er-Muffinblech

Für die Füllung
200 g Schweinebauch ohne Schwarte, gewürfelt
200 g Schweineschulter ohne Schwarte,
  gewürfelt
50 g grüner Speck, gewürfelt
10 Salbeiblätter, fein gehackt
Salz und frisch gemahlener schwarzer Pfeffer
¼ TL geriebene Muskatnuss
¼ TL gemahlenes Piment

Für den Pastetenteig
400 g Mehl, plus mehr zum Arbeiten
½ TL Salz
150 g kaltes Schweineschmalz in Stückchen
1 Ei, verquirlt

Für den Aspik (nach Belieben)
2 Blatt Gelatine, in Stücke geschnitten
250 ml Hühnerfond

1 Den Backofen auf 200 °C vorheizen. Schweinefleisch und Speck mit Salbei, Salz, Pfeffer und Gewürzen in der Küchenmaschine nicht zu fein zerkleinern. Alternativ das Fleisch in 5 mm große Würfel schneiden, dann mit den restlichen Zutaten mischen.

2 Für den Teig das Mehl mit dem Salz in eine Schüssel geben und eine Mulde hineindrücken. 150 ml Wasser zum Kochen bringen und in eine Schüssel füllen. Das Schmalz hineingeben und rühren, bis es sich aufgelöst hat. Dies senkt die Wassertemperatur und erleichtert das Verarbeiten des Teigs.

3 Die Flüssigkeit in die Mulde gießen und alles mit einem Kochlöffel mischen. Zum Schluss zu einem weichen Teig zusammenfassen. Vorsicht, der Teig ist heiß. Ein Viertel des Teigs abschneiden, in Frischhaltefolie wickeln und an einen warmen Ort legen.

4 Nun heißt es rasch arbeiten, denn beim Abkühlen wird der Teig härter. Den Teig auf der dick bemehlten Arbeitsfläche 5 mm dick ausrollen. 12 Kreise ausstechen. Sie sollen groß genug sein, um die Muffinmulden damit auszukleiden. Die Fleischmischung in die ausgekleideten Mulden geben und die Teigränder mit etwas verquirltem Ei bestreichen.

5 Den beiseitegelegten Teig ausrollen und 12 Kreise als Deckel ausschneiden. Diese auf die Mulden legen und die Ränder aufeinanderdrücken. Die Deckel mit Ei bestreichen. Falls nach dem Backen Aspik in die Pasteten gefüllt werden soll, in die Deckel mit einem Stäbchen ein Loch stechen. Ansonsten je zwei Schlitze hineinschneiden, damit Dampf entweichen kann.

6 Die Pastetchen im Ofen (Mitte) 30 Minuten backen, dann bei 160 °C weitere 30 Minuten backen, bis sie goldbraun sind. Danach kann man sie heiß oder kalt essen oder mit Aspik füllen, abkühlen lassen und dann servieren.

7 Falls Aspik verwendet werden soll, die Gelatine 5 Minuten in etwas kaltem Wasser einweichen. Den Hühnerfond erhitzen, vom Herd nehmen und die eingeweichte Gelatine darin unter ständigem Rühren auflösen; abkühlen lassen. Die Flüssigkeit, sobald sie zu gelieren beginnt, mithilfe eines kleinen Trichters nach und nach in die Pastetchen gießen; Sie brauchen pro Pastetchen 2–3 EL. Falls nötig, die Löcher in den Deckeln zuvor aufstechen. Die Pastetchen über Nacht kalt stellen, damit der Aspik fest werden kann.

AUFBEWAHREN Die Schweinefleisch-Pastetchen halten sich luftdicht verpackt im Kühlschrank 3 Tage frisch.

Rinderfilet im Blätterteigmantel

Auch bekannt als »Beef Wellington«. Das edle Gericht ist recht einfach zu machen und ideal, um Gäste zu bewirten.

6 PERSONEN | **45 MIN.** | **42–60 MIN.**

Für 1 Backblech
1 kg Rinderfilet (dickes Stück)
Salz und frisch gemahlener
  schwarzer Pfeffer
2 EL Sonnenblumenöl
50 g Butter
2 Schalotten, fein gewürfelt
1 Knoblauchzehe, zerdrückt
250 g gemischte Pilze, fein gehackt

1 EL Brandy oder Madeira
500 g Blätterteig (Fertigprodukt
  oder s. Rezept Seite 370–371,
  Schritte 5–12)
verquirlte Eier zum Bestreichen

1 Backofen auf 220 °C vorheizen. Das Filet mit Salz und Pfeffer würzen.

2 Das Öl in einer großen Pfanne erhitzen und das Filet darin rundherum anbraten.

3 Das Fleisch in eine Bratform legen und 10 Min. im Ofen garen.

4 Butter in der Pfanne erhitzen. Schalotten und Knoblauch darin in 2–3 Min. weich dünsten.

5 Pilze zugeben; 4–5 Min. unter Rühren köcheln lassen, bis alle Flüssigkeit verdampft ist.

6 Brandy oder Madeira hinzufügen. Alles 30 Sek. kochen, dann abkühlen lassen.

7 Ein Drittel des Teigs zu einem Rechteck ausrollen (rundherum 5 cm breiter als das Filet).

8 Auf das Blech legen und mit einer Gabel einstechen. In 12–15 Min. knusprig backen.

9 Ein Drittel der Pilzfüllung in der Mitte des Blätterteigs verteilen.

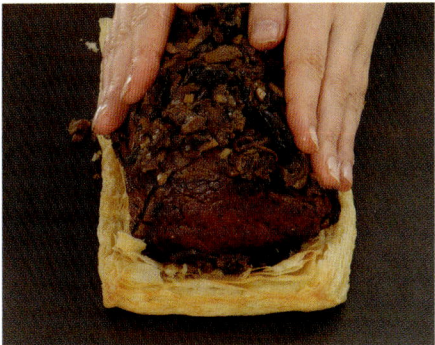

10 Das Fleisch daraufsetzen und die restliche Pilzfüllung darauf verteilen.

11 Übrigen Teig ausrollen. Auf Fleisch und Pilze legen. Teigränder unter die Pastete schieben.

12 Teigränder mit Ei bestreichen. Pastete aufs Blech drücken, um sie zu verschließen.

13 Den Pastetendeckel vollständig mit Ei bepinseln.

14 Schlitze in den Teigdeckel einschneiden. Backzeit: 30 Min. (blutig), 45 Min. (durch).

15 Falls die Pastete vor Ende der Backzeit zu dunkel wird, mit Alufolie bedecken.

16 Aus dem Ofen nehmen und vor dem Servieren 10 Min. ruhen lassen. Mit einem sehr scharfen Messer in Scheiben schneiden.

Pasteten-Varianten mit Blätterteig

Bratwurst im Schlafrock

Ein Klassiker für Party und Picknick. Die Röllchen sind so leicht zuzubereiten, dass Sie sie bestimmt immer wieder machen werden.

24 STÜCK	30 MIN.	10–12 MIN./ BLECH	2 WOCHEN UNGEBACKEN

Für 2 Backbleche
250 g Blätterteig (Fertigprodukt; oder siehe
  S. 370–371, Schritte 5–12)
700 g Bratwürste, das Brät ausgedrückt
1 kleine Zwiebel, fein gewürfelt
1 EL Thymianblättchen
1 EL abgeriebene Schale von 1 Bio-Zitrone
1 TL Dijonsenf
1 Eigelb
Salz und frisch gemahlener schwarzer Pfeffer
Mehl zum Arbeiten
1 Ei, verquirlt

1 Den Backofen auf 200 °C vorheizen. Zwei Backblech mit Backpapier belegen; kalt stellen. Den Teig längs halbieren. Die Stücke zu 30 x 15 cm großen Rechtecken ausrollen. Mit Frischhaltefolie bedecken und 30 Minuten kühlen. Das Brät mit Zwiebel, Thymian, Zitronenschale, Senf und Eigelb mischen; mit Salz und Pfeffer würzen.

2 Den Teig auf die bemehlte Arbeitsfläche legen. Die Brätmischung zu 2 dünnen Rollen formen und diese jeweils auf die Mitte der Teigplatten legen. Die Platten aufrollen und die Ränder andrücken. Jede Rolle in 12 Stücke schneiden.

3 Die Stücke auf die gekühlten Bleche legen und jedes Stück oben zweimal mit einer Schere einschneiden, dann mit Ei bestreichen. Im Ofen 10–12 Minuten backen, bis der Teig goldbraun ist. Warm servieren oder auf einem Gitter auskühlen lassen.

AUFBEWAHREN Die Röllchen halten sich luftdicht verpackt im Kühlschrank 2 Tage frisch.

Wildpastetchen à la Wellington

Ideal als Auftakt für ein herbstliches Menü.

4 STÜCK	40 MIN.	20–25 MIN.

Für 1 tiefes Backblech
10 g getrocknete Wildpilze (nach Belieben)
2 EL Olivenöl
4 Lendensteaks vom Reh oder vom Hirsch
  (je 120–150 g)
Salz und frisch gemahlener schwarzer Pfeffer
30 g Butter
2 Schalotten, fein gewürfelt
1 Knoblauchzehe, fein gewürfelt
200 g gemischte Pilze, möglichst mit Wildpilzen
1 EL Thymianblätter
1 EL Weinbrand oder Madeira
500 g Blätterteig (Fertigprodukt; oder siehe
  S. 370–371, Schritte 5–12)
1 Ei, verquirlt

1 Den Backofen auf 200 °C vorheizen. Die getrockneten Wildpilze (nach Belieben) in einer Schüssel mit kochend heißem Wasser bedecken und 15 Minuten einweichen.

2 Das Öl in einer Pfanne erhitzen. Die Steaks rundherum mit Salz und Pfeffer würzen und je 2 auf jeder Seite 2 Minuten braten, bis sie rundherum gebräunt sind. Aus der Pfanne nehmen und vollständig abkühlen lassen.

3 Die Butter in der Pfanne zerlassen. Die Schalottenwürfel darin bei mittlerer Hitze in 5 Minuten glasig dünsten. Den Knoblauch hinzufügen und 1–2 Minuten mitdünsten.

4 Die Pilze grob hacken und mit dem Thymian in die Pfanne geben. Salzen, pfeffern und 5 Minuten dünsten, bis sie weich sind und die Flüssigkeit verdampft ist. Den Weinbrand oder Madeira hinzufügen und bei starker Hitze in etwa 1 Minute verdampfen lassen. Das Ganze vom Herd nehmen und abkühlen lassen. Falls Sie getrocknete Pilze verwenden, diese abgießen, grob hacken und zur Pilzmischung geben.

5 Den Teig vierteln und jedes Stück zu einem 5 mm dicken Rechteck ausrollen, das so groß ist, dass sich die Steaks darin einwickeln lassen. Die Steaks mit Küchenpapier trocken tupfen.

6 Ein Viertel der Pilzmischung auf eine Seite eines Teigstücks geben, dabei einen mindestens 2 cm breiten Rand frei lassen. Die Mischung flach drücken und 1 Steak darauflegen. Die Teigränder mit Ei bestreichen und die freie Teigseite über das Fleisch klappen. Die Teigränder mit einer Gabel fest zusammendrücken. Mit dem restlichen Teig und Fleisch ebenso verfahren. In die Pastetchen oben kleine Schlitze schneiden, damit Dampf entweichen kann. Die Pastetchen mit Ei bestreichen.

7 Die Pastetchen auf das Backblech legen und im Ofen (oben) 20–25 Minuten backen, bis sie aufgegangen und goldbraun sind. Je länger sie backen, desto stärker brät das Fleisch durch. Aus dem Ofen nehmen und 5 Minuten abkühlen lassen.

Lachspastete

In der Teigkruste bleibt der Fisch wunderbar saftig. ▶

4
PERSONEN

25
MIN.

30
MIN.

Für 1 Backblech
100 g Brunnenkresse, von dicken Stielen befreit
125 g Doppelrahmfrischkäse
Salz und frisch gemahlener schwarzer Pfeffer
600 g Lachsfilet ohne Haut
250 g Blätterteig (Fertigprodukt; oder siehe
 S. 370–371, Schritte 5–132)
Mehl zum Arbeiten
Butter für das Blech
1 Ei, verquirlt

1 Den Backofen auf 200 °C vorheizen. Die Brunnenkresse fein hacken, dann in einer Schüssel mit dem Frischkäse mischen; die Mischung mit Salz und Pfeffer würzen.

2 Das Lachsfilet halbieren. Den Teig auf der dünn bemehlten Arbeitsfläche 3 mm dick ausrollen. Er sollte etwa 8 cm länger sein als ein Lachsstück und gut doppelt so breit. Die Ränder geradeschneiden, den Teig auf das dünn gefettete Backblech legen.

3 Ein Stück Lachs mittig auf den Teig legen. Mit der Kressecreme bestreichen und das zweite Fischstück darauflegen. Die Teigränder mit Wasser bestreichen und die beiden Längsseiten über den Lachs klappen. Die Kanten zusammenfalten und aneinanderdrücken. Nach Belieben die Teigreste erneut ausrollen und damit die Pastete garnieren. Die Pastete mit Ei bestreichen und zwei oder drei Löcher hineinstechen, damit Dampf entweichen kann.

4 Die Pastete im Ofen 30 Minuten backen, bis der Teig aufgegangen und goldbraun ist. Um zu prüfen, ob der Fisch gar ist, an der dicksten Stelle einen Spieß hineinstechen und 4–5 Minuten darin lassen. Nach dem Herausziehen sollte er heiß sein.

5 Die Pastete aus dem Ofen nehmen und einige Minuten ruhen lassen, dann in Scheiben schneiden und servieren.

VORBEREITEN Die Pastete kann bis zu 12 Stunden vor dem Backen vorbereitet werden. Mit Frischhaltefolie bedecken und kalt stellen.

Filoteigpastete mit Spinat und Feta

Knuspriger Teig aus hauchdünnen Schichten, mit einer würzigen Füllung aus Spinat, Schafskäse und Pinienkernen.

6 STÜCKE **30 MIN.** **35–40 MIN.**

Für 1 Springform (20 cm)
900 g Spinatblätter
100 g Butter, plus mehr für die Form
1 TL gemahlener Kreuzkümmel
1 TL gemahlener Koriander
1 TL gemahlener Zimt
2 rote Zwiebeln, fein gewürfelt
60 g Pinienkerne, geröstet

60 g getrocknete Aprikosen, gehackt
6 Filoteigblätter (je 40 x 30 cm), aufgetaut, falls TK-Produkt
Salz und frisch gemahlener Pfeffer
300 g griechischer Schafskäse (Feta)

1 Spinat gründlich waschen und tropfnass in einen großen Topf geben.

2 Zugedeckt bei mittlerer Hitze 8–10 Min. garen, bis die Blätter zusammengefallen sind.

3 In einem Sieb abtropfen lassen, dabei so viel Flüssigkeit wie möglich ausdrücken.

4 Etwas abkühlen lassen, dann den Spinat mit den Händen portionsweise ausdrücken.

5 Inzwischen 25 g Butter in einer kleinen Pfanne bei schwacher Hitze zerlassen.

6 Gewürze und Zwiebeln bei schwacher Hitze anbraten, dabei immer wieder rühren.

7 Alles 7–8 Min. braten, bis die Zwiebeln weich, aber nicht gebräunt sind.

8 Pinienkerne und Aprikosen untermischen; vom Herd nehmen und abkühlen lassen.

9 Backofen auf 200 °C vorheizen. Form fetten und den Formboden mit Backpapier belegen.

10 Die übrige Butter zerlassen; den Formrand innen mit etwas Butter fetten.

11 Die Form mit einem Filoteigblatt auskleiden, den Teig dabei über den Rand hängen lassen.

12 Das Teigblatt (auch den überhängenden Teig), mit Butter bepinseln.

13 Fünf weitere Teigblätter einschichten und jeweils mit Butter bestreichen.

14 Spinat mit Küchenpapier so gut wie möglich trocken tupfen. Anschließend fein hacken.

15 Spinat mit der Zwiebelmischung verrühren. Die Masse mit Salz und Pfeffer würzen.

16 Die Hälfte der Spinatmasse in die Form füllen und darin verstreichen.

17 Den Schafskäse daraufbröckeln, diesen mit der restlichen Spinatmasse bedecken.

18 Überhängenden Teig Stück für Stück über die Füllung schlagen; mit Butter bestreichen.

19 Die Pastete mit der übrigen Butter bestreichen und die Form auf ein Blech setzen.

20 Pastete in 35–40 Min. knusprig und goldbraun backen, dann 10 Min. ruhen lassen.

21 Aus der Form nehmen. Kalt oder warm in Stücke geschnitten servieren.

FILOTEIGPASTETE MIT SPINAT UND FETA

389

Pasteten-Varianten mit Filoteig

Pastete mit Grünkohl-Wurst-Füllung

In Griechenland werden Filoteigpasteten traditionell häufig mit einer Mischung aus bitteren Blattgemüsen gefüllt. Statt Grünkohl können Sie für dieses Rezept auch Spinat oder Mangold verwenden.

| 6 STÜCKE | 35–40 MIN. | 45–55 MIN. | 8 WOCHEN UNGEBACKEN |

Für 1 Springform (28 cm Ø)
200 g Butter
250 g Wurstbrät
3 Zwiebeln, fein gewürfelt
750 g Grünkohl, von Stielen und harten Blattrippen befreit und in Streifen geschnitten
½ TL gemahlenes Piment
Salz und frisch gemahlener schwarzer Pfeffer
2 Eier, verquirlt
500 g Filoteigblätter

1 In einem Topf 30 g Butter zerlassen. Das Brät darin unter Rühren braun und krümelig braten, dann mit einem Schaumlöffel in eine Schüssel heben; das Fett im Topf lassen. Die Zwiebelwürfel darin unter Rühren glasig dünsten. Den Kohl hinzufügen und zugedeckt bei sehr schwacher Hitze zusammenfallen lassen. Den Deckel abnehmen und die Mischung 5 Minuten unter ständigem Rühren weitergaren, bis die Flüssigkeit verdampft ist.

2 Das Brät mit dem Piment unterrühren; das Ganze mit Salz und Pfeffer würzen, dann vom Herd nehmen und auskühlen lassen. Die Eier unterrühren.

3 Den Backofen auf 180 °C vorheizen. Die restliche Butter in einem Topf zerlassen. Die Form mit etwas Butter ausfetten.

4 Ein zusammengefaltetes angefeuchtetes Geschirrtuch auf die Arbeitsfläche legen. Die Filoblätter darauf entrollen. Die Teigblätter so zurechtschneiden, dass sie etwa 43 cm lang sind. Die Blätter mit einem zweiten gefalteten feuchten Tuch bedecken.

5 Ein Teigblatt auf ein drittes angefeuchtetes Tuch legen und mit Butter bestreichen. In die Form geben und an den Formrand drücken. Ein weiteres Blatt buttern und im rechten Winkel zum ersten in die Form legen. So weiter verfahren, bis die Hälfte der Teigblätter aufgebraucht ist, dabei die Blätter immer versetzt im rechten Winkel zueinander in die Form legen.

6 Die Kohlmischung in die Form füllen. Ein Teigblatt buttern und auf die Füllung legen. Die restlichen Teigblätter buttern und darauf arrangieren; die ganze Oberfläche mit Butter bestreichen. Den überhängenden Teig über die Oberfläche klappen und mit der restlichen Butter beträufeln.

7 Die Pastete im Ofen 45–55 Minuten backen, bis sie goldbraun ist. Kurz abkühlen lassen, dann in Stücke schneiden und heiß oder mit Raumtemperatur servieren.

VORBEREITEN Sie können die Pastete bis einschließlich Schritt 6 vorbereiten; in Frischhaltefolie wickeln und bis zu 2 Tage im Kühlschrank lagern.

Kartoffel-Blau-schimmel-Pastete

Ein alltagstaugliches Gericht, das sich gut vorbereiten lässt.

| 6 STÜCKE | 35–40 MIN. | 45–55 MIN. |

Für 1 Springform (28 cm Ø)
200 g Butter
125 g Bacon, in Streifen geschnitten
500 g große Filoteigblätter
1 kg Kartoffeln, geschält und in sehr dünne Scheiben geschnitten
125 g Blauschimmelkäse, zerbröckelt
4 Schalotten, fein gewürfelt
je 4–5 Stängel Petersilie, Estragon und Kerbel, die Blätter fein gehackt
Salz und frisch gemahlener schwarzer Pfeffer
3–4 EL saure Sahne

1 Den Backofen auf 180 °C vorheizen. In einer Pfanne 15 g Butter erhitzen. Den Bacon darin etwa 5 Minuten braten; herausnehmen und auf Küchenpapier abtropfen lassen. Die restliche Butter in einem Topf zerlassen. Die Form mit etwas davon ausfetten. Ein feuchtes Geschirrtuch auf die Arbeitsfläche legen und die Teigblätter darauf entrollen.

2 Die Teigblätter so zurechtschneiden, dass sie etwa 43 lang sind. Die Blätter mit einem zweiten feuchten Tuch bedecken.

3 Auf ein drittes feuchtes Tuch ein Teigblatt legen. Mit Butter bestreichen, dann in die Form drücken. Ein zweites gebuttertes Teigstück im rechten Winkel dazu in die Form legen. So weiterverfahren, bis die Hälfte der Teigblätter aufgebraucht ist.

4 Die Hälfte der Kartoffeln in die Form geben. Mit jeweils der Hälfte von Käse, Schalotten und Kräutern bestreuen; salzen und pfeffern. Mit den restlichen Zutaten für die Füllung ebenso verfahren. Die restlichen Teigblätter buttern; auf die Pastete schichten. In die Mitte ein 7 cm großes Loch so tief schneiden, dass die Füllung zu sehen ist. Die Pastete im Ofen in 45–55 Minuten goldbraun backen. Die saure Sahne in das Loch füllen. Die Pastete in Stücke schneiden und servieren.

VORBEREITEN Die Pastete bis zum Backen zubereiten, dann in Frischhaltefolie wickeln und 2 Tage im Kühlschrank aufbewahren.

Teigtaschen mit Rindfleischfüllung

Die knusprigen »Cornish Pasties« aus Cornwall (Südwestengland) sind in ganz England beliebt.

4 STÜCK
20 MIN.
40–45 MIN.

Kühlzeit
1 Stunde

Für den Teig
100 g kaltes Schweineschmalz, in Würfel geschnitten
50 g kalte Butter, in Würfel geschnitten
300 g Mehl, plus mehr zum Arbeiten
½ TL Salz
1 Ei, verquirlt, zum Bestreichen

Für die Füllung
250 g Rinderhüftsteak, in 1 cm große Würfel geschnitten
100 g Steckrüben, in 5 mm große Würfel geschnitten
1 festkochende Kartoffel, in 5 mm große Würfel geschnitten
1 große Zwiebel, fein gewürfelt

1 Spritzer Worchestersauce
1 TL Mehl
Salz und frisch gemahlener schwarzer Pfeffer

1 Mehl und Salz in eine Schüssel sieben. Mit Schmalz und Butter feinbröselig verarbeiten.

2 Salz und so viel Wasser unter Rühren hinzufügen, bis ein glatter Teig entsteht.

3 Teig auf einer bemehlten Fläche kurz kneten. In Frischhaltefolie wickeln und 1 Std. kühlen.

4 Backofen auf 190 °C vorheizen. Alle Zutaten für die Füllung mischen und herzhaft würzen.

5 Den Teig auf einer gut bemehlten Arbeitsfläche 5 mm dick ausrollen.

6 Mithilfe einer Untertasse 4 Kreise ausschneiden. Teigreste erneut ausrollen.

7 Kreise mittig zusammenfalten; flach streichen; eine leichte Markierung in der Mitte lassen.

8 Ein Viertel der Füllung mittig auf jeden Kreis häufen; rundherum 2 cm Rand frei lassen.

9 Die Teigränder jeweils mit verquirltem Ei bestreichen.

10 Teighälften über die Füllung ziehen und zusammendrücken, um die Taschen zu schließen.

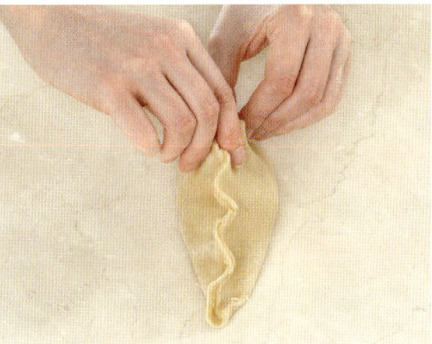

11 Die Teigkante mit den Fingern wellenartig formen, damit ein dekorativer Rand entsteht.

12 Die fertig geformten Teigtaschen rundherum mit Ei bestreichen.

13 Die Teigtaschen auf ein Backblech setzen und im heißen Ofen (Mitte) in 40–45 Min. goldbraun backen. Die Cornish Pasties aus dem Ofen nehmen und vor dem Verzehr mindestens 15 Min. abkühlen lassen. **AUFBEWAHREN** Diese Teigtaschen halten sich im Kühlschrank 2 Tage frisch.

Teigtaschen-Varianten

Hähnchenfleisch-Pasteten

Diese Pasteten sind eine komplette kleine Mahlzeit, die man ganz unkompliziert aus der Hand essen kann. Bei Kindern kommen sie besonders gut an.

4 STÜCK   **30 MIN.**   **35 MIN.**

Kühlzeit
20 Minuten (plus Teigzubereitung)

Für 1 Backblech
1 Portion Pastetenteig (siehe S. 392, Schritte 1–3)
1 Ei, verquirlt

Für die Füllung
125 g Doppelrahmfrischkäse
6 Frühlingszwiebeln, in Ringe geschnitten
2 EL gehackte Petersilie
Salz und frisch gemahlener schwarzer Pfeffer
2–3 Hähnchenbrustfilets (etwa 350 g), in 2 cm große Stücke geschnitten
je 150 g Kartoffeln und Süßkartoffeln, geschält und in 1 cm große Würfel geschnitten

1 Den Frischkäse in einer Schüssel mit Zwiebeln und Petersilie glatt rühren; salzen und pfeffern. Fleisch, Kartoffeln und Süßkartoffeln untermischen.

2 Den Backofen auf 200 °C vorheizen. Den Teig in vier Portionen teilen. Jedes Stück auf der dünn bemehlten Arbeitsfläche ausrollen und mithilfe eines entsprechend großen Tellers einen 20 cm großen Kreis ausschneiden. Auf jeden Teigkreis mittig ein Viertel der Füllung geben. Die Ränder mit Wasser bestreichen, den Kreis zuklappen und die Ränder mit einer Gabel fest aufeinanderdrücken.

3 Die Hähnchentaschen auf das Backblech legen, mit Ei bestreichen und oben einschneiden. Im Ofen 10 Minuten backen, dann die Ofentemperatur senken und die

Taschen bei 180 °C weitere 25–30 Minuten backen. Zur Garprobe mit einem Messer hineinstechen; nach dem Herausziehen muss die Klinge sauber sein. Die Taschen aus dem Ofen nehmen und heiß oder kalt servieren.

AUFBEWAHREN Die Teigtaschen halten sich im Kühlschrank 2 Tage frisch.

Empanadas

Übersetzt heißt der Name dieser spanischen Teigtaschen »in Brot gewickelt«. Sie eignen sich prima für ein Büfett oder ein Picknick, aber auch als Vorspeise oder zum Aperitif.

24 STÜCK   **45 MIN.**   **25–30 MIN.**

Kühlzeit
30 Minuten

Für 1 Backblech

Für den Teig
450 g Mehl, plus mehr zum Arbeiten
Salz
85 g kalte Butter in Stückchen
2 Eier, verquirlt, plus mehr verquirltes Ei zum Bestreichen

Für die Füllung
1 Dose Thunfisch (140 g)
1 EL Olivenöl, plus mehr für das Backblech
1 Zwiebel, fein gewürfelt
125 g Tomaten aus der Dose, abgetropft und gehackt
2 TL Tomatenmark
2 EL fein gehackte Petersilie
Salz und frisch gemahlener schwarzer Pfeffer

1 Für den Teig das Mehl mit ½ TL Salz in eine große Schüssel sieben. Die Butter hinzufügen und mit dem Mehl zu feinen Streuseln verreiben. Die verquirlten Eier und 4–6 EL Wasser dazugeben und alles zu einem Teig verkneten. Den Teig in Frischhaltefolie wickeln und 30 Minuten kühlen.

2 In der Zwischenzeit den Thunfisch in einem Sieb abtropfen lassen. Das Öl in einer Pfanne bei mittlerer Hitze heiß werden lassen. Die Zwiebelwürfel darin unter häufigem Rühren in 5–8 Minuten glasig dünsten. Tomaten, Tomatenmark, Thunfisch, Petersilie, Salz und Pfeffer hinzufügen. Alles bei mittlerer Hitze unter gelegentlichem Rühren 10–12 Minuten köcheln, dann abkühlen lassen.

3 Den Backofen auf 190 °C vorheizen. Den Teig 3 mm dick ausrollen. Mit einem Ausstechförmchen (9 cm Ø) 24 Kreise ausstechen. Auf jeden 1 TL Füllung geben, dann

die Ränder mit Wasser bestreichen. Die Kreise zusammenfalten und die Ränder fest zusammendrücken.

4 Die Empanadas auf das gefettete Backblech legen und mit Ei bestreichen. Im Ofen 25–30 Minuten backen, bis sie goldbraun sind. Warm servieren.

AUFBEWAHREN Die Empanadas halten sich im Kühlschrank 2 Tage frisch.

Fleischtaschen

»Forfar Bridie« heißen diese einfachen Teigtaschen in Schottland.

4 STÜCK | **15 MIN.** | **20–25 MIN.**

Kühlzeit
1 Stunde

Für 1 Backblech

Für den Teig
150 g kaltes Schweineschmalz in Stückchen
300 g Mehl, plus mehr zum Arbeiten
1 TL Backpulver
½ TL Salz
1 Ei, verquirlt

Für die Füllung
300 g Rinderhackfleisch oder Tatar
1 Zwiebel, fein gewürfelt
1 Spritzer Worcestersauce
Salz und frisch gemahlener schwarzer Pfeffer

1 Für den Teig das Schmalz mit Mehl und Backpulver zu Streuseln verreiben. Das Salz und so viel kaltes Wasser unterarbeiten, dass ein weicher Teig entsteht. Den Teig zur Kugel formen, in Frischhaltefolie wickeln und 1 Stunde kühlen. Den Backofen auf 200 °C vorheizen.

2 Das Fleisch mit Zwiebel, Worcestersauce, Salz und Pfeffer verkneten. Den Teig auf der bemehlten Arbeitsfläche 5 mm dick ausrollen. Mithilfe einer Untertasse 4 Kreise ausschneiden (möglicherweise müssen Sie die Teigreste erneut ausrollen, um vier Kreise zu erhalten). Falls der Teig beim Ausrollen reißt, ihn wieder zusammenkneten und von vorn beginnen; das erneute Ausrollen macht ihn widerstandsfähiger. Die Kreise zur Hälfte zusammenklappen. Die Seiten so abschneiden, dass fast Rechtecke entstehen; die Kreise wieder auffalten.

3 Auf jedes Teigstück ein Viertel der Füllung geben, dabei einen 2 cm breiten Rand frei lassen. Die Ränder mit Ei bestreichen. Die Teigstücke zusammenklappen und die Ränder fest zusammendrücken. Die Teigtaschen mit etwas verquirltem Ei bestreichen

und oben einschneiden, damit während des Backens Dampf entweichen kann. Die Taschen auf ein Backblech legen.

4 Die Taschen im Ofen (Mitte) in 20–25 Minuten goldbraun backen. Herausnehmen und vor dem Servieren mindestens 10 Minuten abkühlen lassen.

Profitipp
Weil die Füllung sehr schlicht ist – sie besteht praktisch nur aus Hackfleisch und Zwiebeln –, sollten Sie beim Hackfleisch besonders auf Qualität achten. Statt Hackfleisch bzw. Tatar zu nehmen, können Sie Rinderlende oder -filet sehr fein würfeln oder mit einem großen schweren Messer fein hacken.

TEIGTASCHEN-VARIANTEN

Brote und Brotgebäck aus aller Welt

Landbrot auf englische Art

Weil Vollkornmehl unterschiedlich viel Flüssigkeit aufnimmt, benötigen Sie mehr oder weniger Wasser bzw. Mehl.

2 STÜCK | **35–40 MIN.** | **40–45 MIN./BLECH** | **MAX. 8 WOCHEN**

Für 2 Backbleche
60 g Butter, plus mehr zum Fetten
3 EL Honig
1½ Würfel Hefe (60 g)
1 EL Salz

625 g Vollkornweizenmehl
125 g Weizenmehl Type 550,
 plus mehr zum Arbeiten

Gehzeiten
1¾–2¼ Stunden

1 Butter zerlassen. 1 EL Honig mit 4 EL lauwarmem Wasser in einer Schüssel mischen.

2 Die Hefe in das Honigwasser bröckeln und unter Rühren darin auflösen.

3 Butter, Honig-Hefe-Wasser, Salz, übrigen Honig und 400 ml lauwarmes Wasser mischen.

4 Hälfte des Vollkornmehl und weißes Mehl hineinrühren, dann mit den Händen mischen.

5 Restliches Vollkornmehl in 125-g-Portionen zugeben. Jede Zugabe gründlich mischen.

6 Der Teig soll nun weich und etwas klebrig sein und sich von der Schüsselwand lösen.

7 Den Teig auf eine bemehlte Arbeitsfläche geben und mit weißem Mehl bestäuben.

8 Mit den Händen 10 Minuten kneten, bis der Teig weich und elastisch ist.

9 Eine Schüssel ausbuttern. Den Teig darin hin und her wälzen, um ihn mit Butter überziehen.

10 Zugedeckt an einem warmen Ort 1–1½ Std. gehen lassen, bis das Volumen verdoppelt ist.

11 Zwei Backbleche fetten. Den Teig auf einer bemehlten Fläche kneten und schlagen.

12 Zudecken und 5 Minuten gehen lassen. In 3 gleich große Stücke teilen, 1 Stück halbieren.

13 Ein großes und ein kleines Teigstück mit einem Tuch bedecken; übrigen Teig formen.

14 Das große Stück rund formen; Teigränder nach unten ziehen und zusammendrücken.

15 Die Teigkugel mit der Naht nach unten auf das gefettete Backblech setzen.

16 Ein kleines Teigstück ebenfalls rund formen. Mit der Naht unten auf die erste Kugel setzen.

17 Mit dem Zeigefinger beide Teigkugeln in der Mitte bis zum Blech durchdrücken.

18 Aus den übrigen Teigstücken einen zweiten Brotlaib formen, wie beschrieben.

1 Beide Laibe mit Geschirrtüchern bedecken. An einem warmen Ort 45 Min. gehen lassen.

20 Backofen auf 190 °C vorheizen. Die Brote 40–45 Min. backen, bis sie schön gebräunt sind.

21 Beim Klopfen auf die Unterseite sollte es hohl klingen. Auf einem Gitter auskühlen lassen.

LANDBROT AUF ENGLISCHE ART

Landbrot-Varianten

Rustikales Weißbrot

Ein frisches, knuspriges, ofenwarmes Weißbrot schmeckt einfach wunderbar. Ein guter Grund, dieses Brot einmal zu backen, das selbst ungeübteren Hobbybäckern gelingt.

1 STÜCK	20 MIN.	40–45 MIN.	MAX. 4 WOCHEN

Gehzeiten
2–3 Stunden

Für 1 Backblech
500 g Weizenmehl Type 550, plus mehr zum Arbeiten
1 TL Salz
1 Würfel Hefe (42 g)
1 EL Sonnenblumenöl, plus mehr für die Schüssel

1 Das Mehl mit dem Salz in eine Schüssel geben. Die Hefe in einer kleinen Schüssel in 300 ml lauwarmem Wasser auflösen. Eine Mulde in das Mehl drücken. Das Hefewasser und das Öl unter Rühren hineingießen, bis ein grober Teig entsteht. Den Teig mit den Händen zusammenkneten.

2 Anschließend auf einer dünn bemehlten Arbeitsfläche etwa 10 Minuten kneten, bis der Teig glatt, glänzend und elastisch ist. In eine dünn ausgefettete Schüssel geben, locker mit Frischhaltefolie bedecken und an einem warmen Ort bis zu 2 Stunden gehen lassen, bis sich sein Volumen verdoppelt hat.

3 Den aufgegangenen Teig auf der bemehlten Arbeitsfläche schlagen und kneten, bis er seine ursprüngliche Größe wieder angenommen hat. In die gewünschte Form bringen – z. B. einen länglich-ovalen Laib. Den Laib auf das Backblech legen, mit Frischhaltefolie bedecken und an einem warmen Ort 30–60 Minuten gehen lassen, bis sich das Volumen verdoppelt hat. Das Brot ist backfertig, wenn es fest und schön aufgegangen ist und der Teig nach Eindrücken mit dem Finger zurückfedert.

4 Den Backofen auf 220 °C vorheizen. Den Backofenrost auf die unterste Schiene des Ofens schieben. Wasser aufkochen lassen. Den Laib oben zwei- bis dreimal schräg einschneiden, damit er im Ofen weiter aufgehen kann und mit Mehl bestäuben. Eine Auflaufform auf den Backofenrost stellen. Das kochend heiße Wasser hineingießen und das Blech mit dem Brotlaib in die Mitte des Ofens schieben; Ofentür sofort schließen. So entsteht Dampf, der das Aufgehen des Teiges unterstützt.

5 Das Brot 10 Minuten backen, dann die Ofentemperatur auf 190 °C senken und das Brot weitere 30–35 Minuten backen, bis es goldbraun ist und beim Daraufklopfen hohl klingt. Sollte es zu schnell bräunen, die Ofentemperatur auf 180 °C senken. Das Brot aus dem Ofen nehmen und auf einem Gitter abkühlen lassen.

Profitipp
Es mag zwar verlockend sein, das Brot anzuschneiden, sobald es aus dem Ofen kommt. Doch lassen Sie es vor dem Schneiden mindestens 30 Minuten abkühlen, das verbessert Geschmack und Konsistenz erheblich.

Walnuss-Rosmarin-Brot

Eine perfekte Kombination von Aromen und knackigen Nüssen.

2 STÜCK	20 MIN.	30–40 MIN.	MAX. 12 WOCHEN

Gehzeiten
2¼ Stunden

Für 1 Backblech
1 Würfel Hefe (42 g)
1 TL Zucker
3 EL Olivenöl, plus mehr für die Schüssel und zum Bestreichen
500 g Weizenmehl Type 550, plus mehr zum Arbeiten
1 TL Salz
175 g Walnusskerne, grob gehackt
3 EL fein gehackter Rosmarin

1 Die Hefe in einer Tasse mit dem Zucker mischen. 100 ml lauwarmes Wasser unterrühren. 10–15 Minuten stehen lassen, bis sich auf der Mischung Bläschen bilden. Eine große Schüssel ausfetten.

2 Das Mehl mit 1 Prise Salz und dem Olivenöl in eine große Schüssel geben. Das Hefewasser und 200 ml lauwarmes Wasser hinzufügen. Alles zu einem Teig verrühren; diesen auf einer bemehlten Arbeitsfläche 15 Minuten kneten. Walnüsse und Rosmarin dabei hinzufügen. Den Teig in die gefettete Schüssel legen, mit einem Geschirrtuch bedecken und an einem warmen Ort etwa 1½ Stunden gehen lassen, bis er sein Volumen verdoppelt hat.

3 Den Teig einige Minuten schlagen und kneten, dann halbieren und jede Hälfte zu einem runden Laib (15 cm Ø) formen. Mit einem Geschirrtuch bedecken und 30 Minuten gehen lassen. Den Backofen auf 230 °C vorheizen und das Backblech fetten.

4 Sobald sich das Teigvolumen verdoppelt hat, die Laibe mit Öl bestreichen und auf das Blech legen. Im Ofen (Mitte) 30–40 Minuten backen, bis sie beim Daraufklopfen hohl klingen. Auf einem Gitter abkühlen lassen.

Italienisches Kartoffelbrot

Das »Pane di patate« besteht zu einem guten Teil aus zerdrückten Kartoffeln, wodurch es außen weich und innen saftig ist.

| 1 STÜCK | 50–55 MIN. | 40–45 MIN. | MAX. 8 WOCHEN |

Gehzeiten
1½ – 2¼ Stunden

Für 1 Ringform (1,75 l Inhalt) oder 1 Springform (26 cm Ø)
250 g Kartoffeln, geschält und in je 2–3 Stücke geschnitten
½ Würfel Hefe (½ Würfel)
125 g Butter, plus mehr zum Fetten
1 großes Bund Schnittlauch, in Röllchen geschnitten
2 EL Zucker
2 TL Salz
400 g Weizenmehl Type 550, plus mehr zum Arbeiten

1 Die Kartoffeln mit reichlich kaltem Wasser in einen Topf geben. Aufkochen und köcheln lassen, bis sie weich sind. Abgießen, dabei 250 ml Garflüssigkeit auffangen. Die Kartoffeln mit einem Kartoffelstampfer zerdrücken; abkühlen lassen.

2 In eine kleine Schüssel 4 EL lauwarmes Wasser geben, die Hefe hineinbröckeln und unter Rühren darin auflösen. Die Hälfte der Butter in einem Topf zerlassen. Die Garflüssigkeit, die zerdrückten Kartoffeln, das Hefewasser und die zerlassene Butter in eine Schüssel geben. Schnittlauch, Zucker und Salz hinzufügen und alles gründlich mischen.

3 Die Hälfte des Mehls sorgfältig unterrühren. Das restliche Mehl nach und nach untermischen, bis sich der Teig von der Schüsselwand löst. Er sollte weich und etwas klebrig sein. Den Teig auf einer bemehlten Arbeitsfläche 5–7 Minuten kneten, bis er glatt und elastisch ist.

4 Eine große Schüssel ausbuttern. Den Teig in die Schüssel geben und darin wenden, bis er ganz von Butter überzogen ist. Mit einem feuchten Geschirrtuch bedecken und an einem warmen Ort 1–1½ Stunden gehen lassen, bis er sein Volumen verdoppelt hat.

5 Die Form fetten. Falls keine Ringform verwendet wird, 1 Souffléförmchen (etwa 250 ml Inhalt) außen fetten und umgekehrt in die Mitte der Springform setzen. Die restliche Butter zerlassen. Den Teig auf der dünn bemehlten Arbeitsfläche schlagen und kneten; mit einem Tuch zudecken und 5 Minuten ruhen lassen. Mit bemehlten Händen vom Teig 30 etwa walnussgroße Stücke abnehmen und zu Kugeln formen.

6 Einige Kugeln in der zerlassenen Butter mit einem Löffel wenden, bis sie ganz von Butter überzogen sind, dann dicht nebeneinander in die vorbereitete Form setzen; mit den restlichen Kugeln ebenso verfahren. Mit einem Geschirrtuch bedecken und an einem warmen Ort 40 Minuten gehen lassen, bis der Teig so weit aufgegangen ist, dass die Form gefüllt ist.

7 Den Backofen auf 190 °C vorheizen. Das Brot 40–45 Minuten im heißen Ofen (Mitte) backen, bis es goldbraun ist und sich vom Rand der Form löst. Auf einem Gitter in der Form kurz abkühlen lassen, dann herausnehmen. Die noch warmen Stücke mit den Händen voneinander trennen.

AUFBEWAHREN Das Brot schmeckt ofenwarm am besten, hält sich aber in Papier gewickelt 2–3 Tage frisch.

VORBEREITEN Der fertigen Teig (Schritt 4) kann man über Nacht im Kühlschrank gehen lassen. Vor dem Backen formen und Raumtemperatur annehmen lassen.

Profitipp
Dieses Brot ist sowohl klassisch italienisch als auch klassisch amerikanisch. In den USA heißt es »Monkey Bread«. Dort wird es im Ganzen serviert, und jeder Gast reißt sich nach Belieben selbst ein Stück vom Brot ab – ideal für ein großes Fest.

Milchbrötchen

Bringen Sie den Teig für diese Brötchen ganz nach Belieben in unterschiedliche Formen.

16 STÜCK **45–55 MIN.** **15–18 MIN./ BLECH** **8 WOCHEN UNGEBACKEN**

Gehzeiten
1½–2 Stunden

Für 2 Backbleche
150 ml Milch
60 g Butter, in Würfel geschnitten, plus mehr für die Backbleche
2 EL Zucker
1 Würfel Hefe (42 g)
2 Eier

2 TL Salz
550 g Weizenmehl Type 550, plus mehr zum Arbeiten
Öl für die Schüssel
1 Eigelb
Mohnsamen zum Bestreuen (nach Belieben)

1 Die Milch aufkochen; 4 EL abnehmen und in einem Schälchen lauwarm werden lassen.

2 Butter und Zucker in der heißen Milch schmelzen bzw. auflösen. Lauwarm werden lassen.

3 Die Hefe in die lauwarme Milch bröckeln und unter Rühren darin auflösen.

4 Die Eier in einer großen Schüssel verquirlen, süße Milch, Salz und Hefemilch zugeben.

5 Mehl langsam unterrühren, bis sich der Teig von der Schüssel löst, weich und klebrig ist.

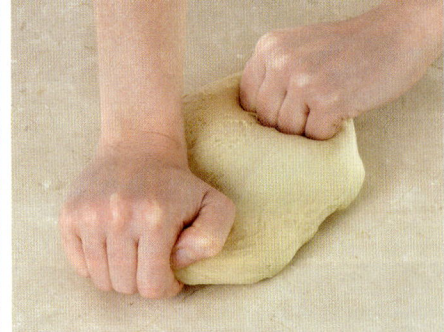

6 Teig mit den Händen auf bemehlter Fläche 5–7 Min. kneten, bis er weich und elastisch ist.

7 In einer ausgeölten Schüssel zugedeckt an einem warmen Ort 1–1½ Std. gehen lassen.

8 Backbleche fetten. Teig auf der bemehlten Arbeitsfläche kneten und schlagen.

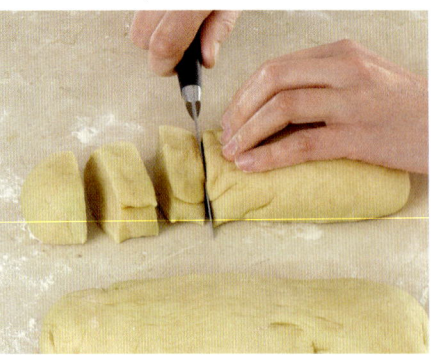

9 Teig halbieren; jede Hälfte zu einer Rolle formen. Jede Rolle in 8 gleich große Stücke teilen.

10 Um runde Brötchen zu formen, die Teigstücke zwischen Händen zu Kugeln rollen.

11 Oder die Stücke erst zu Strängen, dann zu Achten formen. Teigenden zusammendrücken.

12 Für Schnecken lange Stränge spiralförmig aufrollen. Das Teigende fest andrücken.

13 Auf die Bleche legen und zugedeckt 30 Min. an einem warmen Ort gehen lassen.

14 Backofen auf 220 °C vorheizen. Das Eigelb mit 1 EL Wasser verquirlen.

15 Die Brötchen mit dem Eigelb bestreichen und nach Belieben mit Mohn bestreuen.

16 Im Ofen in 15–18 Min. goldbraun backen. Warm servieren. **VORBEREITEN** Die Teiglinge können Sie geformt einfrieren. Vor dem Backen die Teiglinge Raumtemperatur annehmen lassen.

Brötchen-Varianten

Cranberry-Nuss-Brötchen

Beim Teig für diese süßen, duftenden Brötchen handelt es sich um eine Variante eines Weißbrotteigs. Sie können einen solchen Teig leicht abwandeln, z. B. durch Zugabe von Trockenobst, Nüssen, Samen und Gewürzen.

| 8 STÜCK | 20 MIN. | 20–25 MIN. | MAX. 4 WOCHEN |

Gehzeiten
3 Stunden

Für 1 Backblech
500 g Weizenmehl Type 550, plus mehr zum Arbeiten
1 TL Salz
1 TL Lebkuchengewürz
2 EL Zucker
1 Päckchen Trockenhefe
150 ml Milch
1 EL Sonnenblumenöl, plus mehr zum Fetten
50 g getrocknete Cranberrys, grob gehackt
50 g Pekan- oder Walnusskerne, grob gehackt
1 Ei, verquirlt

1 Das Mehl mit Salz, Lebkuchengewürz, Zucker und Hefe in eine große Schüssel geben. 150 ml warmes Wasser, Milch und Öl unter Rühren mit einem Kochlöffel dazugießen, bis ein grober Teig entstanden ist.

2 Den Teig mit den Händen zusammenkneten, dann auf einer leicht bemehlten Arbeitsfläche 10 Minuten kneten, bis er glatt, glänzend und elastisch ist.

3 Den Teig dünn ausziehen. Mit Cranberrys und Nüssen bestreuen, dann 1–2 Minuten kneten, bis Beeren und Nüsse gut untergearbeitet sind. In eine ausgefettete Schüssel geben, mit Frischhaltefolie bedecken und an einem warmen Ort knapp 2 Stunden gehen lassen, bis er sein Volumen verdoppelt hat.

4 Anschließend den Teig auf der bemehlten Arbeitsfläche nicht zu kräftig schlagen. Nur kurz durchkneten, dann in 8 gleich große Stücke teilen. Jedes zu einem runden Brötchen formen. Sichtbare Beeren- oder Nussstücke in den Teig schieben, damit sie beim Backen nicht verbrennen.

5 Die Brötchen auf das Blech legen, locker mit Frischhaltefolie bedecken und an einem warmen Ort 1 Stunde gehen lassen, bis sie ihr Volumen fast verdoppelt haben. Den Backofen auf 200 °C vorheizen. Die Brötchen oben kreuzförmig einschneiden und mit Ei bestreichen.

6 Die Brötchen im heißen Ofen (Mitte) in 20–25 Minuten goldbraun backen; beim Daraufklopfen sollten sie hohl klingen. Aus dem Ofen nehmen und auf einem Gitter abkühlen lassen.

AUFBEWAHREN Am besten schmecken die Brötchen noch am Backtag. Doch in Papier gewickelt und luftdicht verpackt, halten sie sich bis zum nächsten Tag frisch.

Profitipp
Als Alternative zu gekauften Brötchen sind diese ideal fürs Frühstück. Stellen Sie am besten gleich die doppelte Menge Weißbrotteig (siehe S. 402) her, und verwenden Sie eine Hälfte für dieses Gebäck. Die geformten Teiglinge lassen sich auch gut einfrieren und dann nach Bedarf einzeln entnehmen und backen.

Sesambrötchen

Die weichen Brötchen sind ganz leicht zu machen und ideal für ein Picknick, zum Mitnehmen in die Schule bzw. zur Arbeit oder für selbst gemachte Hamburger.

| 8 STÜCK | 30 MIN. | 20 MIN. |

Gehzeiten
1½ Stunden

Für 1 Backblech
500 g Weizenmehl Type 550, plus mehr zum Arbeiten
1 TL Salz
1 Päckchen Trockenhefe
1 EL Öl (z.B. Sonnenblumen- oder Olivenöl), plus mehr zum Fetten
1 Ei, verquirlt
4 EL Sesamsamen

1 Das Mehl in einer Schüssel mit dem Salz und der Hefe mischen. 350 ml lauwarmes Wasser und das Öl unter Rühren mit einem Kochlöffel dazugießen, bis sich der Teig von der Schüssel löst. Anschließend den Teig auf einer bemehlten Arbeitsfläche etwa 5 Minuten kneten, bis er glatt ist.

2 Den Teig an den Kanten zur Mitte klappen, damit eine Art Kugel entsteht; diese mit der glatten Seite nach oben in eine ausgefettete Schüssel geben. Mit geölter Frischhaltefolie bedecken und den Teig an einem warmen Ort etwa 1 Stunde gehen lassen, bis sich das Volumen verdoppelt hat.

3 Inzwischen das Backblech mit Mehl bestäuben. Den Teig auf der bemehlten Arbeitsfläche mit etwas Mehl bestreuen und kurz durchkneten, dann in 8 gleich große Stücke zupfen und diese zu Brötchen formen. Die Brötchen mit reichlich Abstand zueinander auf das bemehlte Blech legen; etwa 30 Minuten gehen lassen, bis sie größer und praller geworden sind. Den Backofen auf 200 °C vorheizen.

4 Die Brötchen mit Ei bestreichen und mit Sesam bestreuen. Etwa 20 Minuten im heißen Ofen (Mitte) backen, bis sie goldbraun und aufgegangen sind; auf einem Gitter abkühlen lassen.

Vollkornbrötchen mit Fenchel

Die mit Fenchelsamen und geschrotetem Pfeffer gewürzten Brötchen passen prima zu Schinken, Salami oder Aufschnitt. Versuchen Sie auch einmal andere Gewürze wie Kümmel oder Kreuzkümmel.

6 STÜCK	20 MIN.	25–35 MIN.	MAX. 12 WOCHEN

Gehzeiten
2 Stunden

Für 1 Backblech
500 g Weizenvollkornmehl, plus mehr zum Arbeiten
1 TL Demerara-Zucker
1½ TL Salz
1 Päckchen Trockenhefe
2 TL Fenchelsamen
1 TL schwarze Pfefferkörner, geschrotet
Olivenöl zum Fetten
1 TL Sesamsamen (nach Belieben)

1 Das Mehl in einer Schüssel mit Zucker, Salz und Hefe mischen. 300 ml lauwarmes Wasser unter Rühren dazugießen, bis die Mischung bindet und sich als Teig von der Schüssel löst. Falls der Teig zu trocken ist, mehr Wasser dazugeben. Den Teig auf einer dünn bemehlten Fläche 10–15 Minuten kneten, bis er glatt und elastisch ist. Fenchel und Pfeffer unterkneten.

2 Eine Schüssel dünn mit Olivenöl ausfetten. Den Teig hineingeben, mit einem Geschirrtuch bedecken und an einem warmen Ort 1½ Stunden gehen lassen, bis sich sein Volumen verdoppelt hat.

3 Anschließend den Teig schlagen und noch einige Minuten kneten, dann in 6 Portionen teilen und jede zu einem Brötchen formen. Das Backblech fetten. Die Brötchen

darauflegen, zudecken und weitere 30 Minuten gehen lassen. Den Backofen auf 200 °C vorheizen.

4 Die Brötchen mit etwas Wasser bestreichen, dann nach Belieben mit Sesam bestreuen. 25–35 Minuten im heißen Ofen (Mitte) backen, bis sie goldbraun sind und hohl klingen, wenn man auf die Unterseite klopft. Einige Minuten auf dem Blech abkühlen lassen, dann auf ein Gitter setzen und vollständig auskühlen lassen.

AUFBEWAHREN Am besten schmecken die Brötchen noch am Backtag. Doch in Papier gewickelt und luftdicht verpackt, halten sie sich über Nacht frisch.

Mini-Käsebrötchen

In Brasilien gibt es die kleinen »Pão de queijo« an fast jeder Straßenecke. Außen sind sie knusprig, innen weich und saftig.

| 16 STÜCK | 10 MIN. | 30 MIN. | 8 WOCHEN (TEIG) |

Für 1 Backblech
125 ml Milch
3–4 EL Sonnenblumenöl
1 TL Salz
250 g Tapioka- bzw. Maniok- oder Cassava-Mehl (siehe Profitipp), plus mehr zum Arbeiten
2 Eier, verquirlt, plus 1 verquirltes Ei zum Bestreichen
125 g Parmesan, gerieben

1 Die Milch mit dem Öl, 125 ml Wasser und dem Salz in einem kleinen Topf aufkochen lassen. Das Mehl in eine große Schüssel geben und rasch die heiße Flüssigkeit untermischen – die Mischung wird sehr klumpig. Abkühlen lassen.

2 Den Backofen auf 190 °C vorheizen. Die abgekühlte Tapioka-Mischung in die Küchenmaschine füllen. Die Eier hinzufügen und alles mixen, bis die Klumpen ganz verschwunden sind und eine dicke, glatte Paste entstanden ist. Den Käse dazugeben und weitermixen, bis die Mischung klebrig und elastisch ist.

3 Das Backblech mit Backpapier belegen. Den Teig auf einer großzügig bemehlten Arbeitsfläche 2–3 Minuten kneten, bis er glatt und formbar ist. In 16 gleich große Portionen teilen, jede zu tischtennisballgroßen Kugeln formen und mit reichlich Abstand zueinander auf ein mit Backpapier belegtes Backblech setzen.

4 Die Kugeln mit etwas Ei bestreichen und im heißen Ofen (Mitte) 30 Minuten backen, bis sie aufgegangen und goldbraun sind. Herausnehmen und vor dem Essen einige Minuten abkühlen lassen. Die Brötchen schmecken am besten noch warm.

VORBEREITEN Die Brötchen können am Ende von Schritt 3 auf dem Blech offen eingefroren und anschließend in Gefrierbeutel umgefüllt werden. Vor dem Backen 30 Minuten auftauen lassen und wie beschrieben backen.

Profitipp
Die brasilianischen Käsebrötchen werden aus Tapioka-Mehl (auch Maniok- oder Cassava-Mehl) hergestellt. Sie enthalten also keinen Weizen. Das Mehl klumpt zunächst, wenn es mit der Flüssigkeit vermischt wird, doch in der Küchenmaschine lässt sich die Mischung problemlos glatt mixen.

Roggenbrot mit Kümmel

Kümmel verleiht dem Roggenbrot sein duftendes Aroma, Weizenmehl macht es ein wenig leichter.

1 STÜCK 　　**35–40** MIN. 　　**50–55** MIN. 　　**MAX. 8** WOCHEN

Gehzeiten
2¼–2¾ Stunden

Für 1 Backblech
1 EL dunkler Zuckersirup
1 EL Kümmel
2 TL Salz
1 EL Öl, plus mehr zum Fetten
250 ml Pilsbier
250 g Roggenmehl

1 Päckchen Trockenhefe
175 g Weizenmehl Type 812, plus
　mehr zum Arbeiten
feiner Maisgrieß (Polenta) für das
　Backblech
1 Eiweiß, verquirlt

BROTE UND BROTGEBÄCK AUS ALLER WELT

1 Zuckersirup, zwei Drittel des Kümmels, das Salz und das Öl in einer Schüssel mischen.

2 Das Pils dazugießen, dann Roggenmehl und Hefe zugeben und alles verrühren.

3 Weizenmehl mit den Händen unterkneten, bis ein weicher, etwas klebriger Teig entsteht.

4 Teig 8–10 Min. kneten, bis er weich und elastisch ist. In eine ausgeölte Schüssel legen.

5 Zugedeckt an einem warmen Ort 1½–2 Std. gehen lassen, bis der Teig sich verdoppelt hat.

6 Backblech mit Maisgrieß bestreuen. Teig auf bemehlter Fläche schlagen und kneten.

7 Zudecken; 5 Min. ruhen lassen. Teig zu einem etwa 25 cm langen Oval formen.

8 Teig hin und her rollen, dabei so auf die Enden drücken, dass sie spitz werden.

9 Laib auf das Blech legen. Zugedeckt 45 Min. gehen lassen, bis sich die Größe verdoppelt hat.

10 Backofen auf 190 °C vorheizen. Den Laib mit dem verquirlten Eiweiß bestreichen.

11 Die restlichen Kümmelsamen auf das Brot streuen und in den Teig drücken.

12 Mit einem scharfen Messer drei 5 mm tiefe Schlitze oben schräg einschneiden.

13 Das Brot 50–55 Min. braun backen. Beim Klopfen auf die Unterseite soll es hohl klingen. Auf einem Gitter vollständig auskühlen lassen.
AUFBEWAHREN In Papier gewickelt hält sich dieses Brot 2 Tage frisch.

Roggenbrot-Varianten

Aprikosen-Kürbis-kern-Brötchen

Damit die Brötchen schön aufgehen, wird hier Roggenmehl mit Weizenmehl gemischt.

8 STÜCK	20 MIN.	30 MIN.	MAX. 4 WOCHEN

Gehzeiten
bis zu 4 Stunden

Für 1 Backblech
25 g Kürbiskerne
250 g Roggenmehl
250 g Weizenmehl Type 550, plus mehr zum Arbeiten
1 TL Salz
1 Päckchen Trockenhefe
1 EL dunkler Zuckerrübensirup
1 EL Sonnenblumenöl, plus mehr zum Fetten
50 g getrocknete Aprikosen, grob gehackt
1 Ei, verquirlt

1 Die Kürbiskerne in einer Pfanne ohne Fett 2–3 Minuten rösten (aufpassen, dass sie nicht verbrennen). Die Mehle, das Salz und die Hefe in einer großen Schüssel mischen. 300 ml warmes Wasser, Sirup und Öl unter Rühren dazugießen. Rühren, bis ein grober Teig entstanden ist. Den Teig auf einer dünn bemehlten Arbeitsfläche bis zu 10 Minuten kneten, bis er glänzend und elastisch ist.

2 Den Teig dünn ausziehen. Aprikosen und Kürbiskerne daraufstreuen und 1–2 Minuten sorgfältig unterkneten. Den Teig in eine ausgeölte Schüssel geben, mit Frischhaltefolie bedecken und an einem warmen Ort bis zu 2 Stunden gehen lassen. Das Teigvolumen wird sich nicht verdoppeln, weil Roggenmehl sehr glutenarm ist und daher nur langsam aufgeht.

3 Den Teig auf der dünn bemehlten Arbeitsfläche schlagen und kurz kneten. In 8 gleich große Portionen teilen und diese zu runden Brötchen formen. Sichtbare Fruchtstücke oder Kürbiskerne in den Teig drücken, damit sie beim Backen nicht verbrennen.

4 Die Brötchen auf ein mit Backpapier belegtes Backblech setzen, mit Frischhaltefolie und einem Geschirrtuch bedecken und an einem warmen Ort gut aufgehen lassen – das kann bis zu 2 Stunden dauern. Sie sind backfertig, sobald sie gut aufgegangen sind und der Teig nach Eindrücken mit dem Finger rasch zurückfedert.

5 Den Backofen auf 190 °C vorheizen. Die Brötchen mit Ei bestreichen und im heißen Ofen (Mitte) in etwa 30 Minuten goldbraun backen. Sie sind durchgebacken, wenn sie beim Daraufklopfen hohl klingen. Aus dem Ofen nehmen und auf einem Gitter abkühlen lassen.

AUFBEWAHREN Schmecken am Backtag am besten, halten sich aber auch gut verpackt über Nacht frisch.

PROBIEREN SIE AUCH …
Walnuss-Roggenbrot 75 g Walnusskerne in einer Pfanne ohne Fett 3–4 Minuten rösten. In ein sauberes Geschirrtuch geben und die Häutchen abrubbeln. Die Nüsse anstelle von Aprikosen und Kürbiskernen auf den Teig streuen, den Teig gehen lassen und zu einem Laib formen. Dafür die Seiten unter die Mitte schlagen. Den Laib mit der Naht nach unten nochmals gehen lassen; 45 Minuten backen.

Profitipp
Anstelle von Aprikosen und Kürbiskerne können Sie auch getrocknete Cranberrys, Heidelbeeren oder Rosinen nehmen. Und die Kürbiskerne sollten Sie einmal durch Sesam- oder Mohnsamen ersetzen.

Brotschnecken mit Pestofüllung

Der leicht roggenwürzige Teig wird vor dem Backen mit aromatischem, selbst gemachtem Pesto bestrichen. Die fertigen Schnecken passen gut auf ein Büfett oder in den Picknickkorb.

1 BROT | 35–40 MIN. | 30–35 MIN.

Gehzeiten
1¾ –2¼ Stunden

Für 1 Backblech
1 Päckchen Trockenhefe
150 g Roggenmehl
300 g Weizenmehl Type 550, plus mehr zum Arbeiten
2 TL Salz
3 EL Olivenöl, plus mehr zum Fetten und zum Bestreichen
Blätter von 1 großen Bund Basilikum
3 Knoblauchzehen, geschält
30 g Pinienkerne, grob gehackt
50 g Parmesan, gerieben
frisch gemahlener schwarzer Pfeffer

1 Roggen- und Weizenmehl mit dem Salz und der Hefe in einer Schüssel mischen. 300 ml lauwarmes Wasser unter Rühren dazugießen. Rühren, bis ein weicher, klebriger Teig entstanden ist.

2 Den Teig auf einer bemehlten Arbeitsfläche 5 Minuten kneten, bis er sehr glatt und elastisch ist. Zu einer Kugel formen, in eine ausgeölte Schüssel geben und mit einem feuchten Geschirrtuch bedecken. An einem warmen Ort 1–1½ Stunden gehen lassen, bis sich sein Volumen verdoppelt hat.

3 Das Basilikum mit dem Knoblauch in der Küchenmaschine in Intervallen grob zerkleinern. Bei laufendem Motor nach und nach 3 EL Öl hinzufügen. Das Pesto in eine Schüssel geben. Pinienkerne, Parmesan und reichlich schwarzen Pfeffer unterrühren.

4 Das Backblech mit Öl fetten. Den Teig auf der bemehlten Arbeitsfläche schlagen und kneten. Zudecken und 5 Minuten ruhen lassen, dann flach drücken und zu einem Rechteck (40 x 30 cm) ausrollen. Dieses gleichmäßig mit dem Pesto bestreichen, dabei einen 1 cm breiten Rand frei lassen. Das Rechteck von einer Längsseite her gleichmäßig aufrollen und die Naht fest zudrücken; die Enden nicht zusammendrücken.

5 Die Rolle mit der Naht nach unten auf das Backblech legen. Zu einem Ring formen und die Enden aufeinanderdrücken. Den Ring mit einem scharfen Messer etwa alle 5 cm tief einschneiden. Die Scheiben etwas auseinanderziehen und so drehen, dass sie flach auf dem Blech liegen. Mit einem Geschirrtuch bedecken und an einem warmen Ort etwa 45 Minuten gehen lassen, bis sich das Volumen verdoppelt hat.

6 Den Backofen auf 220 °C vorheizen. Die Scheiben mit Öl bestreichen und im heißen Ofen (Mitte) 10 Minuten backen, dann bei 190 °C in weiterer 20–25 Minuten goldbraun backen. Kurz auf einem Gitter abkühlen lassen und noch am selben Tag servieren.

Mehrkorn-Frühstücksbrote

Die Weizenbrote mit Haferflocken, Weizenkleie, Sonnenblumenkernen und Maisgrieß schmecken mit süßem und pikantem Aufstrich bzw. Belag.

2 STÜCK   **45–50 MIN.**   **40–45 MIN.**   **MAX. 8 WOCHEN**

Gehzeiten
2½–3 Stunden

Für 1 Backblech
75 g Sonnenblumenkerne
450 ml Buttermilch
1 Würfel Hefe (42 g)
250 g Weizenvollkornmehl
250 g Weizenmehl Type 550, plus mehr zum Arbeiten
50 g Haferflocken
50 g Weizenkleie
75 g Maisgrieß (Polenta) oder Maismehl, plus mehr für das Blech
50 g Zucker
1 EL Salz
Butter zum Fetten
1 Eiweiß, verquirlt

1 Die Sonnenblumenkerne in einer Pfanne ohne Fett hellbraun rösten. Abkühlen lassen und grob hacken.

2 Die Buttermilch in einem Topf lauwarm erhitzen. Die Hefe in 4 EL lauwarmem Wasser unter Rühren auflösen, kurz stehen lassen, bis sich an der Oberfläche Bläschen bilden.

3 Beide Mehle mit den Sonnenblumenkernen, den Haferflocken, der Weizenkleie, dem Maisgrieß, dem Zucker und dem Salz in einer großen Schüssel mischen. Das Hefewasser und die Buttermilch hinzufügen und alles mischen, bis sich der Teig von der Schüsselwand löst; er sollte weich und etwas klebrig sein.

4 Den Teig auf einer bemehlten Arbeitsfläche 8–10 Minuten kneten, bis er sehr glatt und elastisch ist und sich zu einer Kugel formen lässt.

5 Eine große Schüssel ausbuttern. Teig hineingeben und darin wenden, bis er dünn von Butter überzogen ist. Mit einem feuchten Geschirrtuch bedecken und an einem warmen Ort 1½–2 Stunden gehen lassen, bis sich sein Volumen verdoppelt hat.

6 Ein Backblech mit Maisgrieß bestreuen. Den Teig auf die dünn bemehlte Arbeitsfläche geben und die Luft herausschlagen. Zudecken und 5 Minuten ruhen lassen, dann mit einem scharfen Messer halbieren. Jede Teighälfte zu einem schlanken Oval formen und auf das Blech legen. Mit einem Geschirrtuch bedecken und an einem warmen Ort 1 Stunde gehen lassen, bis sich das Volumen wieder verdoppelt hat.

7 Den Backofen auf 190 °C vorheizen. Die Brote mit Eiweiß bestreichen und 40–45 Minuten im heißen Ofen backen, bis sie hohl klingen, wenn man auf die Unterseite klopft. Die Brote auf einem Gitter auskühlen lassen.

AUFBEWAHREN Am besten schmecken die Brote am Backtag. In Papier gewickelt halten sie sich jedoch 2–3 Tage frisch.

Profitipp
Ersetzen Sie einfach einmal die in einem Rezept angegebene Milchmenge durch Buttermilch, wie bei den Mehrkorn-Frühstücksbroten. Die feine Säure der Buttermilch sorgt dafür, dass ein Gebäck leichter und lockerer wird.

Maisbrot aus Neuengland

»Anadama Cornbread« heißt dieses dunkle Maisbrot, das traditionell im Nordosten der USA (Neuengland) gebacken wird.

1 STÜCK	25 MIN.	45–50 MIN.	MAX. 8 WOCHEN

Gehzeiten
4 Stunden

Für 1 Backblech
150 ml Milch
75 g Maisgrieß (Polenta) oder Maismehl
50 g weiche Butter
100 g dunkler Zuckersirup (Treacle)
500 g Mehl, plus mehr zum Arbeiten
1 TL Salz
1 Päckchen Trockenhefe
Öl zum Fetten
1 Ei, verquirlt

1 Die Milch mit 150 ml Wasser in einem Topf aufkochen lassen. Den Maisgrieß hineinstreuen und die Mischung 1–2 Minuten kochen lassen, bis sie eindickt; vom Herd nehmen. Die Butter hinzufügen und sorgfältig unterrühren. Den Sirup unter die Masse schlagen und die Masse abkühlen lassen.

2 Mehl, Salz und Hefe in einer Schüssel mischen. Nach und nach die Grießmischung unterrühren und 100 ml lauwarmes Wasser unterrühren, bis ein weicher und klebriger Teig entstanden ist.

3 Den Teig auf einer dünn bemehlten Arbeitsfläche etwa 10 Minuten kneten, bis er weich und elastisch ist. Er bleibt zwar recht klebrig, soll aber nicht an den Händen haften bleiben. Falls er zu feucht ist, etwas mehr Mehl unterkneten. Den Teig in eine dünn ausgeölte Schüssel geben, locker mit Frischhaltefolie bedecken und an einem warmen Ort bis zu 2 Stunden gehen lassen. Er wird sein Volumen nicht verdoppeln, soll aber nach dem Aufgehen sehr weich und formbar sein.

4 Den Teig auf die dünn bemehlte Arbeitsfläche geben und behutsam die Luft herausschlagen. Kurz durchkneten, dann zu einem flachen Oval formen; dafür die Seiten unter die Teigmitte falten, damit der Laib fest und gleichmäßig wird. Den Laib auf das Backblech legen und mit Frischhaltefolie und einem Geschirrtuch bedecken. An einem warmen Ort etwa 2 Stunden gehen lassen. Er ist backfertig, wenn er fest und gut aufgegangen ist und nach dem Eindrücken mit dem Finger zurückfedert.

5 Den Backofen auf 180 °C vorheizen. Den Backofenrost auf die unterste Schiene schieben. Wasser aufkochen lassen. Den Laib mit etwas Ei bestreichen und oben zwei- bis dreimal schräg einschneiden, dann nach Belieben mit etwas Mehl bestreuen und das Blech in die Mitte des Ofens schieben. Auf den Ofenrost eine Auflaufform stellen und das kochend heiße Wasser hineingießen; die Ofentür sofort schließen.

6 Das Brot 45–50 Minuten backen, bis die Kruste schön gebräunt ist und es hohl klingt, wenn man auf die Unterseite klopft. Aus dem Ofen nehmen und auf einem Gitter abkühlen lassen.

AUFBEWAHREN Das Brot hält sich fest in Papier gewickelt und luftdicht verpackt 5 Tage frisch.

Profitipp
Wenn Sie das Brot vor dem Backen oben schräg einschneiden, geht es im Ofen weiter auf. Dafür sorgt auch der Wasserdampf, der dem Brot eine schöne Kruste gibt. Anadama-Brot schmeckt sehr gut mit Emmentaler oder Gruyère oder einfach mit etwas Butter, Schinken und etwas Senf.

Rosmarin-Focaccia

Den Teig können Sie über Nacht im Kühlschrank gehen lassen. Vor dem Backen muss er jedoch Raumtemperatur haben.

6–8 PERSONEN   **30–35 MIN.**   **15–20 MIN.**

Gehzeiten
1½–2¼ Stunden

Für 1 kleines tiefes Backblech (38 × 23 cm)
½ Würfel Hefe (21 g)
400 g Weizenmehl Type 550, plus mehr zum Arbeiten
2 TL Salz
abgezupfte Nadeln von 5–7 Zweigen Rosmarin, zwei Drittel davon fein gehackt

90 ml Olivenöl, plus mehr zum Fetten und Beträufeln
frisch gemahlener schwarzer Pfeffer
Meersalzflocken (Fleur de Sel)

1 Die Hefe in 4 EL lauwarmes Wasser bröckeln und unter Rühren darin auflösen.

2 In einer großen Schüssel Mehl und Salz mischen. In die Mitte eine Mulde drücken.

3 Gehacktes Rosmarin, 4 EL Öl, Hefewasser, Pfeffer, 240 ml lauwarmes Wasser hineingießen.

4 Nach und nach das Mehl und die Zutaten in der Mulde zu einem weichen Teig mischen.

5 Er soll weich und klebrig sein, deshalb auf keinen Fall weiteres Mehl zugeben.

6 Teig mit Mehl bestäuben und auf einer bemehlten Fläche 5–7 Min. durchkneten.

7 Danach ist der Teig sehr weich und elastisch. Teig in eine ausgeölte Schüssel legen.

8 Mit einem Geschirrtuch bedecken. An einem warmen Ort 1–1½ Std. gehen lassen.

9 Den aufgegangenen Teig auf der bemehlten Arbeitsfläche kneten und schlagen.

10 Mit dem Tuch bedecken und 5 Min. ruhen lassen. Das Backblech mit Öl fetten.

11 Teig auf das Blech geben. Mit den Händen auf das Blech (auch in die Ecken) drücken.

12 Mit dem Geschirrtuch bedecken, nochmals 30–45 Min. gehen lassen.

13 Backofen auf 200 °C vorheizen. Die ganzen Rosmarinnadeln auf dem Teig verteilen.

14 Mit dem Zeigefinger Vertiefungen in den Teig drücken.

15 Öl über den Teig geben, dabei die Vertiefungen mit Öl füllen. Mit Salzflocken bestreuen.

16 Im heißen Ofen (oben) 15–20 Min. backen. Auf ein Gitter setzen. **Salbei-Focaccia:** Rosmarin und Pfeffer in Schritt 3 weglassen, stattdessen 3–5 gehackte kleine Zweige Salbei zugeben.

Focaccia-Varianten

Brombeer-Focaccia

Hier ist eine süße Version des italienischen Klassikers.

6–8
PERSONEN

30–35
MIN.

15–20
MIN.

Gehzeiten
1½ –2¼ Stunden

Für 1 kleines tiefes Backblech (38 x 23 cm)
400 g Weizenmehl Type 550, plus mehr zum
   Arbeiten
1 TL Salz
3 EL Zucker
1 Päckchen Trockenhefe
100 ml Olivenöl, plus mehr zum Fetten
300 g Brombeeren

1 Das Mehl in einer Schüssel mit Salz, 2 EL Zucker und der Hefe mischen. 4 EL Öl und 280 ml lauwarmes Wasser unterrühren, bis sich der Teig von der Schüsselwand löst und weich und klebrig ist; kein weiteres Mehl zum Festigen des Teigs hinzufügen.

2 Hände und Teig mit Mehl bestreuen. Den Teig auf der bemehlten Arbeitsfläche 5–7 Minuten kneten, bis er glatt und elastisch ist. In eine ausgeölte Schüssel legen und mit einem feuchten Geschirrtuch bedecken. Den Teig mit einem warmen Ort 1–1½ Stunden gehen lassen, bis sich sein Volumen verdoppelt hat.

3 Das Blech großzügig mit Olivenöl fetten. Den Teig auf die Arbeitsfläche geben und die Luft herausschlagen. Mit einem trockenen Geschirrtuch bedecken und 5 Minuten ruhen lassen, dann in das Blech geben. Den Teig mit der Hand glatt streichen und so auf dem Blech verteilen. Mit den Beeren bestreuen und zugedeckt an einem warmen Ort 30–45 Minuten gehen lassen.

4 Den Backofen auf 200 °C vorheizen. Den Teig mit dem restlichen Öl bepinseln und mit dem restlichen Zucker bestreuen. Die Focaccia im heißen Ofen (oben) 15–20 Minuten backen, bis sie leicht gebräunt ist. Kurz auf einem Gitter abkühlen lassen; warm servieren.

VORBEREITEN Nach dem Kneten, also am Ende von Schritt 3, können Sie den Teig mit Frischhaltefolie locker bedecken und über Nacht im Kühlschrank gehen lassen.

Fougasse

Eine Fougasse ist das französische Äquivalent zur italienischen Focaccia und wird meist mit der Provence in Verbindung gebracht. Das traditionelle Blattmuster gelingt erstaunlich einfach und sieht wunderschön aus.

3 STÜCK   **30–35 MIN.**   **15 MIN.**

Gehzeiten
6 Stunden

Für 1 Backblech
5 EL Olivenöl, plus mehr zum Fetten
1 Zwiebel, fein gewürfelt
2 Scheiben Rückenspeck, fein gewürfelt
½ Würfel Hefe (21 g)
400 g Weizenmehl Type 550, plus mehr zum
  Arbeiten
1 TL Salz
Meersalzflocken zum Bestreuen

1 In einer Pfanne 1 EL Öl erhitzen. Zwiebel und Speck darin braun braten; herausnehmen und beiseitestellen.

2 Die Hefe in eine kleine Schüssel bröckeln und unter Rühren in 150 ml lauwarmem Wasser auflösen. 200 g Mehl in eine andere Schüssel geben. Eine Mulde hineindrücken und das Hefewasser hineingießen. Von außen nach innen das Mehl unterarbeiten. Den entstandenen Teig zudecken. In etwa 4 Stunden aufgehen und wieder zusammenfallen lassen.

3 Das restliche Mehl, 150 ml Wasser, das Salz und das restliche Öl zum Teig geben und untermischen. Den Teig auf einer dünn bemehlten Arbeitsfläche kneten, bis er glatt ist, dann wieder in die Schüssel legen und etwa 1 Stunde gehen lassen, bis sich sein Volumen verdoppelt hat.

4 Backblech mit Backpapier belegen. Den Teig kneten und schlagen. Speck und Zwiebeln unterkneten; aus dem Teig 3 Kugeln formen. Die Kugeln jeweils etwa 3 cm dick ausrollen und zu Kreisen formen. Die Kreise versetzt auf das Backblech legen.

5 Für das Blattmuster jeden Kreis zweimal längs in der Mitte und dann dreimal in jeder Teighälfte durchschneiden, dabei die Ränder intakt lassen. Die Brote mit Olivenöl bestreichen, mit Salzflocken bestreuen und 1 Stunde gehen lassen, bis sie ihr Volumen verdoppelt haben. Backofen auf 230 °C vorheizen. Brote etwa 15 Minuten backen. Herausnehmen; abkühlen lassen.

Ciabatta

Eine gute Ciabatta sollte schön aufgegangen und knusprig sein und eine grobporige, elastische Krume haben.

2 STÜCK | **30 MIN.** | **30 MIN./BLECH** | **MAX. 8 WOCHEN**

Für 2 Backbleche
1 Päckchen Trockenhefe
2 EL Olivenöl, plus mehr zum Fetten
450 g Weizenmehl Type 550, plus
 mehr zum Arbeiten
1 TL Salz

Gehzeiten
3 Stunden

1 Die Hefe in 350 ml lauwarmem Wasser auflösen, dann das Öl hinzufügen.

2 Mehl und Salz in eine Schüssel geben. Hefewasser zugießen; weichen Teig herstellen.

3 Auf einer bemehlten Fläche etwa 10 Min. kneten, bis der Teig glatt und sehr weich ist.

4 Teig in eine leicht ausgeölte Schüssel geben, Schüssel mit Frischhaltefolie bedecken.

5 Teig an einem warmen Ort 2 Std. gehen lassen, dann auf die bemehlte Fläche geben

6 Den Teig kneten und schlagen, anschließend in zwei gleiche Portionen teilen.

7 Beide Portionen zur typischen Pantoffelform zurechtdrücken, je etwa 30 x 10 cm groß.

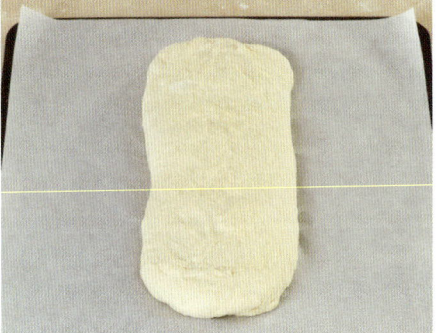

8 Jedes Brot mittig auf ein mit Backpapier belegtes Blech setzen.

9 Locker mit Frischhaltefolie und einem Tuch bedecken. 1 Std. gehen lassen.

10 Backofen auf 230 °C vorheizen. Die Laibe mit Wasser besprühen.

11 Im heißen Ofen (Mitte) je 30 Min. backen, dabei alle 10 Min. mit Wasser besprühen.

12 Die Brote sind gar, wenn sie oben gebräunt sind und beim Daraufklopfen hohl klingen.

13 Die fertigen Ciabattas vom Blech auf ein Gitter setzen und vor dem Aufschneiden mind. 30 Min. abkühlen lassen.
AUFBEWAHREN Diese Weißbrote schmecken am besten ofenfrisch, halten sich jedoch in Papier gewickelt über Nacht frisch.

Ciabatta-Varianten

Oliven-Rosmarin-Ciabatta

Einfach nur eine schlichte Ciabatta plus Oliven und Rosmarin.

| 2 STÜCK | 40 MIN. | 30 MIN./ BLECH | MAX. 8 WOCHEN |

Gehzeiten
3 Stunden

Für 2 Backbleche
1 Portion Ciabatta-Teig (siehe S. 424, Schritte 1–3)
100 g entsteinte grüne Oliven, abgetropft, grob gehackt und mit Küchenpapier trocken getupft
Nadeln von 2 großen Rosmarinzweigen, grob gehackt
Öl zum Fetten

1 Den Teig, nachdem er 10 Minuten geknetet wurde, auf der Arbeitsfläche dünn ausziehen. Oliven und Rosmarin daraufstreuen, mit den Teigseiten bedecken und unterkneten. Den Teig in eine ausgeölte Schüssel geben, mit Frischhaltefolie bedecken und an einem warmen Ort etwa 2 Stunden gehen lassen, bis das Volumen sich verdoppelt hat.

2 Den Teig auf eine bemehlte Arbeitsfläche geben und die Luft herausschlagen, dann halbieren. Die Teighälften durchkneten und zu flachen Laiben formen (30 x 10 cm). Die Backbleche mit Backpapier belegen. Jeden Laib mittig auf ein mit Backpapier belegtes Backblech legen. Mit Frischhaltefolie und einem Geschirrtuch bedecken und 1 Stunde gehen lassen, bis das Volumen sich verdoppelt hat.

3 Den Backofen auf 230 °C vorheizen. Die Laibe dünn mit Wasser besprühen, dann nacheinander im heißen Ofen (Mitte) in etwa 30 Minuten goldbraun backen, dabei alle 10 Minuten mit Wasser besprühen. Zur Garprobe auf die Unterseite eines Brotes klopfen: Es muss hohl klingen. Die Brote vor dem Anschneiden 30 Minuten auf einem Gitter abkühlen lassen.

Ciabatta-Crostini

Ciabatta vom Vortag schmeckt nicht mehr so gut, doch Sie können sie in Scheiben schneiden und köstliche Crostini daraus machen.

| 25–30 STÜCK | 15 MIN. | 10 MIN. |

Für 1 Backblech
1 Ciabatta vom Vortag (siehe S. 424–425)
Olivenöl

Für den Belag
100 g Rucola-Pesto
oder 100 g geröstete Paprikaschoten, in Streifen geschnitten und mit gehacktem Basilikum vermischt
oder 100 g Tapenade aus schwarzen Oliven, mit 100 g Ziegenkäse belegt

1 Den Backofen auf 220 °C vorheizen. Die Ciabatta in 1 cm dicke Scheiben schneiden und diese mit Olivenöl bestreichen.

2 Auf einem Blech im heißen Ofen (oben) 10 Minuten backen, dabei nach 5 Minuten wenden. Herausnehmen und auf einem Gitter abkühlen lassen.

3 Nach dem Abkühlen eine der drei vorgeschlagenen Varianten daraufgeben. Falls Sie Tapenade und Ziegenkäse verwenden, die Crostini kurz unter den Grill schieben.

Oliven-Tomatenpaprika-Ciabatta

Für dieses Brot werden einfach schwarze Oliven und eingelegte Tomatenpaprika unter den Ciabatta-Teig geknetet. FOTO **S. 428/429**

| 2 STÜCK | 40 MIN. | 30 MIN./ BLECH | MAX. 8 WOCHEN |

Gehzeiten
3 Stunden

Für 2 Backbleche
1 Portion Ciabatta-Teig (siehe S. 424, Schritte 1–3)
50 g entsteinte schwarze Oliven, abgetropft, grob gehackt und mit Küchenpapier trocken getupft
50 g eingelegte Tomatenpaprika, abgetropft, grob gehackt und trocken getupft

1 Den Teig auf der Arbeitsfläche dünn ausziehen, nachdem er 10 Minuten geknetet wurde. Oliven und Tomatenpaprika daraufstreuen, mit den Teigseiten bedecken und unterkneten. Den Teig in eine ausgeölte Schüssel geben, mit Frischhaltefolie bedecken und an einem warmen Ort etwa 2 Stunden gehen lassen, bis das Volumen sich verdoppelt hat. Den Teig auf die bemehlte Arbeitsfläche geben und die Luft herausschlagen, dann halbieren. Die Teighälften durchkneten und zu flachen Laiben formen (30 x 10 cm). Die Backbleche mit Backpapier belegen. Jeden Laib mittig auf ein mit Backpapier belegtes Backblech legen. Mit Frischhaltefolie und einem Tuch bedecken und 1 Stunde gehen lassen, bis das Volumen sich verdoppelt hat.

2 Den Backofen auf 230 °C vorheizen. Die Laibe dünn mit Wasser besprühen und nacheinander im heißen Ofen (Mitte) in etwa 30 Minuten goldbraun backen; dabei alle 10 Minuten mit Wasser besprühen. Zur Garprobe auf die Unterseiten der Brote klopfen: Sie müssen hohl klingen. Die Brote vor dem Anschneiden 30 Minuten auf einem Gitter abkühlen lassen.

Profitipp
Der Teig für Ciabatta sollte feucht und locker sein, damit beim Backen eine schöne großporige Krume entsteht. Feuchte Hefeteige lassen sich gut mit dem Knethaken in der Küchenmaschine oder mit den Knethaken des Handrührgeräts kneten.

BROTE UND BROTGEBÄCK AUS ALLER WELT

Grissini

Es heißt, die dünnen Brotstangen sollen so lang wie der Arm des Bäckers sein – diese hier sind kürzer.

32 STÜCK **40–45 MIN.** **15–18 MIN./BLECH**

Gehzeit
1–1½ Stunden

Für 2–3 Backbleche
1 Päckchen Trockenhefe
400 g Weizenmehl Type 550,
 plus mehr zum Arbeiten
1 EL Zucker
2 TL Salz
2 EL Olivenöl
40 g Sesamsamen

1 Hefe in 4 EL lauwarmem Wasser auflösen. 5 Min. stehenl assen, dabei einmal rühren.

2 Mehl, Zucker und Salz mischen. Hefewasser und 250 ml lauwarmes Wasser dazugießen.

3 Das Öl zugeben und alles zu einem weichen, etwas klebrigen Teig verrühren.

4 Teig auf einer bemehlten Fläche 5–7 Min. kneten, bis er weich und elastisch ist.

5 Den Teig mit einem Geschirrtuch bedecken und 5 Min. ruhen lassen.

6 Teig auf der bemehlten Fläche mit bemehlten Händen zu einem Rechteck drücken.

7 Teig zu einem 40 x 15 cm großen Rechteck ausrollen. Mit einem feuchten Tuch bedecken.

8 An einem warmen Ort 1–1½ Std. gehen lassen. Backofen auf 220 °C vorheizen.

9 Backbleche mit Mehl bestäuben. Teig mit Wasser bepinseln und mit Sesam bestreuen.

10 Teig mit einem scharfen Messer in ca. 1,3 cm breite Streifen schneiden.

11 Die Streifen nacheinander auf die Breite des Blechs ziehen und darauflegen.

12 Auf diese Weise alle Streifen im Abstand von 2 cm zueinander auf die Bleche legen.

13 Die Grissini im heißen Ofen in 15–18 Min. braun und knusprig backen. Auf einem Gitter vollständig auskühlen lassen.
AUFBWAHREN Die Grissini halten sich luftdicht verpackt bis zu 2 Tage frisch.

Grissini-Varianten

Spanisches Picos-Gebäck

Für diese Spezialität werden die Teigstreifen dekorativ verschlungen. Picos passen sehr gut zu einer Tapas-Auswahl.

| 30 STÜCK | 40–45 MIN. | 18–20 MIN./BLECH |

Gehzeit
1–1½ Stunden

Für 2 Backbleche
½ Portion Grissini-Teig (siehe S. 430, Schritte 1–6)
1½ EL grobes Meersalz

1 Den Teig zu einem 20 x 15 cm großen Rechteck ausrollen. Mit einem feuchten Geschirrtuch bedecken und an einem warmen Ort 1–1½ Stunden gehen lassen, bis sich sein Volumen verdoppelt hat.

2 Den Backofen auf 220 °C vorheizen. Die Backbleche mit Mehl bestäuben. Den Teig in 15 Streifen schneiden und die Streifen halbieren. Jede Hälfte zu einer Schlinge formen und die Enden einmal verdrehen; auf ein Backblech legen. Die restlichen Teigstreifen ebenso formen.

3 Die Schlingen mit etwas Wasser bestreichen und mit dem Salz bestreuen. Im heißen Ofen 18–20 Minuten backen, bis sie goldbraun und knusprig sind. Auf einem Gitter vollständig abkühlen lassen.

AUFBEWAHREN Die Picos halten sich luftdicht verpackt 2 Tage frisch.

Parmesan-Grissini

Geräuchertes Paprikapulver sorgt für einen interessanten Geschmack.

| 30 STÜCK | 40–45 MIN. | 15–18 MIN. |

Gehzeiten
1–1½ Stunden

Für 2–3 Backbleche
400 g Weizenmehl Type 550, plus mehr zum Arbeiten
1 TL Zucker
1 TL Salz
1 TL geräuchertes Paprikapulver
1 Päckchen Trockenhefe
2 EL Olivenöl
30 g Parmesan, gerieben

1 Mehl, Zucker, Salz, Paprika und Hefe in einer Schüssel mischen. Das Öl und 275 ml lauwarmes Wasser unter Rühren hinzufügen.

2 Alles zu einem weichen klebrigen Teig verarbeiten. Mit einem Geschirrtuch bedecken und den Teig ½–1 Stunde an einem warmen Ort gehen lassen, bis sich sein Volumen verdoppelt hat. Anschließend den Teig auf der gut bemehlten Arbeitsfläche schlagen, kneten und mit bemehlten Händen zu einem etwa 40 x 15 cm großen Rechteck zurechtdrücken. Mit dem Tuch bedecken und den Teig weitere 30 Minuten gehen lassen.

3 Den Backofen auf 220 °C vorheizen. Die Backbleche mit Mehl bestäuben. Den Teig mit etwas Wasser bestreichen und mit dem Parmesan bestreuen; den Käse behutsam andrücken. Den Teig mit einem Messer in 30 Streifen (je 1,3 cm breit) schneiden. Jeden Streifen so lang ziehen, wie ein Blech breit ist und auf die Bleche legen. Die Streifen mit 2 cm Abstand zueinander auf die Bleche legen. Im heißen Ofen (Mitte) in 10 Minuten goldbraun und knusprig backen. Auf einem Gitter abkühlen lassen.

Brotstangen in Parmaschinken

Servieren Sie zum Dippen Kräuter-mayonnaise oder Salsa verde dazu.

| 30 STÜCK | 45 MIN. | 15–18 MIN./BLECH |

Gehzeiten
1½ Stunden (für die Teigzubereitung)

Für 2–3 Backbleche
1 Portion Grissini-Teig (siehe S. 430, Schritte 1–8)
3 EL grobes Meersalz
10 Scheiben Parmaschinken

1 Den Backofen auf 220 °C vorheizen und die Backbleche mit Mehl bestäuben. Den ausgerollten Teig mit Wasser bestreichen und mit dem Salz bestreuen.

2 Den Teig mit einem scharfen Messer in 30 Streifen (je 1,3 cm breit) schneiden. Die Streifen jeweils auf die Breite eines Blechs ziehen und mit 2 cm Abstand auf die Bleche legen. Im heißen Ofen in 10 Minuten gold-braun und knusprig backen. Auf einem Gitter abkühlen lassen.

3 Die Schinkenscheiben längs in je 3 Strei-fen schneiden. Jede Brotstange unmittel-bar vor dem Servieren an einem Ende mit einem Schinkenstreifen umwickeln.

VORBEREITEN Die Stangen können Sie am Vortag backen und zum Aufbewahren luft-dicht verpacken. Den Schinken erst direkt vor dem Servieren um die Stangen wickeln.

Profitipp
Selbst gebackene Grissini sind toll für eine Party. Experimentieren Sie mit unterschied-lichen Aromen und Konsistenzen, verwenden Sie z. B. gehackte Oliven, geräuchertes Papri-kapulver oder Käse. Frisch gebacken schme-cken sie am allerbesten.

Bagels

Die amerikanischen Brötchen mit dem Loch in der Mitte sind erstaunlich einfach zu machen. Probieren Sie es aus!

8–10 STÜCK   **40 MIN.**   **20–25 MIN./ BLECH**   **8 WOCHEN UNGEBACKEN**

Gehzeiten
2–3 Stunden

Für 2 Backbleche
600 g Weizenmehl Type 550, plus
  mehr zum Arbeiten
2 TL Salz
2 TL Zucker
1 Päckchen Trockenhefe
1 EL Sonnenblumenöl, plus mehr
  zum Fetten
1 Ei, verquirlt

1 Mehl, Salz, Zucker in eine Schüssel geben. Hefe mit 300 ml lauwarmem Wasser verrühren.

2 Öl zum Hefewasser geben; die Flüssigkeit und Mehlmischung zu einem Teig verrühren.

3 Den Teig auf einer bemehlten Arbeitsfläche 10 Min. kneten, bis er glatt und weich ist.

4 In einer Schüssel mit Folie bedecken und an einem warmen Ort 1–2 Std. gehen lassen.

5 Auf der bemehlten Fläche kneten, schlagen und rund formen; in 8–10 Stücke schneiden.

6 Jedes Teigstück auf der Arbeitsfläche zu einer dicken kurzen Rolle formen.

7 Mit beiden Händen nach außen hin weiterrollen, bis die Stücke etwa 25 cm lang sind.

8 Jedes Teigstück so um die Finger wickeln, dass die Naht auf der Handfläche liegt.

9 Teigenden zusammendrücken und -rollen. Das Loch in der Mitte soll recht groß sein.

10 Die Backbleche mit Backpapier belegen und die Teigringe daraufsetzen.

11 Mit Folie und Geschirrtuch bedecken.Bis zu 1 Std. an einem warmen Ort gehen lassen.

12 Backofen auf 220 °C vorheizen. Wasser in einem Topf zum Kochen bringen.

13 Bagels im köchelnden Wasser bei schwacher Hitze auf jeder Seite 1 Min. vorgaren.

14 Mit einem Schaumlöffel herausheben. Auf einem Geschirrtuch abtropfen lassen.

15 Die Bagels wieder auf die Bleche setzen und jeden mit etwas Ei bestreichen.

16 Im heißen Ofen (Mitte) 20–25 Min backen, bis die Bagels goldgelb sind. 5 Min. auf einem Gitter abkühlen lassen **AUFBEWAHREN** Am besten sofort essen oder am nächsten Tag aufbacken.

Bagel-Varianten

Zimt-Rosinen-Bagels

Frisch aus dem Ofen schmecken die süß-würzigen Bagels am besten. Übrige Bagels können Sie entrinden und dann daraus einen süßen Brotauflauf machen (siehe S. 92).

8–10 STÜCK | **40 MIN.** | **20–25 MIN./ BLECH** | **8 WOCHEN UNGEBACKEN**

Gehzeiten
2–3 Stunden

Für 2 Backbleche
600 g Weizenmehl Type 550, plus mehr zum Arbeiten
1 TL Salz
2 TL Zucker
2 TL gemahlener Zimt
1 Päckchen Trockenhefe
1 EL Öl, plus mehr zum Fetten
50 g Rosinen
1 Ei, verquirlt

1 Mehl, Salz, Zucker, Zimt und Trockenhefe mischen. Unter Rühren mit dem Schneebesen 300 ml warmem Wasser dazugießen und das Öl untermischen. Alles erst verrühren, dann kneten, bis ein weicher Teig entstanden ist. Den Teig in der Schüssel zudecken und an einem warmen Ort 1–2 Stunden gehen lassen, bis sich sein Volumen verdoppelt hat.

2 Den aufgegangenen Teig auf einer großzügig bemehlten Arbeitsfläche kneten und schlagen, dann dünn ausziehen und mit den Rosinen bestreuen. Die Rosinen kurz unterkneten und den Teig in 8–10 gleich große Stücke teilen. Jedes mit der Hand zu einer dicken kurzen Rolle formen. Mit beiden Händen nach außen hin weiterrollen, bis die Stücke etwa 25 cm lang sind.

3 Die Backbleche mit Backpapier belegen. Jedes Teigstück so um die Finger wickeln, dass die Naht auf der Handfläche liegt (siehe S. 434, Schritt 8). Vorsichtig zusammendrücken, dann kurz rollen, um die Naht zu schließen. In dieser Phase sollte das Loch noch recht groß sein. Die Bagels auf die Backbleche legen und mit Frischhaltefolie und Geschirrtuch bedecken. An einem warmen Ort bis zu 1 Stunde gehen lassen, bis ihr Volumen sich verdoppelt hat.

4 Den Backofen auf 220 °C vorheizen. In einem Topf reichlich Wasser aufkochen, dann schwach köcheln lassen. Jeweils 3–4 Bagels hineingeben; nach 1 Minute wenden und 1 weitere Minute ziehen lassen. Mit einem Schaumlöffel herausheben und kurz auf einem Geschirrtuch abtropfen lassen, dann wieder auf die Bleche legen. Mit Ei bestreichen und im heißen Ofen (Mitte) 20–25 Minuten backen, bis sie goldbraun sind. Herausnehmen und vor dem Essen mindestens 5 Minuten abkühlen lassen.

Mini-Bagels

Für eine Party kann man die kleinen Kringel halbieren und auf die Hälften jeweils etwas Frischkäse, eine Räucherlachsrosette sowie Zitronensaft und geschroteten schwarzen Pfeffer geben. ▶

16–20 STÜCK | **45 MIN.** | **15–20 MIN./ BLECH** | **8 WOCHEN UNGEBACKEN**

Gehzeiten
30 Minuten (plus Teigzubereitung)

Für 2 Backbleche
1 Portion Bagel-Teig (siehe S. 434, Schritte 1–4)

1 Den aufgegangenen Teig auf die bemehlte Arbeitsfläche geben und kräftig kneten und schlagen. Anschließend in 16–20 gleich große Stücke teilen. Jedes mit der Handfläche zu einer kurzen dicken Rolle formen. Mit beiden Handflächen nach außen hin weiterrollen, bis die Stücke etwa 15 cm lang sind.

2 Die Backbleche mit Backpapier belegen. Jedes Stück so um die drei mittleren Finger einer Hand wickeln, dass die Naht auf der Handfläche liegt (siehe S. 434, Schritt 8). Vorsichtig zusammendrücken, dann kurz rollen, um die Naht zu schließen. In dieser Phase sollte das Loch noch recht groß sein. Die Bagels auf die Backbleche legen. Mit Frischhaltefolie und Geschirrtuch bedecken. An einem warmen Ort 30 Minuten gehen lassen, bis sie schön aufgegangen sind.

Den Backofen auf 220 °C vorheizen. In einem Topf reichlich Wasser aufkochen, dann schwach köcheln lassen. Jeweils 6–8 Bagels hineingeben; nach 30 Sekunden wenden und weitere 30 Sekunden ziehen lassen. Mit einem Schaumlöffel herausheben und kurz auf einem Geschirrtuch abtropfen lassen, dann wieder auf die Bleche legen. Mit Ei bestreichen und im heißen Ofen (Mitte) 15–20 Minuten backen, bis sie goldbraun sind. Herausnehmen und vor dem Essen mindestens 5 Minuten abkühlen lassen.

AUFBEWAHREN Die Mini-Bagels schmecken am Backtag am besten, lassen sich aber am nächsten Tag auch gut auftoasten.

Profitipp
Typisch für einen Bagel ist, dass er nach dem Aufgehen und vor dem Backen kurz in köchelndem Wasser pochiert wird. Diese ungewöhnliche Methode gibt dem Gebäck seine charakteristische leicht zähe und doch weiche Krume.

Laugenbrezeln

In Wasser aufgelöstes Speisenatron sorgt bei diesem Gebäck für die weiche dunkle Oberfläche.

   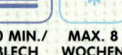

16 STÜCK · **50 MIN.** · **20 MIN./ BLECH** · **MAX. 8 WOCHEN**

Gehzeiten
1½–2½ Stunden

Für 2 Backbleche
350 g Weizenmehl Type 550, plus
  mehr zum Arbeiten
150 g Mehl
1 TL Salz
2 EL Zucker
1 Würfel Hefe (42 g)
1 EL Öl, plus mehr zum Fetten

Zum Bestreichen und Bestreuen
¼ TL Speisenatron
Salzflocken oder 2 EL Sesamsamen
1 Ei, verquirlt

1 Beide Mehlsorten mit Salz und Zucker in einer Schüssel mischen.

2 Die Hefe in 300 ml lauwarmes Wasser bröckeln und auflösen. Das Öl zugeben.

3 Die Flüssigkeit unter die Mehlmischung rühren, bis ein weicher Teig entsteht.

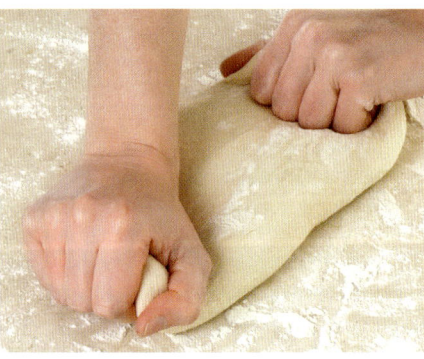
4 Teig 10 Min. lang kneten, bis er weich und elastisch ist. In eine ausgeölte Schüssel legen.

5 Locker mit Folie bedecken und an einem warmen Ort 1–2 Std. gehen lassen.

6 Teig auf eine bemehlte Arbeitsfläche geben und sanft schlagen und kneten.

7 Den Teig mit einem scharfen Messer in 16 gleich große Stücke schneiden.

8 Jedes Stück mit den Händen zu einer kurzen Rolle formen.

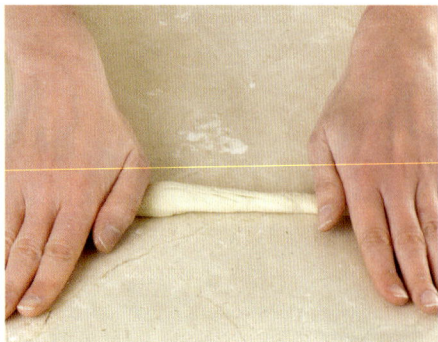
9 Anschließend jede Rolle zu einem ca. 45 cm langen dünnen Strang ausrollen.

10 Teigrolle evtl. wie ein Springseil schwingen, um sie auf die gewünschte Länge auszuziehen.

11 Die Teigenden übereinanderlegen, dabei den Strang zu einem Herz formen.

12 Nun die Teigenden anheben und miteinander verdrehen.

13 Die Teigenden behutsam auf die Brezel drücken, um sie zu befestigen.

14 Auf diese Weise 16 Brezeln formen. Diese auf mit Backpapier belegten Bleche platzieren.

15 Mit Folie und Geschirrtuch bedecken, dann 30 Min. an einem warmen Ort gehen lassen.

16 Backofen auf 200 °C vorheizen. Das Natron in 2 EL kochend heißem Wasser auflösen.

17 Die Brezeln mit der Lauge bestreichen, damit sie dunkel und etwas zäh werden.

18 Die Brezeln mit Salzflocken oder Sesamsamen bestreuen und 15 Min. backen.

19 Aus dem Ofen nehmen und mit etwas Ei bestreichen. Weitere 5 Min. backen.

20 Aus dem Ofen nehmen. Die Brezeln sollten eine goldbraune, glänzende Oberfläche haben.

21 Die Brezeln vor dem Servieren auf einem Gitter mindestens 5 Min. abkühlen lassen.

Laugengebäck-Varianten

Süße Zimtbrezeln

Für Naschkatzen eine feine Alternative zu den Sesambrezeln (siehe S. 438/439). Ofenfrisch schmeckt das süße Gebäck am besten. Falls Brezeln übrig bleiben, kann man sie toasten oder bei mittlerer Hitze im Ofen aufbacken.

16 STÜCK · **50 MIN.** · **20 MIN./BLECH** · **MAX. 8 WOCHEN**

Gehzeiten
1½ – 2½ Stunden (Teigzubereitung)

Für 2 Backbleche
1 Portion ungebackene Brezeln (siehe S. 440–441, Schritte 1–15)
¼ TL Speisenatron
1 Ei, verquirlt
25 g Butter, zerlassen
50 g Zucker
2 TL gemahlener Zimt

1 Den Backofen auf 200 °C vorheizen. Das Speisenatron in 2 EL kochend heißem Wasser auflösen. Die geformten und aufgegangenen Brezeln damit bestreichen, dann 15 Minuten backen. Aus dem Ofen nehmen, mit Ei bestreichen und 5 Minuten weiterbacken, bis sie dunkel goldbraun sind und glänzen.

2 Die Brezeln aus dem Ofen nehmen und mit zerlassener Butter bestreichen. Zucker auf einem Teller mit dem Zimt mischen und die Brezeln jeweils mit der gebutterten Seite hineindrücken. Vor dem Essen mindestens 5 Minuten auf einem Gitter abkühlen lassen.

AUFBEWAHREN Luftdicht verpackt können die süßen Brezeln über Nacht aufbewahrt werden.

Profitipp
Brezeln erhalten ihre typische braune Farbe und ihre leicht zähe Konsistenz durch ein kurzes Natronbad vor dem Backen. Laugengebäck selber zu machen, kann etwas schwierig sein – wichtig ist auf jeden Fall, den Teig vor dem Backen zweimal zu bestreichen: zuerst mit Natronlauge, dann mit verquirltem Ei.

Würstchen im Brezel-Schlafrock

Diese Hot-Dog-Varianten sind der Hit auf jedem Kindergeburtstag. Die junge Meute wird sie Ihnen garantiert aus den Händen reißen – aber auch viele Erwachsene können die Finger nicht von dem herzhaften Gebäck lassen. ▶

8 STÜCK · **30 MIN.** · **15 MIN./BLECH** · **MAX. 8 WOCHEN**

Gehzeiten
1½ – 2½ Stunden

Für 2 Backbleche
150 g Weizenmehl Type 550, plus mehr zum Arbeiten
100 g Mehl
½ TL Salz
1 EL Zucker
½ Päckchen Trockenhefe
½ TL Sonnenblumenöl, plus mehr zum Fetten
8 Hot-Dog- oder Frankfurter Würstchen
Senf (nach Belieben)

Für die Lauge
1 EL Speisenatron
grobes Meersalz

1 Die Mehle mit Salz, Zucker und Hefe in einer Schüssel mischen. 150 ml warmes Wasser und das Öl hinzufügen. Alles mit einem Kochlöffel zu einem zähen Teig verrühren und kurz mit bemehlten Händen durchkneten. Locker mit Frischhaltefolie bedecken und an einem warmen Ort 1–2 Stunden gehen lassen, bis sich das Volumen fast verdoppelt hat.

2 Den aufgegangenen Teig auf einer bemehlten Arbeitsfläche kneten und schlagen, bis er glatt und elastisch ist. Anschließend in acht gleich große Stücke teilen. Jedes Teigstück mit der Handfläche zu einer kurzen dicken Rolle formen. Jede Rolle mit den Handflächen nach außen hin weiterrollen, bis die Stücke etwa 45 cm lang sind. Falls der Teig sich schlecht rollen lässt, die Teigenden greifen und den Streifen wie ein Springseil vorsichtig wirbeln.

3 Die Würstchen nach Belieben mit etwas Senf bestreichen, dann jedes so mit einer Teigrolle umwickeln, dass nur die Enden der Wurst sichtbar bleiben. Die Teigenden oben und unten festdrücken. Die Backbleche mit Backpapier belegen.

4 Die umwickelten Würstchen auf die Backbleche legen, mit geölter Frischhaltefolie und mit Geschirrtüchern bedecken und an einem warmen Ort etwa 30 Minuten gehen lassen, bis die Teigrollen schön auf-gegangen sind. Backofen auf 200 °C vorheizen.

5 Das Natron in einem Topf in 1 l kochendem Wasser auflösen; die Lauge nur schwach köcheln lassen. Jeweils 3 umwickelte Würstchen für 1 Minute in die Lauge geben, dann mit einem Schaumlöffel herausheben, kurz auf einem Geschirrtuch abtropfen lassen und wieder auf die Bleche legen.

6 Mit dem Salz bestreuen und im heißen Ofen 15 Minuten backen, bis sie goldbraun sind und glänzen. Aus dem Ofen nehmen; vor dem Servieren 5 Minuten auf einem Gitter abkühlen lassen.

AUFBEWAHREN Schmecken warm am besten, können aber luftdicht verpackt über Nacht im Kühlschrank gelagert werden.

Englische Muffins

Im 18. Jahrhundert kam dieses Gebäck in England in Mode, dann gelangte es über den Atlantik nach Amerika, wo es inzwischen anders zubereitet wird.

| 10 STÜCK | 25–30 MIN. | 13–16 MIN. |

Gehzeiten
1½ Stunden

Für 1 große Pfanne mit Deckel
½ Würfel Hefe (21 g)
400 g Weizenmehl Type 550, plus mehr zum Arbeiten
1 TL Salz
25 g Butter, zerlassen, plus mehr zum Fetten
Öl zum Fetten
20 g Grieß, plus mehr zum Bestreuen

1 In eine Schüssel 300 ml lauwarmes Wasser geben. Die Hefe hineinbröckeln und unter Rühren darin auflösen. Das Mehl in einer großen Schüssel mit dem Salz mischen; eine Mulde hineindrücken. Das Hefewasser sowie die zerlassene Butter hineingießen und das Mehl von außen nach und nach unterarbeiten, bis ein weicher, formbarer Teig entsteht.

2 Den Teig auf der dünn bemehlten Arbeitsfläche 5 Minuten kneten. Zur Kugel formen und in eine große ausgeölte Schüssel geben. Mit geölter Frischhaltefolie bedecken und an einem warmen Ort etwa 1 Stunde gehen lassen, bis sich das Volumen verdoppelt hat.

3 Ein Geschirrtuch auf einem Tablett ausbreiten und mit dem Grieß bestreuen. Den Teig auf der bemehlten Arbeitsfläche kurz durchkneten. Daraus 10 Kugeln formen. Diese auf das bestreute Tuch legen und flach drücken. Mit Grieß bestreuen und mit einem weiteren Tuch bedecken. 20–30 Minuten gehen lassen.

4 Einen große Pfanne (mit passendem Deckel) heiß werden lassen. Die Teigstücke portionsweise hineingeben und bei sehr schwacher Hitze 10–12 Minuten backen, bis sie aufgegangen und unten goldbraun sind. Wenden und weitere 3–4 Minuten backen, bis sie auch auf der anderen Seite gebräunt sind. Auf einem Gitter abkühlen lassen. Englische Muffins schmecken am besten, wenn man sie aufschneidet und mit Butter und Konfitüre bestreicht.

Profitipp
Überraschen Sie Ihre Lieben mit selbst gemachten Englischen Muffins. Stellen Sie den Teig dafür am Morgen her, dann können Sie das Gebäck zum Nachmittagskaffee oder -tee ofenwarm servieren. Wird der Teig abends vorbereitet, sind die Muffins morgens für ein Frühstück schnell gebacken.

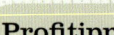

Hefezopf

Wie jedes Hefegebäck schmeckt auch dieser Hefezopf frisch aus dem Ofen am allerbesten.

   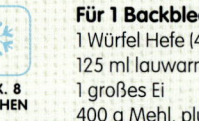

1 STÜCK	**20 MIN.**	**25–35 MIN.**	**MAX. 8 WOCHEN**

Gehzeiten
4–4½ Stunden

Für 1 Backblech
1 Würfel Hefe (42 g)
125 ml lauwarme Milch¡
1 großes Ei
400 g Mehl, plus mehr zum Arbeiten
75 g Zucker
1 Messerspitze Salz

75 g Butter, zerlassen
Öl zum Fetten
1 Ei, verquirlt

1 Hefe in der Milch auflösen. Etwas abkühlen lassen, dann das Ei darunterschlagen.

2 Mehl, Zucker und Salz mischen. Mulde in die Mitte drücken; Hefe-Ei-Milch hineingießen.

3 Zerlassene Butter dazugeben und alles zu einem weichen Teig verrühren.

4 Den Teig auf bemehlter Fläche 10 Min. lang kneten, bis er weich, glatt und elastisch ist.

5 In eine ausgeölte Schüssel legen; mit Folie bedecken. Warm 2–2½ Std. gehen lassen.

6 Teig auf einer bemehlten Fläche kneten und schlagen. In drei gleich große Stücke teilen.

7 Jedes Teigstück mit den Händen zu einer dicken Rolle formen.

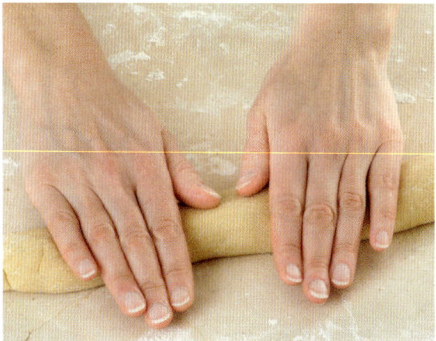

8 Die Stücke weiter auf der Arbeitsfläche hin und her rollen, bis sie 30 cm lang sind.

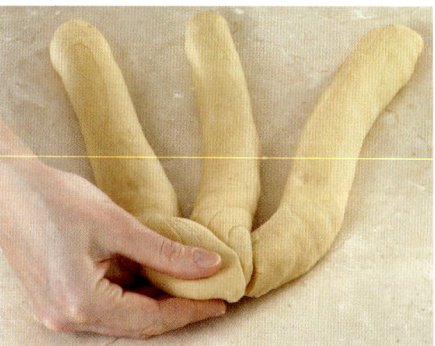

9 Die 3 Stränge an den oberen Enden zusammendrücken und mit dem Flechten beginnen.

10 Zopf locker flechten. Teigenden zusammendrücken und unter den Zopf schlagen.

11 Auf das mit Backpapier belegte Blech legen. Mit geölter Folie und Geschirrtuch bedecken.

12 An einem warmen Ort 2 Std. gehen lassen; dabei verdoppelt sich die Größe.

13 Backofen auf 190 °C vorheizen. Den Zopf großzügig mit Ei bestreichen.

14 In 25–30 Min. goldgelb backen. Prüfen, ob der Zopf an den Flechtstellen durchgebacken ist.

15 Falls nötig, Zopf mit Alufolie bedecken, noch 5 Min. backen. 15 Min. abkühlen lassen.

AUFBEWAHREN In Alufolie gewickelt, bleibt er 2 Tage frisch. **Mandel-Sultaninen-Zopf**
75 g Sultaninen zugeben (Schritt 2) und den Zopf mit 2 EL Mandelblättchen (Schritt 13) bestreuen.

Hefezopf-Varianten

Hefezopf mit Nüssen und Rosinen

Das fein gewürzte Brot schmeckt getoastet besonders gut.

| 1 STÜCK | 30 MIN. | 25–35 MIN. | MAX. 8 WOCHEN |

Gehzeiten
2 Stunden (plus Teigzubereitung)

Für 1 Backblech
3 Stränge Hefezopf-Teig (je etwa 30 cm lang;
  siehe S. 446, Schritte 1–8)
50 g Rosinen
50 g Pekannusskerne, grob gehackt
3 EL heller Muscovado-Zucker
2 TL Lebkuchengewürz
1 Ei, verquirlt

1 Die Teigstränge jeweils von einer Schmalseite her ausrollen, bis sie etwa 30 cm lang und 8 cm breit sind. Dabei kommt es nicht auf exakte Maße an; die Stücke sollten nur in etwa die gleiche Form haben.

2 Die Rosinen mit Nüssen, Zucker und Lebkuchengewürz mischen. Auf jedes Teigstück ein Drittel der Mischung streuen und andrücken. Die Stränge von den Längsseiten her fest aufrollen. Es sollen drei 30 cm lange, mit der Rosinenmischung gefüllte Stränge entstehen.

3 Die oberen Enden der Stränge aufeinanderdrücken und die Stränge locker zu einem Zopf flechten (der Teig geht noch weiter auf). Die Enden zusammendrücken und unter den Zopf schlagen.

4 Den Zopf auf ein mit Backpapier belegtes Backblech legen, mit dünn geölter Frischhaltefolie und einem Geschirrhandtuch bedecken und an einem warmen Ort 2 Stunden gehen lassen. Dabei wird er größer, verdoppelt aber sein Volumen nicht mehr. Den Backofen auf 190 °C vorheizen.

5 Den Zopf gründlich mit Ei bestreichen – das Ei soll dabei in die Zwischenräume fließen. Im heißen Ofen 25–30 Minuten backen, bis er schön aufgegangen und goldbraun ist. Sollte er nicht ganz durchgebacken, aber schon gut gebräunt sein, den Zopf locker mit Alufolie bedecken und weitere 5 Minuten backen. Herausnehmen und vor dem Servieren mindestens 15 Minuten auf einem Gitter abkühlen lassen.

Profitipp
Süße Hefezöpfe werden traditionell zum Osterfrühstück serviert – sie schmecken natürlich zu jeder Zeit. Der mit Ei und Butter angereicherte Teig kann pur, also so, wie er ist, gebacken oder vorher mit Nüssen und Trockenobst gefüllt werden. Probieren Sie doch auch einmal andere Nuss-Frucht-Kombinationen aus.

Challa

Ein jüdisches Traditionsgebäck für Feiertage und den Schabbat.

1 STÜCK	45–55 MIN.	35–40 MIN.	MAX. 8 WOCHEN

Gehzeiten
1¾ – 2¼ Stunden

Für 1 Backblech
1 Würfel Hefe (42 g)
4 EL Öl, plus mehr zum Fetten
4 EL Zucker
500 g Weizenmehl Type 550, plus mehr zum Arbeiten
2 TL Salz
2 Eier
1 Eigelb
1 TL Mohnsamen (nach Belieben)

1 In einem Topf 250 ml Wasser erhitzen. 4 EL davon in eine Schüssel geben und lauwarm abkühlen lassen. Die Hefe hineinbröckeln und unter Rühren darin auflösen. Öl und Zucker in das restliche Wasser im Topf geben. So lange erhitzen, bis der Zucker sich aufgelöst hat. Abkühlen lassen.

2 Mehl und Salz in einer Schüssel mischen. Die Eier, das abgekühlte Zuckerwasser und das Hefewasser hinzufügen; alles gründlich verrühren und verkneten, bis der Teig sich als Kugel von der Schüsselwand löst. Er sollte dann weich und etwas klebrig sein.

3 Den Teig auf einer bemehlten Arbeitsfläche 5–7 Minuten kneten, bis er sehr glatt und elastisch ist. Eine große Schüssel mit Öl ausfetten. Den Teig hineinlegen und einmal darin wenden. Mit einem feuchten Geschirrtuch bedecken und an einem warmen Ort 1–1½ Stunden gehen lassen, bis sich sein Volumen verdoppelt hat.

4 Das Backblech dünn mit Öl fetten. Den aufgegangenen Teig auf der bemehlten Arbeitsfläche schlagen und kneten. Anschließend in vier gleich große Stücke schneiden. Die Arbeitsfläche erneut bemehlen. Die Teigstücke mit den Händen zu etwa 65 cm langen Strängen rollen.

5 Die Teigstränge nebeneinanderlegen. Von links beginnend, den ersten Strang über den zweiten, unter den dritten und über den vierten legen. Den zweiten Strang über den dritten, unter den vierten und über den ersten legen. So weiterflechten, dann die Enden zusammendrücken und unter den Zopf falten.

6 Den Zopf auf das vorbereitete Backblech legen. Mit einem trockenen Geschirrtuch bedecken und an einem warmen Ort etwa 45 Minuten gehen lassen, bis sich das Volumen verdoppelt hat. Den Backofen auf 190 °C vorheizen. Das Eigelb mit 1 EL Wasser schaumig schlagen. Den Zopf damit bestreichen und nach Belieben mit dem Mohn bestreuen.

7 Den Zopf im heißen Ofen 35–40 Minuten backen, bis er goldbraun ist und beim Klopfen auf die Unterseite hohl klingt.

AUFBEWAHREN Die Challa schmeckt am Backtag am besten, hält sich aber in Frischhaltefolie verpackt 2 Tage frisch.

Italienisches Milchbrot

Das weiche, leicht süße »Pane al latte« schmeckt vor allem Kindern. Doch auch Erwachsene mögen es zum Frühstück oder zum Kaffee.

1 BROT | 30 MIN. | 20 MIN.

Gehzeiten
2½ – 3 Stunden

Für 1 Backblech
500 g Mehl, plus mehr zum Arbeiten
1 TL Salz
2 EL Zucker
1 Päckchen Trockenhefe
200 ml lauwarme Milch
2 Eier
50 g Butter, zerlassen
Öl zum Fetten
1 Ei, verquirlt

1 Das Mehl in einer Schüssel mit Salz, Zucker und Hefe mischen. Die Milch, die Eier und die Butter hinzufügen und alles gründlich miteinander verrühren, bis ein klebriger Teig entsteht. Den Teig weiterrühren und kneten, bis er glatt, glänzend und elastisch ist. In eine dünn ausgeölte Schüssel geben, locker mit Frischhaltefolie bedecken und an einem warmen Ort bis zu 2 Stunden gehen lassen, bis er sein Volumen verdoppelt hat.

2 Das Backblech mit Backpapier belegen. Den aufgegangenen Teig auf einer dünn bemehlter Arbeitsfläche kneten und schlagen, dann in fünf etwa gleich große Stücke teilen – idealerweise sind zwei etwas größer als die drei anderen.

3 Die Stücke jeweils kurz kneten und zu langen, dicken Strängen rollen; die drei kleineren sollen etwa 20 cm, die beiden größeren etwa 25 cm lang sein. Die drei kürzeren Stränge nebeneinander auf das Backblech legen. Die beiden längeren Stränge rechts und links danebenlegen und die Enden so über der Mitte zusammenführen, dass eine Art Kreis entsteht. Oben auf das Brot drücken, damit die Stränge sich beim Backen nicht voneinander lösen.

4 Das Brot locker mit geölter Frischhaltefolie und einem sauberen Geschirrtuch bedecken und an einem warmen Ort ½ – 1 Stunde gehen lassen, bis sich sein Volumen fast verdoppelt hat. Den Backofen auf 190 °C vorheizen.

5 Das Brot mit etwas verquirltem Ei bestreichen und im heißen Ofen in etwa 20 Minuten goldbraun backen. Herausnehmen und vor dem Servieren mindestens 10 Minuten abkühlen lassen.

AUFBEWAHREN Am besten schmeckt das Brot ofenwarm. Man kann es aber auch über Nacht einpacken und am nächsten Tag in Scheiben schneiden und toasten.

Profitipp
Eier, Milch und Zucker verleihen diesem weichen italienischen Brot einen milden, süßlichen Geschmack und eine feine Krume. Es lässt sich gut toasten, aber am besten schmeckt es warm – mit viel Butter und selbst gemachter Erdbeerkonfitüre.

Sauerteigbrot

Hier wird dem Starter Trockenhefe zugesetzt, damit der Fermentationsprozess garantiert erfolgreich abläuft.

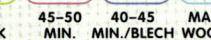

2 STÜCK | **45–50 MIN.** | **40–45 MIN./BLECH** | **MAX. 8 WOCHEN**

Fermentierzeit
4–6 Tage

Gehzeiten
2–2½ Stunden

Für 2 Backbleche

Für den Starter
½ Päckchen Trockenhefe
250 g Weizenmehl Type 550

Für den Vorteig
250 g Weizenmehl Type 550,
  plus mehr zum Bestreuen

Für das Brot
½ Päckchen Trockenhefe
400 g (Weizenmehl Type 550
  plus mehr zum Arbeiten
1 EL Salz
Öl zum Fetten
feiner Masgrieß (Polenta) für die
  Bleche

1 Für den Starter 3–5 Tage vor dem Backen die Hefe in 500 ml lauwarmem Wasser auflösen.

2 Mehl hineinrühren; zudecken. 24 Stunden an einem warmen Ort fermentieren lassen.

3 Danach sollte der Starter schaumig sein und säuerlich riechen.

4 Umrühren, zudecken, noch 2–4 Tage fermentieren lassen; täglich rühren. Dann verwenden.

5 Für den Vorteig 250 ml Starter mit 250 ml lauwarmem Wasser in einer Schüssel mischen.

6 Das Mehl kräftig unterrühren, dann alles mit 3 EL Mehl bestreuen.

7 Mit einem feuchten Tuch bedeckt über Nacht an einem warmen Ort fermentieren lassen.

8 Für den Brotteig die Hefe in 4 EL lauwarmem Wasser auflösen. Unter den Vorteig mischen.

9 Hälfte von Mehl und Salz unterrühren; die Zutaten sollen gut miteinander verbunden sein.

10 Restliches Mehl unterarbeiten, bis sich der Teig zu einer etwas klebrigen Kugel formt.

11 Teig 8–10 Min. kneten, bis er weich und elastisch ist. In eine ausgeölte Schüssel legen.

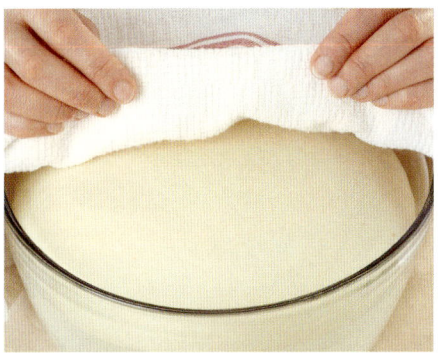

12 Mit einem feuchten Geschirrtuch bedecken. An einem warmen Ort 1–1½ Std. gehen lassen.

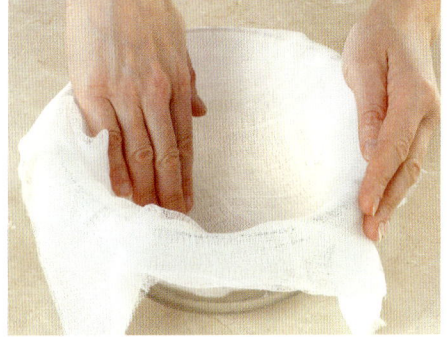

13 Zwei 20 cm große Schüsseln mit Mulltüchern auslegen, diese mit Mehl bestreuen.

14 Teig auf bemehlter Fläche kneten und schlagen; halbieren, jede Hälfte zur Kugel formen.

15 In die Schüsseln legen, mit Tüchern bedecken. Teig 1 Std. bei Wärme gehen lassen.

16 Fettpfanne in den Ofen schieben. Ofen auf 200 °C vorheizen. 2 Bleche mit Grieß bestreuen.

17 Die Laibe, mit der Naht nach unten, auf je ein Blech geben; Mulltücher entfernen.

18 Jeden Laib oben mit einem scharfen Messer kreuzförmig einschneiden.

19 Brote in den Ofen schieben. Eiswürfel in die Fettpfanne geben. Brote 20 Min. backen.

20 Ofentemperatur auf 190 °C senken; Brote in weiteren 20–25 Min. braun backen.

21 Auf ein Gitter setzen. **AUFBEWAHREN** In Papier gewickelt bleiben die Brote 2–3 Tage frisch.

Sauerteigbrot-Varianten

Sauerteigbrötchen

Die niedlichen Brötchen sind perfekt
für ein Picknick.

12 STÜCK	45–50 MIN.	25–30 MIN.	MAX. 8 WOCHEN

Fermentierzeit
4–6 Tage

Gehzeiten
30 Minuten (plus Teigzubereitung)

Für 2 Backbleche
Maisgrieß (Polenta) für die Backbleche
1 Portion Sauerteig (siehe S. 452–453,
  Schritte 1–12)
Mehl zum Arbeiten

1 Die Backbleche mit Maisgrieß bestreuen.
Den Teig schlagen und kneten, dann
halbieren. Jede Teighälfte zu einer 5 cm
dicken Rolle formen und in 6 Stücke
schneiden.

2 Die Arbeitsfläche dünn bemehlen. Die
Teigstücke zwischen den Handflächen zu
glatten Kugeln rollen. Die Teigkugeln auf
die vorbereiteten Bleche setzen, zudecken
und an einem warmen Ort etwa 30 Minuten gehen lassen, bis sich ihr Volumen
verdoppelt hat.

3 Den Backofen auf 200 °C vorheizen. Die
Teiglinge dünn mit Mehl bestreuen und
anschließend mit einem scharfen Messer
oben kreuzförmig einschneiden. Eine ofenfeste Form auf den Boden des Backofens
stellen und heiß werden lassen. Eiswürfel
hineingeben und die Brötchen im heißen
Ofen (Mitte) 25–30 Minuten backen, bis
sie Farbe angenommen haben und bei
Daraufklopfen hohl klingen.

AUFBEWAHREN Die Brötchen halten sich fest
in Papier gewickelt 2–3 Tage frisch.

VORBEREITEN Die geformten Teiglinge können Sie einfrieren. Vor dem Backen Raumtemperatur annehmen lassen und mit
Mehl bestreuen.

BROTE UND BROTGEBÄCK AUS ALLER WELT

Sauerteigbrot mit Rosinen und Walnüssen

Rosinen und Walnüsse passen gut in ein herzhaftes Sauerteigbrot. Sobald Sie heraushaben, wie Früchte und Nüsse untergeknetet werden, können Sie mit anderen Kombinationen experimentieren.

2 STÜCK — **45–50 MIN.** — **40–45 MIN.** — **MAX. 8 WOCHEN**

Fermentierzeit
4–6 Tage

Gehzeiten
2–2 ½ Stunden

Für 2 Backbleche
1 Würfel Hefe (42 g)
1 Portion Sauerteig (siehe S. 452, Schritte 1–7)
300 g Weizenmehl Type 550, plus mehr zum Arbeiten
100 g Roggenmehl
1 EL Salz
50 g Rosinen
50 g Walnusskerne, grob gehackt
Öl zum Fetten
Maisgrieß (Polenta) für die Backbleche

1 Hefe in 4 EL lauwarmem Wasser auflösen. 5 Minuten stehen lassen, bis das Hefewasser schäumt, dann unter den Sauerteig mischen. Mehle mischen. Die Hälfte davon mit dem Salz gründlich unter die Sauerteigmischung rühren. Restliches Mehl untermischen, bis eine klebrige Teigkugel entsteht.

2 Den Teig auf einer bemehlten Arbeitsfläche 8–10 Minuten kneten, bis er glatt und elastisch ist, dann zu einem Rechteck flach drücken. Mit Rosinen und Walnüssen bestreuen. Teig wieder zusammenfassen, um Rosinen und Nüsse unterzuarbeiten.

3 Den Teig in eine ausgeölte Schüssel legen, mit einem feuchten Geschirrtuch bedecken und an einem warmen Ort 1–1½ Stunden gehen lassen, bis sich sein Volumen verdoppelt hat. Zwei Schüsseln (je 20 cm Ø) mit Tüchern auslegen und diese mit Mehl bestreuen. Den Teig auf der bemehlten Arbeitsfläche schlagen und kneten, anschließend halbieren und die Hälften zu Kugeln formen. In die Schüsseln geben, mit Geschirrtüchern bedecken und etwa 1 Stunde an einem warmen Ort gehen lassen, bis die Schüsseln voll Teig sind.

4 Backofen auf 200 °C vorheizen, dabei eine ofenfeste Form auf den Boden des Ofens stellen. Die Backbleche mit Maisgrieß bestreuen. Die Laibe aus den Schüsseln auf die Bleche stürzen und oben mit einem scharfen Messer kreuzförmig einschneiden.

5 In die Form im Ofen Eiswürfel füllen. Die Brote im heißen Ofen zuerst 20 Minuten backen, dann die Ofentemperatur auf 190 °C senken und die Brote weitere 20–25 Minuten backen, bis sie schön gebräunt sind. Auf einem Gitter abkühlen lassen.

Pugliese

Olivenöl verleiht dem klassischen italienischen Landbrot Aroma und Haltbarkeit. Es macht nichts, wenn der Teig zunächst sehr feucht scheint – je weicher er ist, desto großporiger wird die Krume.

1 STÜCK — **30 MIN.** — **30–35 MIN.** — **MAX. 4 WOCHEN**

Fermentierzeit
12 Stunden oder über Nacht

Gehzeiten
bis zu 4 Stunden

Für 1 Backblech

Für den Vorteig
¼ Würfel Hefe (10 g)
100 g Weizenmehl Type 550
Olivenöl zum Fetten

Für den Teig
½ Würfel Hefe (20 g)
1 EL Olivenöl, plus mehr zum Fetten
300 g Weizenmehl Type 550, plus mehr zum Arbeiten
1 TL Salz

1 Für den Vorteig die Hefe in 100 ml warmes Wasser bröckeln und unter Rühren auflösen. Das Hefewasser unter Rühren zum Mehl gießen, dabei entsteht ein weicher Teig. Diesen mit Frischhaltefolie bedecken und an einem kühlen Ort mindestens 12 Stunden oder über Nacht gehen lassen.

2 Wenn der Vorteig fertig ist, für den Teig die Hefe in 150 ml warmem Wasser auflösen. Das Öl hinzufügen. Vorteig, Mehl und Salz in eine Schüssel füllen. Das Hefewasser dazugeben. Alles zu einem groben Teig verrühren. Den Teig 10 Minuten auf einer großzügig bemehlten Arbeitsfläche kneten, bis er glatt und elastisch ist.

3 Den Teig in eine ausgeölte Schüssel geben, mit Frischhaltefolie bedecken und an einem warmen Ort bis zu 2 Stunden gehen lassen, bis er sein Volumen verdoppelt hat. Auf die bemehlte Arbeitsfläche geben und die Luft herausschlagen. Den Teig zu einem ovalen Laib formen.

4 Den Laib auf das Backblech legen, mit geölter Frischhaltefolie und einem Geschirrtuch bedecken und an einem warmen Ort bis zu 2 Stunden gehen lassen, bis sich das Volumen verdoppelt hat. Das Brot kann gebacken werden, wenn der Teig schön aufgegangen ist und nach Eindrücken mit dem Finger rasch zurückfedert. Den Backofen auf 220 °C vorheizen.

5 Den Laib längs nicht ganz in der Mitte einschneiden. Mit Mehl bestreuen, mit Wasser besprühen und im heißen Ofen (Mitte) 30–35 Minuten backen. Das Brot wird besonders knusprig, wenn Sie es alle 10 Minuten mit Wasser besprühen. Aus dem Ofen nehmen und abkühlen lassen.

Baguette

Nach diesem Grundrezept können Sie auch Ficelles (dünne Baguettes) oder Bâtards (ovale Brote) backen.

2 STÜCK	30 MIN.	15–30 MIN.	MAX. 4 WOCHEN

Für 1 Backblech

Für den Vorteig
¼ Würfel Hefe (10 g)
75 g Weizenmehl Type 550
1 EL Roggenmehl
Öl zum Fetten

Für den Teig
½ Würfel Hefe (21 g)
300 g Weizenmehl Type 550, plus
  mehr zum Arbeiten
½ TL Salz

Gehzeiten
12 Stunden oder über Nacht (Vorteig) plus 3½ Stunden (Teig)

1 Für den Vorteig die Hefe in 75 ml lauwarmem Wasser auflösen; zu beiden Mehlen geben.

2 Alles in großen Schüssel zu einem lockeren, klebrigen Teig verrühren.

3 Mit Frischhaltefolie bedecken; Vorteig an einem kühlen Ort mind. 12 Std. gehen lassen.

4 Für den Teig die Hefe in 150 ml lauwarmem Wasser unter Rühren auflösen.

5 Vorteig, Mehl und Salz in eine große Schüssel füllen; Hefewasser zugießen.

6 Alles mit einem Kochlöffel zu einem weichen Teig verrühren.

7 Teig auf bemehlter Fläche 10 Min. kneten, bis er weich, glänzend und elastisch ist.

8 In einer geölten Schüssel mit Folie bedeckt an einem warmen Ort 2 Std. gehen lassen.

9 Teig auf bemehlte Fläche kneten und schlagen. In 2 (Baguette) bzw. 3 Stücke (Ficelle) teilen.

10 Jedes Stück kneten; zu einem Rechteck formen. Ein schmales Ende auf die Mitte klappen.

11 Festdrücken, das zweite schmale Ende darüberklappen und festdrücken.

12 Länglich formen; lange Teigenden oben zusammenfassen. Mit der Naht nach unten legen.

13 Zu dünnen Rollen formen: Für ein Baguette mit 4 cm Ø, für ein Ficelle mit 2–3 cm Ø.

FÜR EIN BÂTARD den Teig kurz kneten und zu einem groben Rechteck formen.

Die schmaleren Teigseiten nacheinander zur Mitte klappen und zusammendrücken.

Mit der Naht nach unten legen, länglich formen, dabei die Enden schmaler werden lassen.

14 Die Laibe auf das Backblech legen; mit Frischhaltefolie und Geschirrtuch bedecken.

15 An einem warmen Ort 1½ Std. gehen lassen. Backofen auf 220 °C vorheizen.

16 Die Laibe mit einem scharfen Messer tief und schräg einschneiden.

17 Mit etwas Mehl bestäuben und mit Wasser besprühen; in den Ofen (Mitte) schieben.

18 Backzeiten: Ficelle 15 Min.; Baguette 20 Min. und Bâtard 25–30 Min. Abkühlen lassen.

BAGUETTE

Baguette-Varianten

Pain d'épi

In ihrer Form erinnern diese Brotstangen an Weizenähren, auf Französisch »épi« – daher ihr Name. Der Ähreneffekt ist gar nicht so schwer zu erzielen und sehr dekorativ.

| 3 STÜCK | 40–45 MIN. | 25–30 MIN./ BLECH |

Gehzeiten
4–5 Stunden

Für 2 Backbleche
1 Würfel Hefe (42 g)
500 g Weizenmehl Type 550, plus mehr zum Arbeiten
2 TL Salz
zerlassene Butter zum Fetten

1 Die Hefe in 4 EL lauwarmes Wasser bröckeln und unter Rühren auflösen. Mehl mit dem Salz in einer Schüssel mischen, das Hefewasser und 350 ml lauwarmes Wasser unter Rühren dazugießen, bis ein weicher, etwas klebriger Teig entstanden ist.

2 Teig auf einer gut bemehlten Arbeitsfläche 5–7 Minuten kneten, bis er sehr glatt

und elastisch ist. In eine große ausgebutterte Schüssel geben, mit einem feuchten Geschirrtuch bedecken und an einem warmen Ort 2–2½ Stunden gehen lassen, bis er sein Volumen verdreifacht hat.

3 Teig auf der bemehlten Arbeitsfläche kneten und schlagen. Wieder in die Schüssel geben und zugedeckt an einem warmen Ort nochmals 1–1½ Stunden gehen lassen, bis sich das Volumen verdoppelt hat.

4 Ein Geschirrtuch mit Mehl bestreuen. Teig auf bemehlter Fläche kneten und schlagen. In 3 gleich große Stücke schneiden. Teigstücke nacheinander jeweils mit bemehlten Händen zu einem Rechteck (18 x 10 cm) flach drücken. (Während ein Teigstück geformt wird, die anderen zudecken.)

5 Jedes Teigrechteck von einer Längsseite her zu einem etwa 35 cm langen Strang rollen. Die Stränge auf das bemehlte Tuch legen, das Tuch dabei zwischen den Strän-

gen hochziehen, damit sie sich während des Aufgehens nicht berühren.

6 Die Stränge mit einem Geschirrtuch bedecken und an einem warmen Ort etwa 1 Stunde auf die doppelte Größe aufgehen lassen. Backofen auf 220 °C vorheizen, dabei eine ofenfeste Form auf den Boden des Ofens stellen. Bleche mit Mehl bestreuen. 2 Teigstränge mit 15 cm Abstand auf ein Blech, den dritten auf das andere rollen.

7 Jeden Teigstrang mit der Küchenschere in Abständen von 5–7 cm schräg (etwa 45°) einschneiden. Dabei bis zur Hälfte durch den Teig schneiden. Die so entstandenen Zipfel abwechselnd nach rechts und links herausziehen, bis die drei Brote wie Ähren geformt sind. Eiswürfel in die heiße Form geben. Die Brote 25–30 Minuten backen, bis sie schön gebräunt sind und es hohl klingt, wenn man daraufklopft. Abkühlen lassen und noch am selben Tag essen.

Vollkorn-Baguette

Eine köstliche Alternative zu weißem Baguette, die viele gesunde Ballaststoffe enthält.

2 STÜCK	20 MIN.	20–25 MIN./ BLECH	MAX. 4 WOCHEN

Fermentierzeit
12 Stunden oder über Nacht

Gehzeiten
3½ Stunden

Für 2 Backbleche
½ Würfel Hefe (20 g)
1 Portion Vorteig (siehe S. 458, Schritte 1–3; das Weizenmehl Type 550 durch Weizenvollkornmehl ersetzen)
100 g Weizenvollkornmehl
200 g Weizenmehl Type 550, plus mehr zum Arbeiten
½ TL Salz

1 Für den Teig die Hefe in 150 ml lauwarmes Wasser bröckeln und darin auflösen. Den aufgegangenen Vorteig mit den Mehlen und dem Salz in eine große Schüssel geben. Nach und nach das Hefewasser unterrühren; so lange rühren, bis ein grober Teig entsteht.

2 Den Teig 10 Minuten auf einer bemehlten Arbeitsfläche kneten, bis er glatt, glänzend und elastisch ist. In eine dünn ausgeölte Schüssel legen, locker mit Frischhaltefolie bedecken und an einem warmen Ort bis zu 1½ Stunden gehen lassen.

3 Den aufgegangenen Teig auf der bemehlten Arbeitsfläche kneten und schlagen, dann halbieren. Jedes Teigstück zu einem Rechteck formen. Teig von einer schmalen Seite zur Mitte klappen und andrücken. Die andere Seite darüberklappen und andrücken; das Ganze längs zu einem langen schmalen Rechteck zusammenfalten und -drücken.

4 Den Teig auf die Nahtseite legen. Mit den Händen zu einem langen, höchstens 4 cm breiten Strang dehnen und rollen. (Der Strang muss noch auf das Blech passen, dabei daran denken, dass der Teig noch aufgeht.)

5 Die Laibe auf die Bleche legen und locker mit geölter Frischhaltefolie und einem Geschirrtuch bedecken. An einem warmen Ort bis zu 2 Stunden gehen lassen, bis sich das Volumen fast verdoppelt hat und der Teig auf leichten Fingerdruck rasch zurückfedert. Den Backofen auf 230 °C vorheizen.

6 Die Laibe mit einem scharfen Messer oben tief mehrmals schräg quer einschneiden. Nach Belieben mit etwas Mehl bestreuen, dann mit Wasser besprühen und in im heißen Ofen (Mitte) 20–25 Minuten backen. Sie werden knuspriger, wenn man sie beim Backen alle 10 Minuten mit Wasser besprüht. Herausnehmen und auf einem Gitter abkühlen lassen.

AUFBEWAHREN Die Baguettes halten sich locker in Papier gewickelt über Nacht frisch.

Roggenbrot

Damit das Brot schön aufgeht und sein typisches Aroma erhält, ist Sauerteig nötig. Hier wird er mit Joghurt angesetzt.

1
STÜCK

25
MIN.

40–50
MIN.

Fermentierzeit
über Nacht

Gehzeiten
1½ Stunden

Für den Sauerteigansatz
150 g Roggenmehl
150 g Joghurt mit aktiven
   Joghurtkulturen
1 TL Trockenhefe
1 EL dunkler Zuckersirup
1 TL Kümmel, leicht zerstoßen

Für den Teig
150 g Roggenmehl
200 g Weizenmehl Type 550, plus
   mehr zum Arbeiten
2 TL Salz
Öl für die Schüssel
1 Ei, verquirlt
1 TL Kümmel

1 Für den Ansatz die Zutaten in einer Schüssel mit 250 ml lauwarmem Wasser verrühren.

2 Zudecken; über Nacht stehen lassen. Am nächsten Tag sollte die Mischung schäumen.

3 Für den Teig die Mehle mit Salz mischen, dann unter den Sauerteigansatz rühren.

4 Alles zu einem Teig verrühren. Falls nötig, noch etwas Wasser hinzugeben.

5 Teig auf einer bemehlten Arbeitsfläche 5–10 Min. kneten, bis er glatt und elastisch ist.

6 Teig zu einer Kugel formen, in eine ausgeölte Schüssel legen und locker mit Folie bedecken.

7 An einem warmen Ort etwa 1 Std. gehen lassen, bis sich das Volumen verdoppelt hat.

8 Ein Backblech bemehlen. Teig kurz durch-kneten und zu einem ovalen Laib formen.

9 Auf das Blech legen, locker mit Folie bede-cken und weitere 30 Min. gehen lassen.

10 Den Backofen auf 220 °C vorheizen. Den Laib mit Ei bestreichen.

11 Die Kümmelsamen sofort auf den Laib streuen, damit sie auf dem Ei haften bleiben.

12 Den Laib längs einritzen; 20 Min. backen, dann die Ofentemperatur auf 200 °C senken.

13 Brot weitere 20–30 Min. backen, bis es gebräunt ist. Auf einem Gitter auskühlen lassen. **AUFBEWAHREN** Hält sich eingewickelt 2–3 Tage.
PROBIEREN SIE AUCH … Roggenbrot mit Kernen und Samen: 100 g gemischte Kerne, Samen, Nüsse am Ende von Schritt 5 unterkneten.

Roggenbrot-Varianten

Roggenbrot mit Haselnüssen und Rosinen

Knackige Nüsse und süße Rosinen verleihen diesem Brot seinen ganz besonderen Reiz. Probieren Sie auch einmal Kombinationen von anderen Nüssen und Trockenobstsorten aus.

1 STÜCK	25 MIN.	40–50 MIN.	MAX. 4 WOCHEN

Fermentier- und Gehzeiten
über Nacht, plus 1½ Stunden

Für den Sauerteigansatz
150 g Roggenmehl
150 g Joghurt mit aktiven Joghurtkulturen
1 TL Trockenhefe
1 EL dunkler Zuckersirup

Für den Teig
150 g Roggenmehl
200 g Weizenmehl Type 550, plus mehr zum Arbeiten
2 TL Salz
50 g Haselnusskerne, geröstet und grob gehackt
50 g Rosinen
Öl zum Fetten
1 Ei, verquirlt

1 Die Zutaten für den Sauerteigansatz in einer Schüssel mit 250 ml lauwarmem Wasser mischen. Zudecken und über Nacht stehen lassen. Am nächsten Tag sollte die Mischung schäumen.

2 Für den Teig Mehle mit Salz mischen; unter den Sauerteigansatz rühren. Alles zu einem Teig verrühren. Falls nötig, noch etwas Wasser hinzugeben. Den Teig auf einer bemehlten Arbeitsfläche 5–10 Minuten kneten, bis er glatt und elastisch ist.

3 Den Teig zu einem Rechteck ausziehen und mit Nüssen und Rosinen bestreuen. Zusammenfalten; kneten, um Rosinen und Nüsse unterzuarbeiten. Zu einer Kugel formen, in eine ausgeölte Schüssel geben; mit Frischhaltefolie bedecken. An einem warmen Ort 1 Stunde gehen lassen, bis sich das Volumen verdoppelt hat.

4 Ein Backblech bemehlen. Den Teig kurz durchkneten und zu einem ovalen Laib formen. Auf das Blech legen, locker mit Frischhaltefolie bedecken und weitere 30 Minuten gehen lassen.

5 Backofen auf 220 °C vorheizen. Den Laib mit Ei bestreichen und mehrmals längs einritzen. 20 Minuten backen. Ofentemperatur auf 200 °C senken und das Brot weitere 20–30 Minuten backen, bis es goldbraun ist. Auf einem Gitter abkühlen lassen.

Profitipp
Roggenbrot hält länger satt als Weißbrot. Bei diesem Brot verbessert die Zugabe von Samen, Nüssen sowie Trockenobst zudem Geschmack und Konsistenz und macht es noch gesünder. Roggenbrot schmeckt gut zu Wurst, Schinken und Käse, bietet sich aber auch als Beilage zu Salat oder Suppe an.

Feines Roggenbrot

Kakao und Kaffee sorgen für ein kräftiges, ungewöhnliches Aroma.

1 STÜCK	20 MIN.	40–50 MIN.	MAX. 4 WOCHEN

Fermentier- und Gehzeiten
über Nacht, plus 4½ Stunden

Für 1 Brotback- oder Kastenform (1 l Inhalt)

Für den Sauerteigansatz
½ TL Trockenhefe
75 g Roggenmehl
30 g Joghurt mit aktiven Joghurtkulturen

Für den Teig
1 TL Instant-Kaffeepulver
130 g Weizenvollkornmehl, plus mehr zum Arbeiten
30 g Roggenmehl
½ TL Trockenhefe
½ TL Kakaopulver
1 TL Salz
½ TL Kümmelsamen, grob zerstoßen
1 EL Sonnenblumenöl, plus mehr zum Fetten

1 Die Zutaten für den Sauerteigansatz in einer Schüssel mit 100 ml lauwarmem Wasser mischen. Zudecken und über Nacht an einem kühlen Ort stehen lassen. Am nächsten Tag sollte die Mischung schäumen.

2 Für den Teig das Kaffeepulver in 3–4 EL warmem Wasser auflösen. Den Sauerteigansatz in einer großen Schüssel mit den Mehlen, der Trockenhefe, dem Kakao, dem Salz, dem Kümmel und dem Öl mischen.

3 Alles erst verrühren, dann die Zutaten mit den Händen zu einem Teig verarbeiten. Den Teig auf einer dünn bemehlten Arbeitsfläche etwa 10 Minuten kneten, bis er glatt, glänzend und elastisch ist.

4 Den Teig in eine dünn ausgeölte Schüssel geben, locker mit Frischhaltefolie bedecken und an einem warmen Platz bis zu 2 Stunden gehen lassen, bis sich sein Volumen verdoppelt hat. Auf die dünn bemehlte Arbeitsfläche geben und behutsam die Luft herausschlagen, dann wieder zur Kugel formen. In die Schüssel geben, zudecken und noch 1 Stunde gehen lassen.

5 Den Teig auf die bemehlte Arbeitsfläche geben; erneut die Luft herausschlagen. Kurz kneten, dann zu einem länglichen Oval formen. In die dünn ausgefettete Form geben, locker mit geölter Frischhaltefolie und mit einem sauberen Geschirrtuch bedecken und an einem warmen Ort 1½ Stunden gehen lassen, bis sich das Volumen fast verdoppelt hat. Das Brot ist backfertig, wenn es fest und gut aufgegangen ist und der Teig nach Eindrücken mit dem Finger zurückspringt. Backofen auf 200 °C vorheizen.

6 Das Brot im Ofen 30–40 Minuten (Mitte) backen, bis es aufgegangen und dunkelbraun ist. Auf einem Gitter abkühlen lassen.

AUFBEWAHREN Das Brot hält sich in Papier gewickelt 3 Tage frisch.

Sizilianisches Weißbrot

Das grobe »Pane siciliano« aus Hartweizengrieß eignet sich besonders gut zum Toasten. Ideal für herrlich knusprige Bruschettas.

1 STÜCK	20 MIN.	25–30 MIN.	MAX. 4 WOCHEN

Fermentierzeit
12 Stunden oder über Nacht

Gehzeiten
2½ Stunden

Für 1 Backblech

Für den Vorteig
¼ Würfel Hefe (10 g)
100 g feiner Hartweizengrieß oder Hartweizenmehl
Öl zum Fetten

Für den Teig
½ Würfel Hefe (20 g)
400 g feiner Hartweizengrieß oder Hartweizenmehl, plus mehr zum Arbeiten
1 TL Salz
1 Ei, verquirlt
1 EL Sesamsamen

1 Für den Vorteig die Hefe in 100 ml lauwarmem Wasser auflösen. Den Grieß mit dem Hefewasser zu einem groben, weichen Teig verrühren. Diesen in eine sehr große, dünn ausgeölte Schüssel geben. Mit Frischhaltefolie bedecken und an einem kühlen Ort mindestens 12 Stunden oder über Nacht gehen lassen.

2 Für den Teig die Hefe in 200 ml lauwarmem Wasser auflösen. Den Vorteig, das Mehl und das Salz in eine große Schüssel geben. Das Hefewasser dazugießen.

3 Die Zutaten zuerst mit einem Kochlöffel verrühren. Sobald ein festerer Teig entstanden ist, diesen mit den Händen auf der bemehlten Arbeitsfläche bis zu 10 Minuten kneten, bis er glatt, glänzend und elastisch ist.

4 Den Teig in eine dünn ausgeölte Schüssel geben, locker mit Frischhaltefolie bedecken und an einem warmen Ort bis zu 1½ Stunden gehen lassen, bis sich das Volumen verdoppelt hat. Anschließend auf der bemehlten Arbeitsfläche kneten und schlagen, dann in die gewünschte Form bringen; traditionell ist das ein rund-ovaler Laib (siehe Walnuss-Roggenbrot, S. 414).

5 Den geformten Teig auf das Backblech legen und locker mit geölter Frischhaltefolie und einem Geschirrhandtuch bedecken. An einem warmen Ort 1 Stunde gehen lassen, bis sich das Volumen fast verdoppelt hat. Das Brot ist backfertig, wenn der Teig nach Eindrücken mit dem Finger rasch zurückfedert.

6 Den Backofen auf 200 °C vorheizen. Das Brot mit Ei bestreichen und mit Sesam bestreuen. Im heißen Ofen (Mitte) 25–30 Minuten backen, bis es schön aufgegangen und goldbraun ist. Herausnehmen und vor dem Servieren mindestens 30 Minuten auf einem Gitter abkühlen lassen.

AUFBEWAHREN Das Brot hält sich locker in Papier gewickelt bis zu 2 Tage frisch.

Profitipp
Das Brot können Sie mit feinem Hartweizengrieß oder mit Hartweizenmehl herstellen. Der Hartweizen sorgt für eine kräftig-rustikale Struktur des Brotes, ähnlich einem amerikanischen Maisbrot (für das Maisgrieß verwendet wird). Servieren Sie das sizilianische Weißbrot zu Tomatensalat mit Olivenöl.

Italienischer Traubenfladen

Die »Schiacciata di uva« erinnert ein wenig an einen Hefeblechkuchen und kann kalt oder ofenwarm serviert werden.

| 1 STÜCK | 25 MIN. | 20–25 MIN. |

Für 1 kleines tiefes Backblech (20 x 30 cm)

Für den Teig
700 g Weizenmehl, plus mehr zum Arbeiten
1 TL Salz
2 EL Zucker
1 Würfel Hefe (42 g)
1 EL Olivenöl, plus mehr zum Fetten

Für den Belag
500 g kleine kernlose rote Weintrauben
3 EL Zucker
1 EL fein gehackter Rosmarin (nach Belieben)

1 Das Mehl mit Salz und Zucker in eine große Schüssel geben. Die Hefe in 450 ml lauwarmes Wasser bröckeln und darin auflösen; das Öl hinzufügen.

2 Nach und nach die Flüssigkeit unter die Mehlmischung rühren. Den weichen Teig auf einer bemehlten Arbeitsfläche 10 Minuten kneten, bis er glatt, glänzend, elastisch, aber noch weich ist.

3 Den Teig in eine dünn ausgeölte Schüssel geben und locker mit Frischhaltefolie bedecken. An einem warmen Ort bis zu 2 Stunden gehen lassen, bis sich das Volumen verdoppelt hat. Anschließend den Teig auf der bemehlten Arbeitsfläche kneten und schlagen, dann etwa ein Drittel des Teigs abnehmen – es entstehen also ein größeres und ein kleineres Teigstück. Das Blech dünn mit Öl fetten.

4 Das größere Teigstück ungefähr auf Blechgröße ausrollen. Das Blech mit dem Teig auskleiden und den Teig mit zwei Dritteln der Trauben und 2 EL Zucker bestreuen.

5 Das kleinere Teigstück so ausrollen bzw. zurechtziehen, dass es die Trauben bedeckt. Auf die Trauben legen, mit den restlichen Trauben und nach Belieben mit Rosmarin bestreuen. Die Schiacciata locker mit dünn geölter Frischhaltefolie und einem Geschirrtuch bedecken und an einem warmen Ort bis zu 1 Stunde gehen lassen. Den Backofen auf 200 °C vorheizen.

6 Die Schiacciata mit dem restlichen Zucker (1 EL) bestreuen. Im heißen Ofen 20–25 Minuten backen, bis sie schön aufgegangen und goldbraun ist. Aus dem Ofen nehmen und vor dem Servieren mindestens 10 Minuten abkühlen lassen.

AUFBEWAHREN Die Schiacciata schmeckt am Backtag am besten, hält sich aber in Papier gewickelt über Nacht frisch.

Profitipp

In der Toskana wird der Traubenfladen traditionell nach der Weinlese serviert. Am besten schmeckt das süßliche Brot am Backtag; wie viel Zucker Sie verwenden, bleibt Ihrem Geschmack überlassen. Dazu passen Käse und italienischer Rotwein.

Pizzas und Fladenbrote

Pizza quattro stagione

Wenn Sie Sauce und Teig schon am Vortag zubereiten, ist die Vier-Jahreszeiten-Pizza schnell fertiggestellt.

4 STÜCK   **40 MIN.**   **15–20 MIN./BLECH**

Gehzeiten
1–1½ Stunden

Für 4 Bleche
500 g Weizenmehl Type 550, plus mehr zum Arbeiten
½ TL Salz
1 Päckchen Trockenhefe
2 EL Olivenöl, plus mehr zum Fetten

Für die Tomatensauce
25 g Butter
1 EL Olivenöl

2 Schalotten, fein gewürfelt
1 Lorbeerblatt
3 Knoblauchzehen, zerdrückt
1 kg reife Eiertomaten, entkernt und gehackt
2 EL Tomatenmark
1 EL Zucker
Salz und frisch gemahlener Pfeffer

Für die Beläge
200 g Mozzarella, in Scheiben
125 g Champignons, in Scheiben
2 EL Olivenöl
2 gegrillte Paprikaschoten, in Streifen
8 Sardellenfilets, längs halbiert
125 g Salami, in dünnen Scheiben
2 EL Kapern
8 Artischockenherzen, halbiert
12 schwarze Oliven

1 Mehl, Salz und Hefe mit Öl und 350 ml lauwarmem Wasser in einer Schüssel mischen.

2 Alles so lange verrühren, bis ein weicher Teig entsteht, der sich von der Schüssel löst.

3 Auf einer bemehlten Fläche 10 Min. kneten, bis der Teig weich und elastisch ist.

4 Teig in eine ausgeölte Schüssel legen und mit geölter Frischhaltefolie bedecken.

5 An einem warmen Ort 1–1½ Std. oder über Nacht im Kühlschrank gehen lassen.

6 Für die Sauce Butter und Öl erhitzen. Schalotten, Lorbeer und Knoblauch hineingeben.

7 Rühren; Topf schließen. Alles 5–6 Min. unter gelegentlichem Rühren köcheln lassen.

8 Tomaten, Tomatenmark, Zucker zugeben. Weitere 5 Min. unter Rühren köcheln lassen.

9 Danach 250 ml Wasser zugießen. Aufkochen und dann köcheln lassen.

10 Die Sauce 30 Min. unter Rühren köcheln lassen, bis sie eingedickt ist. Abschmecken.

11 Mit einem Kochlöffel durch ein feinmaschiges Sieb drücken. Zudecken und kühl stellen.

12 Den Backofen auf 250 °C vorheizen. Den Teig auf eine bemehlte Arbeitsfläche geben.

13 Leicht durchkneten und in 4 Stücke teilen. Jedes zu einem 24 cm großen Kreis ausrollen.

14 Die Backbleche fetten. Auf jedes Blech einen Pizzateigboden legen.

15 Böden mit Tomatensauce bestreichen; rundherum einen 2 cm breiten Rand frei lassen.

16 Übrige Sauce einfrieren, um sie zu einem späteren Zeitpunkt zu verwenden.

17 Die Pizzas zu gleichen Teilen mit Mozzarella belegen.

18 Auf einem Viertel die Pilze anordnen und diese mit Olivenöl beträufeln.

19 Auf ds nächste Viertel die Paprikastreifen geben und diese mit den Sardellen belegen.

20 Das dritte Viertel mit Salami und Kapern, das vierte mit Artischocken und Oliven belegen.

21 Nacheinander die Pizzas in je 15–20 Min. im heißen Ofen (unten) backen.

Pizza-Varianten

Paprika-Calzone

»Calzone« bedeutet »Hosenbein«. Vielleicht heißt dieser italienische Klapp-Fladen ja wegen einer gewissen Ähnlichkeit so.

4 PERSONEN | 25 MIN. | 15–20 MIN.

Gehzeit
30 Minuten (plus Teigzubereitung)

Für 1 Backblech
4 EL Olivenöl, plus mehr zum Bestreichen
2 Zwiebeln, in dünne Ringe geschnitten
2 rote Paprikaschoten, in Streifen geschnitten
1 grüne Paprikaschote, in Streifen geschnitten
1 gelbe Paprikaschote, in Streifen geschnitten
3 Knoblauchzehen, fein gewürfelt
1 kleines Bund gemischte Kräuter (z.B. Rosmarin, Thymian, Basilikum oder Petersilie), fein gehackt
Salz
Cayennepfeffer
1 Portion Pizzateig (siehe S. 472–473, Schritte 1–5)
200 g Mozzarella, abgetropft und in Scheiben geschnitten
Mehl zum Arbeiten
1 Ei, mit ½ TL Salz verquirlt

1 In einem Topf 1 EL Öl heiß werden lassen. Die Zwiebelringe darin glasig dünsten; in eine Schüssel umfüllen.

2 Restliches Öl in den Topf geben. Paprika und Knoblauch mit der Hälfte der Kräuter darin unter Rühren 7–10 Minuten dünsten. Mit Salz und Cayennepfeffer würzen. Zu den Zwiebeln geben; abkühlen lassen.

3 Den Teig schlagen und kneten; in 4 Portionen teilen. Jedes Stück zu einem etwa 1 cm dicken Quadrat ausrollen und -ziehen. Paprikagemüse auf eine Hälfte geben, dabei einen 3 cm breiten Rand frei lassen.

4 Mozzarellascheiben auf das Gemüse legen. Teigränder mit Wasser bestreichen und die Teigstücke zu Dreiecken zusammenklappen. Die Kanten zusammendrücken. Die Calzones auf das bemehlte Backblech legen und 30 Minuten gehen lassen. Den Backofen auf 230 °C vorheizen.

5 Die Calzones mit Ei bestreichen und in 15–20 Minuten goldbraun backen. Vor dem Servieren mit etwas Olivenöl bestreichen.

Chicago-Pizzas

Eine pikante Pizza, die in den 1940er-Jahren in Chicago erfunden wurde.

4 PERSONEN | 35–40 MIN. | 20–25 MIN.

Gehzeiten
1 Stunde 20 Minuten – 1 Stunde 50 Minuten

Für 2 Springformen (je 24 cm Ø)

Für den Teig
1 Würfel Hefe (42 g)
500 g Weizenmehl Type 550, plus mehr zum Arbeiten
2 TL Salz
1 Päckchen Trockenhefe
3 EL Olivenöl, plus mehr zum Fetten
2–3 EL feiner Maisgrieß (Polenta) oder Maismehl

Für die Sauce
400 g milde rohe italienische Bratwurst
1 EL Olivenöl
3 Knoblauchzehen, fein gewürfelt
2 Dosen gehackte Tomaten (je 400 g)
Salz
frisch gemahlener schwarzer Pfeffer
Blätter von 7–10 Petersilienstängeln, gehackt
200 g Mozzarella, in Stücke zerkleinert

1 In eine kleine Schüssel 4 EL lauwarmes Wasser geben. Die Hefe hineinbröckeln und unter Rühren darin auflösen. Das Mehl in einer großen Schüssel mit dem Salz mischen; in die Mitte eine Mulde drücken. Das Hefewasser, 300 ml lauwarmes Wasser und das Öl hineingeben. Das Mehl unterrühren und alles zu einem glatten, weichen und etwas klebrigen Teig verarbeiten.

2 Teig auf einer dünn bemehlten Arbeitsfläche 5–7 Minuten kneten, bis er sehr glatt und elastisch ist. Eine große Schüssel mit Öl ausfetten. Den Teig hineinlegen und durch Wenden mit dem Öl überziehen. Mit einem feuchten Geschirrtuch bedecken und an einem warmen Ort 1–1½ Stunden gehen lassen, bis er sein Volumen verdoppelt hat.

3 Für die Sauce das Wurstbrät aus den Hüllen drücken. Das Öl in einem Topf erhitzen. Das Brät darin 5–7 Minuten braten, dabei mit dem Kochlöffelrücken zerkrümeln, dann aus dem Topf nehmen. Das Fett bis auf 1 EL aus dem Topf gießen.

4 Den Knoblauch im Topf bei mittlerer Hitze 30 Sekunden braten. Das Brät dazugeben, Tomaten, Salz, Pfeffer und die Petersilie (bis auf 1 EL) unterrühren. Alles unter gelegentlichem Rühren 10–15 Minuten garen, bis die Sauce eingedickt ist. Topf vom Herd nehmen, die Sauce abschmecken und kalt werden lassen.

5 Die Formen mit Öl ausfetten und mit dem Maisgrieß oder -mehl ausstreuen. Überschüssigen Grieß bzw. überschüssiges Mehl herausklopfen. Den Teig auf der dünn bemehlten Arbeitsfläche kneten und schlagen, dann halbieren. Die Teighälften auf Größe der Formen rund ausrollen und die Formen damit auskleiden, dabei einen etwa 3 cm hohen Rand bilden. Die Formen mit Geschirrtüchern bedecken und die Pizzaböden etwa 20 Minuten gehen lassen. Den Backofen auf 230 °C vorheizen.

6 Die Pizzaböden mit der Sauce bestreichen. Die Pizzas mit dem Käse und der restlichen Petersilie bestreuen und 20–25 Minuten backen, bis die Böden knusprig und goldbraun sind.

Pizza bianca

Diese Pizza kommt ohne Tomatensauce aus – saftig wird sie durch Olivenöl. Rucola steuert eine mediterrane Note bei.

4 STÜCK	25 MIN.	20 MIN.

Gehzeiten
1–1 ½ Stunden (Teigzubereitung)

Für 2 Backbleche
4 EL Olivenöl, plus mehr für die Backbleche
4 Pizzaböden (siehe S. 472–473, Schritte 1–5 und 12–14)
150 g Gorgonzola, zerbröckelt
12 Scheiben Parmaschinken, in Streifen gezupft
4 frische Feigen, jeweils in acht Spalten geschnitten und geschält
2 Tomaten, von den Samen befreit und gewürfelt
100 g Rucola
frisch gemahlener schwarzer Pfeffer

1 Backofen auf 200 °C vorheizen. Bleche fetten, Pizzaböden daraufgeben. Mit 2 EL Öl bestreichen und mit dem Käse belegen.

2 Im heißen Ofen (unten) etwa 20 Minuten backen, bis die Böden knusprig sind und zu bräunen beginnen; herausnehmen.

3 Die Pizzas mit Schinken, Feigen und Tomaten belegen. Weitere 8 Minuten (Mitte) backen, bis der Belag warm ist und die Böden goldbraun sind.

4 Pizzas mit Rucola garnieren, großzügig mit Pfeffer würzen, mit dem restlichen Olivenöl beträufeln; sofort servieren.

Profitipp
Mit oder ohne Tomatensauce – Pizzas schmecken einfach gut. Egal, welche Pizza Sie bevorzugen: Denken Sie daran, den Belag gleichmäßig auf den Böden zu verteilen. Saftig werden Pizzas durch Tomatensauce, Käse oder bestes Olivenöl. Die sorgen auch dafür, dass der Belag saftig bleibt und nicht austrocknet.

Pissaladière

Die französische Variante der italienischen Pizza verdankt ihren Namen der Pissala, einer Sardellenpaste.

4 PERSONEN	20 MIN.	1 STD. 25 MIN.	MAX. 12 WOCHEN

Für 1 Backblech (32 x 23 cm)

Für den Teig
250 g Weizenmehl Type 550, plus mehr zum Arbeiten
Salz und frisch gemahlener schwarzer Pfeffer
½ Würfel Hefe (21 g)
1 TL Zucker
1 EL Olivenöl, plus mehr zum Fetten

Für den Belag
4 EL Olivenöl
900 g Zwiebeln, in feine Ringe geschnitten
3 Knoblauchzehen
1 Thymianzweig
1 TL getrocknete Kräuter der Provence
1 Lorbeerblatt
100 g Sardellenfilets in Öl
12 schwarze Oliven, entsteint

1 Für den Teig das Mehl in einer großen Schüssel mit 1 TL Salz und etwas Pfeffer mischen. Die Hefe in 150 ml lauwarmes Wasser bröckeln, den Zucker dazugeben und alles verrühren, bis sich die Hefe aufgelöst hat. Die Mischung etwa 10 Minuten beiseitestellen, bis sie schäumt. Anschließend das Hefewasser und das Öl unter Rühren zum Mehl gießen.

2 Alles zu einem Teig vermischen; falls nötig, 1–2 EL lauwarmes Wasser hinzufügen. Den Teig auf einer dünn bemehlten Arbeitsfläche etwa 10 Minuten kneten, bis er glatt und elastisch ist. Zu einer Kugel formen, in eine dünn ausgeölte Schüssel geben und mit einem Geschirrtuch bedecken. An einem warmen Ort 1 Stunde gehen lassen, bis der Teig sein Volumen verdoppelt hat.

3 Für den Belag das Öl in einem Topf erhitzen. Die Zwiebeln mit Knoblauch, Kräutern und Lorbeer darin unter gelegentlichem Rühren bei schwacher Hitze etwa 1 Stunde dünsten, bis sie sehr weich sind; Vorsicht, sie dürfen nicht anbrennen. Falls sie ansetzen, etwas Wasser hinzufügen. In ein Sieb geben und abtropfen lassen. Das Lorbeerblatt entfernen.

4 Den Backofen auf 180 °C vorheizen. Den Teig kurz auf einer dünn bemehlten Arbeitsfläche kneten, dann auf Blechgröße ausrollen. Den Teig auf das Blech drücken und mehrmals mit einer Gabel einstechen. Die Zwiebeln auf dem Teigboden verstreichen.

5 Die Sardellen abtropfen lassen, dabei 3 EL Öl auffangen. Die Filets längs halbieren. Die Oliven in Reihen in den Teig drücken und die Sardellen kreuzförmig auf die Zwiebeln legen. Die Pissaladière mit dem Sardellenöl beträufeln und mit Pfeffer bestreuen.

6 Die Pissaladière im heißen Ofen etwa 25 Minuten backen, bis der Boden gebräunt ist; die Zwiebeln dürfen dabei nicht bräunen oder trocken werden. Aus dem Ofen nehmen; warm oder kalt servieren.

Profitipp
Für dieses Gebäck brauchen Sie nur einfache Zutaten. Umso wichtiger ist es, auf beste Qualität zu achten. Besonderes Augenmerk verdienen die Sardinen: Sie sollten in hochwertigem Öl eingelegt sein. Falls Sie geräucherte Sardellen bekommen, sollten Sie sie auch einmal verwenden.

Pitabrote

Diese Brote können Sie wunderbar mit Salat und anderen Zutaten füllen oder aufgeschnitten mit Dips servieren.

6 STÜCK   **20–30 MIN.**   **5 MIN./ BLECH**   **MAX 8 WOCHEN**

Gehzeiten
1 Stunde 20 Minuten –
1 Stunde 50 Minuten

Für 3 Backbleche
½ Würfel Hefe (21 g)
60 g Weizenvollkornmehl Type 550
250 g Weizenmehl Type 550, plus
  mehr zum Arbeiten
1 TL Salz
2 TL Kreuzkümmelsamen
2 TL Olivenöl, plus mehr zum Fetten

1 Die Hefe in 4 EL lauwarmem Wasser unter Rühren auflösen.

2 In einer großen Schüssel beide Mehle, das Salz und den Kreuzkümmel mischen.

3 Eine Mulde hineindrücken. Aufgelöste Hefe, 200 ml lauwarmes Wasser und Öl zugeben.

4 Alles zusammen zu einem weichen, klebrigen verrühren.

5 Den Teig auf einer bemehlten Arbeitsfläche kneten, bis er glatt und elastisch ist.

6 In eine ausgeölte Schüssel legen und mit einem feuchten Geschirrtuch bedecken.

7 An einem warmen Ort 1–1½ Std. gehen lassen. Zwei Backbleche mit Mehl bestreuen.

8 Den Teig auf der leicht bemehlten Arbeitsfläche kneten und schlagen.

9 Teig zu einer 5 cm dicken Rolle formen und diese in 6 gleich große Stücke schneiden.

10 Jeweils ein Teigstück formen; die übrigen unter dem Geschirrtuch ruhen lassen.

11 Teig zuerst zu einer Kugel formen, dann zu einem 18 cm großen Oval ausrollen.

12 Auf ein Blech legen. Alle Teigportionen formen, auf die Bleche legen und bedecken.

13 An einem warmen Ort 20 Min. gehen lassen. Backofen auf 240 °C vorheizen.

14 Das dritte Blech im Ofen heiß werden lassen. Herausnehmen; drei Pitas darauflegen.

15 Pitas 5 Min. backen. Auf ein Gitter geben und mit etwas Wasser bestreichen.

16 Die übrigen Pitas backen, auf das Gitter legen und mit Wasser besprühen. **AUFBEWAHREN** Ofenfrisch schmecken die Pitas am besten, luftdicht verpackt aber auch noch am nächsten Tag.

Pitabrot-Varianten

Lammpasteten

Gefüllte Teigtaschen gibt es im
Nahen Osten fast überall.

12 STÜCK   40–45 MIN.   10–15 MIN.

Gehzeit
20 Minuten (plus Teigzubereitung)

Für 1 Backblech
2 EL Olivenöl
400 g Lammhackfleisch
Salz und frisch gemahlener schwarzer Pfeffer
3 große Knoblauchzehen, fein gewürfelt
1 cm frischer Ingwer, geschält und fein gewürfelt
1 Zwiebel, fein gewürfelt
½ TL gemahlener Koriander
¼ TL gemahlene Kurkuma
¼ TL gemahlener Kreuzkümmel
1 gute Prise Cayennepfeffer
2 Tomaten, gehäutet, entkernt und gewürfelt
Blätter von 5–7 Korianderstängeln, fein gehackt
1 Portion Pita-Teig (siehe S. 480, Schritte 1–8; den
  Kreuzkümmel weglassen)
griechischer Sahnejoghurt zum Servieren (nach
  Belieben)

1 Für die Füllung das Öl in einer Pfanne
bei mittlerer bis starker Hitze heiß werden
lassen. Das Fleisch darin unter Rühren
gleichmäßig anbraten, dann mit einem
Schaumlöffel herausheben. Das Fett bis
auf 2 EL aus der Pfanne gießen. Bei mittlerer Hitze Knoblauch und Ingwer 30 Sekunden in der Pfanne braten. Die Zwiebel
hinzufügen und unter Rühren weich dünsten; Koriander, Kurkuma, Kreuzkümmel,
Cayennepfeffer, Fleisch und Tomaten dazugeben. Zugedeckt etwa 10 Minuten garen,
bis die Mischung eingedickt ist.

2 Vom Herd nehmen. Das Koriandergrün
unter die Füllung rühren. Die Füllung
abkühlen lassen und abschmecken; sie
sollte kräftig gewürzt sein.

3 Den Teig halbieren. Ein Stück zu einer
5 cm dicken Rolle formen. In sechs Stücke
schneiden; zudecken. Mit der zweiten Teighälfte ebenso verfahren. Jedes Teigstück
zu einer Kugel formen und zu einem 10 cm
großen Kreis ausrollen. Etwas Füllung auf

die Mitte geben, dabei einen 2–3 cm breiten Rand frei lassen. Den Teig so über der
Füllung zusammendrücken, dass ein drei-
eckiges Päckchen entsteht. Die Teigtaschen
auf das Backblech legen.

4 Taschen mit einem Tuch bedecken. An
einem warmen Ort 20 Minuten gehen lassen. In 10–15 Minuten goldbraun backen,
Warm, nach Belieben mit Joghurt, servieren.

AUFBEWAHREN Die Teigtaschen halten sich,
luftdicht verpackt, über Nacht frisch.

VORBEREITEN Die Füllung können Sie schon
am Vortag zubereiten; zudecken und kalt
stellen.

Würzige Kicher-erbsen-Pitas

Frisch schmecken sie am allerbesten. Gegrillt auch am nächsten Tag.

8 STÜCK — 25 MIN. — 15 MIN./BLECH

Gehzeiten
1 Stunde 20 Minuten

Für 2 Backbleche
1½ TL Kreuzkümmelsamen, plus mehr zum Bestreuen
1½ TL gemahlener Koriander
500 g Weizenmehl Type 550, plus mehr zum Arbeiten
1 TL Salz
1 Päckchen Trockenhefe
1 kleines Bund Koriandergrün, grob gehackt
200 g Kichererbsen (aus der Dose), abgetropft und zerdrückt
150 g Joghurt
1 EL Olivenöl, plus mehr zum Fetten

1 Kreuzkümmel und Koriander in einer Pfanne ohne Fett 1 Minute rösten. Das Mehl in eine Schüssel geben. Salz, geröstete Gewürze und Hefe hinzufügen und alles mischen. Koriandergrün und Kichererbsen unter die Mehlmischung rühren. Eine Mulde in die Mitte drücken. Joghurt, Öl und 300 m lauwarmes Wasser hineingeben und alles zu einem klebrigen Teig verarbeiten. 20 Minuten zugedeckt gehen lassen.

2 Den Teig auf einer bemehlten Arbeitsfläche 5 Minuten kneten. Zu einer Kugel formen, in eine ausgeölte Schüssel geben, mit Frischhaltefolie bedecken und an einem warmen Ort 1 Stunde gehen lassen, bis er sein Volumen verdoppelt hat.

3 Die Backbleche mit Mehl bestreuen. Den Backofen auf 220 °C vorheizen. Den Teig in 8 gleich große Portionen teilen, jede Portion zu einem etwa 5 mm dicken Oval aurollen. Die Fladen auf die Bleche legen, mit Öl bestreichen und mit Kreuzkümmel bestreuen. Pro Blech im Ofen 15 Minuten backen, bis sie goldbraun und aufgegangen sind.

Pitabrot-Chips

Eine prima Alternative zu gewöhnlichen Kartoffelchips. Besonders gut auch zu orientalischen Vorspeisen.

8 PERSONEN — 10 MIN. — 7–8 MIN./BLECH

Für 2–3 Backbleche
6 Pita-Taschen (Fertigprodukt; oder Pita-Brote siehe S. 480–481)
Olivenöl zum Bestreichen
grobes Meersalz zum Bestreuen
Cayennepfeffer zum Bestreuen

1 Den Backofen auf 230 °C vorheizen. Die Pita-Brote halbieren, dafür jedes Brot in die erkennbaren zwei Schichten teilen.

2 Die Brothälften auf beiden Seiten mit Olivenöl bestreichen, dann mit Salz und Cayennepfeffer bestreuen.

3 Je sechs Brothälften aufeinanderstapeln und in große Dreiecke schneiden. Diese so auf einem Backblech ausbreiten, dass sie sich nicht berühren.

4 Die Chips im heißen Ofen (oben) jeweils 5 Minuten backen, bis sie unten braun sind. Wenden und in weiteren 2–3 Minuten braun und knusprig backen. Vor dem Servieren auf Küchenpapier abtropfen lassen.

AUFBEWAHREN Die Chips halten sich luftdicht verpackt 2 Tage frisch.

Profitipp
Diese einfachen Chips passen gut zu Dips, Salsas und Chili con carne. Sie sind eine preiswerte und durchaus gesunde Alternative zu gekauften Knabbereien. Für Vollkorn-Chips die Pita-Brote aus Vollkornmehl selber backen.

Naan-Brot

Das indische Fladenbrot wird traditionell im Tandoori-Ofen gebacken. So gelingt es auch im herkömmlichen Backofen.

6 STÜCK **20 MIN.** **8 MIN./ BLECH** **MAX. 12 WOCHEN**

Gehzeit
1 Stunde

Für 2 Backbleche
50 g Ghee or Butter
500 g Weizenmehl Type 550, plus
  mehr zum Arbeiten
1 Päckchen Trockenhefe
1 TL Zucker
1 TL Salz
2 TL Schwarzkümmelsamen (Nigella)
100 g Joghurt

1 Ghee oder Butter in einem Topf bei schwacher Hitze zerlassen. Beiseitestellen.

2 In einer großen Schüssel Mehl, Hefe, Zucker, Salz und Kümmelsamen mischen.

3 Eine Mulde hineindrücken. 200 ml lauwarmes Wasser, Joghurt und das Fett zugeben.

4 Alle Zutaten in der Schüssel mit einem Kochlöffel behutsam verrühren.

5 Die Mischung 5 Min. rühren, bis ein grober Teig entsteht.

6 Zugedeckt an einem warmen Ort 1 Std. gehen lassen. Backofen auf 240 °C vorheizen.

7 Die Backbleche in den Ofen schieben. Den Teig in der Schüssel schlagen.

8 Auf einer bemehlten Fläche kneten, bis er weich und glatt ist. In 4 gleiche Stücke teilen.

9 Jedes Stück zu einem etwa 24 cm langen Oval ausrollen.

10 Die Brote auf die heißen Bleche legen und 6–7 Min. backen, bis sie aufgegangen sind.

11 Den Ofen auf Grillstufe umschalten. Die Brote auf den Ofenrost legen.

12 Die Naans 30–40 Sek. auf jeder Seite grillen, bis sie braun sind und sich Blasen bilden.

13 Schieben Sie die Brote nicht zu dicht unter den Grill, damit sie nicht verbrennen. Warm servieren.

Knoblauch-Koriander-Naan Dafür noch 2 zerdrückte Knoblauchzehen und 4 EL fein gehacktes Koriandergrün bei Schritt 2 zugeben.

Naan-Brot-Varianten

Naan-Brote mit scharfer Feta-Kräuter-Füllung

Wird Naan-Teig mit einer kräuterwürzigen Fetamischung gefüllt und gebacken, entstehen Brote mit mediterran-indischer Note. Perfekt für's Picknick!

6 STÜCK · 15 MIN. · 6–7 MIN.

Gehzeit
1 Stunde

Für 2 Backbleche
500 g Weizenmehl Type 550, plus mehr zum Arbeiten
1 TL Zucker
1 TL Salz
2 TL Schwarzkümmelsamen (Nigella)
1 Päckchen Trockenhefe
100 g Joghurt
50 g Ghee oder Butter, zerlassen
150 g Feta (oder anderer griechischer Schafskäse), zerbröckelt
1 EL fein gehackte rote Chilischote
3 EL gehackte Minze
3 EL gehacktes Koriandergrün

1 Das Mehl in einer Schüssel mit Zucker, Salz, Schwarzkümmel und Hefe mischen. Eine Mulde hineindrücken. 200 ml lauwarmes Wasser, den Joghurt und das zerlassene Fett hinzufügen.

2 Alles mit einem Kochlöffel verrühren. 5 Minuten weiterrühren, bis ein glatter Teig entstanden ist. Zudecken und etwa 1 Stunde an einem warmen Ort gehen lassen, bis sich das Volumen verdoppelt hat.

3 Für die Füllung Feta, Chili und Kräuter mischen. Backofen auf 240 °C vorheizen; die Bleche darin heiß werden lassen.

4 Den Teig in 6 gleich große Stücke teilen und jedes Stück zu einem etwa 10 cm großen Kreis ausrollen. Die Füllung ebenfalls in gleiche 6 Portionen teilen und diese mittig auf die Teigkreise geben. Die Ränder so über die Füllung ziehen, dass eine Tasche entsteht. Die Ränder zusammendrücken. Die Teigstücke umdrehen und jeweils zu einem Oval ausrollen, der Teig darf dabei nicht zerreißen.

5 Die Brote auf die heißen Bleche legen und 6–7 Minuten backen, bis sie schön aufgegangen sind. Auf ein Gitter heben und warm servieren.

Peshwari Naan

Erwachsenen und Kindern schmecken diese mit süßer Rosinen-Nuss-Mischung gefüllten Brote gleich gut. Statt Rosinen können Sie Apfelraspel verwenden und die Füllung noch mit Zimt würzen. ▶

6 STÜCK · 15 MIN. · 6–7 MIN./BLECH · MAX. 8 WOCHEN

Gehzeit
1 Stunde

Für 2 Backbleche
500 g Weizenmehl Type 550, plus mehr zum Arbeiten
1 Päckchen Trockenhefe
1 TL Zucker
1 TL Salz
2 TL Schwarzkümmelsamen (Nigella)
100 g Joghurt
50 g Ghee oder Butter, zerlassen

Für die Füllung
2 EL Rosinen
2 EL ungesalzene Pistazien
2 EL Mandeln
2 EL Kokosraspel
1 EL Zucker

1 Das Mehl in einer Schüssel mit Hefe, Zucker, Salz und Schwarzkümmel mischen. Eine Mulde hineindrücken. 200 ml lauwarmes Wasser, den Joghurt und das Fett hineingeben. Alles mit einem Kochlöffel verrühren. 5 Minuten weiterrühren, bis ein glatter Teig entstanden ist. Zudecken und etwa 1 Stunde warm stellen, bis sich das Volumen verdoppelt hat.

2 Die Zutaten für die Füllung in der Küchenmaschine fein zerkleinern. Den Backofen auf 240 °C vorheizen und die Backbleche darin heiß werden lassen.

3 Den Teig in 6 Stücke teilen und jedes zu einem etwa 10 cm großen Kreis ausrollen. Die Füllung in 6 Portionen teilen und diese mittig auf die Teigkreise geben. Die Ränder so über die Füllung ziehen, dass eine Tasche entsteht; zusammendrücken.

4 Die Teigstücke umdrehen und jeweils zu einem Oval ausrollen, den Teig dabei nicht zerreißen. Die Brote auf die heißen Bleche legen und 6–7 Minuten backen, bis sie schön aufgegangen sind. Auf einem Gitter nur kurz abkühlen lassen; noch warm servieren.

VORBEREITEN Die Brote halten sich in Frischhaltefolie gewickelt über Nacht frisch. Zum Aufbacken ein Stück Backpapier zerknüllen und in Wasser einweichen, dann ausdrücken. Das Brot in das Papier wickeln und bei mittlerer Hitze für 10 Minuten in den Ofen geben, bis es warm und weich ist.

Profitipp
Wenn Sie erst einmal heraushaben, wie man den gefüllten Teig ausrollt, können Sie die Brote nach Belieben füllen. Diese hier enthalten Rosinen, Mandeln, Nüsse und Kokosraspel. Probieren Sie auch die Lammfleischfüllung (siehe S. 482); dazu passt Minze-Raita.

Gefüllte Paratha

Die gefüllten Fladenbrote gelingen leicht. Bereiten Sie am besten gleich die doppelte Menge zu und frieren Sie die Brote mit Backpapier dazwischen ein.

4 STÜCK | **20 MIN.** | **15–20 MIN.** | **MAX. 8 WOCHEN**

Ruhezeit
1 Stunde

Für 1 Gusseisenpfanne (mind. 20 cm Ø)

Für den Teig
300 g Chapati-Mehl (siehe Profitipp)
½ TL Salz
50 g Butter, zerlassen und abgekühlt

Für die Füllung
250 g Süßkartoffel, geschält und gewürfelt
1 EL Sonnenblumenöl, plus mehr zum Bestreichen
½ rote Zwiebel, fein gewürfelt
2 Knoblauchzehen, zerdrückt
1 EL fein gehackte rote Chilischote (oder nach Geschmack)
1 EL fein gehackter frischer Ingwer
2 gehäufte EL gehacktes Koriandergrün
½ TL Garam Masala
Salz

1 Für den Teig das Mehl mit dem Salz sieben, die Butter und 150 ml Wasser hinzufügen. Alles zu einem weichen Teig verarbeiten. Den Teig 5 Minuten kneten, dann zudecken und 1 Stunde ruhen lassen.

2 Für die Füllung die Süßkartoffelwürfel in etwas Wasser in etwa 7 Minuten weich kochen oder dämpfen; gut abtropfen lassen. Das Öl in einer Pfanne bei mittlerer Hitze heiß werden lassen. Die Zwiebelwürfel darin in 3–5 Minuten glasig dünsten. Knoblauch, Chili und Ingwer dazugeben und 1–2 Minuten mitbraten.

3 Die Süßkartoffelwürfel mit der Zwiebelmischung zu einem Püree zerdrücken. Vermutlich ist die Zugabe von Flüssigkeit nicht erforderlich. Koriandergrün und Garam Masala hinzufügen; die Masse mit Salz abschmecken. Das Püree schlagen, bis es glatt ist, dann abkühlen lassen.

4 Den Teig nach der Ruhezeit in vier Stücke teilen. Jedes kneten und zu einem Kreis (10 cm Ø) ausrollen. Ein Viertel der Füllung auf die Mitte geben und die Teigränder so darüberziehen, dass eine Tasche entsteht.

5 Die Teigränder zusammendrücken. Die Teigstücke umdrehen und zu 18 cm großen Kreisen ausrollen, dabei nicht zu fest aufdrücken. Falls Füllung herausquillt, diese entfernen und den Teig wieder zusammendrücken.

6 Die Pfanne bei mittlerer Hitze heiß werden lassen. Die Parathas auf jeder Seite 2 Minuten braten, dabei gelegentlich wenden, damit sie gleichmäßig garen und Farbe annehmen. Die gebratene Seite vor jedem erneuten Wenden mit etwas Öl bestreichen. Die Parathas sofort als Beilage zu einem Currygericht oder als kleine Mahlzeit mit grünem Salat servieren.

VORBEREITEN Die Brote halten sich in Frischhaltefolie gewickelt über Nacht frisch. Zum Aufbacken (frisch oder gefroren) ein Stück Backpapier zerknüllen und in Wasser einweichen, dann ausdrücken. Das Brot in das Papier wickeln und bei mittlerer Hitze für etwa 10 Minuten in den Ofen geben, bis es warm und weich ist.

Profitipp

Diese indischen Fladenbrote werden traditionell mit Chapati-Mehl hergestellt, das Sie durch Weizenvollkornmehl ersetzen können. Als Füllung bieten sich unterschiedlichste Mischungen an, z. B. Reste von einem Gemüsecurry. Wichtig ist, dass die Zutaten alle sehr klein geschnitten sind.

Tortillas

Diese Tortillas sind wirklich leicht zu machen und stellen fertig gekaufte absolut in den Schatten.

8 STÜCK

10 MIN.

15–20 MIN.

MAX. 8 WOCHEN

Ruhezeit
1 Stunde

Für 1 Pfanne
300 g Mehl, plus mehr zum Arbeiten
1 TL Salz
½ TL Backpulver
50 g kaltes Schweineschmalz
  oder kalte Margarine, in Würfel
  geschnitten, plus mehr zum Fetten

PIZZAS UND FLADENBROTE

1 Mehl, Salz und Backpulver in eine Schüssel geben. Das Fett hinzufügen.

2 Fett und Mehl mit den Händen zusammen-reiben, bis Streusel entstehen.

3 150 ml lauwarmes Wasser zugeben. Alles zu einem groben, weichen Teig verarbeiten.

4 Auf einer leicht bemehlten Arbeitsfläche den Teig in einigen Minuten glatt kneten.

5 In einer geölten Schüssel mit Folie bedeckt an einem warmen Ort etwa 1 Std. ruhen lassen.

6 Aus der Schüssel auf eine bemehlte Fläche stürzen und den Teig in 8 Stücke schneiden.

7 Ein Stück abnehmen, die übrigen mit Folie bedecken, damit sie nicht austrocknen.

8 Jedes Teigstück dünn zu einem 20–25 cm großen Kreis ausrollen.

9 Tortillas aufeinanderstapeln, dabei zwischen jede Tortilla ein Stück Backpapier legen.

10 Eine Pfanne bei mittlerer Hitze heiß werden lassen. Eine Tortilla 1 Min. darin rösten.

11 Tortilla wenden, weiterrösten, bis sie auf beiden Seiten stellenweise gebräunt ist.

12 Auf ein Gitter legen; die übrigen Tortillas rösten. Warm oder abgekühlt servieren.

VORBEREITEN Abgekühlte Tortillas können Sie über Nacht in Frischhaltefolie verpackt aufbewahren. Zum Aufbacken (frisch oder gefroren) in Wasser eingeweichtes Backpapier ausdrücken, Tortillas hineinwickeln und bei mittlerer Hitze in 10 Min. im Ofen warm werden lassen.

Tortilla-Varianten

Quesadillas

Fast jede Füllung können Sie dafür nehmen: Probieren Sie auch einmal Hähnchenfleisch, Schinken, Gruyère oder Pilze.

2 STÜCK | 5–10 MIN. | 30–35 MIN.

Für 1 beschichtete Pfanne (28 cm Ø)

Für die Rindfleisch-Tomaten-Füllung
150 g Rinderhackfleisch
1 Prise Cayennepfeffer
1 EL Olivenöl
Salz und frisch gemahlener schwarzer Pfeffer
1 Handvoll Petersilie, fein gehackt
2 Tomaten, in Scheiben geschnitten
50 g Cheddar, geraspelt

Für die Avocado-Frühlingszwiebel-Füllung
4 Frühlingszwiebeln, fein gewürfelt
1–2 frische rote Chilischoten, von den Samen befreit und gehackt
Saft von ½ Limette
Salz und frisch gemahlener Pfeffer
Fruchtfleisch von ½ Avocado, in Scheiben geschnitten
50 g Cheddar, geraspelt

Für die Tortillas
2 EL Öl
4 Tortillas (siehe S. 490–491)

1 Für die Fleischfüllung das Fleisch mit dem Cayennepfeffer 5 Minuten im Öl braten, bis es krümelig ist. Mit etwas heißem Wasser ablöschen, salzen, pfeffern und 10 Minuten köcheln lassen. Petersilie unterrühren.

2 Für die Avocadofüllung die Frühlingszwiebeln mit Chilis und Limettensaft in eine Schüssel geben. Salzen, pfeffern und alles mischen. 2 Minuten durchziehen lassen.

3 Für die Tortillas 1 EL Öl in der Pfanne erhitzen. 1 Tortilla darin 1 Minute braten, bis sie etwas Farbe angenommen hat. Die Fleischfüllung, Tomaten und Käse daraufgeben. Die zweite Tortilla darauflegen und mit einer Palette andrücken. Die Quesadilla wenden und auf der zweiten Seite braten. Aus der Pfanne heben. Halbieren oder vierteln.

4 Restliches Öl in der Pfanne erhitzen. Die dritte Tortilla darin 1 Minute braten, bis sie Farbe angenommen hat. Avocadoscheiben darauf verteilen, dabei einen Rand frei lassen. Die Frühlingszwiebelmischung daraufgeben und mit dem Käse bestreuen. Weiterverfahren, wie in Schritt 3 beschrieben.

Warme Tortilla-Sandwiches

Eine schnelle Alternative zu belegten Broten.

2 PERSONEN | 10 MIN. | 8 MIN.

Für 1 Gusseisenpfanne (28 cm Ø)
4 Tortillas (Fertigprodukt; oder siehe S. 490–491)
4 dünne Scheiben gekochter Schinken
Ketchup, milder Senf oder Chilisauce (nach Belieben)
50 g geraspelter Käse (z. B. Cheddar)
Möhren, in Stifte geschnitten, zum Servieren (nach Belieben)
Salatgurke, in Stücke geschnitten, zum Servieren (nach Belieben)

1 Zwei Tortillas auf die Arbeitsfläche legen. Jede Tortilla so mit 2 Schinkenscheiben belegen, dass die ganze Tortilla bedeckt ist; falls nötig, den Schinken etwas einreißen und auseinanderziehen.

2 Ganz nach Geschmack den Schinken mit etwas Ketchup, Senf oder Chilisauce bestreichen. Beide Tortillas mit Käse bestreuen und jeweils eine zweite Tortilla darauflegen.

3 Die Pfanne bei mittlerer Hitze heiß werden lassen. Die Tortillas darin nacheinander auf jeder Seite etwa 1 Minute braten, bis beide Seiten heiß und stellenweise gebräunt sind.

4 Die Tortillas wie eine Pizza in je 8 Stücke schneiden und sofort, nach Belieben mit Möhren- und Gurkenstücken, als kleine Mahlzeit servieren.

Tortilla-Türmchen mit Garnelen und Guacamole

Diese mexikanisch inspirierten Happen sind super einfach zu machen.

| 50 STÜCK | 15 MIN. | 10–15 MIN. |

Für 1 hohe Pfanne

5 Tortillas (Fertigprodukt; oder siehe S. 490–491)
Sonnenblumenöl zum Frittieren
25 Riesengarnelen, geschält, entdarmt und längs halbiert, (ersatzweise 50 kleinere ganze Garnelen) 2 reife Avocados, entkernt und geschält
Saft von 1 Limette
Tabasco
4 EL fein gehacktes Koriandergrün
helle Teile von 4 Frühlingszwiebeln, fein gehackt
Salz und frisch gemahlener schwarzer Pfeffer

1 Aus den Tortillas mit einem Ausstechförmchen (3 cm Ø) mindestens 100 Kreise ausstechen. Die Pfanne etwa 2 cm hoch mit Öl füllen; das Öl erhitzen. Die Tortillakreise darin portionsweise goldbraun frittieren; nicht zu viele auf einmal hineingeben, sonst werden sie nicht knusprig. Mit einem Schaumlöffel herausheben und auf Küchenpapier abtropfen lassen. Abkühlen lassen.

2 Etwa 30 Minuten vor dem Servieren die Garnelen mit dem restlichen Limettensaft und dem übrigen Koriandergrün marinieren.

3 Das Avocadofruchtfleisch mit der Hälfte des Limettensafts, 1 Spritzer Tabasco, 3 EL Koriandergrün und den Frühlingszwiebeln zerdrücken. Die Guacamole mit Salz und Pfeffer würzen.

4 Die Guacamole in einen Spritzbeutel mit glatter Tülle füllen. Für jedes Türmchen etwas Guacamole auf 1 Tortilla spritzen und 1 Tortilla darauflegen. Diese mit mehr Guacamole garnieren und mit ½ Garnele belegen. Falls die Garnele zu groß ist, diese schräg verdrehen und aufrecht in die Guacamole setzen.

Schnell
gemacht

Sodabrot

Weil der Teig ohne Kneten und Gehen auskommt, ist dieses Brot leicht zu machen und schnell fertig.

1 BROT   **10–15 MIN.**   **35–40 MIN.**

Für 1 Backblech
Butter für das Backblech
500 g Weizenvollkornmehl,
  plus mehr zum Arbeiten
1½ TL Speisenatron
1½ TL Salz
500 ml Buttermilch, plus mehr
  nach Bedarf

1 Backofen auf 200 °C vorheizen. Das Backblech mit Butter fetten.

2 Mehl, Natron und Salz in eine Schüssel sieben. Die im Sieb verbliebene Kleie zugeben.

3 Alles gründlich mischen und eine Mulde in die Mitte drücken.

4 Die Buttermilch langsam in die Mulde gießen.

5 Alles Mit den Händen vermischen, bis ein recht klebriger Tieg entstanden ist.

6 Den Teig nicht zu kräftig kneten. Falls er zu trocken ist, etwas mehr Buttermilch zugeben.

7 Auf eine bemehlte Arbeitsfläche geben und rasch zu einem runden Laib formen.

8 Den Laib auf das Blech setzen und zu einem etwa 5 cm dicken Fladen flach klopfen.

9 Mit einem sehr scharfen Messer den Laib oben kreuzförmig und 1 cm tief einschneiden.

10 Das Brot im heißen Backofen in etwa 35–40 Min. knusprig braun backen.

11 Zur Garprobe umdrehen und auf die Unterseite klopfen: Das Brot sollte hohl klingen.

12 Das Brot auf ein Gitter setzen und leicht abkühlen lassen.

13 Das Sodabrot in Scheiben oder Stücke schneiden und warm servieren. Auch getoastet schmeckt es lecker.
AUFBEWAHREN Das Brot hält sich in Papier gewickelt und luftdicht verpackt 2–3 Tage frisch.

Sodabrot-Varianten

Pfannenbrot

Für dieses Brot wird der Teig in Ecken geschnitten und in einer geschlossenen schweren Pfanne gebacken.

6 STÜCK   **5–10 MIN.**   **30–40 MIN.**

Für 1 große Gusseisenpfanne
350 g Weizenvollkornmehl
150 g Weizenmehl Type 550, plus mehr zum Arbeiten
1½ TL Speisenatron
1 TL Salz
400 ml Buttermilch
zerlassene Butter zum Backen

1 Die Mehle mit Natron und Salz in eine große Schüssel geben. In die Mitte eine Mulde drücken und die Buttermilch hineingießen. Alles mit den Fingerspitzen rasch zu einem weichen, etwas klebrigen Teig verarbeiten.

2 Den Teig auf einer dünn bemehlten Arbeitsfläche geben und rasch zu einem runden Laib formen, dann mit den Handflächen zu einem flachen, etwa 5 cm dicken Kreis drücken. Den Teig mit einem scharfen Messer wie eine Torte in acht Stücke schneiden.

3 Die Pfanne bei mittlerer bis schwacher Hitze heiß werden lassen und mit zerlassener Butter ausstreichen. Den Teig darin in zwei Portionen zugedeckt unter häufigem Wenden 15–20 Minuten backen, bis die Stücke goldbraun und aufgegangen sind. Warm servieren.

Haferküchlein aus der Pfanne

Außen knusprig und innen saftig.

20 STÜCK   **5–10 MIN.**   **10 MIN./ PORTION**

Für 1 Gusseisengrill- oder Bratpfanne
250 g Weizenvollkornmehl
1½ TL Backpulver
1½ TL Salz
100 g Haferflocken
3 EL heller Muscovado-Zucker
3 EL Zucker
600 ml Buttermilch
zerlassene Butter zum Backen

1 Mehl, Backpulver und Salz in eine große Schüssel geben; mit Haferflocken und Zucker verrühren. In die Mitte eine Mulde drücken. Die Buttermilch hineingießen und nach und nach mit den trockenen Zutaten zu einem glatten, dickflüssigen Teig verrühren.

2 Die Pfanne bei mittlerer Hitze heiß werden lassen und mit zerlassener Butter ausstreichen. Pro Küchlein 2 Esslöffel Teig in die Pfanne tropfen lassen; 5–6 Teigportionen in die Pfanne geben bzw. so viele, wie hineinpassen. Die Küchlein etwa 5 Minuten backen, bis sie unten goldbraun und knusprig sind. Wenden und weitere 5 Minuten backen.

3 Die Küchlein auf eine Platte geben, zudecken und warm halten. Mit dem restlichen Teig wie beschrieben verfahren, dabei die Pfanne nach Bedarf mit mehr Butter ausstreichen. Die Küchlein warm servieren.

Amerikanisches Sodabrot

Als Nachmittagssnack zu Tee oder Kaffee bestens geeignet.

1 STÜCK	5–10 MIN.	50–55 MIN.	MAX. 8 WOCHEN

Für 1 Backblech
400 g Mehl, plus mehr zum Arbeiten
1 TL Salz
2 TL Backpulver
50 g Zucker
1 TL Kümmelsamen (nach Belieben)
50 g eiskalte Butter in Stückchen
100 g Rosinen
150 ml Buttermilch
1 Ei

1 Den Backofen auf 180 °C vorheizen. Das Backblech mit Backpapier belegen. Das Mehl in einer großen Schüssel mit Salz, Natron, Zucker und Kümmel (nach Belieben) mischen. Die Butter hinzufügen und alles zu feinen Streuseln reiben. Die Rosinen sorgfältig untermischen.

2 Die Buttermilch mit dem Ei verquirlen. In die Mehlmischung eine Mulde drücken und die Buttermilchmischung hineingießen. Zuerst mit der Mehlmischung verrühren, dann alles mit den Händen zu einem lockeren weichen Teig verkneten.

3 Den Teig auf einer dünn bemehlten Arbeitsfläche kurz kneten, bis er glatt ist. Zu einem runden Laib (etwa 15 cm Ø) formen und oben kreuzweise einschneiden, damit er beim Backen leichter aufgeht.

4 Den Laib auf das Blech legen und im heißen Ofen (Mitte) 50–55 Minuten backen, bis er schön aufgegangen und goldbraun ist. Vor dem Servieren mindestens 10 Minuten auf einem Gitter abkühlen lassen.

AUFBEWAHREN Das Brot schmeckt frisch am besten. Doch es hält sich in Papier verpackt 2 Tage frisch. Dann lässt es sich gut toasten.

Blitz-Kürbisbrot

Geraspeltes Kürbisfruchtfleisch sorgt dafür, dass sich dieses Brot tagelang frisch hält. Reichen Sie es z. B. zu Suppe.

1 STÜCK	20 MIN.	50 MIN.	MAX. 8 WOCHEN

Für 1 Backblech
300 g Mehl, plus
  mehr zum Arbeiten
100 g Weizenvollkornmehl
1 TL Speisenatron
½ TL Salz

150 g Kürbisfruchtfleisch, geraspelt
30 g Kürbiskerne
300 ml Buttermilch

1 Backofen auf 220 °C vorheizen. Mehl, Natron und Salz in einer Schüssel mischen.

2 Geraspeltes Kürbisfruchtfleisch und Kürbiskerne zugeben; alles gut mischen.

3 Eine Mulde hineindrücken, Buttermilch zugießen und die Zutaten zu einem Teig verrühren.

4 Den Teig mit den Händen zu einer Kugel formen; auf eine bemehlte Arbeitsfläche geben.

5 Den Teig in 2 Min. zu einer geschmeidigen Masse verkneten. Evtl. ist mehr Mehl nötig.

6 Teig zu einem 15 cm großen Kreis formen. Auf das mit Backpapier belegte Blech setzen.

7 Teig oben kreuzförmig einschneiden. So kann das Brot beim Backen besser aufgehen.

8 Im Ofen (Mitte) 30 Min. backen, bis das Brot aufgegangen ist. Ofentemp. auf 200 °C senken.

9 Weitere 20 Min. backen. Beim Klopfen auf die Unterseite sollte das Brot hohl klingen.

SCHNELL GEMACHT

10 Das Brot vom Blech auf ein Gitter heben und vor dem Servieren mindestens 20 Min. abkühlen lassen. **AUFBEWAHREN** Es hält sich in Papier gewickelt 3 Tage. Das Brot in Scheiben oder Stücke schneiden und als Beilage zu Suppen und Eintöpfen reichen.

Gemüsebrot-Varianten

Süßkartoffel-Rosmarin-Brötchen

Mit ihrem zarten Rosmarinduft sind diese Brötchen etwas Besonderes.

| 8 STÜCK | 20 MIN. | 20–25 MIN. | MAX. 8 WOCHEN |

SCHNELL GEMACHT

Für 1 Backblech
400 g Mehl, plus mehr zum Arbeiten
2 TL Backpulver
½ TL Salz
frisch gemahlener schwarzer Pfeffer
150 g Süßkartoffel, geschält und geraspelt
1 TL fein gehackter Rosmarin
300 ml Buttermilch

1 Den Backofen auf 220 °C vorheizen. Das Backblech mit Backpapier belegen. Das Mehl in einer Schüssel mit Natron, Backpulver, Salz und Pfeffer mischen. Die Süßkartoffelraspel hacken, damit die Stückchen noch kleiner werden. Mit dem Rosmarin zum Mehl geben und gut untermischen.

2 In die Mitte der Mischung eine Mulde drücken und unter Rühren die Buttermilch hineingießen und unterarbeiten; es soll ein lockerer Teig entstehen. Den Teig zu einer Kugel formen und auf der bemehlten Arbeitsfläche etwa 2 Minuten kneten, bis er glatt ist; falls nötig, etwas Mehl hinzufügen.

3 Den Teig in acht gleich große Stücke teilen und diese zu Kugeln formen. Die Kugeln etwas flach drücken und oben mit einem scharfen Messer kreuzförmig einschneiden, damit sie beim Backen weiter aufgehen.

4 Die Brötchen auf das Backblech legen. Im heißen Ofen (Mitte) 20–25 Minuten backen, bis sie schön aufgegangen und goldbraun sind. Vor dem Servieren mindestens 10 Minuten auf einem Gitter abkühlen lassen. Sie schmecken warm besonders gut.

Zucchini-Haselnuss-Brot

Haselnüsse verleihen diesem Brot eine besondere Note.

1 STÜCK · **20 MIN.** · **50 MIN.** · **MAX. 8 WOCHEN**

Für 1 Backblech
300 g Mehl, plus mehr zum Arbeiten
100 g Weizenvollkornmehl
2 TL Backpulver
½ TL Salz
50 g Haselnusskerne, grob gehackt
150 g Zucchini, geraspelt
300 ml Buttermilch

1 Den Backofen auf 220 °C vorheizen. Ein Backblech mit Backpapier belegen. Das Mehl in einer Schüssel mit Vollkornmehl, Backpulver, Salz und Nüssen mischen. Die Zucchiniraspel untermischen.

2 In die Mitte dieser Mischung eine Mulde drücken und die Buttermilch unter Rühren hineingießen. Mit dem Mehl verrühren, bis ein lockerer Teig entstanden ist. Diesen zu einer Kugel formen und auf der bemehlten Arbeitsfläche 2 Minuten kneten, bis er glatt ist; falls nötig, etwas Wasser dazugeben.

3 Den Teig zu einem runden Laib (etwa 15 cm Ø) formen und oben mit einem scharfen Messer kreuzförmig einschneiden, damit er beim Backen weiter aufgeht.

4 Den Laib auf das Backblech legen und im heißen Ofen (Mitte) 30 Minuten backen. Die Ofentemperatur auf 200 °C reduzieren und das Brot weitere 20 Minuten backen, bis es schön aufgegangen und goldbraun ist. Einen Spieß in die Mitte stechen: Nach dem Herausziehen darf kein Teig mehr daran haften. Das Brot vor dem Servieren mindestens 20 Minuten auf einem Gitter abkühlen lassen.

AUFBEWAHREN Das Brot hält sich in Papier verpackt 3 Tage frisch.

Pastinaken-Parmesan-Brot

Das aromatische Brot schmeckt an einem kalten Wintertag wunderbar zu einer wärmenden Suppe.

1 STÜCK · **20 MIN.** · **50 MIN.** · **MAX. 8 WOCHEN**

Für 1 Backblech
300 g Mehl, plus mehr zum Arbeiten
100 g Weizenvollkornmehl
2 TL Backpulver
½ TL Salz
frisch gemahlener schwarzer Pfeffer
50 g Parmesan, gerieben
150 g Pastinaken, geraspelt
300 ml Buttermilch

1 Den Backofen auf 220 °C vorheizen und das Backblech mit Backpapier belegen. Das Mehl in einer Schüssel mit Vollkornmehl, Backpulver, Salz, Pfeffer und Parmesan mischen. Die Pastinakenraspel hacken, damit die Stückchen sehr klein werden, dann sorgfältig unter die Mehlmischung rühren.

2 In die Mitte der Mehlmischung eine Mulde drücken. Unter Rühren die Buttermilch hineingießen. Mit dem Mehl zu einem lockeren Teig verrühren. Diesen zu einer Kugel formen und auf der bemehlten Arbeitsfläche in 2 Minuten glatt kneten; falls nötig, etwas Wasser hinzufügen.

3 Den Teig zu einem runden Laib (etwa 15 cm Ø) formen und oben mit einem scharfen Messer kreuzweise einschneiden, damit er beim Backen weiter aufgeht.

4 Den Laib auf das Backblech legen; im Ofen (Mitte) 30 Minuten backen, damit eine schöne Kruste entsteht. Die Ofentemperatur auf 200 °C reduzieren und das Brot noch 20 Minuten backen, bis es aufgegangen und goldbraun ist. Einen Spieß in die Mitte stechen: Nach dem Herausziehen darf kein Teig mehr daran haften. Das Brot vor dem Servieren mindestens 20 Minuten auf einem Gitter abkühlen lassen.

Maisbrot

In den USA ist dieses Brot eine beliebte Beilage zu Suppen und Eintöpfen.

8 PERSONEN 15–20 MIN. 20–25 MIN.

Für 1 Gusseisenpfanne (24 cm Ø)
60 g zerlassene Butter oder 60 g Fett von ausgelassenem Speck (siehe Profitipp S. 506), abgekühlt, plus mehr zum Fetten
2 frische Zuckermaiskolben (Sie benötigen 200 g Maiskörner)

150 g feiner Maisgrieß (Polenta))
125 g Weizenmehl Type 550
50 g Zucker
1 EL Backpulver
1 TL Salz
2 Eier
250 ml Milch

1 Backofen auf 220 °C vorheizen. Pfanne mit Butter oder Speckfett fetten. In den Ofen stellen.

2 Die Körner von den Maiskolben kratzen und die Kolben ausdrücken.

3 Grieß, Mehl, Zucker, Backpulver und Salz in eine Schüssel sieben. Maiskörner zufügen.

4 In einer Schüssel die Eier mit zerlassener Butter oder Speckfett und Milch verquirlen.

5 Drei Viertel der Eiermilch zur Mehlmischung gießen und unterrühren.

6 Unter Rühren die restliche Eiermilch hinzufügen, bis ein glatter Teig entstanden ist.

7 Die heiße Pfanne aus dem Ofen nehmen; Teig hineinfüllen – dabei sollte es zischen.

8 Die Oberfläche sofort mit Butter oder Speckfett bestreichen. Das Brot 20–25 Min. backen.

9 Es ist gar, wenn es sich vom Pfannenrand löst und an einem Stäbchen nichts hängen bleibt.

10 Das Maisbrot auf einem Gitter ein wenig abkühlen lassen. Warm zu Suppe, Chili con Carne oder Brathähnchen servieren. Dieses Brot lässt sich nicht gut aufbewahren. Reste davon können jedoch z. B. als Zutat für Füllungen von Geflügel, wie Truthahn, verwendet werden.

Maisbrot-Varianten

Mais-Muffins mit gerösteten Paprikaschoten

Für ein feines Aroma wird eine geröstete Paprikaschote gewürfelt und unter den Maisgrießteig gerührt. Die Muffins sind ideal zum Mitnehmen, sie passen aber auch gut auf ein Büfett.

12 STÜCK   **20 MIN.**   **15–20 MIN.**

Für ein 12er-Muffinblech
1 große rote Paprikaschote
150 g feiner Maisgrieß (Polenta)
125 g Weizenmehl Type 550
1 EL Zucker
1 EL Backpulver
1 TL Salz
2 Eier
50 g Butter oder Schweineschmalz, zerlassen und abgekühlt, plus mehr für die Muffinmulden
250 ml Milch

1 Den Backofengrill auf höchster Stufe vorheizen. Die Paprikaschote im Ofen grillen, dabei immer wieder wenden, bis ihre Haut verkohlt und blasig ist. In einen Gefrierbeutel geben und den Beutel verschließen. Die Schote abkühlen lassen, dann häuten und den Stielansatz herausschneiden. Die Schote halbieren, Samen und Trennwände entfernen. Das Fruchtfleisch fein würfeln.

2 Den Backofen auf 220 °C vorheizen. Die Mulden des Muffinblechs großzügig fetten und das Blech in den Ofen stellen. Maisgrieß, Mehl, Zucker, Backpulver und Salz in eine große Schüssel sieben. In die Mitte eine Mulde drücken.

3 Die Eier mit der Butter bzw. dem Schmalz und der Milch verquirlen. Drei Viertel dieser Mischung in die Mehlmulde gießen und verrühren. Die Mehlmischung von außen nach innen unterarbeiten, dabei die restliche Eiermilch dazugeben. Rühren, bis ein glatter, dickflüssiger Teig entstanden ist. Die Paprikawürfel unterrühren.

4 Das Muffinblech aus dem Ofen nehmen. Den Teig in die Mulden löffeln. Die Muffins im heißen Ofen 15–20 Minuten backen, bis sie sich von den Wänden der Mulden lösen. Für die Garprobe einen Spieß in die Mitte eines Muffins stechen: Nach dem Herausziehen darf kein Teig mehr daran haften. Die Muffins aus den Mulden nehmen und abkühlen lassen.

VORBEREITEN Am besten schmecken diese Muffins ofenfrisch. Man kann sie aber 1 Tag im Voraus backen und zum Aufbewahren in Papier wickeln. Wenn möglich, vor dem Servieren bei schwacher Hitze aufbacken.

Maisbrot auf Südstaatenart

Dieses schnell gebackene Maisbrot aus Nordamerika wird üblicherweise zu Gegrilltem, Suppe oder Eintopf serviert. ▶

8 STÜCKE   **10–15 MIN.**   **20–25 MIN.**

Für 1 Springform (18 cm Ø) oder 1 backofenfeste Gusseisenpfanne
250 g feiner Maisgrieß (Polenta)
2 TL Backpulver
½ TL Salz
2 große Eier
250 ml Buttermilch
50 g Butter oder Schweineschmalz, zerlassen und abgekühlt, plus mehr für Form oder Pfanne
1 EL Honig (nach Belieben)

1 Den Backofen auf 220 °C vorheizen. Form oder Pfanne mit Butter fetten und zum Erhitzen in den Ofen stellen. Maisgrieß mit Backpulver und Salz mischen. Eier mit der Buttermilch verquirlen.

2 In die Grießmischung eine Mulde drücken, die Eier-Buttermilch-Mischung unter Rühren hineingießen. Butter bzw. Schmalz sowie den Honig (falls verwendet) unterrühren.

3 Form oder Pfanne aus dem Ofen nehmen. Die Masse hineingießen. Form oder Pfanne sollten so heiß sein, dass der Teig beim Hineingießen brutzelt; so bekommt das Brot die typische Kruste.

4 Brot im heißen Ofen (Mitte) 20–25 Minuten backen, bis es aufgegangen ist und am Rand braun wird. 5 Minuten abkühlen lassen, dann aus der Form nehmen und als Beilage servieren.

VORBEREITEN Am besten schmeckt das Brot ofenfrisch. Man kann es aber 1 Tag im Voraus backen und zum Aufbewahren fest in Papier wickeln. Vor dem Servieren bei schwacher Hitze aufbacken.

PROBIEREN SIE AUCH …

Chili-Koriander-Maisbrot
Mit dem Honig 1 fein gehackte entkernte rote Chilischote und 4 EL fein gehacktes Koriandergrün hinzufügen.

Profitipp
In der Südstaatenküche wird oft ausgelassenes Fett von Bacon (Frühstücksspeck) anstelle von Butter oder Schmalz für den Teig verwendet. So erhält das Brot ein spezielles Aroma. Dafür möglichst am Vortag Speck ausbraten, das Fett auffangen und abkühlen lassen.

Amerikanische Heidelbeer-Pancakes

Die Beeren werden auf die halbgegarten Pfannkuchen gegeben, so kann kein Saft austreten und verbrennen.

30 STÜCK · **10 MIN.** · **15–20 MIN.**

Für 1 beschichtete Pfanne
30 g Butter, plus mehr zum Braten
  und Servieren
2 große Eier
200 g Mehl
1½ TL Backpulver

40 g Zucker
1 Päckchen Vanillezucker
250 ml Milch
150 g Heidelbeeren
Ahornsirup zum Servieren

1 Die Butter in einem kleinen Topf zerlassen; beiseitestellen.

2 Die Eier in eine kleine Schüssel geben und mit einer Gabel verschlagen.

3 Das Mehl mit dem Backpulver in eine Schüssel sieben.

4 Den Zucker und Vanillezucker gleichmäßig unter die Mehlmischung rühren.

5 Milch und Eier in einen Krug geben und gründlich miteinander verrühren.

6 Mit einem Löffel eine Mulde in die trockenen Zutaten drücken.

7 Ein wenig Eiermilch in die Mulde gießen, dabei mit dem Schneebesen rühren.

8 Die nächste Portion Eiermilch erst zugeben, wenn die erste gründlich untergerührt ist.

9 Zum Schluss die zerlassene Butter unter die Masse schlagen, bis die Masse ganz glatt ist.

SCHNELL GEMACHT

10 Etwas Butter bei mittlerer Hitze in der Pfanne heiß werden lassen.

11 Für einen runden Pancake 1 EL Teig in die Pfanne geben.

12 Den Teig löffelweise in die Pfanne geben, dabei Platz zwischen den Portionen lassen.

13 Sobald die Pancakes fest werden, Beeren auf die ungebackenen Oberflächen streuen.

14 Pancakes wenden, wenn oben Bläschen aufplatzen und kleine Löcher zurückbleiben.

15 Die Pfannküchlein behutsam mit einem Palettmesser wenden.

16 Weitere 1–2 Min. braten, bis die Pancakes auf beiden Seiten schön gebräunt sind.

17 Aus der Pfanne heben und auf Küchenpapier abtropfen lassen.

18 Die Pancakes auf einen Teller geben und im Ofen warm halten.

19 Die Pfanne mit Küchenpapier auswischen. Butter für die nächste Portion darin erhitzen.

20 Aus dem ganzen Teig Pancakes backen. Die Pfanne soll dabei nicht zu heiß werden.

21 Die Pancakes in Stapeln zusammensetzen; mit Ahornsirup und Butter servieren.

AMERIKANISCHE HEIDELBEER-PANCAKES

Pancake-Varianten

Zimt-Pancakes

Falls Sie kleine Pfannkuchen übrig haben, sollten Sie sie einmal nach diesem Rezept auffrischen.

8 STÜCK | 10 MIN. | 5 MIN.

Für 1 Backblech
4 EL Zucker
1 TL gemahlener Zimt
8 Pancakes (siehe S. 508–509, ohne Heidelbeeren)
25 g Butter, zerlassen
griechischer Sahnejoghurt zum Servieren (nach Belieben)

1 Den Backofengrill auf höchster Stufe vorheizen. Zucker und Zimt mischen und auf einen Teller geben. Die kalten Pancakes jeweils auf beiden Seiten mit Butter bestreichen, dann in den Zimtzucker drücken; überschüssigen Zucker abschütteln.

2 Die Pancakes auf das Backblech legen und unter den Grill schieben, bis der Zucker geschmolzen ist und brodelt. 1 Minute später die Pancakes wenden und die unteren Seiten grillen. Die Zimtpfannkuchen mit Joghurt oder pur als Imbiss servieren.

Profitipp
Wenn Sie Pancakes ein paar Mal gemacht haben, können Sie das Rezept bald auswendig. Die amerikanischen Pfannkuchen können Sie zum Frühstück oder als Dessert servieren, mit Erdbeeren, Schokosauce oder Bananen und Joghurt.

Drop Scones

Hierfür lässt man den Teig einfach in die Pfanne tropfen.

12 STÜCK | 10 MIN. | 15 MIN. | MAX. 4 WOCHEN

Für 1 Grill- oder große Bratpfanne
250 g Mehl
4 TL Backpulver
1 großes Ei
2 TL heller Zuckersirup (Golden Syrup)
200 ml Milch, plus mehr nach Bedarf
Öl

1 Die Pfanne bei mittlerer Hitze heiß werden lassen. Ein Geschirrtuch zur Hälfte zusammenfalten und auf ein Backblech legen.

2 Das Mehl mit dem Backpulver in eine Schüssel sieben. In die Mitte eine Mulde drücken. Ei, Sirup und Milch hineingeben. Alles mit dem Schneebesen verrühren, bis der Teig dickflüssig ist. Falls nötig, etwas mehr Milch hinzufügen.

3 Testen, ob die Pfanne heiß genug ist: Dafür etwas Mehl hineinstreuen. Es sollte langsam bräunen. Wenn es verbrennt, ist die Pfanne zu heiß und muss etwas abkühlen. Wenn die Temperatur stimmt, das Mehl abwischen und den Pfannenboden mit einem Stück gefetteten Küchenpapier abreiben; dabei Topfhandschuhe tragen.

4 Einen Esslöffel Teig von der Löffelspitze in die Pfanne tropfen und rund auseinanderlaufen lassen; wiederholen. Zwischen den Portionen Platz zum Aufgehen lassen.

5 Wenn sich auf der Teigoberfläche Blasen bilden, die Küchlein mit einem Pfannenwender umdrehen und leicht andrücken, damit sie gleichmäßig braun werden. Gebackene Küchlein in das gefaltete Geschirrtuch schieben, damit sie weich bleiben.

6 Nach jeder Portion die Pfanne erneut fetten und auf die Temperatur achten. Bleiben die Küchlein blass, die Hitze verstärken; bräunen sie zu schnell, herunterschalten. Warm servieren.

Pancakes mit Bananen, Joghurt und Honig

Beginnen Sie schon zum Frühstück mit einem kulinarischen Highlight. ▶

6 STÜCK | 10 MIN. | 15–20 MIN.

Für 1 große beschichtete Pfanne
200 g Mehl
2 TL Backpulver
40 g Zucker
250 ml Milch
2 große Eier, verquirlt
1 Päckchen Vanillezucker
30 g Butter, zerlassen und abgekühlt, plus mehr zum Backen
2–3 Bananen
200 g griechischer Sahnejoghurt
flüssiger Honig zum Servieren

1 Das Mehl mit dem Backpulver in eine Schüssel sieben. Den Zucker hinzufügen. Die Milch mit Eiern und Vanillezucker verquirlen. In die Mitte des Mehls eine Mulde drücken und nach und nach die Milch-Eier-Mischung mit einem Schneebesen unterrühren. Die Butter dazugeben und den Teig schlagen, bis er ganz glatt ist.

2 In der Pfanne etwas Butter bei mittlerer Hitze zerlassen. Den Teig esslöffelweise hineingeben, dabei zwischen den Portionen Abstand lassen – die Pancakes werden 8–10 cm groß. Die Pancakes backen; sobald an der Oberfläche Blasen entstehen und wieder platzen, wenden. Weitere 1–2 Minuten backen, bis sie goldbraun und gar sind. Alle Pancakes so zubereiten und warm halten.

3 Die Bananen schräg in etwa 5 cm lange Scheiben schneiden. Einen Pancake auf einen Teller legen. 1 EL Joghurt und ein paar Bananenscheiben daraufgeben. Mit einem zweiten Pancake bedecken, auf diesen Joghurt und Banane geben. Zum Schluss einen dritten Pancake auflegen, mit Joghurt garnieren und mit Honig beträufeln.

Buttermilchbrötchen

In den Südstaaten der USA isst man die Brötchen gern zum Frühstück – süß belegt oder mit »Sausage Gravy«, Wurstbrät in heller Sauce.

12 STÜCK **10 MIN.** **15 MIN.** **MAX. 4 WOCHEN**

SCHNELL GEMACHT

Für 1 Backblech
250 g Mehl
2 TL Backpulver
½ TL Salz
100 g weiche Butter
100 ml Buttermilch, plus mehr zum Bestreichen
1 EL flüssiger Honig

1 Den Backofen auf 200 °C vorheizen. Das Backblech mit Backpapier belegen. Das Mehl mit dem Backpulver in eine Schüssel sieben und das Salz hinzufügen. Die Butter dazugeben und alles mit den Fingerspitzen zu feinen Streuseln reiben.

2 In die Mitte eine Mulde drücken. Die Buttermilch und den Honig hineingeben. Alles zu einem groben Teig vermischen. Den Teig auf die dünn bemehlte Arbeitsfläche geben und zu einer glatten Kugel kneten. Nicht zu lange kneten, sonst werden die Brötchen beim Backen hart (siehe Profitipp).

3 Den Teig 2 cm dick ausrollen. Mit einem Ausstechförmchen (6 cm Ø) Kreise ausstechen. Den restlichen Teig zusammenkneten, wieder ausrollen und Kreise ausstechen; so weiterverfahren, bis der Teig aufgebraucht ist.

4 Die Teigkreise auf das Backblech legen und mit Buttermilch bestreichen. Im Ofen (oben) etwa 15 Minuten backen, bis sie schön aufgegangen und goldbraun sind. Herausnehmen und auf einem Gitter 5 Minuten abkühlen lassen. Warm servieren.

AUFBEWAHREN Die Brötchen halten sich luftdicht verpackt 1 Tag frisch. Vor dem Servieren im Ofen aufbacken.

Profitipp
Die Buttermilchbrötchen werden leicht hart und zäh, wenn der Teig zu stark bearbeitet wird. Deshalb sanft und nur so lange kneten, bis sich der Teig leicht formen lässt. Nach dem ersten Ausrollen so viele Kreise wie möglich ausstechen; Brötchen aus der nächsten Runde werden fester.

Crumpets

Die Hefebrötchen aus der Pfanne können Sie toasten und zum Frühstück oder Nachmittagskaffee genießen – mit süßem oder herzhaftem Belag.

| 8 STÜCK | 10 MIN. | 20–26 MIN. | MAX. 4 WOCHEN |

Ruhezeit
2 Stunden

Für 4 Backringe (je 10 cm Ø) und 1 große Pfanne mit schwerem Boden
125 g Mehl
125 g Weizenmehl Type 550
½ TL Trockenhefe
175 ml lauwarme Milch
½ TL Salz
½ TL Backpulver
Öl zum Fetten

1 Die Mehle mit der Hefe mischen. Die Milch und 175 ml lauwarmes Wasser unterrühren. Den Teig 2 Stunden gehen lassen, bis Blasen aufgestiegen sind und wieder zusammenfallen. Salz und Backpulver auf 2 EL lauwarmes Wasser streuen und unter den Teig schlagen. Den Teig 5 Minuten ruhen lassen.

2 Die Backringe und die Pfanne dünn fetten. Die Ringe in die Pfanne stellen.

3 Die Pfanne bei mittlerer Hitze heiß werden lassen. In jeden Ring 1–2 cm hoch Teig gießen. Die Crumpets 8–10 Minuten backen, bis der Teig komplett gestockt ist oder sich auf den Oberflächen Löcher zeigen. Steigen keine Blasen auf, ist der Teig zu trocken. In diesem Fall etwas Wasser unter den restlichen Teig rühren.

4 Die Ringe von den Crumpets heben. Die Crumpets wenden und weitere 2–3 Minuten backen, bis sie gerade eben Farbe angenommen haben, dann aus der Pfanne nehmen. Mit dem restlichen Teig ebenso verfahren. Die Crumpets warm servieren. Sollen sie später verzehrt werden, am besten vorher toasten.

Profitipp
Typisch für Crumpets sind die Löcher, die sich auf der Oberfläche bilden. Hefe und Backpulver im Teig verursachen beim Backen Bläschen, die zerplatzen – so entstehen die Löcher. Mit ihnen können die runden Brötchen Butter und/oder Konfitüre perfekt aufnehmen.

Crêpes Suzette

Für diese klassische französische Süßspeise werden die Crêpes kurz vor dem Servieren flambiert.

12 STÜCK   **40–50 MIN.**   **45–60 MINS**

Ruhezeit
30 Minuten

Für 1 kleine Pfanne

Für die Crêpes
200 g Mehl, gesiebt
1 EL Zucker
½ TL Salz
4 Eier

400 ml Milch, plus mehr
  nach Bedarf
100 g Butter, zerlassen und abgekühlt, plus mehr nach Bedarf

Für die Orangenbutter
175 g weiche Butter
30 g Puderzucker

3 große Bio-Orangen, die Schale von
  2 Orangen abgerieben und von
  1 Orange dünn abgeschält und in
  feine Streifen geschnitten
1 EL Grand Marnier (Orangenlikör)

Zum Flambieren
75 ml Brandy und 75 ml Grand
  Marnier (Orangenlikör), erhitzt

1 Mehl, Zucker und Salz mischen. Eine Mulde hineindrücken. Eier und 200 ml Milch zugeben.

2 Mit dem Schneebesen alles zu einer glatten Masse verrühren, dabei 50 g Butter zufügen.

3 Milch zugießen; so wird die Masse so flüssig wie Sahne. Zugedeckt 30 Min. ruhen lassen.

4 Für die Orangenbutter Butter und Puderzucker mit dem Handrührgerät cremig schlagen.

5 Alle Orangen so dick abschälen, dass dabei die weiße Haut mitentfernt wird.

6 Fruchtfilets mit einem Messer zwischen den Häuten herauslösen; Saft dabei auffangen.

7 Abgeriebene Schale, 2 EL Saft und Grand Marnier unter die Buttercreme schlagen.

8 Die Orangenschalenstreifen für 2 Min. in kochendes Wasser geben, dann abgießen.

9 Etwas zerlassene Butter in die Pfanne geben und bei mittlerer Hitze heiß werden lassen.

10 Pro Crêpe 2–3 EL Teig in die Pfanne schöpfen; durch Schwenken den Teig verteilen.

11 Teig 1 Min. braten. Behutsam mit einem Palettmesser lösen, wenden und 30–60 Sek. braten.

12 Auf diese Weise 12 Crêpes backen, dabei nach Bedarf mehr Butter zugeben.

13 Jede Crêpe auf einer Seite mit Orangenbutter bestreichen. Pfanne erhitzen (mittlere Hitze).

14 Jeweils 1 Crêpe mit der bestrichenen Seite nach unten 1 Min. braten; zweimal falten.

15 Je 4 gefaltete Crêpes in die Pfanne legen; mit 1/3 des heißen Alkohols begießen.

16 Einen Schritt zurückgehen. Den Alkohol entzünden – die Flammen erlöschen lassen.

17 Je 2 Crêpes auf vorgewärmten Tellern anrichten; mit der Sauce aus der Pfanne beträufeln.

18 Mit Orangenfilets und -schalenstreifen garnieren und servieren. **VORBEREITEN** Die Crêpes backen. Mit Backpapier dazwischen und eingewickelt bis zu 3 Tage im Kühlschrank lagern.

Crêpe-Varianten

Buchweizen-Galettes

Diese pikanten Pfannkuchen sind in der Bretagne sehr beliebt. Dort isst man sie vorzugsweise üppig und herzhaft gefüllt.

4 STÜCK	25 MIN.	25–30 MIN.	MAX. 12 WOCHEN UNGEFÜLLT

Ruhezeit
2 Stunden

Für die Galettes
75 g Buchweizenmehl
75 g Mehl
2 Eier, verquirlt
250 ml Milch
Sonnenblumenöl zum Fetten

Für die Füllung
2 EL Sonnenblumenöl
2 rote Zwiebeln, in dünne Ringe geschnitten
200 g geräucherter Schinken, in Streifen geschnitten
1 TL Thymianblättchen
100 g Brie, in kleine Stücke geschnitten
100 ml Crème fraîche

1 Das Mehl in eine große Schüssel sieben. In die Mitte eine Mulde drücken und die Eier hineingeben. Nach und nach die Eier mit einem Kochlöffel unter das Mehl schlagen, dann alles mit Milch und 100 ml Wasser zu einem glatten Teig rühren.

2 Den Teig zudecken und 2 Stunden quellen lassen. Inzwischen für die Füllung das Öl in einer kleinen Pfanne erhitzen. Die Zwiebelringe darin glasig dünsten. Schinken und Thymian untermischen und die Pfanne vom Herd nehmen.

3 Den Backofen auf 150 °C vorheizen. Eine große Pfanne heiß werden lassen und dünn fetten. 2 EL Teig hineingeben und durch Schwenken verteilen. Die Galette etwa 1 Minute backen, bis die Unterseite leicht gebräunt ist, dann wenden und 1 weitere Minute backen, bis auch die zweite Seite Farbe angenommen hat. Auf diese Weise acht Galettes backen; die Pfanne dabei nach Bedarf erneut fetten.

4 Brie und Crème fraîche unter die Zwiebel-Schinken-Mischung rühren. Die Füllung auf die Galettes verteilen. Galettes aufrollen oder zusammenfalten. Auf ein Backblech legen und 10 Minuten aufwärmen.

VORBEREITEN Teig einige Stunden im Voraus zubereiten und quellen lassen. Sollte er zu dickflüssig werden, vor der Verwendung etwas Wasser unterrühren.

Pfannkuchen mit Spinat, Ricotta und Pancetta

Mit fertig gekauften Pfannkuchen ein schnelles Essen.

4 PERSONEN	30 MIN.	20 MIN.	MAX. 12 WOCHEN, UNGEBACKEN

Ruhezeit
30 Minuten

Für 1 Auflaufform (25 x 32 cm)

Für den Teig
175 g Mehl
½ TL Salz
250 ml Milch, plus mehr nach Bedarf
4 Eier
50 g Butter, zerlassen und abgekühlt, plus mehr zum Backen und für die Form

Für die Füllung
50 g Pinienkerne
2 TL Olivenöl
1 rote Zwiebel, fein gewürfelt
100 g Pancetta oder anderer durchwachsener Speck, gewürfelt
2 Knoblauchzehen, zerdrückt
300 g junger Blattspinat
250 g Ricotta
3–4 EL Sahne
Salz und frisch gemahlener schwarzer Pfeffer

Für die Käsesauce
350 g Sahne
50 g Parmesan, fein gerieben

1 Für die Pfannkuchen das Mehl in einer großen Schüssel mit dem Salz mischen. In einer zweiten Schüssel die Milch mit den Eiern verquirlen. In die Mehlmitte eine Mulde drücken und die Eiermilch nach und nach hineingießen, dabei ständig mit dem Schneebesen schlagen. Die Butter hinzufügen und weiterschlagen, bis der Teig keine Klümpchen hat; er sollte die Konsistenz von Sahne haben. Falls nötig, etwas Milch untermischen. Den Teig mit Frischhaltefolie bedecken und 30 Minuten quellen lassen.

2 Für die Füllung die Pinienkerne ohne Fett in einer großen Pfanne unter ständigem

Rühren und Wenden bei mittlerer Hitze rühren, bis sie braune Flecken haben; herausnehmen.

3 Das Olivenöl in die Pfanne geben und die Zwiebelwürfel darin in etwa 3 Minuten glasig dünsten. Den Speck hinzufügen und bei mittlerer Hitze in etwa 5 Minuten goldbraun und knusprig braten. Den Knoblauch dazugeben und 1 Minute mitbraten. Portionsweise den Spinat hinzufügen. Sobald er zusammenzufallen beginnt, die Pfanne vom Herd nehmen.

4 Die Spinatmischung in ein Sieb geben und mit einem Löffelrücken ausdrücken. Spinat in eine Schüssel geben, die Pinienkerne dazugeben und beides mit Ricotta und Sahne mischen. Das Ganze kräftig mit Salz und Pfeffer würzen.

5 In einer großen beschichteten Pfanne etwas Butter zerlassen. Sobald sie schäumt, eine Schöpfkelle voll Teig in die Pfanne geben und durch Schwenken verteilen. Den Pfannkuchen auf jeder Seite 2 Minuten backen, dabei wenden, sobald die erste Seite goldbraun ist und fertig backen. So zehn Pfannkuchen backen.

6 Den Backofen auf 200 °C vorheizen. Die Form fetten. Auf jeden Pfannkuchen 2 EL Füllung geben, zu einem breiten Streifen verstreichen und den Pfannkuchen aufrollen. Die Pfannkuchen nebeneinander in die Auflaufform legen.

7 Für die Sauce die Sahne bis kurz unter den Siedepunkt erhitzen. Den Parmesan bis auf einen kleinen Rest hineingeben. Die Sauce rühren, bis der Käse schmilzt, dann aufkochen und einige Minuten köcheln lassen, bis sie eingedickt ist. Die Sauce würzen, über die Pfannkuchen gießen und alles mit dem restlichen Käse bestreuen.

8 Den Auflauf im heißen Ofen (oben) 20 Minuten backen, bis der Käse braun ist und die Sauce brodelt. Sofort servieren.

VORBEREITEN Sie können den Auflauf bis zum Ende von Schritt 6 fertigstellen, zudecken und bis zu 2 Tage kalt stellen. Vor dem Backen mit Sauce und Käse vollenden.

Schwedische Pfannkuchentorte

Für diese Köstlichkeit müssen die Crêpes hauchdünn sein. Die Torte ist ein schönes sommerliches Dessert, das bei Kindern gut ankommt.

| 6–8 STÜCK | 10 MIN. | 15 MIN. |

200 g Sahne
250 g Crème fraîche
3 EL Zucker
½ Päckchen Vanillezucker
250 g Himbeeren
6 Pfannkuchen aus ½ Portion Crêpe-Teig
  (siehe S. 518–519, Schritte 1–3 und 10–12)
Puderzucker zum Bestäuben

1 Die Sahne steif schlagen, dann mit dem Schneebesen mit Crème fraîche, Zucker und Vanillezucker verrühren. 4 EL der Sahnemischung für die Garnitur beiseitestellen.

2 Eine Handvoll Himbeeren beiseitelegen. Die anderen mit einer Gabel leicht zerdrücken, dann locker unter die Sahnemischung heben.

3 Einen Pfannkuchen auf eine Kuchenplatte legen, mit einem Fünftel der Sahne bestreichen und darauf einen zweiten Pfannkuchen legen. So weiterschichten, bis Pfannkuchen und Sahne verbraucht sind.

4 Die Torte mit der restlichen Sahne und den ganzen Himbeeren garnieren, mit Puderzucker bestäuben und servieren.

Profitipp

Die Pfannkuchentorte lässt sich beliebig abwandeln. Probieren Sie sie doch einmal mit gehackten Erdbeeren oder Heidelbeeren. In Schweden verwendet man anstelle der frischen Beeren ein Kompott aus Lingonbeeren. Sie können sie alternativ mit Preiselbeerkompott versuchen.

Haferpfannkuchen

In den englischen Midlands werden diese Pfannkuchen süß oder herzhaft gefüllt und zusammengeklappt, aufgerollt oder gestapelt erhitzt.

| 10 STÜCK | 10 MIN. | 5–6 MIN./ PFANN-KUCHEN |

Gehzeit
1–2 Stunden

Für 1 große beschichtete Pfanne
200 g Hafermehl
100 g Weizenvollkornmehl
100 g Mehl
½ TL Salz
1 Päckchen Trockenhefe
300 ml Milch
Butter zum Backen

Für die Füllung
250 g Käse (z. B. Emmentaler), geraspelt
20 Scheiben durchwachsener Speck

1 Hafermehl, Vollkornmehl, Mehl, Salz und Hefe in einer Schüssel mischen. 400 ml lauwarmes Wasser und die Milch unter Rühren dazugießen, bis eine dickflüssige glatte Masse entstanden ist. Zudecken und für 1–2 Stunden beiseitestellen, bis sich auf der Oberfläche kleine Blasen bilden.

2 In der Pfanne etwas Butter zerlassen. Sobald sie schäumt, überschüssige Butter rasch mit Küchenpapier entfernen.

3 Eine Schöpfkelle voll Teig in die Mitte der Pfanne geben und durch Schwenken so verteilen, dass der Pfannenboden von einer dünnen Teigschicht bedeckt ist.

4 Den Pfannkuchen 2 Minuten backen. Sobald die Ränder fest und die Unterseite gebräunt ist, wenden und noch 2 Minuten backen. Fertige Pfannkuchen warm stellen, während die restlichen gebacken werden.

5 In der Zwischenzeit den Grill auf höchster Stufe vorheizen und die Speckscheiben grillen.

6 Einen Pfannkuchen gleichmäßig mit Käse bestreuen. Den Pfannkuchen für 1–2 Minuten unter den Grill schieben, bis der Käse geschmolzen ist. 2 Scheiben Speck auf den Käse legen. Pfannkuchen aufrollen und sofort servieren.

Profitipp
Die traditionellen Oatcakes sind eigentlich herzhafte Pfannkuchen, nur ein wenig reichhaltiger. Ab und zu kann man sie als ungewöhnliches Frühstücksmahl genießen. Damit es morgens schneller geht, den Teig am Vorabend zubereiten, dann zudecken und über Nacht kalt stellen.

Blini

Die russischen Buchweizenküchlein kann man als Kanapees anbieten oder größere Blini als leichte Mahlzeit reichen.

| 48 STÜCK | 20 MIN. | 15 MIN. | MAX. 8 WOCHEN |

Ruhezeit
2 Stunden

Für 1 große beschichtete Pfanne
½ Würfel Hefe (21 g)
200 ml lauwarme Milch
100 g Buchweizenmehl
100 g Weizenmehl Type 550
½ TL Salz
100 g saure Sahne
2 Eier, getrennt
50 g Butter, zerlassen und abgekühlt, plus mehr zum Braten
saure Sahne, Räucherlachs, Schnittlauch und frisch gemahlener schwarzer Pfeffer zum Servieren (nach Belieben)

1 Die Hefe in die lauwarme Milch bröckeln und unter Rühren darin auflösen. Die Mehle in einer großen Schüssel mit dem Salz mischen. In die Mitte eine Mulde drücken und nach und nach unter ständigem Rühren mit den Quirlen des Handrührgeräts die Hefemilch und die saure Sahne dazugießen, dann die Eigelbe hinzufügen und zum Schluss die Butter untermischen. Rühren, bis ein glatter Teig entstanden ist.

2 Die Schüssel zudecken und den Teig für mindestens 2 Stunden an einen warmen Platz stellen, bis sich auf der Oberfläche viele kleine Blasen bilden.

3 Die Eiweiße halbsteif schlagen. Den Eischnee behutsam, aber gründlich unter den Teig heben. Es sollen keine Spuren von Eischnee mehr sichtbar sein.

4 In der Pfanne etwas Butter zerlassen. Den Teig esslöffelweise in die Pfanne geben, das ergibt kleine Blini (etwa 6 cm Ø). Die Blini bei mittlerer Hitze 1–2 Minuten backen, bis sich auf der Oberfläche Bläschen bilden. Sobald diese platzen, die Blini wenden und noch 1 Minute backen. Auf diese Weise aus dem ganzen Teig Blini backen; falls nötig, zwischendurch mehr Butter in die Pfanne geben. Fertige Blini auf einen vorgewärmten Teller geben und mit einem Geschirrtuch zudecken, bis alle gebacken sind.

5 Die Blini warm servieren. Nach Belieben mit saurer Sahne und Räucherlachs belegen, kräftig pfeffern und mit Schnittlauch garnieren.

AUFBEWAHREN Blini in Alufolie wickeln und kalt stellen. Vor dem Servieren im Backofen bei mittlerer Hitze 10 Minuten aufwärmen.

VORBEREITEN Sie können die Blini bis zu 3 Tage im Voraus backen, dann luftdicht verpacken und im Kühlschrank aufbewahren. Zum Servieren die frischen oder gefrorenen Blini wie beschrieben aufbacken.

Profitipp

Eigentlich sind Blini ja ganz einfach zu machen; nur die kleine, perfekte Kreisform ist etwas schwierig. Gießen Sie den Teig von oben (nicht schräg) in die Pfanne, und fangen Sie Tropfen mit einem Löffel auf, sobald Sie mit dem Gießen fertig sind.

Kirsch-Clafoutis

Pfannkuchenteig und Kirschen werden im Ofen gebacken, bis der Teig fest ist und die Kirschen gerade aufplatzen.

6 PERSONEN **12 MIN.** **35–45 MIN.**

Ruhezeit
30 Minuten

Für 1 runde ofenfeste Form (26 cm Ø)
750 g Kirschen
3 EL Kirschwasser
75 g Zucker
Butter für die Form
4 große Eier
1 Vanilleschote

100 g Mehl
300 ml Milch
1 Prise Salz
Puderzucker zum Bestäuben
Crème fraîche oder Vanilleeiscreme
  zum Servieren (nach Bedarf)

SCHNELL GEMACHT

1 Die Kirschen mit Kirschwasser und 2 EL Zucker mischen. 30 Min. durchziehen lassen.

2 Backofen auf 200 °C vorheizen. Die Form mit Butter ausstreichen.

3 Die Kirschen über einer großen Schüssel abtropfen lassen und beiseitestellen.

4 Die Eier in die Schüssel zum abgetropften Kirschwasser geben; gründlich verquirlen.

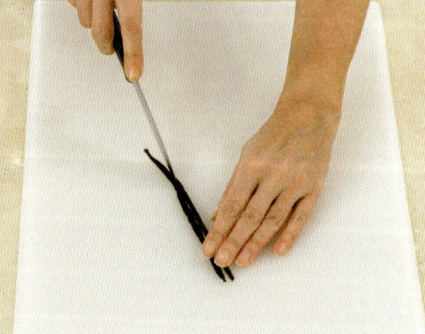

5 Die Vanilleschote mit einem spitzen Messer längs aufschlitzen.

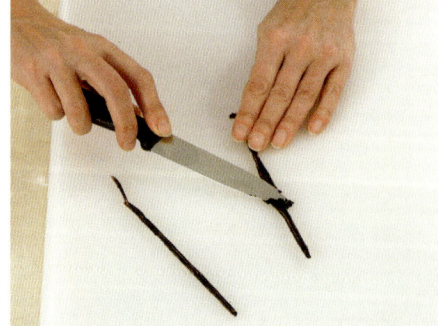

6 Das Vanillemark mit dem Messer aus den Schotenhälften kratzen.

7 Das Mark zur Eier-Kirschwasser-Mischung geben und gleichmäßig darin verrühren.

8 Restlichen Zucker unter Rühren mit dem Schneebesen dazurieseln lassen.

9 Das Mehl in eine große Schüssel sieben, dabei viel Luft einarbeiten.

10 Das Mehl in die Eiermischung geben und rühren, bis eine glatte Creme entstanden ist.

11 Milch zugießen, Salz zugeben und alles zu einem glatten Pfannkuchenteig verrühren.

12 Die Kirschen in einer Schicht auf dem Formboden anordnen.

13 Den Teig langsam über die Kirschen gießen, die Kirschen dabei nicht verrücken.

14 Den Clafoutis 35–45 Min. backen, bis er gebräunt ist und sich fest anfühlt.

15 Auf einem Gitter etwas abkühlen lassen. Aus der Form lösen und mit Puderzucker bestreuen.

16 Den Kirsch-Clafoutis warm oder mit Raumtemperatur und reichlich Crème fraîche oder Vanilleeis dazu servieren.

Clafoutis-Varianten

Toad in the Hole

Würstchen im Pfannkuchenteig –
pikante Clafoutis auf englische Art.

4 PERSONEN   20 MIN.   35–40 MIN.

Ruhezeit
30 Minuten

Für 1 ofenfeste Pfanne
125 g Mehl
1 Prise Salz
2 Eier
300 ml Milch
2 EL Öl
8 kleine Bratwürste (möglichst rohe)

1 Für den Teig das Mehl mit dem Salz in
eine Schüssel geben. In die Mitte eine
Mulde drücken. Die Eier mit etwas Milch
hineingeben und verquirlen, dabei nach
und nach das Mehl unterarbeiten. Die restliche Milch dazugießen und unterrühren,
bis der Teig keine Klümpchen mehr hat.
Den Teig mindestens 30 Minuten ruhen
lassen.

2 Den Backofen auf 200 °C vorheizen. Das
Öl in der Pfanne erhitzen. Die Würstchen
darin rundherum braten, bis sie Farbe annehmen.

3 Die Würstchen vorsichtig mit dem Teig
umgießen. Die Pfanne in den Ofen stellen.
Das Ganze 30 Minuten backen, bis der
Teig aufgegangen, goldbraun und knusprig ist. Sofort servieren.

VORBEREITEN Der Teig kann 24 Stunden
im Voraus zubereitet werden. Kalt stellen
und vor der Verwendung kurz mit einem
Schneebesen durchrühren.

Aprikosen-Clafoutis

Noch warm schmeckt diese französische Süßspeise besonders gut. Einge-
machte Aprikosen sind eine gute Alternative zu frischen.

4 PERSONEN   10 MIN.   35 MIN.

Für 1 flache Auflaufform
Butter für die Form
250 g Aprikosen, halbiert und entsteint
1 Ei
1 Eigelb
2 EL Mehl
50 g Zucker
150 g Sahne
1 Päckchen Vanillezucker
Crème fraîche zum Servieren (nach Belieben)

1 Den Backofen auf 200 °C vorheizen. Die
Auflaufform dünn fetten; sie sollte so groß
sein, dass die Aprikosen nebeneinander
hineinpassen. Die Aprikosenhälften, falls
gewünscht, vierteln und mit etwas Platz
zwischen den Stücken in die Form legen.

2 Das Ei mit dem Eigelb und dem Mehl
verquirlen. Den Zucker darunterschlagen.
Sahne und Vanillezucker dazugeben und
die Masse schlagen, bis sie ganz glatt ist.

3 Die Aprikosen so mit der Masse umgießen, dass sie nicht ganz bedeckt sind. Den
Clafoutis im heißen Ofen (oben) 35 Minuten
backen, bis der Teig aufgegangen und stellenweise gebräunt ist. Herausnehmen und
mindestens 15 Minuten abkühlen lassen.
Am besten schmeckt er warm mit Crème
fraîche.

VORBEREITEN Sie können den Clafoutis
6 Stunden im Voraus backen und dann mit
Raumtemperatur servieren.

Pflaumen-Marzipan-Clafoutis

Diese raffinierte Variante können Sie auch mit Zwetschgen oder Kirschen zubereiten. Geben Sie dann aber das Marzipan nicht in die Früchte, sondern dazwischen.

6 PERSONEN · **30 MIN.** · **50 MIN.**

Für 1 flache Auflaufform

Für das Marzipan
100 g gemahlene Mandeln
50 g Zucker
50 g Puderzucker, plus mehr zum Bestäuben
1–2 Tropfen Bittermandelaroma
½ TL Zitronensaft
1 Eiweiß, verquirlt

Für den Teig
700 g Pflaumen, halbiert und entsteint
60 g Butter, plus mehr für die Form
4 Eier
1 Eigelb
120 g Zucker
100 g Mehl, gesiebt
500 ml Milch
150 g Sahne

1 Den Backofen auf 190 °C vorheizen. Die Zutaten für das Marzipan mit so viel Eiweiß mischen, dass eine feste Marzipanmasse entsteht. In jede Pflaumenhälfte ein winziges Stück Marzipan geben.

2 Die Auflaufform mit Butter fetten. (Die Form soll so groß sein, dass die Pflaumen darin nebeneinander hineinpassen.) Die gefüllten Pflaumen mit den Schnittflächen nach unten in die Form legen. Die Butter zerlassen und abkühlen lassen.

3 Eiweiß, das nicht für das Marzipan verwendet wurde, zu Eiern und Eigelb geben. Den Zucker hinzufügen und alles hell und cremig schlagen. Zerlassene Butter, Mehl, Milch und Sahne darunterschlagen. Die Pflaumen mit dem Teig umgießen. Den Clafoutis im heißen Ofen (Mitte) etwa 50 Minuten backen, bis der Teig goldbraun und gerade eben gestockt ist. Mit Puderzucker bestreuen und warm servieren.

VORBEREITEN Der Clafoutis schmeckt warm am besten. Doch Sie können ihn bereits 6 Stunden im Voraus backen und dann mit Raumtemperatur servieren.

> **Profitipp**
> Für Clafoutis werden Früchte der Saison mit Teig umgossen und gebacken. Das Rezept links können Sie mit Zutaten aus dem Vorrat abwandeln, wie Aprikosen aus der Dose, aber auch mit Obst der Saison, z. B. Kirschen, Brombeeren oder Johannisbeeren.

Pflaumen-Clafoutis

Ein herrliches Dessert für den Herbst, wenn heimische Pflaumen Saison haben. Wenn Sie mögen, können Sie statt Kirschwasser Pflaumenschnaps oder gewöhnlichen Weinbrand verwenden. **FOTO S. 530/531**

6–8 PERSONEN · **20–25 MIN.** · **30–35 MIN.**

Für 1 flache Auflaufform
Butter für die Form
100 g Zucker, plus mehr für die Form
600 g kleine Pflaumen, halbiert und entsteint
50 g Mehl
1 Prise Salz
150 ml Milch
75 g Sahne
4 Eier
2 Eigelb
3 EL Kirschwasser
2 EL Puderzucker
geschlagene Sahne zum Servieren (nach Belieben)

1 Den Backofen auf 180 °C vorheizen. Die Auflaufform fetten. Etwas Zucker hineingeben und durch Schwenken die Form damit ausstreuen; überschüssigen Zucker herausschütten. Die Pflaumen mit den Schnittflächen nach unten nebeneinander in die Form legen.

2 Das Mehl mit dem Salz in eine Schüssel sieben. In die Mitte eine Mulde drücken. Milch und Sahne hineingießen. Mit einem Schneebesen von außen das Mehl unterrühren, bis eine glatte Paste entstanden ist. Eier, Eigelbe und Zucker hinzufügen und alles zu einem klümpchenfreien Teig schlagen.

3 Unmittelbar vor dem Backen den Teig auf die Pflaumen schöpfen und mit einem Löffel das Kirschwasser daraufträufeln. Den Clafoutis im heißen Ofen (Mitte) 30–35 Minuten backen, bis der Teig aufgegangen ist und zu bräunen beginnt. Mit Puderzucker bestäuben und sofort servieren. Nach Belieben Schlagsahne oder Crème fraîche dazu reichen.

VORBEREITEN Der Clafoutis schmeckt frisch und warm am besten. Doch Sie können ihn auch 6 Stunden im Voraus backen und dann mit Raumtemperatur servieren.

Waffeln

Frühstück, Imbiss oder Nachtisch – Waffeln schmecken einfach immer und sind zudem kinderleicht zu machen.

| 6–8 STÜCK | 10 MIN. | 20–25 MIN. | MAX. 4 WOCHEN |

Für 1 Waffeleisen
200 g Mehl
1 TL Backpulver
2 EL Zucker
300 ml Milch
75 g Butter, zerlassen
1 Päckchen Vanillezucker
2 große Eier, getrennt
Ahornsirup, Konfitüre, Obst, gesüßte Schlagsahne oder Eiscreme zum Servieren (nach
Belieben)

1 Mehl, Backpulver und Zucker in eine Schüssel geben. In die Mitte eine Mulde drücken. Milch, Butter, Vanillezucker und Eigelbe hineingeben. Nach und nach das Mehl darunterschlagen.

2 Das Waffeleisen vorbereiten. Die Eiweiße zu nicht zu steifem Schnee schlagen und vorsichtig unter den Teig heben.

3 Den Backofen auf 130 °C vorheizen. Jeweils eine kleine Menge Teig (Angaben des Geräteherstellers beachten) in das Waffeleisen geben und bis knapp an den Rand verstreichen. Das Gerät schließen und die Waffel goldbraun backen.

4 Fertige Waffeln sofort servieren. Dazu nach Belieben Ahornsirup, Konfitüre, Obst, gesüßte Schlagsahne oder Eiscreme reichen. Oder die Waffeln nebeneinander auf ein Backblech legen und im Ofen warm halten, bis alle gebacken sind.

VORBEREITEN Frisch schmecken Waffeln einfach am besten. Doch man kann sie auch 24 Stunden im Voraus backen und vor dem Servieren im Toaster aufrösten.

PROFITIPP
Wird in einem Rezept als Zutat zerlassene Butter verwendet, dann muss diese gut abgekühlt sein, bevor sie zum Teig gegeben wird. Warme oder heiße Butter lässt den Teig gerinnen oder vorzeitig gar werden oder es führt dazu, dass das Ei im Teig zu Klümpchen stockt.

Register

Die Autorin

Caroline Bretherton gründete 1995 das Catering-Unternehmen Manna Food. Ihr moderner Kochstil spricht Kunden wie Kunstgalerien, Theater und Modemagazine als auch junge, innovative Unternehmen an. Es folgte das Manna Café auf der Portobello Road, im Herzen von Londons Trendviertel Notting Hill.

Darüber hinaus tritt Caroline regelmäßig im Fernsehen in unterschiedlichsten Food-Sendungen auf. Als Autorin verfasst sie regelmäßig Beiträge für *The Times on Saturday*, außerdem schrieb sie das Buch *Gartenküche für alle Jahreszeiten*.

Ihre Freizeit verbringt Caroline gern in ihrem Schrebergarten, in dem sie Obst, Gemüse und Kräuter anbaut. Wann immer sie Zeit hat, ist sie auf der Suche nach wild wachsenden Kräutern und Gemüse – in der Stadt und auf dem Land. Ihre zweite Leidenschaft gilt dem Backen. Mit ihren selbst gebackenen Köstlichkeiten verwöhnt sie ihre Familie.

Danksagungen

Die Autorin bedankt sich bei
Mary-Clare, Dawn und Alastair bei Dorling Kindersley für ihre tatkräftige Unterstützung, dieses Werk zu realisieren. Ebenso bei Borra Garson und allen Mitarbeitern sowie bei Deborah McKenna. Und schließlich bei ihrer Familie und ihren Freunden für deren enorme Unterstützung und guten Appetit!

Dorling Kindersley bedankt sich bei
allen, die am Foto-Shooting beteiligt waren: Nicky Collings, Miranda Harvey, Luis Peral, Lisa Pettibone, Wei Tang, Kate Blinman, Lauren Owen, Denise Smart und Emily Jonzen sowie Caroline de Souza, Dorothy Kikon und Anamica Roy für die Gestaltung der Schritt-für-Schritt-Anleitungen.

Backformen und -geräte, die in den Schritt-für-Schritt-Abbildungen verwendet wurden, stammen von Lakeland.
www.lakeland.co.uk

Nützliche Informationen

Backofentemperaturen

OBER-/UNTERHITZE	UMLUFT
110 °C	90 °C
130 °C	110 °C
140 °C	120 °C
150 °C	130 °C
160 °C	140 °C
180 °C	160 °C
190 °C	170 °C
200 °C	180 °C
220 °C	200 °C
230 °C	210 °C
240 °C	220 °C

Beachten Sie

Die Temperatur- und Zeitangaben in den Rezepten sind Richtwerte, da es bei allen Backöfen zu herstellerbedingten Abweichungen der Backtemperatur kommen kann.

Bei Gasbacköfen variieren die Temperaturen von Hersteller zu Hersteller. Entnehmen Sie bitte der Gebrauchsanweisung Ihres Gasbackofens die Stufe, die der angegebenen Temperatur entspricht.

Wenn im Rezept nicht anders angegeben, wird das Gebäck auf der mittleren Schiene des Backofens gebacken.

Umrechnungstabelle

GEWICHT		VOLUMEN	
1 kg	1000 g	1 l	1000 ml
3/4 kg (0,75 kg)	750 g	3/4 l (0,75 l)	750 ml
1/2 kg (0,5 kg)	500 g	1/2 l (0,5 l)	500 ml
1/4 kg (0,25 kg)	250 g	3/8 l (0,375 l)	375 ml
1/8 kg (0,125 kg)	125 g	1/8 l (0,125 l)	125 ml